# 양발

## 최초의 중국인 목사

조 훈 지음

총신대학교 출판부

젊은 시절의 양발 ▶

◀ 노년 시절의 양발

▲ 광주 하남의 양발 고거

광주 영남대학 내의 양발묘 ▲

子曰道不遠人

勸世良言

學善居士纂

嗎吠呷英華書院藏板

◀ 양발의 저서 『권세양언』

二十日 在積墩食早飯畢即搭船過洋邊入那龍。

二十一日 午後船到那龍即上船入歇店居住、

禮拜

二十二日 早講以賽亞書五十六章乃勸昂曰神天令人嚴守安息之日故我們今在路上亦要守之。後來回到家中更要固守及要恒遵神天誡命而行。

二十三日 在那龍起行走到午後乃至恩平縣地方即入店歇息算明車夫工錢打發了車夫去了。即尋船搭回長沙偶遇船便即下船開行。

二十四日 早晨到了長沙在長沙搭船到省城

二十五日 午後到了省城入林家館居住。夜晚上讀書拜神。叩謝神天在路上保佑平安未受險害之恩。

二十六日 在林館居住。朝夕讀書拜神。林某偶見我們拜神。即問余曰尊駕如此跪在地上是拜甚麼樣神耶。余曰我們叩拜之神係原始造化天地神人萬物之主管理天地萬國人物無所不在無所不知的活神。故凡有人誠心拜求之者神必聽准之。林某曰如此甚是方便。

양발의 친필 일기 ▶

# 책머리에

명청사학회에서는 2012년 2월 15~22일에 광동(廣東)·홍콩·마카오 지역에 대한 답사를 거행한 한 바 있다. 주요한 답사 코스는 광주(廣州)의 아편전쟁 박물관, 임칙서(林則徐) 박물관, 호문포대(虎門砲臺), 사면(沙面), 진가사(陳家祠), 광주기의열사능원(廣州起義烈士陵園), 황포군관학교유지(黃埔軍官學校遺址), 만목초당(萬木草堂), 홍수전 생가 및 기념관, 불산(佛山)의 불산조묘(佛山祖廟), 강유위고거(康有爲故居), 진계원(陳啓源) 기념관, 마카오의 성바오르성당 유적, 성도미니크교회, 손중산(孫中山) 기념관, 홍콩의 삼동옥(三棟屋) 박물관 등이었다.

중국근현대사를 강의하는 필자로서는 강의에 도움이 될까 해서 이 답사에 참여하였다. 그러나 보다 중요한 참가 동기는 당시 본서를 한창 집필하고 있던 터이라 광동에서 태어나 광동을 주요한 무대로 활동하다가 광동에서 죽은 양발(梁發)에 대한 이해를 보다 심화시키는 데에 도움이 될까 해서 였다. 즉 양발이 활동하던 당시의 광동을 현재의 광동을 통하여 추정해 보고 싶었던 것이다. 그러나 이 지역에 대한 답사의 결과 많은 면에서 놀라지 않을 수 없었다. 양발이 태어난 곳인 광동성(廣東省) 고명현(高明縣) 삼주사(三洲司) 고로촌(古勞村)은 현재 광주시 고명구에 편입되어 완전히 현대화된 모습으로 변모되었기 때문에 빈한한 농가에서 출생하여 성장한 양발의 어린 시절의 생활 환경에 대한 옛 정취를 느끼는 것을 불가능케 하였다. 15세 소년 양발이 고향을 떠나 인쇄노동자로서 생활하였던 13행은 완전히 현대적으로 복원되어 당시 힘들게 생계를 꾸려 갔던 양발의 모습을 상상하는 것을 방해하였다. 특히 현대식 공원이 들어서고, 주변에 웨딩 샵이 늘어서 있고, 사진 촬영에 분주한 예비 부부의 모습을 보면서 격세지감을 느끼지 않을 수 없었으며, 공원에서 묘기에 가까운 중국 재기를 차는 남녀의 모습은 보는 사람의 입을 다물지 못하게 하였다. 1855년 4월 12일 66세의 나이로 별세한 양발의 묘지는 처음 광주 하남(河南)의 봉황강(鳳凰岡)에 있었으나 1920년 영남대학(嶺南大學)으로 이장하였다. 그런데 이 양발 묘지는 아예 답사 코스에 들어 있지도 않았을 뿐 아니라 답사 대원 중 유일한 중국교회사 연구자인 필자로서는 이 곳 답사를 고집할 용기도 없어서 실견치 못한 것이 심히 아쉬웠다. 따라서 답사를 출발할 때 양발이 태어나고 활동하며 죽은 곳에 대한 현장감을 다소라도 갖게 되어 본서 집필에 무언가 도움을 받아보고자 했던 기대는 수포로 돌아간 셈이었다. 그러나 양발이 태어나고 활동하며 죽은 곳인 광동의 땅을 직접 밟으면서 그 공기를 마시면서 양발에 대하여 깊이 상상할 수 있었던 것만으로 다소 위안이 될 수 있었다. 이러한 위안의 연장선상에서 본서를 출판할 수 있게 되어 감사할 따름이다.

한 인간을 제대로 이해한다는 것은 너무나 힘든 일이었다. 특히 중국과 같이 전도가 엄격히 금지되어 있던 나라에서 기독교에 접하자 회심하여 세례를 받고 죽음을 무릅쓴 전도자가 된 양발의 내면 세계를 이해한다는 것은 더욱 어려운 일이었다. 양발이 예수를 믿게 되었을 때 그의 내면 세계는 어떠한 변화를 이루었을까? 자기 혼자만의 구원에 머물지 않고 죽음을 무릅쓴 전도자로 변모하게 되는 양발의 용기는 어떠한 내면 세계의 변화에서 말미암은 것일까? 순수한 전도 열정에서 저술한 『권세양언(勸世良言)』을 읽은 후 홍수전(洪秀全)의 내면 세계는 어떠한 변화를 겪었을까? 필자는 이러한 점들에 많은 관심을 갖고서 본서의 집필에 임하였으나 부족한 곳이 많음을 느낀다. 동학 제현의 많은 질정과 가르침을 구하는 바이다.

본서가 나오기까지에는 많은 도움의 손길이 있었다. 항상 교수와 연구의 소임을 감당할 수 있도록 보살펴 주시고 본서를 집필하고 출판할 수 있게 해 주신 하나님의 은혜에 감사드린다. 태평천국에는 문외한인 필자가 「태평천국과 기독교」라는 장을 할애할 수 있도록 용기를 부여한 최진규 선생님의 선구적 연구업적인 『太平天國의 宗教思想』의 존재에 감사드린다. 그리고 어려운 출판 환경에도 불구하고 본서의 출판을 흔쾌히 수락해 주신 총신대학교 출판위원회와 출판부 관계자 여러분에게도 감사드린다.

2013년 10월 조 훈

# 차 례

# 머리말

# 머리말

양발(梁發)은 중국교회사상 최초의 중국인 목사라는 위상을 차지하는 인물인데, 그의 일생 업적은 두 부분으로 귀결된다. 첫째, 양발은 기독교 신앙에 관련된 많은 중문 전도문서를 저작하였다. 양발의 이들 전도문서는 아주 중요한 의의를 갖고 있다. 그것은 서방 세계의 기독교를 중국인인 양발이 어떻게 수용하여 전통적 세계의 여러 가지 속박을 벗어나 마침내 기독교 신앙을 갖기에 이르렀던가를 상징적으로 보여주고 있기 때문이다. 양발 자신도 인정하였듯이 그의 전도문서는 결코 깊은 신학적 이해에 기초하여 집필된 것이 아니었지만, 그만큼 그의 저작은 기독교 이해에 있어서 중국적 경사를 단적으로 나타내 보이는 것이라고 할 수 있다. 특히 양발의 저작인 『권세양언(勸世良言)』이 태평천국(太平天國)의 난의 한 도인(導因)이 된 것은 주목하여만 할 것이다. 둘째, 양발은 열정적인 전도자였다. 양발은 인쇄 기술자였던 인연으로 로버트 모리슨(Robert Morrison) 및 윌리엄 밀른(William Milne)과 직접적인 관계를 맺고서 그들의 문서선교 사역을 적극적으로 도왔다. 나아가 양발은 로버트 모리슨과 윌리엄 밀른을 통하여 기독교 교의에 대한 깨우침을 받았을 뿐 아니라 영화서원(英華書院, Anglo-Chinese College)에 입학하여 정식으로 신학 교육을 받은 후 최초의 중국인 목사로서 복음 전파에 일생을 바쳤던 것이다.

이처럼 중국교회사상 최초의 중국인 목사라는 위상을 갖고 있는 양발이지만, 현재 그에 관한 연구는 부진한 편이다. 그 이유로는 다음의 두 가지를 들 수 있다. 첫째, 중국인의 반기독교적인 정서 때문이다. 전도 초기에 양발은 청정(淸廷)으로부터 '매국적'으로 배척당하여 재산몰수 · 구금 · 수형(受刑) 등의 수난을 당하였기 때문에 당대 대륙 학술계는 오랫동안 그에 대하여 정당한 평가를 하지 않았던 것이다. 둘째, 자료 문제를 들 수 있다. 오랫동안의 전란으로 말미암아 양발에 관한 자료 중 산일된 것이 심히 많으며, 심지어는 저술조차도 남아 있는 것이 얼마 되지 않는다. 현재 이용할 수 있는 자료는 런던선교회에 보관되어 있던 양발의 일기 일부(1830년 3월 28일-11월 6일), 그의 주저(主著)인 『권세양언』과 몇몇 팸플릿, 『찰세속매월통기전(察世俗每月統紀傳)』에 발표한 약간의 문장, 중문과 영문 자료 중 그에 관한 약간의 기사 등이다.

이러한 부진 속에서도 눈에 띄는 연구업적으로는 다음과 같은 것들이 있다. 우선 양발의 생애에 관한 최초의 연구업적으로서 아직까지도 그 성가를 자랑하고 있는 것이 ① George H. McNeur, *China's First Preacher Liang A-Fa 1789-1855*, (Shanghai : Kwan Hsueh Publishing House, 1934)이다. ①의 중문 번역본으로는 ② 胡簪雲 譯, 『中華最早的布道者梁發』, (上海廣學會, 1931. 香港 : 基督教輔僑出版社, 1955), ③ 胡簪云 譯 · 上海廣學會 重譯, 「中華最早的布道者梁發」, 『近代史資料』 1979年 第2期, ④ 朱心然 譯, 『梁發 : 中國最早的宣教師』, (香港, 基督教文藝出版社, 1998)가 있다. 그런데 ②는 ①보다 이른 1931년에 출판되었다. 따라서 ②는 ①을 축자 번역한 것이 아닐 뿐 아니라 오히려 ①이 참고하지 않은 편지와 회상 등의 원 자료를 참고하여 기술한 부분도 있다고 한다. 바로 이 때문에 ②가 사료적으로 ①보다 더욱 가치 있다고 평가할 수도 있을 것이다. 그러나 아쉽게도 필자는 ②를 열독하지 못하였고, ①과 ③ · ④를 대조하며 열독하였다. 그 결과 ③과 ④ 사이에도 미묘한 번역상의 차이가 있음을 발견할 수 있었다. ③은 ①을 충실히 축자 번역하지 않았을 뿐 아니라 현 중국의 반기독교적인 정서 때문인지는 모르겠지만, 신앙적 고백이나 기독교 교의와 관련된 부분이 상당수 누락되어 있다. 이에 반하여 ④는 ①을 충실히 축자 번역하였을 뿐 아니라 ②를 계승한 듯 사료적 가치가 높은 양발의 일기 일부 및 편지와 회상 등을 주의 형식을 빌어 소개하고 있다. 필자는 본저를 저술함에 있어서 ①·③·④를 참고하였는데, 위와 같은 사정으로 말미암아 ①만 인용하고 있는 경우, ③만 인용하고 있는 경우, ①과 ③을 동시에 인용하고 있는 경우, ①과 ④를 동시에 인용하고 있는 경우, ①·③·④ 모두를 동시에 인용하고 있는 경우 등이 있음을 미리 밝혀 둔다.

그 밖에 양발의 생애에 관하여 간략히 연구한 업적으로는 ⑤ 査時傑, 「梁發(1789-1855) : 第一位中國籍牧師」, (査時傑, 『中國基督教人物小傳』 上卷, 臺北, 中華福音神學院出版社, 1983 수록), ⑥ 呂延壽, 「教徒·傳教士·畸形兒 : 關於梁發的一生」, (四川省哲學社會科學學會聯合會·四川省近代教案史研究會 合編, 『近代中國教案研究』, 成都, 四川省社會科學院出版社, 1987 수록), ⑦ 關漢華·胡波, 「梁發及嶺南基督教的傳播」, 『學術研究』 1993年 第1期, ⑧ 陳申如, 「梁發述論」, 『近代中國』 第10輯, 2000, ⑨ 裵英敏, 「최초의 중국인 개신교 목사 梁發과 『勸世良言』」, 高麗大學校 大學院 碩士學位論文, 2004, ⑩ 顧長聲, 「第一個被按立的中國傳道人梁發」, (顧長聲, 『傳教士東來傳救恩論文集錦』, 臺北, 宇宙光, 2006 수록) 등이 있다. 이 중에서 ⑥은 양발을 '낙후한 문화의 산물'·'시대의 기형적 발전의 결과'·'기형아' 등으로 평하였다. 이러한 부정적 평가는 양발을 외국 침략자와 동등시하고, 외국 침략자에 대한 증오감에서 연역해낸 중국

학계의 편견에서 말미암은 것으로 생각된다. 그리고 ⑨는 국내 학계의 양발에 관한 선구적 연구업적으로 주목할 만한 것이며, 본저의 저술에 있어서 이로부터 많은 시사를 받은 점을 미리 밝혀둔다. 필자도 'Liang-fa (梁發),' *CHONGSHIN REVIEW* Volume 14, 2009와「梁發(Liang-Fa)의 生涯와 그 傳道活動」,『總神大論叢』第30輯, 2011을 발표한 바 있다.

한편 양발의 저작에 관한 연구업적으로는 ⑪ 林傳芳,「『勸世良言』の資料的考察」,『龍谷史壇』79, 1981, ⑫ 林傳芳,「『勸世良言』授受年代に關する一考察 : 梁發と洪秀全の接點を求めて」, (小野勝年博士頌壽記念會編,『小野勝年博士頌壽記念 東方學論集』, 東京, 朋友書店, 1982 수록), ⑬ 吉田寅,「梁阿發とその中國文布教書」,『基督教史學』13, 1963, ⑭ 吉田寅,「『勸世良言』考 : 十九世紀中國キリスト教布教書の一考察」,『キリスト教史學』17, 1966, ⑮ 吉田寅,「中國人キリスト教宣教師梁阿發と『勸世良言』」,『立正大學文學部論叢』89, 1989, ⑯ 吉田寅,「中國人宣教師梁阿發と『勸世良言』」, (吉田寅,『中國プロテスタント傳道史研究 : 宣教師刊中國語著作の資料的研究』, 東京, 汲古書院, 1997 수록), ⑰ 吳義雄,「關於梁發與洪秀全的幾個問題」,『韓山師範學院學報』2001年 第3期 등이 있다. 이 중에서 ⑬은 양발의 전도문서를 개괄한 것이고, ⑪ · ⑭ · ⑮ · ⑯은 양발의 대표적인 전도서인『권세양언』의 자료적 성격을 고찰한 것이며, ⑫와 ⑰은 태평천국의 영수 홍수전(洪秀全)의『권세양언』수수연대(收受年代)에 관하여 분석한 연구업적이다. 그 밖에 중서문화교류 상에서 양발의 업적에 관한 것으로는 ⑱ 雷雨田,「梁發與中西文化的會通」,『湘潭大學社會科學學報』第25卷 第5期, 2001, ⑲ 伍玉西,「梁發對基督教義的中國化詮釋」,『廣州社會主義學院學報』2003年 第3期 등이 있다.

본서는 4장으로 구성되어 있다. 제1장은 양발의 전도 활동에 관하여 살펴보고자 하는데, 양발이 기독교에 입교한 이후 전개되는 전도 활동이 주된 내용이 될 것이다. 제2장은 양발의 저작 활동을 살펴보고자 하는데, 그 주된 내용은 양발의 중국어 전도문서와 그 중에서 가장 중요하고도 유명한 『권세양언』의 자료적 성격 고찰이 될 것이다. 제3장은 태평천국과 기독교라는 제하에 『권세양언』과 홍수전의 입신(入信), 상제교(上帝教), 태평천국의 기의(起義), 태평천국의 종교, 양발과 홍수전의 기독교 사상의 차이, 태평천국적 기독교 사상에 대한 평가 등이 주된 고찰의 대상이 될 것이다. 제4장은 맺음말에 대신하여 양발의 업적을 전도상 및 중서문화 교류사상에서 살펴 볼 것이다.

# 제一장

# 양발의 전도 활동

# 제1장 _ 양발의 전도 활동

## 1. 양발의 기독교 입교

양발(梁發, Liang Fa, 1789-1855)[1]은 1789(乾隆 53)년[2] 광동성(廣東省) 조경부(肇慶

---

1 양발의 생애에 관한 연구업적으로는 다음을 참조하기 바란다. Elijah C. Bridgman, "Brief Memoir of the Evangelist, LEANG AFA," *Missionary Herald*, Vol. 30; George H. McNeur, *China's First Preacher Liang A-Fa 1789-1855*, (Shanghai : Kwan Hsueh Publishing House, 1934). 胡簪雲 譯,『中華最早的布道者梁發』, (上海廣學會, 1931. 香港 : 基督教輔僑出版社, 1955). 胡簪云 譯 · 上海廣學會 重譯,「中華最早的布道者梁發」,『近代史資料』1979年 第2期. 朱心然 譯,『梁發 : 中國最早的宣教師』, (香港, 基督教文藝出版社, 1998); Alexander Wylie, *Memorials of Protestant Missionaries to the China*, (Shanghai : American Presbyterian Mission Press, 1867), pp.21-5; 彭澤益,『太平天國革命思想』, (上海商務印書館, 1940), pp.3-6; 簡又文,『中國基督教的開山事業』(香港, 輔僑出版社, 1956), pp.19-26; 吉田寅,「梁阿發とその中國文布教書」,『基督教史學』13, 1963, pp.23-8; 査時傑,「梁發(1789-1855) : 第一位中國籍牧師」, (査時傑,『中國基督教人物小傳』上卷, 臺北, 中華福音神學院出版社, 1983 수록); 呂延壽,「教徒 · 傳教士 · 畸形兒 : 關於梁發的一生」, (四川省哲學社會科學學會聯合會 · 四川省近代教案史研究會 合編,『近代中國教案研究』, 成都, 四川省社會科學院出版社, 1987 수록); 吉田寅,「中國人キリスト教宣教師梁阿發と『勸世良言』」,『立正大學文學部論叢』89, 1989; 關漢華 · 胡波,「梁發及嶺南基督教的傳播」,『學術研究』1993年 第1期; 吉田寅,「中國人宣教師梁阿發と『勸世良言』」, (吉田寅,『中國プロテスタント傳道史研究 : 宣教師刊中國語著作の資料的研究』, 東京, 汲古書院, 1997 수록); 陳申如,「梁發述論」,『近代中國』第10輯, 2000; 裵英敏,「최초의 중국인 개신교 목사 梁發과『勸世良言』」, 高麗大學校 大學院 碩士 學位論文, 2004; 顧長聲,「第一個被按立的中國傳道人梁發」, (顧長聲,『傳教士東來傳救恩論文集錦』, 臺北, 宇宙光, 2006 수록); Hoon Cho,'Liang-fa(梁發),' *CHONGSHIN REVIEW* Volume 14, 2009; 조훈,「梁發(Liang-Fa)의 生涯와 그 傳道活動」,『總神大論叢』第30輯, 2011.

2 일설에 의하면 1788년이라고 하나 분명하지 않다.(顧長聲,「第一個被按立的中國傳道人梁發」, 〈顧長聲,『傳教士東來傳救恩論文集錦』, 臺北, 宇宙光, 2006 수록〉, p.63)

府) 서남쪽에서 약 70마일 떨어진 고명현(高明縣)[3] 삼주사(三洲司) 고로촌(古勞村)에서 대대로 땅을 일구며 사는 가난한 농부의 아들로 태어났다. 양발이 태어났을 때 로버트 모리슨(Robert Morrison, 중국명 羅伯特 馬禮遜, 1782-1834)[4]은 7세로 뉴캐슬(Newcastle-upon-Tyne)[5]의 학교에 들어가 공부하고 있던 때였다.[6] 삼주사는 유명한 상업지구였는데, 주강(珠江) 상의 세 개의 섬으로 구성되어 있었기 때문에 이렇게 불리어졌다. 고로촌은 저지대였기 때문에 작은 범람으로 모든 것을 빼앗기곤 하는 볼 만한 경관이 없는 지역이었다. 양발이 태어난 집은 1833년의 홍수로 없어져 지금 그 흔적을 찾아보기 어렵게 되었다.[7]

양발의 원명은 공발(恭發 혹은 功發 · 公發)[8]이었고, 그 속명은 아발(阿發 혹은 亞發)이었다. 양발이 전도자로 나서게 되었을 때에는 학선자(學善者, student of excellence) 혹은 학선거사(學善居士, retired student of excellence)라는 필명으로 전도문서를 작성하였다.[9] 중국인은 전통적으로 자식의 이름에 의미를 부여

---

3 지금의 고학(高鶴)인데 광주시(廣州市) 고명구(高明區)에 속해 있다.

4 로버트 모리슨에 관한 보다 상세한 내용은 조훈,『로버트 모리슨 : 중국에 온 최초의 프로테스탄트 선교사』, (서울, 信望愛出版社, 2003)를 참조하기 바란다.

5 뉴캐슬은 항구 도시인데다가 나중에 세계 최대의 철근망과 조선업으로 발전하였지만, 18세기말 산업혁명 전까지만 하여도 그 번영을 상상할 수도 없었다. 로버트 모리슨은 나중에 그의 뉴캐슬 시절을 회상하면서 존 웨슬리(John Wesley, 1703-1791)가 '뉴캐슬은 전 영국에서 가장 쾌락의 도시," 무위도식하는 술 주정뱅이들의 전대미문의 음담패설로 충만한 도시'라고 혹평한 말을 연상하였다.(Marshall Broomhall, *Robert Morrison : A Master-Builder*, 〈New York : George H. Doran Company, 1924〉, p.9. 簡又文 譯,『傳教偉人馬禮遜』, 〈香港, 基督教文藝出版社, 1987〉, p.7)

6 조훈,『로버트 모리슨 : 중국에 온 최초의 프로테스탄트 선교사』, (서울, 信望愛出版社, 2003), pp.44-5.

7 George H. McNeur, *China's First Preacher Liang A-Fa 1789-1855*, (Shanghai : Kwan Hsueh Publishing House, 1934), pp.7-10.

8 양발의 영문명은 Liang-Fa인데, 그 원명의 광동어(廣東語) 발음에 의하여 Leang Kung-fa로 표기되기도 하였다.

9 Alexander Wylie, *Memorials of Protestant Missionaries to the Chinese*, (Shanghai : American

해 왔다. 따라서 양발의 부친도 그 아들이 부유하고 영예로운 가족에게서 보내졌으면 하는 기대에서 '보내지다'라는 의미의 '발(發)'이란 이름을 지어주었을 지도 모른다. 그러나 그의 기대와는 달리 '발'이라는 이름에는 '하나님으로부터 보내진 사람(a man sent from God)'이란 의미가 내포되어 있었음이 그의 생애를 통하여 입증되었던 것이다.[10]

양발의 부친은 농업에 종사하였는데, 그 가정 형편은 빈한하였다.[11] 따라서 양발은 11세가 되어서야 비로소 촌숙(村塾)에 들어가 공부할 수 있게 되었다. 이는 아주 용기를 필요로 하는 것이었다. 왜냐하면 대다수의 아동은 그보다 어린 나이에 공부를 시작하여 수준이 양발보다 높았기 때문이며, 양발은 수업이 끝나면 가사와 농사일을 도와야만 하였기 때문이다. 양발은 촌숙에서 『삼자경(三字經)』[12], 사서오경 및 『성론(聖

---

Presbyterian Mission Press, 1867), p.22.

10 George H. McNeur, *China's First Preacher Liang A-Fa 1789-1855*, (Shanghai : Kwan Hsueh Publishing House, 1934), p.10. 胡簪云 譯 · 上海廣學會 重譯, 「中華最早的布道者梁發」, 『近代史資料』 1979年 第2期, p.145. 朱心然 譯, 『梁發 : 中國最早的宣教師』, (香港, 基督教文藝出版社, 1998), p.28.

11 그러나 어린 시절 양발의 생활상을 상고할 방법이 없다.

12 『삼자경』은 중국의 사숙(私塾)에서 학동이 학습하는 첫 교과서였는데, 그 내용은 교육을 계 몽하고 학생이 발분해서 공부하기를 요구하는 것이었다. 그 일부를 인용해 보면 다음과 같다.

頭懸樑, 錐刺骨. 彼不教, 自勤苦.
如囊螢, 如映雪. 家雖貧, 學不輟.
如負薪, 如掛角. 身雖勞, 猶苦卓.

(顧長聲, 「第一個被按立的中國傳道人梁發」, 〈顧長聲, 『傳教士東來傳救恩論文集錦』, 臺北 宇宙光, 2006 수록〉, p.64)

『삼자경』에 관한 보다 상세한 내용은 村上嘉英, 「三字經について」, 『天理大學學報』 第 78輯, 1972를 참조하기 바란다. 한편 이를 모방하여 선교사도 『삼자경』을 간행하였는데, 그 상세한 내용은 吉田寅, 「『三字經』と入華宣教師の中國語布教書」, 『立正史學』 第73號, 1993; 吉田寅, 「入華プロテスタント宣教師と『三字經』『千字文』」, 『歷史學と歷史教育』 第50號, 1996 등을 참조하기 바란다. 선교사 간행 삼자경의 원문은 楊森富 編, 『中國基督教史』, (臺北, 臺灣商務印書館, 1984), pp.183-5에 수록되어 있고, 그 번역은 이관숙, 『중국기독교사』, (서울, 쿰란출판사, 1995), pp.224-7에 수록되어 있다.

論)』[13]을 학습[14]하였을 뿐 아니라 중국의 서법도 익혔다. 양발의 부친은 양발에게 서법 연마를 아주 엄하게 독려하여 습자(習字) 후 그것을 자기에게 보이도록 하였다.[15] 양발은 이처럼 얻기 어려운 기회를 아주 소중히 여기며 '각고구학(刻苦求學)'하여 유가의 윤리교육 및 그와 유관한 인내 · 예양 · 근고 · 복종 · 극기 등 각 방면의 훈련을 받음으로써 향후 그의 사역에 불가결한 학문적 기초를 쌓았던 것이다. 그리고 양발의 일기와 런던선교회에 보낸 그의 편지[16]를 보면 자체가 단정하고 아름다움을 알 수 있는데,

---

13 『성론』은 1670년 강희제(康熙帝)가 관리와 신사로 하여금 촌락에서 보름마다 한 번씩 백성들이 올바른 행위에 대하여 알아들을 수 있도록 명확하고 상세히 설명하게 한 16개조의 윤리 신조였다. 그 16개조는 「敦孝弟以重人倫」(효제에 힘써서 인륜을 소중히 하라), 「篤宗族以昭雍睦」(종족에 정성을 들여서 화목을 밝혀라), 「和鄉黨以息爭訟」(향당과 화목하여서 쟁송을 그쳐라), 「重農桑以足衣食」(농상을 소중히 하여서 의식을 풍족하게 하라), 「尙節儉以惜 財用」(절검을 숭상하여서 재용을 아껴라), 「隆學校以端士習」(학교를 융성케 하여서 선비의 풍습을 바로잡아라), 「黜異端以崇正學」(이단을 물리쳐서 바른 학문을 높혀라), 「講法律以儆愚頑」(법률을 익혀서 어리석고 완명함을 경계하여라), 「明禮讓以厚風俗」(예양을 밝혀서 풍속을 두텁게 하라), 「務本業以定民志」(본업에 힘써서 민지를 정하여라), 「訓子弟以禁非爲」(자제를 가르쳐서 정도에 어긋난 행위를 금하게 하여라), 「息誣告以全善良」(무고를 그쳐서 선량함을 온전하게 하라), 「誡匿逃以免株連」(간사함에 빠지는 것을 경계하여서 연좌되어 형벌에 처해지는 것을 면하여라), 「完錢糧以省催科」(재정을 튼튼케 하여서 조세 상납의 독촉을 들라), 「聯保甲以弭盜賊」(보갑을 조직하여서 도적을 근절시켜라), 「解讐忿以重身命」(원수에 대한 원한을 풀어서 몸과 목숨을 소중히 하라)이다. 중국 민중에 대한 선교를 지향하였던 윌리엄 밀른은 향촌에서의 민중 교육을 주안으로 한 청조(淸朝) 황제의 칙유(勅諭)에 특히 관심을 가진 결과 『성론』 및 그에 대한 옹정제(雍正帝)의 상세한 설명인 『성론광훈(聖論廣訓)』을 영역하여 *The Sacred Edict* (London, 1817, 29p)이란 제명으로 출판하였다.(Alexander Wylie, *Memorials of Protestant Missionaries to the Chinese*, 〈Shanghai : American Presbyterian Mission Press, 1867〉, p.20; 吉田寅, 「ウイリアム=ミルン(米憐)の中國文布教書について : 『幼學淺解問答』と『鄉訓五十二則』を中心として」, 『東京學藝大學附屬高校硏究紀要』18, 1981, p.33) 한편 16개조에 대한 상세한 논평은 *The Chinese Repository*, Vol. Ⅰ, Dec., 1832, pp.297-315에 수록되어 있으니 참조하기 바란다.

14 George H. McNeur는 양발이 『삼자경』을 가장 먼저 공부하였다고 하였고, Elijah C. Bridgman은 양발이 사서와 『서경』·『역경』·『예기』·『성론』을 공부하였다고 하였다.

15 顧長聲, 「第一個被按立的中國傳道人梁發」, (顧長聲, 『傳教士東來傳救恩論文集錦』, 臺北, 宇宙光, 2006 수록), pp.63-4.

16 이 일기와 편지는 아직도 런던선교회에서 보관하고 있다고 한다.

이것도 이 때 연마한 결과였다.[17] 양발의 모친은 불심이 아주 돈독하여 명절 때마다 항상 양발을 데리고 절에 가서 소향배불(燒香拜佛)하였는데,[18] 양발의 불심도 아마 이 때 형성된 것이 아닌가 한다.

15세 때인 1804년[19] 양발은 가정 형편이 더욱 나빠져서 더 이상 계속 공부를 할 수 없게 되었다. 따라서 양발의 부친은 양발에게 집을 떠나 성성(省城) 광주(廣州)에 가서 생계를 도모하라고 명하였다. 양발은 남루한 옷 몇 벌을 이불 속에 말아 넣고서 그것을 짊어지고 선편으로 광주로 향하였다. 심지가 아직 굳건하지 않은 겨우 15세의 소년이 부모, 고향 및 친구를 떠나 먼 타향으로 가는 것은 사실상 쉬운 일이 아니었다. 양발이 탄 배가 하남(河南)의 주두취(洲頭嘴)를 지날 때 양발은 성도(省都)를 먼발치로 바라보았는데, 이는 서양 세계와의 첫 만남[20]이었다. 다음 날 새벽 양발은 광주에 도착하였다. 양발은 황포강(黃埔江) 연안에 일렬로 늘어서 있는 건물들과 많은 짐꾼들이 아주 바쁘게 많은 화물을 부리는 것을 보았다. 건물들의 지붕에는 울긋불긋한 깃발이 휘날리고 있었는데, 당시 양발은 이

---

17 胡簪云 譯 · 上海廣學會 重譯,「中華最早的布道者梁發」,『近代史資料』1979年 第2期, p.144.

18 顧長聲,「第一個被按立的中國傳道人梁發」, (顧長聲,『傳教士東來傳救恩論文集錦』, 臺北, 宇宙光, 2006 수록), p.64.

19 이 1804년은 바로 로버트 모리슨이 '하나님께서 저를 어려움이 제일 많은 곳으로 보내주시고, 가장 축복하기 어려운 사람들 사이에서 일하게 해주소서'(George H. McNeur, *China's First Preacher Liang A-Fa 1789-1855*, 〈Shanghai : Kwan Hsueh Publishing House, 1934), p.14. 胡簪云 譯 · 上海廣學會 重譯,「中華最早的布道者梁發」,『近代史資料』1979年 第2期, p.146. 朱心然 譯,『梁發 : 中國最早的宣教師』,〈香港, 基督教文藝出版社, 1998〉, p.32; Sherwood Eddy, *Pathfinders of the World Missionary Crusade*, 〈New York : Abingdon-Cokesbury, 1945〉, p.34)라는 내용의 기도를 한 끝에 런던선교회에 중국 선교를 지원한 해였다.

20 George H. McNeur, *China's First Preacher Liang A-Fa 1789-1855*, (Shanghai : Kwan Hsueh Publishing House, 1934), pp.13-4. 胡簪云 譯 · 上海廣學會 重譯,「中華最早的布道者梁發」,『近代史資料』1979年 第2期, p.145. 朱心然 譯,『梁發 : 中國最早的宣教師』, (香港, 基督教文藝出版社, 1998), pp.31-2.

건물들이 서양인과 교역을 하는 13행(行)[21]이라는 것을 알지 못하였고, 그가 장차 서양인과 함께 일하게 되리라는 것도 결코 상상하지 못하였다. 양발은 처음 필방(筆坊)에서 모필(毛筆) 제조를 배웠으나 곧 전직하여 장제(長堤) 부근의 인쇄소에서 조판(雕版) 기술을 배우게 되었다. 이 조판 기술은 인내심과 세심함을 요구하는 고난도의 것이었다. 왜냐하면 한자는 필획이 많을 뿐 아니라 또한 해서 · 행서 · 초서 · 전서 등이 있었으므로 조판공인(雕版工人)이 되려면 이처럼 번잡한 수공 기술을 반드시 습득하여야만 하였다. 4년의 학도 과정을 거친 후 양발은 비로소 독립적으로 일할 수 있게 되었다.[22] 이 때 익힌 각서(刻書) · 조판(雕版) 방면에서의 뛰어난 기예와 독학하여 터득한 유창한 문필은 나중에 양발이 전도사역을 전개함에 있어서 주요한 밑천이 되었던 것이다.[23]

당시의 광주는 비록 금령 하에 있었을 지라도 중국 선교의 역사에서 획기적인 국면을 맞이하게 되었다. 그것은 1807년 9월 7일 프로테스탄트 최초의 중국선교사 로버트 모리슨이 런던선교회(The London Missionary Society, 중국명 倫敦傳敎會, 1795년 설립)[24]에 의해 파송되어 광주에 도착한 사건이

---

21 13행 중 12행은 서양인이 개설하였고, 1행은 중국인이 개설하였다.

22 顧長聲, 「第一個被按立的中國傳道人梁發」, (顧長聲, 『傳教士東來傳救恩論文集錦』, 臺北, 宇宙光, 2006 수록), p.64.

23 李志剛, 『基督教早期在華傳教史』, (臺北, 臺灣商務印書館, 1985), p.175; 查時傑, 「梁發 (1789-1855) : 第一位中國籍牧師」, (查時傑, 『中國基督教人物小傳』 上卷, 〈臺北, 中華福音神學院出版社, 1983〉 수록), p.2.

24 런던선교회는 존 웨슬리에 의해 야기되어 18세기에서 19세기에 걸쳐서 영국 국내에서 왕성하였던 프로테스탄트의 신앙부흥운동의 한 결과로서의 '해외 선교의 대발전시대'에 국교회(Anglican Church, the Church of England), 장로회(Presbyterian Church), 조합교회(Congregational Church) 및 독립교회(Independent Church)의 합작으로 1795년에 발족되었다. 런던선교회의 명칭은 그 이사였던 조셉 하드캐슬(Joseph Hardcastle, 1752-1818)의 빌딩이 런던교 곁에 있었기 때문에 그 이름을 취한 것이라고 하지만, 그보다도 당시 세계의 중심 도시이자 영국인의 자랑이던 이름이었기 때문에 런던이라는 명칭을 붙인 것이라고 한다. 런던선교회는 국교도와 비국교도의 대립 감정에 사로잡히지 않고, 교파적 입장을 초월하여 순수하

었다. 광주 도착 직후 로버트 모리슨은 선교 사업의 추진을 가로막는 세 가지 요소로서 청조 정부의 엄중한 금령, 마카오(Macao)25에 거주하고 있던 가톨릭 선교사의 프로테스탄트 선교에 대한 방해, 영국 동인도회사(The East India Company)26의 엄중한 규정에 의한 활동의 제한을 들었다. 그런데 로버트 모리슨을 중국에 파송한 런던선교회가 로버트 모리슨에게 부여한 첫 번째 임무는 중국어를 습득함으로써 선교의 기초를 쌓는 것이었다. 두 번째 임무는 중영사서(中英辭書)를 편찬하는 것이었고, 세 번째 임무는 만약에 가능하면 장래의 선교 발전에 대비하여 성경을 중국어로 번역하는 것이었다. 여기에는 프로테스탄트 본래의 선교 방침에 기초하여 우선 성경을 중국어로 번역하는 것이 완료되기까지를 중국 선교에 있어서 제1단계의 목표로 삼고 있던 런던선교회의 기본적 태도가 잘 나타나 있었다. 다만 런던선교회의 간부가 그 때 중국에서 선교가 얼마나 곤란한

---

게 복음의 신앙을 설교하고 구원을 가르치는 것을 목적으로 하였다. 그 결과 다른 선교 단체가 일종일파(一宗一派)에 의하여 설립된 관계로 피할 수 없는 편협성이 있었던 것과는 달리 런던선교회는 그 사고방식과 활동에서 포용성이 있었던 것이다. 런던선교회는 1797년에 처음으로 남해에 선교사를 파송하는 것을 시작으로, 1798년에 인도, 1799년에 아프리카, 1807년에 로버트 모리슨을 중국에 파송하는—런던선교회는 다른 선교회보다 앞선 1801년부터 중국 선교사 파송 문제를 토론하기 시작하였다— 등 점차 원동지구로 그 선교지를 확대하였다. 따라서 런던선교회는 로버트 모리슨 등을 비롯하여 무수한 헌신적인 선교사 뿐 아니라 능력 있고 식견있는 학자 · 의료가 · 연구자를 양성해서 파견함으로써 선교 사업의 개척과 발전에 공헌하였다. 한편 런던선교회에 관한 보다 상세한 내용은 다음의 연구업적을 참조하기 바란다. C. Silvester Horne, *The Story of the London Missionary Society (1795-1895)*, (1894); Richard Lovett, *The History of the London Missionary Society (1795-1895)*, (London : Oxford University Press, 1899); Norman Goodall, *A History of the London Missionary Society(1895-1945)*, (London : Oxford University Press, 1954); 都田恒太郎,『ロバ-ト・モリソンとその周邊』, (東京, 敎文館, 1974), pp.58-65.

25 16세기 이래 마카오는 서양 선교사가 중국에 진입하여 선교하는 중계지이자 중국에서 축출된 선교사의 은신처였다.(衛靑心,『法國對華傳教政策』上卷, 1975, p.67)

26 원래의 명칭은 The Governor and Company of Merchants of London Trading into the East Indies 였다. 나중에 The United East India Company(동인도연합회사, 약칭 UEIC)로 바뀌었는데, 보통 The East India Company(동인도회사)라고 불렀다.

것이었던가를 어느 정도까지 이해하고 있었는지는 의문이다. 당시 광주에서 무역 활동을 전개하며 중국에서 영국 정부의 입장을 대표하고 있던 동인도회사는 무역의 이익 확보를 위하여 청조에 추수하는 태도를 취하고 있었다. 이 때문에 청조의 금령에 저촉되는 것을 두려워해서 프로테스탄트 선교사가 중국에 오는 것에 대하여 거부적인 입장을 취하였던 것이다. 이러한 상황에서 로버트 모리슨의 최우선적인 사업은 청조 정부의 엄중한 기독교 금령 하에서 저작 활동을 중심으로 활약할 수 있는 장을 확립하는 것이었다. 그리고 선교사의 선교 활동에 대해서는 동인도회사마저 호의적이지 않았기 때문에 중국에서의 직접 선교를 단념하고, 장래의 선교 사업의 발전에 대비하여 기초적인 활동에 전념하게 되었다. 1809년 2월 로버트 모리슨이 동인도회사 통역에 취임한 것은 이상과 같은 상황에서의 요청에 따른 것이었고, 저작 활동을 시작하더라도 우선 일단의 안주할 땅을 구하지 않으면 안 될 필요에 쫓겼기 때문이라고 생각된다. 즉 동인도회사의 직원이 되는 것은 중국에서 공인된 지위를 얻는 것이어서 종전과 같이 거주의 권리조차 불안하였던 고경을 벗어날 수 있게 되었던 것이다. 이후 로버트 모리슨은 표면적으로 동인도회사의 상관원으로서의 업무에 종사하면서도 이면적으로는 이제 막 획득한 행동 거점에서 성경의 중국어 번역과 교의해설서의 간행에 노력을 경주하게 되는 것이었다.[27]

1810년, 즉 21세 되던 해에 모친이 병들어 죽자 양발은 급히 고향으로 돌아가 상을 치렀다. 양발은 모아두었던 돈의 대부분을 어머니의 장례비로 사용하였다. 그 후 양발은 다시 광주로 되돌아가 채흥(蔡興)이 책임자

---

27 조훈, 『중국기독교사』, (서울, 그리심, 2004), pp.16-8.

로 있던 13행 부근의 한 인쇄소에 조판공인으로 고용되었다. 이 인쇄소에서는 채흥의 두 동생 채고(蔡高)와 채삼(蔡三)도 함께 일하고 있었다.[28]

1810년 8월 로버트 모리슨은 중국어로 번역한 「사도행전」 1,000부를 채흥의 손을 거처 목판 인쇄로 출판하게 되었는데, 이 때 인쇄공이던 양발을 알게 되었다. 양발은 로버트 모리슨의 번역문을 수정하고, 그것을 다시 목판에 옮겨 쓴 다음에 각자(刻字)하여 인쇄하였다.[29] 따라서 양발은 자연스럽게 「사도행전」을 읽으면서 성경에 커다란 관심을 갖게 되었다. 이는 양발이 최초로 성경에 접하게 되는 계기가 되었던 것이다. 이 때에 로버트 모리슨은 기회가 닿는 대로 양발에게 기독교의 교리를 전하였다. 이러한 양발과 로버트 모리슨의 만남은 양발의 인생에 있어서 자신을 가장 가치 있게 쓰이도록 하는 계기가 되는 것이었는데,[30] 기독교인은 이것을 하나님의 섭리라고 여긴다.

1811년 가경제(嘉慶帝)는 어사(御史) 감가빈(甘家斌)의 건의에 근거하여 '이후 양인이 비밀리에 서적을 인쇄하거나 선교 기관을 설립하여 무리를 현

---

28 顧長聲,「第一個被按立的中國傳道人梁發」, (顧長聲,『傳教士東來傳救恩論文集錦』, 臺北, 宇宙光, 2006 수록), pp.64-5.

29 이러한 로버트 모리슨과 양발의 협력 관계와 관련하여 잘못 알려져 있는 삽도(挿圖) 하나를 소개하고자 한다. 즉 George H. McNeur, *China's First Preacher Liang A-Fa 1789-1855* (Shanghai : Kwan Hsueh Publishing House, 1934), p.70에는 조지 치너리(George Chinnery, 1774-1832)의 1829년작 'Dr. Morrison with two Chinese assisitants'라는 제명의 삽도가 수록되어 있는데, 조지 맥네어는 이 삽도를 설명하기를 로버트 모리슨을 제외한 두 사람 중 앉아 있는 중국인은 이씨이고, 서 있는 중국인은 아마도 양발일 것이라고 하였다. 동일한 삽도가 戈公振,『中國報學史』, (上海, 商務印書館, 1927)에도 수록되어 있는데, 본고가 참고한 2003년(上海古籍出版社)판 p.75에 의하면「馬禮遜, 梁滔, 梁亞發合編書報圖」라는 제하에 양도(梁滔)와 양발이라고 설명하였다. 그러나 다른 연구에 의하면 이 삽도에 양발은 포함되어 있지 않으며, 앉아 있는 중국인은 진노의(陳老宜)이고, 서 있는 중국인은 이십공(李十公)이라 고 정정하였다.(張靜廬,「"察世俗"和梁發」,『圖書館』1961年 第3期, p.60)

30 李志剛,『基督教早期在華傳教史』, (臺北, 臺灣商務印書館, 1985), p161; 査時傑,『中國基督教人物小傳』, (臺北, 中華福音神學院出版社, 1983), p.2; 김수진,『중국개신교회사』, (서울, 홍성사, 1997), p.186.

혹하고자 기도하면……우두머리가 되는 자는 참하고……양교를 신종하며 반교(反敎)하기를 원하지 않는 자는 원방에 충군(充軍)한다'[31]는 내용의 「서양인전교치죄조례(西洋人傳敎治罪條例)」를 형부가 의정해서 반포토록 함으로써 가톨릭에 대한 대탄압[32]을 재개하였다. 1812년 청조는 계속해서 1805년의 금령[33]을 더욱 강화하는 다음과 같은 상유(上諭)도 반포하였다.

> 이후 서양인이 서적을 비밀리에 인쇄하거나 선교기관을 설립하여 대중을 현혹시키려 하고, 만인(滿人) · 한인(漢人) 등이 서양인의 위임으로 그 종교를 전파하며, 개명하거나〔세례를 받거나〕 치안을 어지럽히는 것을 엄중히 방지하여 주범을 사형에 처할 것이다. 소수 사람들에게 비밀리에 서양 종교를 알리고 개명하지 않은 자〔세례 받지 않은 자〕는 사형유예에 처할 것이며, 서양 종교를 신봉하고 반대하지 않으려 하는 자는 군역에 충당하는 유형에 처할 것이다.[34]

---

31 『仁宗睿皇帝實錄』 卷二百四十二, 3594-5項; 『大淸律』 道光 六(1826)年條.

32 이 때의 대탄압으로 선교사가 사실상 감금(Walter H. Medhurst, *China : Its State and Prospects with Special Reference to the Spread of the Gospel*, 〈London : John Snow, 26, Paternoster Row, 1838〉, p.260)되기도 하는 등 선교 활동에 심한 제약이 가해졌다. 1812년 로버트 모리슨은 이 칙령을 번역하여 런던선교회의 본부에 보내었다. 이 때 로버트 모리슨은 자신의 의견을 다음과 같이 피력하였다. "나는 여기에 중국 칙서의 번역을 동봉하였습니다. 보신 대로 거기에는 기독교 서적을 중국어로 출판하는 자는 사형에 처한다고 쓰여 있습니다. 그렇지만 나는 …… 믿음으로 전진하지 않으면 안 됩니다. …… 나는 정부가 눈치 채지 않도록 세심한 주의를 기울였습니다."(Richard Lovett, *The History of the London Missionary Society 1795-1895*, Vol Ⅰ, 〈London : Oxford University Press, 1899〉, p.410) 한편 1811년의 대탄압에 대한 보다 상세한 내용은 矢澤利彦, 「嘉慶十六年の天主教禁壓」, 『東洋學報』 第27卷 第2號, 1940을 참조하기 바란다.

33 1805년 가경제는 이탈리아 국적의 어거스틴회 선교사 아데오다트(Adeodat de St. Angustin, 중국명 德天賜)에 의한 선교용 지도의 송부문제 사건을 발단으로 「申明例禁西洋人刻書傳敎上諭」를 발하고 가톨릭 선교사의 활동을 제한한 바 있었다.(顧衛民, 『中國天主教編年史』, 〈上海書店出版社, 2003〉, pp.334-41)

34 George H. McNeur, *China's First Preacher Liang A-Fa 1789-1855*, (Shanghai : Kwan Hsueh Publishing House, 1934), 17-8. 胡簪云 譯 · 上海廣學會 重譯, 「中華最早的布道者梁發」, 『近代史資料』 1979年 第2期, p.147. 朱心然 譯, 『梁發 : 中國最早的宣敎師』, (香港, 基督敎文藝出版社, 1998), p.37; 小島晋治, 『洪秀全』, (東京, 集英社, 1987). 崔震奎 譯, 『홍수전』, (서울, 고려원, 1995), p.38.

이처럼 엄중한 금령 하에서 양발이 중국인으로서 서양인의 기독교 서적을 인쇄하는 것은 생명의 위험을 무릅쓰는 일이었다. 따라서 양발의 전기를 쓴 영국 선교사 조지 맥네어(George H. McNeur)는 '이처럼 위험한 정황 하에서 그는 외국인이 성경을 인쇄하는 것을 감히 도왔는데, 이로써 그의 사람됨이 용감하고 자주정신이 풍부함을 엿볼 수 있다'[35]라고 하였다. 1811-2년 로버트 모리슨이 번역한 「누가복음」과 일부분의 바울 서신은 대부분 양발의 손을 거쳐서 인쇄되었다. 그런데 「누가복음」과 바울 서신은 기독교의 기본 교의로 일관되어 있었다. 양발은 이를 조판 · 인쇄하는 과정에서 거듭 읽고 사유한 끝에 기독교의 기본 교의를 초보적으로 이해하게 되어 그 사상에 변화가 발생하기 시작하였다. 따라서 양발은 로버트 모리슨에게 세례를 베풀어 주기를 청하였으나 로버트 모리슨은 응답하지 않았다고 한다.[36]

1813년 7월 4일 로버트 모리슨의 동역자로서 윌리엄 밀른(William Milne, 중국명 米憐, 1782-1822)[37]이 런던선교회에 의하여 중국에 파송되어 왔다. 당

35 胡簪云 譯 · 上海廣學會 重譯, 「中華最早的布道者梁發」, 『近代史資料』 1979年 第2期, p.147. 이 점과 관련하여 雷雨田은 양발의 담력과 식견을 지적하고 있다.(雷雨田, 「梁發與中西文化的會通」, 『湘潭大學社會科學學報』 第25卷 第5期, 2001, p.89)

36 王治心, 『中國基督教史綱』, (香港, 基督教文藝出版社, 1979), p.154; 李志剛, 『基督教早期在華傳教史』, (臺北, 臺灣商務印書館, 1985), p.175.

37 윌리엄 밀른은 로버트 모리슨을 돕기 위하여 런던선교회가 두 번째로 중국에 파송한 프로테스탄트 선교사였는데, 그의 생애에 관해서는 다음의 연구업적 등을 참조하기 바란다. William Milne, *A Retrospect of the First Ten Years of the Protestant Mission to China*, (Malacca : The Anglo-Chinese Press, 1820); "A Brief Sketch of the Life and Labors of the Late Rev. William Milne," *The Chinese Repository*. Vol. Ⅰ, Dec., 1832, pp.316-25; Alexander Wylie, *Memorials of Protestant Missionaries to the Chinese*, (Shanghai : American Presbyterian Mission Press, 1867), pp.12-21; Brian Harrison, *Waiting for China : The Anglo-Chinese College at Malacca, 1818-1843, and Early Nineteenth-Century Missions*, (Hong Kong, Hong Kong University Press, 1979); 조훈, 「윌리엄 밀느의 말라카 선교」, 『總神大論叢』 第24輯, 2005; Cho Hoon, "William Milne," *Chongshin Review* Vol.12, 2007; 조훈, 『윌리엄 밀른 : 말라카 선교를 통한 중국 선교기지의 개척자』, (서울, 그리심, 2008).

시 기독교에 대한 청조의 엄중한 금령 하에서 윌리엄 밀른의 선교 활동은 사실상 불가능하였다. 따라서 윌리엄 밀른은 로버트 모리슨과 상의한 끝에 중국에서의 직접선교를 단념하고 중국 주변지역에서 합법적인 활동이 가능한 근거지를 얻어 선교사역을 견지하기로 계획하였다. 그 결과 약 7개월간 윌리엄 밀른이 남양 일대를 여행한 끝에 말레이 반도 서안의 말라카(Malacca)[38]가 장래의 중국 선교 개척에 대비한 선교기지(preparatory launching site for the Protestant mission to China)를 건설함에 있어서 최적지로 선정되었다. 즉 다음과 같은 이유 때문에 말라카가 선교기지로 선택되었던 것이다. 첫째, 말라카는 동남아시아 교통의 요로에 위치해 있었다. 둘째, 말라카는 로버트 모리슨 등이 가장 중점을 두고 있던 중국인 전도라는 점에서 그 중국인에 접할 수 있는 적당한 지점이었다. 당시 광동(廣東)과 마카오에서도 중국인과의 접촉은 엄금되고 있었고, 중국 입국은 닫혀 있었다. 그 때에 말라카는 중국인이 많이 살았고, 또한 그들의 중국 본국에 대한 교통도 잘 행해지고 있는 곳이었다. 윌리엄 밀른의 관찰에 의하면 말

38 말라카는 말레이 반도 서안의 말라카 해협을 끼고 자리한 면적 637㎢의 항구 도시였는데, 싱가포르에서 100마일 떨어져 있었다. 말라카는 1398년 말레이 왕조가 그 곳에 회교 대제국의 도읍을 정한 이래 그 위세를 떨치던 중에 열강의 식민 세력에 의하여 주저앉고 말았다. 즉 말라카는 1511년 포르투갈인에게 함락되었다가 1641년 네덜란드인의 수중에 떨어졌다. 그리고 프란시스코 쟈비에르(Francisco de Xavier, 1506-52)가 중국으로 도항하기 직전 방문한 적도 있어서 말라카는 일찍부터 가톨릭 측의 포교지였다. 1795년 나폴레옹 전쟁이 발발하자 영국은 일시적인 식민지적 전리품으로서 말라카를 점령하였으나 아미앵(Amiens) 협정에 의하여 다시 네덜란드에 귀속되었다. 1824년 정식 영국령이 됨으로써 말라카는 동인도회사에 의하여 동양 무역의 근거지로 경영되었다. 따라서 이곳에서는 말레이시아의 주석, 인도의 직물, 버마의 목재, 타이의 쌀, 인도네시아의 후추, 중국의 비단 등이 주로 교역되었다. 그리고 말라카는 코친차이나(Cochin-China), 샴(Siam, 타이〈Thailand〉의 옛 이름) 및 페낭(Penang)이 까이에 위치해 있고, 인도와 광주를 잇는 중요 교통로의 중앙에 위치해 있어서 이들 지역을 항해하는 선박들이 빈번히 방문하던 곳이었다. 1808년 현재 말라카의 총 인구는 약 2만여 명이었는데, 그것은 말레이인 · 중국인 · 인도인 · 포르투갈인 · 네덜란드인 · 영국인 순으로 구성되어 있었다.(Brian Harrison, *Waiting for China : The Anglo-Chinese College at Malacca, 1818-1843, and Early Nineteenth-Century Missions*, 〈Hong Kong : Hong Kong University Press, 1979〉, pp.11-2, 16; 熊月之, 『西學東漸與晚清社會』, 〈上海人民出版社, 1994〉, pp.102-3)

라카의 중국인은 자바의 중국인보다 더 지적이었을 뿐 아니라 그 모어를 잘 보존하였고, 또한 그들 중에는 학자와 시인이 적지 않았다는 것이다. 이는 선교사가 중국어를 습득함에 있어서 호조건이었던 것이다. 셋째, 말라카는 기후가 비교적 온화하여 선교사의 자녀를 위한 학교와 연구소의 장소로서, 또한 병들거나 건강을 해친 선교사와 그 미망인의 휴양지로서 적당한 장소였다. 넷째, 말라카는 당시 네덜란드의 영지였으나 영국이 세력을 갖고 있던 곳이었고, 또한 그 지방에 주재하던 영국인 친구들로부터 최량의 원조를 받을 수 있는 전망이 있는 곳이었다.[39] 1815년 4월 17일 윌리엄 밀른은 말라카의 선교기지에 신학교를 설립하여 중국 선교를 담당할 인재를 양성하고, 인쇄소를 설립하여 선교 관련 책자를 안정적으로 대량 출판하려는 목적을 갖고서 말라카로 떠났다.[40] 이 때 인쇄 기술자들을 동반하기로 하였는데, 로버트 모리슨은 평소 양발이 성실하게 일하는 것을 눈여겨 보아 두었던 터라 윌리엄 밀른에게 그를 추천하였던 것이다.

35일간의 항해 후인 5월 하순 말라카에 도착하자 윌리엄 밀른은 곧 인쇄소[41]를 설립하고 성경 및 다수의 선교 책자를 출판하였는데, 양발은 인

---

39 Mrs. Eliza A. Morrison, *Memoirs of the Life and Labors of Robert Morrison, D. D.*, Vol. Ⅰ(London : Longman, Orme, Brown, Green Longmans, 1839), p.380; William J. Townsend, *Robert Morrison : Pioneer of Missions to China*, (New York : Fleming H. Revell Co., 1859), p.73; Brian Harrison, *Waiting for China : The Anglo-Chinese College at Malacca, 1818-1843, and Early Nineteenth-Century Missions*, (Hong Kong : Hong Kong University Press, 1979), p.17. 한편 말라카가 포르투갈 · 네덜란드 · 영국 등에게 순차적으로 점거되어 각 국의 동남아시아 활동의 중심지였던 점에서도 이 곳의 중요성이 증명되고 있는데, 이와 관련 해서는 竹村正子 譯,『東南アジア史』, (東京, みすず書房, 1973) 제8장과 제9장을 참조하기 바란다.

40 윌리엄 밀른의 말라카 행에 관한 보다 상세한 내용은 조훈,「윌리엄 밀느의 말라카 선교」,『總神大論叢』 제24집, 2005, pp.153-8; 조훈,『윌리엄 밀른 : 말라카 선교를 통한 중국 선교기지의 개척자』, (서울, 그리심, 2008), pp.43-50을 참조하기 바란다.

41 이 인쇄소의 공식명칭은 The London Missionary Society Press at Malacca였다.

쇄공으로서 이 사역을 성실하게 도왔다. 1815년 8월 5일 윌리엄 밀른은 양발의 도움을 받아 중국 최초의 근대적 중문 월간지 『찰세속매월통기전(察世俗每月統紀傳)』(*The Chinese Monthly Megazine*)42을 출판하였다. 『찰세속매월통

42 『찰세속매월통기전』은 기독교 교의의 전파 · 촉진을 제1차적 목적으로 하고, 2천여 년 동안 이나 정치적 속박에서 신음해 온 중국인민의 지력(智力) 개발, 즉 '지식 주입'과 '도덕 연마'를 부차적 목적으로 하여 1815년 8월 5일 윌리엄 밀른에 의하여 창간되었다. 『찰세속매월통기전』의 내용은 '신리(神理, 기독교의 교의)' · '인도(윤리도덕)' · '국속(각국의 풍속)' · '천문' · '지리' 등으로 구성되어 있었다. 이러한 내용으로 구성되어 있는 『찰세속매월통기전』은 시대적인 제약으로 말미암아 다음과 같은 독특한 특징을 갖고 있었던 것이다. ①『찰세속매월통기전』은 용어 사용에 있어서 극히 신중하였다. 왜냐하면 당시 중국의 조야는 모두 기독교를 이단으로 간주하였고, 말라카의 중국인 중에서도 전통문화의 영향을 깊이 받아 기독교의 전파를 매우 혐오하는 사람이 적지 않았기 때문이다. ②그 때문에 『찰세속매월통기전』은 충효절의인애(忠孝節義仁愛)의 내용을 지닌 문장, 즉 '인도'를 게재하였다. ③『찰세속매월통기전』의 문장에는 항상 중국 문학, 특히 소설의 표현 수법이 채용되었다. ④『찰세속매월통기전』은 독자의 반응을 매우 중시하였다. 『찰세속매월통기전』은 1815년 8월 5일 말라카에서 창간된 것은 공지의 사실이지만, 그 폐간일과 총 엽수(葉數)에 관해서는 견해가 구구하다. 제 견해를 종합해 보면 『찰세속매월통기전』은 1815년부터 1822년 까지 총 8권 77호가 출판된 듯하다. 그리고 『찰세속매월통기전』은 월간본과 매년합정본의 두 형식으로 출판되었다. 월간본은 매호 5-9엽으로 일정치 않았으나 그 창간 초기에 500부를, 1819년경에는 1,000부를, 1820년부터는 2,000부를 발행한 듯하다. 합정본의 인쇄량은 1815년 725권, 1816년 815권, 1817년 850권, 1818년 500권, 1819년 1,000권, 1820-1년 각각 2,000권이었고, 1822년의 기록은 없다. 『찰세속매월통기전』은 말라카에서 창간되었으나 그 대상은 중국인이었다. 따라서 그 배포 구역은 말라카에 한정되지 않고 동남아시아 각지의 화교에게 무료로 배포되었을 뿐 아니라 심지어는 광주 · 마카오 등 중국의 일부 지역에도 배포되었다. 배포 방법은 윌리엄 밀른의 친구, 통신원과 여행자, 선편 등을 통한 것이었다. 한편 『찰세속매월통기전』의 주요한 기고자는 윌리엄 밀른이었고, 그가 대부분의 원고를 썼다. 윌리엄 밀른 이외의 기고자로는 로버트 모리슨, 윌트 메드허스트, 양발이 있었다. 『찰세속매월통기전』은 창간 6년 반만인 1822년 폐간되었다. 그 중요한 원인은 줄곧 기사 작성과 편집 · 제작을 거의 도맡다시피한 윌리엄 밀른이 폐병의 악화로 더 이상 일을 할 수 없었고, 윌트 메드허스트도 말라카를 이미 떠났으므로 주관할 사람이 없었기 때문이다. 창간 이후 처음 1년 반 동안, 즉 1817년까지 말라카 선교기지의 유일한 새로운 출판물이었고, 이후 정간될 때까지 말라카 선교기지 및 갠지스강이동선교회의 가장 중요한 출판물이었던 『찰세속매월통기전』은 다음과 같은 위상을 갖고 있었던 것이다. ①『찰세속매월통기전』은 중국의 프로테스탄트 선교 개척기에 있어서 문서 선교를 촉진하는 데에 커다란 영향을 미쳤다. ②『찰세속매월통기전』은 중서문화교류에 있어서 중요한 의의를 지녔다. ③『찰세속매월통기전』은 기독교의 교의를 선양함과 동시에 유교 · 불교 · 도교에 대하여 공격을 진행하였다. ④『찰세속매월통기전』은 서양의 문장 부호인 쉼표와 마침표를 최초로 사용함으로써, 중국어가 문어문에서 백화문으로 넘어가는 데에 있어서 적극적인 의의를 지니게 되었다. 『찰세속매월통기전』은 '남양 최초 의 중문 정기간행물'이었을 뿐 아니라 '중국 근대 잡지의 제일종(第一種)' · '중국 근대 보업(報業)의 개산비조(開山鼻祖)' · '중문 간행물의 비조' 등으로 칭송받는 최초의 근대적 중문 간행물이었다. 특히 『찰세속매월통기

기전』의 집필 · 편집 · 간행은 거의 윌리엄 밀른의 독력에 의하여 이루어졌다. 윌리엄 밀른이 말라카를 떠나 있는 동안은 월트 메드허스트가 편집 업무를 대행하였다. 그러나 양발의 도움이 없었더라면 그것은 불가능했을 지도 모른다. 왜냐하면 양발은 중국어 혹은 중국인의 풍속 · 습관 · 사상 · 의식 등에 대하여 윌리엄 밀른의 상담역이 되었을 것이었기 때문이다.[43] 따라서 양발은 정식으로 출판업계에 종사한 최초의 중국인[44]이었던 것이다.

윌리엄 밀른은 중국인 신도를 받아들이는 데에 상당히 엄격한 도덕적 · 인격적 기준을 갖고 있었는데, 양발에 대한 첫 인상은 좋지 않았던 듯하다. 윌리엄 밀른은 양발에 대하여 다음과 같이 말한 적이 있었다.

---

전』은 중국 프로테스탄트 선교와 밀접한 관련이 있는 최초의 중문 정기간행물로서 주목할 만한 것이라고 할 수 있다. 그러나 『찰세속매월통기전』은 시의성을 중요시하지 않았기 때문에 'a monthly journal(월간 저널)'이라기보다 'a periodical tract(정기적 소책자)' 혹은 일종의 종합적인 종교 간행물이었다고 평가하는 것이 오히려 타당할 지도 모른다. 그리고 그 내용의 종합성에 주목하여 『찰세속매월통기전』의 성격을 신문적인 역할을 포괄하는 출판물로도 평가할 수 있을 것이다. 요컨대 『찰세속매월통기전』은 기독교의 선교를 주목적으로 한 종교월간지였으나 차츰 중국의 계몽에 중점을 두게 되었으며, 서구의 입장에 서 있었으나 근대 신문에 접근하고 있었다고 평가할 수 있다. 즉 『찰세속매월통기전』의 탄생은 그 때까지 중국의 지배계급이나 일부의 상층사회에만 읽혔던 '관문서'를 중심으로 한 저보(邸報) 등 '고대신문' 이외에 또 하나의 새로운 신문의 유형을 제공하였다고 할 수 있는 것이다. 한편 『찰세속매월통기전』은 중국근대언론 시대의 개막을 알리는 신호탄이었다고 할 수 있다. 예를 들면 『찰세속매월통기전』을 시발점으로 해서 『특선촬요매월통기전(特選撮要每月統紀傳)』 · 『천하신문(天下新聞)』 · 『동서양고매월통기전(東西洋考每月統紀傳)』 · 『각국소식(各國消息)』 등 이 잡지와 유사한 서양식의 정기간행물이 다투어 중국에 등장함으로써 중국의 근대언론이 생성되었던 것이다. 한편 『찰세속매월통기전』에 관한 보다 상세한 내용은 蔡武, 「談談『察世俗每月統記傳』: 現代中文期刊第一種」, 『國立中央圖書館館刊』 1-4, 1968; 寧樹藩, 「『察世俗每月統紀傳』評述」, 『復旦大學新聞系新聞大學』 1982年 第4期; 姚福申, 「《察世俗每月統紀傳》的再認識 : 關于南洋最早的中文期刊」, 『新聞大學』 95 春; 譚樹林, 「《察世俗每月統記傳》研究」, (黃時鑒 主編, 『東西交流論譚』 第二集, 上海文藝出版社, 2001 수록); 蘇精, 「近代第一種中文雜誌 : 察世俗每月統紀傳」, (蘇精, 『馬禮遜與中文印刷出版』, 臺北, 學生書局, 2000 수록); 조훈, 「『찰세속매월통기전(*The Chinese Monthly Magazine*)고」, 『史林』 제30호, 2008 등을 참 조하기 바란다.

43 卓南生, 『中國近代新聞成立史 1815～1874』, (東京, ぺりかん社, 1990), p.36.

44 戈公振, 『中國報學史』, (上海古籍出版社, 2003), p.75.

> 그의 천성은 내왕에 능숙하지 않았는데, (이는) 그 밖의 많은 중국인과 결코 다르지 않았다. 그는 종전에 퉁명스럽고 고집이 세었으며, 때로는 아주 성가셨다.[45]

그러나 말라카에 선교기지가 건립된 후 1년여 동안 '한 명의 중국인도 그〔밀른〕와 관계를 맺으며 공개적인 입교를 희망함을 진지하게 표시하지 않았다.'[46] 이러한 정세 하에서 윌리엄 밀른은 첫 인상이 좋지 않았으나 성실하였던 양발에게 의지할 수 밖에 없었던 것이다.

양발은 기독교에 귀의하기 까지 '일련의 내면적인 자아교봉(自我交鋒)의 과정'[47]을 거쳤던 것이다. 양발에 의하면 그가 말라카로 가던 도중 윌리엄 밀른으로부터 끊임없이 성경을 읽고 하나님을 섬길 것을 권유받았다고 한다.

> 나는 아주 놀랐지만, 그는 뜻밖에도 내가 이렇게 할 것을 요구하였다. 나는 아주 즐겁지 않았지만, 다른 방법이 없었기 때문에 그를 따를 수 밖에 없었다.[48]

말라카에 도착한 후 고향으로부터 멀리 떨어진 양발은 심히 고독감을 느꼈다. 양발은 그 곳의 중국인이 주로 복건성(福建省) 출신이었기 때문에 자신과는 말이 달라 소통하기 어려워서 '나는 입이 있으나 말할 수 없고,

---

45 William Milne, *A Retrospect of the First Ten Years of the Protestant Mission to China*, (Malacca : The Anglo-Chinese Press, 1820), p.178.

46 William Milne, *A Retrospect of the First Ten Years of the Protestant Mission to China*, (Malacca : The Anglo-Chinese Press, 1820), p.177.

47 吳義雄,「關於梁發與洪秀全的幾個問題」,『韓山師範學院學報』2001年 第3期, p.2.

48 Elijah C. Bridgman, "Brief Memoir of the Evangelist, LEANG AFA," *Missionary Herald*, Vol. 30, p.354.

귀가 있으나 들을 수 없어서 나의 고통은 최고조에 달하였다'[49]고 고백하였다. 이러한 고독이라는 고통 속에서 양발은 틈만 나면 자기의 인생을 깊이 성찰한 결과 '자기의 과거 언행을 상기하여 자기가 죄인임을 철저히 믿었으나 어떻게 자기의 죄에 대하여 용서를 받을 수 있는가를 알지 못하였다'[50]고 하였다. 바로 이처럼 특수한 생존 환경이 양발로 하여금 일반적인 중국인보다 더욱 강렬한 종교적 정서를 갖게 하였던 것이다.

처음 양발은 자기 죄에 대한 용서의 해답을 불교에서 찾으려고 하였다. 따라서 매월 초하루와 보름에 양발은 말라카 화교사회의 절에 가서 선향(線香)과 지전(紙錢)을 불사르면서 오랫동안 꿇어앉아 관음(觀音)에게 기도하고, 부처와 그 밖의 천지신명에게 엎드려 절하며 죄 사함을 받으려고 하였다. 이러한 모든 노력은 진정으로 해탈의 길을 모색하고 있던 양발에게 그 효과가 크지 않았든 듯하여 그는 '사악과 죄업의 사상이 여전히 나의 마음속에 반거하고 있고, 거짓말과 사기의 말이 아직도 입에서 끊어지지 않았다'[51] 라고 하였다. 윌리엄 밀른은 지난날과 다름없이 양발로 하여금 성경을 읽고 매일 예배에 참가하도록 권하였지만, 양발의 심령은 여전히 '이인(夷人)'의 종교를 다음과 같이 거절하였다.

> 나는 성경을 읽고 신천상제(神天上帝)를 숭배하기를 지극히 원치 않았다. 나는 그가 지전(紙錢) · 향화(香火) · 납촉(蠟燭) · 조상(雕像)을 사용하지 않는 것을 보고 그가 도대체 무슨 신을 섬기고 있는지 뚜렷이 이해하지 못하였기 때문

---

49 Elijah C. Bridgman, "Brief Memoir of the Evangelist, LEANG AFA," *Missionary Herald*, Vol. 30, p.354.

50 Elijah C. Bridgman, "Brief Memoir of the Evangelist, LEANG AFA," *Missionary Herald*, Vol. 30, p.354.

51 Elijah C. Bridgman, "Brief Memoir of the Evangelist, LEANG AFA," *Missionary Herald*, Vol. 30, p.354.

에 그와 함께 섬기려고 생각하지 않았다.[52]

얼마 후 양발은 운남(雲南)에서 온 한 승려로부터 불교에 접하게 되자 그의 인도로 온갖 정성을 다하여 구원의 길을 모색하였지만, 여전히 그의 죄의식은 사라지지 않았고 오히려 번민만 남아 있었음을 다음과 같이 토로하였다.

> 나는 구주를 믿기 전에 자신이 죄가 있음을 알았으나 어떻게 해야 구원 받을 수 있는지를 몰랐다. 나는 매달 초하루와 보름이면 사당에 가서 신을 참배하고 신의 보우를 구하였지만, 내 몸은 비록 신에게 예배하고 있어도 마음은 여전히 악한 생각을 품고 있었고, 다른 사람에게 거짓말하고 그들을 속이려는 생각이 영원히 내 마음을 떠나지 않았다.……한 승려가 중국에서 왔는데,……나는 그에게 '내가 어떻게 해야 죄에서 구원 받을 수 있겠습니까'라고 물었다. 그는 다음과 같이 대답하였다. "매일 진언을 암송하면 서쪽 하늘에 있는 부처님이 당신과 당신 가족의 모든 죄를 사하여 줄 것이다. 돈과 금전을 승려들에게 보시하고 그들에게 경을 읽도록 청하면 내세에 부귀한 집안에 태어나고 지옥의 고통도 받지 않게 될 것이다." 나는 이 말을 들었을 때 마음으로 불교도가 되려고 하였다.……그 후 나는 매일 불경을 암송하였지만, 어느 날 밤에 혼자 앉아 있을 때 평생 범한 죄가 심히 많고, 선한 일은 하나도 하지 않으면서 헛되이 경을 읽는 것만으로는 구원 받을 수 없음을 자각하였다.[53]

이는 일종의 원죄의식과 해탈을 갈구하는 심리였지만, 참된 회개에로

---

52 Elijah C. Bridgman, "Brief Memoir of the Evangelist, LEANG AFA," *Missionary Herald*, Vol. 30, p.355.

53 George H. McNeur, *China's First Preacher Liang A-Fa 1789-1855*, (Shanghai : Kwan Hsueh Publishing House, 1934), pp.23-4. 胡簪云 譯 · 上海廣學會 重譯,「中華最早的布道者梁發」,『近代史資料』1979年 第2期, pp.149-50. 朱心然 譯,『梁發 : 中國最早的宣教師』, (香港, 基督教文藝出版社, 1998), pp.43-4.

이끌지 못하는 불교가 영혼의 피난처가 될 수 없음을 양발은 깨달았던 것이다.

이러한 영적 위기 속에서 양발은 윌리엄 밀른의 『구세자언행진사기(求世者言行眞史記)』[54]의 판본을 조판하던 중 크게 감동을 받음으로써 기독교에 조우하였다. 따라서 양발은 윌리엄 밀른에게 기독교에 대한 질문을 하였을 뿐 아니라 어려운 성경 구절에 대한 해석을 요청하였다. 그 때마다 윌리엄 밀른은 성실하게 기독교의 교의를 설명하고, 성경 말씀의 진리를 강해함으로써 양발을 기독교 신앙의 길로 이끌었던 것이다.[55]

양발이 어떠한 질문을 하였던가에 대해서는 그 자신이 다음과 같이 말하였다.

> 안식일에 남은 일이 없을 때 나는 성경을 읽는 것을 일과로 하였다. 만약 내가 이해할 수 없는 구절이 있으면, 나는 밀른 박사의 집으로 가서 질문하였다. 박사는 기꺼이 그 의미를 나에게 설명해 주셨다. 그래서 나는 박사에게 그리스도의 속죄와 그가 어떻게 인류를 구원할 수 있었던가를 물었다.[56]

---

54 『구세자언행진사기』는 그리스도의 생애를 정리한 것이다. 우선 서문에서는 천지창조, 하나님의 섭리, 죄와 인간의 고난에 대하여 기록하고 있다. 다음 본문은 ⓐ복음 전 하나님의 섭리, ⓑ그리스도의 선구자, ⓒ그리스도의 탄생, ⓓ헤롯과 베들레헴의 아이들, ⓔ예루살렘 성전에서의 그리스도, ⓕ세례, ⓖ광야의 시험, ⓗ제자들을 부름, ⓘ제자들에 대한 강론, ⓙⓚ교의, ⓛ가르침의 방법, ⓜ기적, ⓝ생명의 신성함, ⓞ주님의 만찬 설정, ⓟ배반당한 예수, ⓠ죄의 선고와 십자가에 못박음, ⓡ부활, ⓢ승천, ⓣ모든 나라에 대한 사도의 포교의 20부분으로 나누어져 있다.(Alexander Wylie, *Memorials of Protestant Missionaries to the Chinese*, 〈Shanghai : American Presbyterian Mission Press, 1867〉, p.14)

55 王治心, 『中國基督教史綱』, (香港, 基督教文藝出版社, 1979), p.154; 吉田寅, 「中國人宣教師梁阿發と『勸世良言』」, (吉田寅, 『中國プロテスタント傳道史研究 : 宣教師刊中國語著作の資料的研究』, 〈東京, 汲古書院, 1997 수록〉), p.76.

56 Theodore Hamberg, *The Visions of Hung-Siu-Tshuen, and Origin of the Kwang-si Insurrection*, (Hong Kong : The China Mail Press, 1854), p.15. 市古宙三 譯, 『洪秀全の幻想』, (東京, 汲古書院, 1989), pp.32-3. 노태구 옮김, 『洪秀全 : 太平天國 혁명의 기원』, (서울, 새밭, 1979), p47.

이러한 양발의 질문에 대하여 윌리엄 밀른은 다음과 같이 답하였다.

> 일찍이 세계의 모든 사람은 유일의 진실한 신의 숭경을 잊고 우상숭배에 빠져 있었다. 그리고 신의 옳은 법에 거역하여 영원한 지옥에 떨어지게 되었다. 그러나 전 인류의 창조자인 신은 전 인류를 파멸시키는 것을 기뻐하지 않아 광대한 자비에 의하여 그 성스러운 예수를……이 세계에 내려가게 하여 인간으로 만들었다. 예수는 사람들에게 유일한 신과 우주의 창조자를 알고서 숭배하고 우상 숭배를 중지할 것을 권하였으며, 사람들에게 그들의 불사의 영혼의 가치와 미래의 심판에 대비하는 것의 중요성을 설명하였다. 그리고 그가 세상에 온 것은 사람들의 죄를 구속하기 위하여 고난당하다가 죽기 위해서 임을 가르쳤다. 지금 예수의 속죄를 믿고 세례를 받는 모든 자는 모든 죄의 용서를 받고 구원받을 수 있지만, 믿지 않는 모든 사람은 영원한 지옥의 책고(責苦)를 받을 것이다.[57]

이처럼 양발은 예수로 인하여서만 죄 사함을 받는다는 선교사의 이야기를 들었고, 성경을 찾아보았다. 그 뿐 아니라 양발은 윌리엄 밀른의 가족예배에 참석하여 윌리엄 밀른의 설교를 들었고, 그 가족들의 기도하는 것을 보았으며, 기독교도로서의 윌리엄 밀른의 삶과 가정생활을 옆에서 지켜보았다. 이러한 과정을 거치며 양발은 예수 그리스도에게서 죄 사함의 길을 발견하고는 세례를 받기로 결심하였다.

> 나는 그〔선교사〕에게 '예수가 남을 대신하여 속죄한 것에는 도대체 어떤 뜻이 있는가'라고 물었다. 선교사는 '예수는 하나님의 아들인데, 세상에 보내어져서 사람들의 죄를 위하여 고난을 받아 모든 믿는 사람들이 구원을 얻게 하였다'라고 나에게 말하였다. 나는 죄인이라고 자각하고 있으므로 나는 마

---

57 Theodore Hamberg, *The Visions of Hung-Siu-Tshuen, and Origin of the Kwang-si Insurrection*, (Hong Kong : The China Mail Press, 1854), p.15. 市古宙三 譯,『洪秀全の幻想』, (東京, 汲古書院, 1989), p.33. 노태구 옮김,『洪秀全 : 太平天國 혁명의 기원』, (서 울, 새밭, 1979), pp47-8.

침내 그에게 '어떻게 해야 구원을 받을 수 있습니까?'라고 물었다. 그는 '당신이 예수를 믿으면 하나님은 당신을 의자(義子)로 여기시고 내세에서 당신에게 영생을 주실 것이다'라고 대답하였다.……"방에 돌아온 후 내 스스로 나는 큰 죄인인데 예수의 공덕에 의지하지 않으면 하나님께서 또한 나를 용서하시겠는가? 이리하여 나는 마침내 예수의 문도가 되어 세례를 받기로 뜻을 정하였다."[58]

이로써 양발이 세례를 받기로 한 결심은 당시 '끽교자(喫教者)'들이 물질적 이익에 이끌린 것과는 달리 오랫동안의 고민 · 탐색 · 추구의 과정을 거친 지성의 마음에서 나온 결과[59]임을 알 수 있는데, 이는 그가 후일 온몸을 바쳐 전도하는 원인이 되었던 것이다.

1816년 11월 3일 주일날 양발은 윌리엄 밀른으로부터 세례를 받았다. 양발은 자신의 수세식(受洗式)에 대하여 다음과 같이 말하였다.

밀른 박사는 재차 나에게 몇 가지의 질문을 하고[60] 성경의 한 구절을 읽고서 그 의미를 설명하였다. 그 다음에 그는 나와 함께 무릎을 꿇고 기도하며 신의 은총과 자비를 기원하였다. 기도가 끝나자 그는 소량의 물을 그의 손에 취하여 나의 머리에 뿌렸다. 이 의식 후 재차 기도가 행해졌다. 그리고 나는 박사에게 '예수를 믿는 자의 특별한 증표는 무엇입니까'라고 물었던 바 '신도의 특별한 증표는 정성을 다하여 선을 행하는 것이다'라고 답하였다.[61]

---

58 George H. McNeur, *China's First Preacher Liang A-Fa 1789-1855*, (Shanghai : Kwan Hsueh Publishing House, 1934), pp.24-5. 胡簪云 譯 · 上海廣學會 重譯,「中華最早的布道者梁發」,『近代史資料』 1979年 第2期, p.150. 朱心然 譯,『梁發 : 中國最早的宣教師』, (香港, 基督教文藝出版社, 1998), pp.44-5.

59 雷雨田,「梁發與中西文化的會通」,『湘潭大學社會科學學報』 第25卷 第5期, 2001, p.90.

60 윌리엄 밀른의 회고록에는 이 세례에 즈음하여 윌리엄 밀른이 행한 5가지의 질문과 각각에 대한 양발의 답이 실려 있다.(William Milne, *A Retrospect of the First Ten Years of the Protestant Mission to China*, 〈Malacca : The Anglo-Chinese Press, 1820〉, p.179)

61 Theodore Hamberg, *The Visions of Hung-Siu-Tshuen, and Origin of the Kwang-si Insurrection*, (Hong Kong : The China Mail Press, 1854), p.16. 市古宙三 譯,『洪秀全の幻想』, (東京, 汲古書院, 1989),

윌리엄 밀른은 자신의 회고록에서 양발에게 베푼 세례식과 관련하여 다음과 같이 말하였다.

1816년 11월 3일 주일. 이 날 12시 나는 지존하신 삼위일체적 성신의 이름을 받들어 양발에게 세례를 거행하고 그를 기독교도로 받아들였다. 이 엄숙한 세례는 말라카 교회 내의 방에서 그를 위하여 단독으로 거행하였던 것이다. 그에게 세례를 베풀기 전 나는 상당히 긴 시간 양발과 단독으로 이야기하고 가르치며 기도함으로써 그가 이 성례를 받는 것을 준비하였다. 그가 확고한 기독교도가 되어야만 하였으므로 금일 나는 그를 위하여 세례를 거행하였다. 양발은 광동성 사람으로서 미혼이며 대략 33세[62]였는데, 부친과 동생을 제외하고 다른 가족은 없었다. 그는 중문을 읽을 수 있었고, 품행이 단정하였으며, 생활이 검소하였다. 양발에게 세례를 베풀기 전 나는 그에게 다음과 같이 구두로 질문을 하였다.

1. 밀른의 질문 : 당신은 참으로 우상숭배를 버리고 참되시며 살아계신 상제, 천지만물을 창조하신 상제 를 경배할 것입니까?
   양발의 답 : 이는 제가 성심으로 원하는 바입니다.
2. 문 : 당신은 죄 있는 피조물이어서 근본적으로 스스로 구원할 수 없음을 알고 있으며 느끼고 있습니까?
   답 : 저는 알고 있습니다.
3. 문 : 당신은 당신의 마음 속으로부터 예수 그리스도가 상제의 아들이자 세인의 구주임을 진정으로 믿습니 까? 당신은 예수 그리스도에 의지하여만 당신이 구원의 은혜를 받을 수 있음을 믿습니까?
   답 : 이는 제가 성심으로 원하는 바입니다.
4. 문 : 당신은 기독교도가 되어 세상의 도움, 이익 및 보답을 받기를 간절히 바랍니까?
   답 : 아닙니다. 제가 기독교의 세례를 받은 것은 그것이 나의 천책(天責)이

---

pp.34-5. 노태구 옮김, 『洪秀全 : 太平天國 혁명의 기원』, (서울, 새받, 1979), p.49.

62 이는 윌리엄 밀른의 착오인데, 당시 양발의 나이는 27세였다.

라고 생각하기 때문입니다.

5. 문 : 당신은 오늘부터 죽는 날까지 상제의 계명과 계율을 시종 준수하고, 많은 사람 앞에서 공의와 선행을 평생 지킬 것을 결심합니까?
   답 : 이는 저의 결심입니다만, 저의 힘이 모자라 뜻대로 되지 않을까 걱정입니다.[63]

이처럼 윌리엄 밀른은 양발에게 세례를 베풂으로써 그의 마음속에 다음과 같이 감동 · 기쁨 · 기대가 넘쳐났다.

> 이 번의 성례는 나로 하여금 즐거움과 걱정이 갈마드는 감정을 갖게 하였다. 그(양발)는 이 새로운 가지 위의 과실이므로 그가 죽을 때까지 믿음을 지키고, 장차 풍부한 수확을 거두며, 교회의 사람을 기쁘게 하여 그리스도의 영광을 증대시키기를 희망한다.[64]

그러나 윌리엄 밀른은 양발에 대하여 일말의 걱정을 그의 일기에서 다음과 같이 토로하기도 하였다.

> 그(양발)는 정오 12시에 세례를 받기를 원하였는데, 그 이유를 '정오의 태양의 그림자는 어느 한 쪽으로도 치우치지 않기 때문'이라고 하였다. 나는 그것이 그의 마음 속에 있는 깨뜨릴 수 없이 견고한 중국인의 택일(擇日) 미신

---

63 William Milne, *A Retrospect of the First Ten Years of the Protestant Mission to China*, (Malacca : The Anglo-Chinese Press, 1820), p.179. 한편 유사한 내용의 기사가 George H. McNeur, *China's First Preacher Liang A-Fa 1789-1855*, (Shanghai : Kwan Hsueh Publishing House, 1934), pp.28-9. 胡簪云 譯 · 上海廣學會 重譯,「中華最早的布道者梁發」,『近代史資料』1979年 第2期, pp.153-4. 朱心然 譯,『梁發 : 中國最早的宣教師』, (香港, 基督教文藝出版社, 1998), pp.47-9에도 수록되어 있다.

64 George H. McNeur, *China's First Preacher Liang A-Fa 1789-1855*, (Shanghai : Kwan Hsueh Publishing House, 1934), p.29. 胡簪云 譯 · 上海廣學會 重譯,「中華最早的布道者梁發」,『近代史資料』1979年 第2期, p.154. 朱心然 譯,『梁發 : 中國最早的宣教師』, (香港, 基督教文藝出版社, 1998), p.49.

> 이 여전히 존재하기 때문일 것이라고 추측한다.……나는 이러한 미신이 진리를 처음 믿는 이교도의 마음 속에서 일순간에 제거되기는 힘든 것이라는 것을 알았고, 그를 교회에 참여하게 하여 그에게 세례를 준 후 자연스럽게 사라질 것이므로 이러한 작은 일 때문에 성례를 하지 않아서는 안 된다는 것을 알았다. 한 신도에게 가장 중요한 것은 뜻을 세우는 것이고, 깊은 믿음은 그가 그리스도의 도움과 은혜, 교회의 지도를 받은 후에 자연히 생길 것이다.[65]

이상과 같은 일말의 걱정을 불식시키고 양발은 믿음이 자람에 따라 현저한 인격적 변화[66]를 훌륭하게 이루게 됨으로써 중국기독교사상 최초의 세례교인 채고(蔡高, Tsae A-ko)[67]에 이어 두 번째의 세례교인이 되었

---

65 George H. McNeur, *China's First Preacher Liang A-Fa 1789-1855*, (Shanghai : Kwan Hsueh Publishing House, 1934), p.27. 胡簪云 譯 · 上海廣學會 重譯,「中華最早的布道者梁發」,『近代史資料』 1979年 第2期, pp.151-2. 朱心然 譯,『梁發 : 中國最早的宣教師』, (香港, 基督敎文藝出版社, 1998), p.47.

66 Robert Philip, *The Life and Opinions of the Rev. William Milne, D.D., Missionary to China, Illustrated by Biographical Annals of Asiatic Missions, from Primitive to Protestant Times; Intended as a Guide to Missionary Spirit*, (London : John Snow, 1840), p.225.

67 채고는 광동성 향산현(香山縣) 출신으로서 로버트 모리슨이 번역한「사도행전」을 인쇄한 채홍의 동생이었다. 1807년 로버트 모리슨이 광주에 도착하였을 때 채고는 21세였는데, 그는 로버트 모리슨과 접촉하면서부터 기독교의 교의를 듣게 되었다. 처음 채고는 로버트 모리슨의 중국어가 서툴러서 이해를 잘 못하였다. 그로부터 3년 후 채고는 비로소 기독교에 관하여 흥미를 갖게 되었는데, 마침 그 형 채홍의 인쇄소에서 일하면서 로버트 모리슨이 번역한『신약전서』의 원고를 수정하던 중 예수 그리스도의 인류 구원에 대한 공적을 깨달았다. 어느날 채고는 우상 몇 구를 가지고 와서 로버트 모리슨에게 보여주며 이를 숭배하는 것이 얼마나 쓸데없는 일인가를 배웠다고 말하였다. 1812년 9월 8일 채고는 로버트 모리슨에게 세례를 줄 것을 청하였다. 채고는 성정이 조급하여 항상 그의 형 및 동료와 말다툼하였기 때문에 로버트 모리슨은 그를 해고하였다. 채고는 성정이 이와 같이 거칠었을 지라도 매 주일 어김 없이 몇 리 떨어진 로버트 모리슨의 집에 가서 예배드렸다. 채고는 기도하는 습관을 점점 기르게 되자 친구에 대하여 마땅히 해야 할 책임을 다하지 못하였음을 자각하였고, 자신의 성정이 좋지 않음을 자각하였다. 채고가 진심으로 회개하였고, 그가 쓴 신앙지원서도 로버트 모리슨을 심히 만족시켰기 때문에 로버트 모리슨은 그에게 세례를 주기로 결심하였다. 1814년 7월 16일 채고는 마카오의 외진 정해만(靜海灣)의 산기슭에 있는 한 동굴 속에서 로버트 모리슨으로부터 세례를 받았는데, 당시 그는 27세의 청년이었다. 채고가 세례를 받은 곳은 현재 마카오 마대신가(馬大臣街) 5호가 되었는데, 바로 이 곳에 1906년에 설립된 지도

다.[68]

---

당(志道堂)이라는 예배당이 있다. 채고는 세례 신청시 다음과 같은 신앙고백을 하였다. "나는 이제 예수를 믿고, 죄사함을 얻기 위하여 그의 공로에 의지한다. 나는 죄와 허물이 있으므로 죄사함을 받기 위하여 예수를 믿지 않고서는 영원히 비참해질 것이다. 이제 예수를 통한 죄사함을 들은 이상 진심으로 그의 공로에 의지하여야만 한다. 그렇게 하지 않는 사람은 의인이 아니다. 나는 결코 나 자신의 선행에 의지하지 않을 것이다. 내가 반성하고 자문할 때 나는 어릴 때 부터 지금까지 아무런 힘 · 공로 · 지식도 갖지 못하였음을 깨닫는다."(William J. Townsend, *Robert Morrison : Pioneer of Missions to China*, 〈New York : Fleming H. Revell Co., 1888〉, p.74; Katherine R. Green, trans. by R. F. Fitch & Y. L. Yang, *Robert Morrison(1782-1834) : The First Protestant Missionary to the Chinese*, 〈Shanghai : Christian Literature Society, 1935〉. 費佩德 · 楊蔭瀏 譯,『馬禮遜小傳』,〈上海, 廣學會, 1935〉, p.157.) 이와 관련하여 로버트 모리슨은 7월 16일부의 일기에 다음과 같이 기록하였다. "사람의 눈에 띄지 않는 바닷가의 우뚝 솟은 언덕 기슭에서 분출되고 있는 샘에서 나는 성부 · 성자 및 성령의 이름으로 그 인격과 신앙고백을 위에서 기술한 바 있는 사람에게 세례를 베풀었다. 오! 주님은 예수의 피로써 그의 모든 죄를 씻으실 것이고, 성령의 감화로써 그의 마음을 깨끗이 하실 것이다. 아마도 그는 위대한 수확의 첫 열매, 즉 믿어서 도래할 분노로부터 구원받을 수백만명 중의 한 사람이 될 것이다." (William J. Townsend, *Robert Morrison : Pioneer of Missions to China*, 〈New York : Fleming H. Revell Co., 1888〉, p.76; Marshall Broomhall, *Robert Morrison : A Master Builder*, 〈New York : George H. Doran Company, 1924〉, p.83. 簡又文 譯,『傳教偉人馬禮遜』,〈香港, 基督教文藝出版社, 1987〉, p.65; Katherine R. Green, trans. by R. F. Fitch & Y. L. Yang, *Robert Morrison(1782-1834) : The First Protestant Missionary to the Chinese*, 〈Shanghai : Christian Literature Society, 1935〉. 費佩德 · 楊蔭瀏 譯,『馬禮遜小傳』,〈上海, 廣學會, 1935〉, pp.158-9.) 채고는 수세 후 4년 만인 1819년 폐병으로 죽을(일설에 의하면 채고는 가톨릭의 인사들에 의하여 향산현 당국에 고발당하여 감옥에서 고생을 하다가 죽었다고 한다) 때까지 그의 신앙고백을 고수하였다. 로버트 모리슨은 채고 임종을 보지 못하였으나 최후의 순간에 있어서 주 예수에 대한 그의 믿음을 결코 의심하지 않았음은 다음의 기록을 통하여 엿볼 수 있다. "그의 천성은 그다지 좋지 않았다. 그는 늘 그의 형 및 다른 가족과 의견이 맞지 않았으므로 나는 여전히 그의 사직을 적절하다고 생각하고 있다. 그런데 그의 거처가 수마일 이내에 있을 때에 안식일마다 그는 변함없이 예배드리러 왔다. 아침저녁으로 그는 성실하게 기도를 드렸고, 또한『교회문답』중의 십계를 읽었다. 그는 그가 십계와 친구의 권면으로 자신의 극히 크고도 분명한 과실을 보았고, 그 자신의 성격이 못되었고, 그가 여태까지 공평하지 못하였으며, 그는 친구 혹은 형제 혹은 다른 사람에 대하여 직무를 다하지 못하였다고 말하였다. 그의 지식은 당연히 유한한 것이다. …… 그러나 나는 그의 예수에 대한 신앙이 참으로 순수한 것이기를 희망한다."(Katherine R. Green, trans. by R. F. Fitch & Y. L. Yang, *Robert Morrison(1782-1834) : The First Protestant Missionary to the Chinese*, 〈Shanghai : Christian Literature Society, 1935〉. 費佩德 · 楊蔭瀏 譯,『馬禮遜小傳』,〈上海, 廣學會, 1935〉, p.157.) 그러나 채고는 훌륭한 인물이었던 듯하다. 왜냐하면 인물평에 대해서는 비교적 엄한 칼 구츨라프가 그의 저서 속에서 '그는 깨끗하고 오염되지 않은 생활을 한 인물이었다'(Charles Gutzlaff, *Journal of Three Voyages along the Coast of China in 1831, 1832, & 1833 with Notice of Siam, Corea and the Loo-Choo Islands*, 〈London : Thomas Ward & Co.,1834. Taipei : Ch'eng-Wen Publishing Company, 1968〉, p.38) 라고 칭할 정도였기 때문이다.

68 鄧嗣禹,「勸世良言與太平天國革命之關係」上 · 下,『大陸雜誌』30-8 · 9, 1965. (吳相湘 主編,『勸

윌리엄 밀른은 양발이 세례를 받은 날로부터 매주 한 차례 그와 함께 성경을 깊이 연구하고 종교의식을 거행하며 그에게 종교 교육을 함으로써 양발의 깨달음을 증진시키고 믿음을 깊게 하였다.[69] 따라서 양발은 정성을 다하여 선을 행하는 것이 예수를 믿는 자의 증표임을 윌리엄 밀른으로부터 배웠으므로 스스로 '학선자' 혹은 '학선거사'라고 하며 언행을 근신하였던 것이다.[70] 이는 중국인의 복음 수용의 한 형태를 나타내 보이는 것으로서 심히 흥미롭다.

양발에게 결정적인 영향을 준 기독교 사상은 ①유일신론(monotheism), ②성령의 감화력(the tranformative power of the Holy Spiritual), ③우상숭배금지(a language of cultural iconoclasm)였다.[71] 이 중에서도 유일신론은 중국의 사회적 · 정치적 제도의 변화 없이 중국 사회의 개혁을 촉진하였을 뿐 아니라 또한 개인 영혼의 구원을 이루었던 것이다. 즉 양발에게 있어서 영혼 구원은 전술한 바 있듯이 '자기재생(self-renewal)' 과정의 결과로서 일어났다. 양발은 인격적 변화가 자기계발을 통하여 가능하다는 유교의 주장과는 달리 그리스도의 구속에 대한 믿음과 성령의 감화력을 통해서만 이루어질 수 있다는 것을 지적하였다.[72] 양발은 인류의 구원을 이루시기 위하여 자신의 아

---

世良言』, 臺灣, 學生書局, 1985 수록), p.3; 梁家麟, 『福臨中華 : 中國近代教會史十講』, (香港, 天道書樓, 1988), p.39. 중국교회연구소 옮김, 『중국에 축복이 임하다』, (서울, 그리심, 2013), p.39.

69 William Milne, *A Retrospect of the First Ten Years of the Protestant Mission to China*, (Malacca : The Anglo-Chinese Press, 1820), pp.179-80.

70 Theodore Hamberg, *The Visions of Hung-Siu-Tshuen, and Origin of the Kwang-si Insurrection*, (Hong Kong : The China Mail Press, 1854), p.16. 市古宙三 譯, 『洪秀全の幻想』, (東京, 汲古書院, 1989), p.35. 노태구 옮김, 『洪秀全 : 太平天國 혁명의 기원』, (서울, 새밭, 1979), p49.

71 P. Richard Bohr, "Liang Fa's Quest for Moral Power," in Suzanne Wilson Barnett & John King Fairbank ed., *Christianity in China : Early Protestant Missionary Writtings*, (Cambridge 〈Massachusetts〉 and London, Harvard University Press, 1985), pp.36, 39.

72 P. Richard Bohr, "Liang Fa's Quest for Moral Power," in Suzanne Wilson Barnett & John King

들인 예수를 희생 제물로 삼으신 하나님을 찬양하였고, 성령의 감화력으로 개인의 인격이 완전히 바뀔 수 있다는 사실에 고무되기도 하였다. 그러나 양발을 가장 매혹시킨 것은 유일신론에 기초한 부모 공경(filial respest)과 도덕적 엄격성(moral seriousness)이었다. 따라서 양발은 중국의 전통적인 도덕관을 거부하기 보다는 오히려 그것을 완성하기 위하여 기독교로 개종하였다는 주장[73]이 있는데, 이에 대해서는 보다 심층적인 분석이 요구된다.

## 2. 양발의 전도 활동

세례를 받은 후 양발은 계속해서 윌리엄 밀른과 함께 3년을 일하였다. 양발은 엄격한 기독도의 생활을 영위하였을 뿐 아니라 아주 열심히 기독교의 교의를 공부하였다. 양발은 복음을 전하는 각종의 사역에 점차 흥미를 느끼게 되었다.

오랜 이국 생활로 양발은 고독감을 느꼈을 뿐 아니라 떨어져 있는 가족을 항상 걱정하였다. 이러한 고독감은 1819년 3월 기독교 가정이 무엇인지를 그에게 가르쳐준 참된 벗 밀른 부인의 별세로 더욱 증대하였다. 어쩌면 이것이 양발로 하여금 자신의 가정을 더욱 그리워하게 하였을 지도 모른다. 어쨌든 양발은 밀른 부인 사후 1개월 만에 광주로 향하는 배

---

Fairbank ed., *Christianity in China : Early Protestant Missionary Writtings*, (Cambridge 〈Massachusetts〉 and London, Harvard University Press, 1985), p.44.

73 P. Richard Bohr, "Liang Fa's Quest for Moral Power," in Suzanne Wilson Barnett & John King Fairbank ed., *Christianity in China : Early Protestant Missionary Writtings*, (Cambridge 〈Massachusetts〉 and London, Harvard University Press, 1985), p.39.

를 타게 되었던 것이다.[74]

1819년 4월 고향으로 되돌아 온 양발은 여(黎)씨와 결혼하였는데, 그의 나이 30세 때의 일이었다. 이 때 양발은 고향의 사람들이 여전히 우상 숭배에 사로잡혀 있는 것을 보고 그들의 미망을 깨려고 하였다. 양발은 이미 말라카에서 저술한 『구세록촬요약해(救世錄撮要略解)』[75]를 로버트 모리슨에게 보인 후 그의 교열을 받고 허가를 받아 200부를 인쇄해서 친구에게 분송하여 배포하였다. 뜻밖에도 인쇄노동자의 밀고로 양발은 체포·투옥되었고, 채고의 동생 채삼도 체포되었으며, 본서는 몰수되고 그 판목은 소각되었지만 인쇄기와 활자는 동인도회사의 소유였으므로 압수당하지는 않았다. 로버트 모리슨이 13행 상인을 통하여 애쓴 결과 이틀 뒤 양발은 '이국출양지형률(離國出洋之刑律)'의 죄로 30 회의 장형(杖刑)과 70여 원의 벌금을 부과 받고 이후 국내에서는 영원히 활동하지 않겠다는 서약서를 제출하고서 간신히 석방되었다.[76] 이 번의 변고로 양발은 남양에서 벌어 저축해 두었던 돈을 다 써버렸는데, 이는 원래 아버지에게 집

---

74 George H. McNeur, *China's First Preacher Liang A-Fa 1789-1855*, (Shanghai : Kwan Hsueh Publishing House, 1934), pp.31-2. 胡簪云 譯·上海廣學會 重譯,「中華最早的布道者梁發」,『近代史資料』1979年 第2期, pp.154-5. 朱心然 譯,『梁發 : 中國最早的宣教師』, (香港, 基督教文藝出版社, 1998), pp.53-4.

75 본서에 관해서는 뒤에서 상세히 언급하겠지만, 로버트 모리슨은 그 원고를 보고난 후 정통파 기본주의(fundamentalism)의 신학 관념에 일치한다고 감정하였다고 한다.(鄧嗣禹,「勸世良言與太平天國革命之關係」上·下,『大陸雜誌』30-8·9, 1965. 〈吳相湘 主編,『勸世良言』, 臺灣, 學生書局, 1985 수록), p.4; 雷雨田,「梁發與中西文化的會通」,『湘潭大學社會科學學報』第25卷 第5期, 2001, p.90)

76 Alexander Wylie, *Memorials of Protestant Missionaries to the Chinese*, (Shanghai : American Presbyterian Mission Press, 1867), p.21; George H. McNeur, *China's First Preacher Liang A-Fa 1789-1855*, (Shanghai : Kwan Hsueh Publishing House, 1934), pp.33-5. 胡簪云 譯·上海廣學會 重譯,「中華最早的布道者梁發」,『近代史資料』1979年 第2 期, pp.155-7. 朱心然 譯,『梁發 : 中國最早的宣教師』, (香港, 基督教文藝出版社, 1998), pp.55-7; 李志剛,『基督教早期在華傳教史』, (臺北, 臺灣商務印書館, 1985), p.175.

을 지어 드리려 했던 돈이었다.[77] 이후 양발의 고향 집도 소각당하였다.[78]

양발은 이 때의 경험을 자술할 때 '나는 감히 주 예수를 배반할 수 없었다'[79]라고 고백하였다. 로버트 모리슨은 런던선교회에 보낸 편지에서 이 사건과 관련하여 다음과 같이 자신의 심경을 피력하였다.

> 나는 이 중국인 기독교도가 자기의 죄 때문에 고난을 받은 것이 아니라 그리스도를 위하여 고난을 받은 것이 상당히 기쁩니다. 우리와 그는 모두 그가 감옥에 들어간 일을 치욕스럽게 볼 이유가 없습니다. 복음이 널리 전파되기 전에 이 땅에 순교자의 피를 뿌리는 것이 결코 불가능하지 않습니다.[80]

그리고 로버트 모리슨은 '이 우상과 우상숭배자가 충만한 나라에서 위로는 왕공에서 아래로는 어리석은 시골 사람에 이르기까지 모두 기독의 문도를 반대하고 핍박하였으나……단 한 사람만이……그 신앙을 공공연히 승인하였는데, 그 사람이 누군가하면 바로 양발이다'[81]라고 칭찬하였던 것이다. 하여튼 이 사건은 프로테스탄트 개척선교기에 있어서 전도문서 출판의 곤란성을 여실히 나타내 보이는 좋은 일례가 될 것이다.

---

77 雷雨田,「梁發與中西文化的會通」,『湘潭大學社會科學學報』第25卷 第5期, 2001, p.90.

78 陳申如,「梁發述論」,『近代中國』第10輯, 2000, p.259.

79 George H. McNeur, *China's First Preacher Liang A-Fa 1789-1855*, (Shanghai : Kwan Hsueh Publishing House, 1934), p.35. 胡簪云 譯 · 上海廣學會 重譯,「中華最早的布道者梁發」,『近代史資料』1979年 第2期, p.157. 朱心然 譯,『梁發 : 中國最早的宣教師』, (香港, 基督教文藝出版社, 1998), p.57.

80 George H. McNeur, *China's First Preacher Liang A-Fa 1789-1855*, (Shanghai : Kwan Hsueh Publishing House, 1934), p.35. 胡簪云 譯 · 上海廣學會 重譯,「中華最早的布道者梁發」,『近代史資料』1979年 第2期, pp.156-7. 朱心然 譯,『梁發 : 中國最早的宣教師』, (香港, 基督教文藝出版社, 1998), p.57.

81 George H. McNeur, *China's First Preacher Liang A-Fa 1789-1855*, (Shanghai : Kwan Hsueh Publishing House, 1934), p44. 胡簪云 譯 · 上海廣學會 重譯,「中華最早的布道者梁發」,『近代史資料』1979年 第2期, p.160. 朱心然 譯,『梁發 : 中國最早的宣教師』, (香港, 基督教文藝出版社, 1998), p.66.

석방된 후 양발은 40일을 그의 가족과 지내고 1820년 봄 다시 말라카로 돌아가 윌리엄 밀른의 문서선교 및 교육선교 활동에 협력하였다. 1820년 11월 3일 윌리엄 밀른은 양발의 장래 사역과 관련하여 다음과 같은 내용의 편지를 로버트 모리슨에게 보내었다.

> 만약에 양발이 신앙을 지키고 지식을 추구하며 1,2년여의 시간 내에 유용한 사람이 될 희망이 있으면, 그가 중국에 돌아가기 전 그에게 안수하여 일단 당신이 죽음으로써 당신에게서 세례를 받지 못하게 될 사람들을 개종시키는 역할을 맡기는 것이 어떠합니까? 그는 내년 여름에 돌아갈 것이라고 말하지만, 나는 그가 좀 더 머물도록 설복하려고 생각합니다. 이 일을 신중하게 고려하기로 합시다. 우리가 그를 우리의 작은 대학〔영화서원〕에서 2,3년간의 과정을 거친 후 복음을 전하는 신성한 일을 수행하는 데에 아주 적합한 원주민 전도자로 파송할 수 있다면 얼마나 자비로우며 즐겁겠습니까.……나는 우리가 하는 일이 말하자면 공동 사역이 되기를 바랍니다. 당신의 진정한 견해를 나에게 알려주십시오.[82]

이처럼 양발은 윌리엄 밀른과 로버트 모리슨의 협의 하에 장차 원주민 전도자가 되고자 영화서원(英華書院, The Anglo-Chinese College)[83]에 입학하여 신학을 공부하게 되는 것이었다.

---

82 George H. McNeur, *China's First Preacher Liang A-Fa 1789-1855*, (Shanghai : Kwan Hsueh Publishing House, 1934), p.36. 朱心然 譯,『梁發 : 中國最早的宣教師』, (香港, 基督敎文藝出版社, 1998), p.57.

83 영화서원은 1818년 11월 11일 '중서 학문을 서로 교육하고 기독교의 교리를 전파함'을 종지로 하여 식학원 내지 선교사 예비학교를 지향하며 말라카에 설립되었다. 그러나 영화서원은 이후 많은 변화를 거치다가 1843년 홍콩으로 옮기고 영화신학원으로 개명한 후 13년간 유지되다가 1856년 폐원하였다. 이 때 영화서원의 일반 교육은 홍콩대학에 이양되었고, 의료사업은 홍콩대학 의학부가 맡게 되었으며, 중국어 장서는 홍콩 청사 내의 도서관에 소장되어 금일에 이르고 있다. 영화서원에 관한 보다 상세한 내용은 조훈,「英華書院(Anglo-Chinese College)考」,『史林』 제15호, 2001; 조훈,「英華書院(The Anglo-Chinese College) 再論」,『史林』 第27號, 2007 : 조훈,『윌리엄 밀른 : 말라카 선교를 통한 중국 선교기지의 개척 자』, (서울, 그리심, 2008), pp.171-245 등을 참조하기 바란다.

양발은 그의 처 여씨가 고향 고로촌에서 출산을 앞두고 있다는 소식을 듣게 되자 1820년 일단 귀향하였다. 이 때 양발은 진심으로 그의 부인을 기독교도로 개종시키고자 하였다. 따라서 양발은 항상 그의 처와 성경을 읽고 그것을 그녀에게 설명해 주었으며, 항상 그의 처와 함께 기도하였으며, 때로는 그녀를 위하여 기도하였다. 그 결과 양발의 처는 과연 그리스도를 믿게 되어 신앙고백을 하게 되었다. 그런데 그의 처를 광동이나 마카오로 데려가 수세케 하는 것이 사실상 불가능하였기 때문에 양발은 작은 오두막집의 빈 방에 들어가 마을의 우물에서 물을 떠오고 밥공기를 세례반으로 삼아 자기의 처에게 직접 세례를 베풀었다. 이 양발의 처 여씨가 바로 중국 최초의 여신도이자 양발이 전도하여 결실을 맺은 첫 열매였던 것이다.[84] 몇 년 후 양발은 이 때의 일을 상기하여 '이 이후부터 우리 부부 두 사람은 한 마음 한 뜻으로 유일의 살아계시고 진실하신 하나님, 세계의 유일하신 주재자를 받들어 섬겼고, 또한 우리 주위의 우상을 미신하는 사람을 회심시켜 하나님을 받들어 섬기게 하는 데에 진력하기를 간절히 원하였다'[85] 라고 하였다.

부인의 개종이라는 하나님의 선물은 양발의 복음을 전하고자 하는 결심을 더욱 굳게 하였다. 이를 위해서는 더욱 많은 준비가 필요하다는 것

---

84 George H. McNeur, *China's First Preacher Liang A-Fa 1789-1855*, (Shanghai : Kwan Hsueh Publishing House, 1934), pp.36-7. 胡簪云 譯 · 上海廣學會 重譯, 「中華最早的布道者梁發」, 『近代史資料』 1979年 第2期, p.157. 朱心然 譯, 『梁發 : 中國最早的宣教師』, (香港, 基督教文藝出版社, 1998), p.58; 呂延壽, 「教徒 · 傳教士 · 畸形兒 : 關於梁發的一生」, (四川省哲學社會科學學會聯合會 · 四川省近代教案史研究會 合編, 『近代中國教案研究』, 成都, 四川省社 會科學院出版社, 1987 수록), p.478; 裵英敏, 「최초의 중국인 개신교 목사 梁發과 『勸世良言』」, 高麗大學校 大學院 碩士學位論文, 2004, p.14.

85 George H. McNeur, *China's First Preacher Liang A-Fa 1789-1855*, (Shanghai : Kwan Hsueh Publishing House, 1934), p.37. 胡簪云 譯 · 上海廣學會 重譯, 「中華最早的布道者梁發」, 『近代史資料』 1979年 第2期, p.158. 朱心然 譯, 『梁發 : 中國最早的宣教師』, (香港, 基督教文藝出版社, 1998), p.59.

을 의식한 양발은 부인과의 상의 끝에 말라카로 가서 윌리엄 밀른의 아래에서 신학을 공부하기로 하였다. 이리하여 양발은 부인과 어린 아들을 고향에 남겨둔 채 1821년 다시 말라카로 되돌아갔다. 윌리엄 밀른의 환영을 받으며 말라카로 돌아온 양발은 성경 공부에 가장 많은 시간을 할애하여야만 하였다.[86] 1822년 6월 2일 윌리엄 밀른이 향년 37세로 타계하자 말라카 선교는 그 중심인물을 잃게 되었다. 그러나 윌리엄 밀른이 기초를 확립한 선교 사업은 후속 선교사에 의하여 계속되었다. 양발도 윌리엄 밀른의 유지를 이어 선교사업의 추진에 정려(精勵)하게 되었다.[87]

윌리엄 밀른 사후 양발은 말라카에 머무를 필요가 없음을 깨닫게 되자 귀국하여 한편으로 로버트 모리슨을 돕고, 다른 한편으로는 중국인에게 복음을 전하고자 하였다. 1823년 4월 로버트 모리슨은 말라카를 방문하여 양발을 만났는데, 이 때 양발은 귀국 의사를 밝혔다. 그 후 양발은 귀국하여 로버트 모리슨의 사역을 돕게 되었다.

1823년 11월 20일 양발은 그의 어린 아들 양진덕(梁進德)[88]을 데리고 마카오로 가서 로버트 모리슨으로부터 세례를 받게 하였는데, 양진덕은 중국 최초의 유아세례 교인이었다.[89] 로버트 모리슨은 1823년 11월 10일부

---

86 George H. McNeur, *China's First Preacher Liang A-Fa 1789-1855*, (Shanghai : Kwan Hsueh Publishing House, 1934), p.37. 胡簪云 譯 · 上海廣學會 重譯,「中華最早的布道者梁發」,『近代史資料』1979年 第2期, p.158. 朱心然 譯,『梁發 : 中國最早的宣教師』, (香港, 基督敎文藝出版社, 1998), p.59.

87 吉田寅,「梁阿發とその中國文布教書」,『基督教史學』13, 1963, p.25.

88 '진덕'이라는 이름에는 하나님의 은혜 가운데에서 자라기를 바라는 양발 부부의 기대가 깃들어 있다고 한다.(George H. McNeur, *China's First Preacher Liang A-Fa 1789-1855*, 〈Shanghai : Kwan Hsueh Publishing House, 1934〉, p.40. 朱心然 譯,『梁發 : 中國最早的宣 敎師』, 〈香港, 基督敎文藝出版社, 1998〉, p.62)

89 李志剛,『基督教早期在華傳教史』, (臺北, 臺灣商務印書館, 1985), p.176; 史靜寰 · 王立新,『基督教教育與中國知識分子』, (福州, 福建教育出版社, 1998), p.59.

로 '우리의 친애하는 밀른이 세례를 베푼 아발은 그의 아내가 기독교를 신봉케 하였고, 그의 어린 아들이 세례를 받게 하겠다고 제안하였다'[90] 라고 기록하였다. 계속해서 그는 런던선교회에 보낸 11월 20일부의 편지에서 다음과 같이 말하였다.

> 오늘 우리의 중국인 동역자(fellow-disciple) 양아발(梁阿發)이 그의 아들 양진덕을 데리고 왔으므로 나는 성부와 성자와 성령의 이름으로 그에게 세례를 베풀었다. 오! 이 작은 기독도 가정이 이 이교도의 땅에서 진리를 전파하는 도구가 되기를 바란다.[91]

이처럼 양발은 중국 최초의 기독교 가정[92]을 이루었던 것이다.

이후 양발은 로버트 모리슨으로부터 계속해서 신학을 배웠다. 그런데 중국에서 16년간 선교 사역에 종사해 온 로버트 모리슨은 1823년 12월 일시적으로 귀국하여 런던선교회 본부에 선교 사역의 결과를 보고한 후 휴가를 보낼 예정이었다. 로버트 모리슨은 그의 부재 중 마카오와 광주에서 선교 사역을 계속할 선교사가 한 사람도 없었기 때문에 영미 교회에 여러 차례 선교사를 파송해 줄 것을 요청하였지만, 그의 뜻이 이루어지지 않았다. 그런데 로버트 모리슨은 윌리엄 밀른의 추천에 의하여 양

---

90 William J. Townsend, *Robert Morrison : Pioneer of Missions to China*, (New York : Fleming H. Revell Co., 1888), p.110.

91 George H. McNeur, *China's First Preacher Liang A-Fa 1789-1855*, (Shanghai : Kwan Hsueh Publishing House, 1934), p.40. 胡簪云 譯 · 上海廣學會 重譯,「中華最早的布道者梁發」,『近代史資料』1979年 第2期, p.159. 朱心然 譯,『梁發 : 中國最早的宣教師』, (香港, 基督敎文藝出版社, 1998), p.62. 한편 이와 유사한 내용은 William J. Townsend, *Robert Morrison : Pioneer of Missions to China*, (New York : Fleming H. Revell Co., 1888), p.110; 顧長聲,「第一個被按立的中國傳道人梁發」, (顧長聲,『傳教士東來傳救恩論文集錦』, 臺北, 宇宙光, 2006 수록), p.68에도 인용되고 있다.

92 湯清,『中國基督教百年史』, (香港, 道聲出版社, 1987), p.119.

발이 이미 8년간 신앙을 엄격히 준수해 온 것과 그의 도덕심이 매우 강한 것을 알고 있었다. 그 때문에 로버트 모리슨은 귀국 전 양발에게 안수례(按手禮)[93]를 거행하고 그를 광주 · 마카오 지역의 원지인 전도사(Native Teacher)로 임명하였다. 즉 양발은 런던선교회의 최초의 중국인 복음전도자(Evangelist)[94]가 되었던 것이다. 따라서 런던선교회도 양발에게 급료를 지급하기로 결정하였다.[95] 이리하여 양발은 향후 32년간 전개되는 전도 사역을 개시하였던 것이다.

로버트 모리슨의 영국 체제 기간은 예상보다 길어져 2년 9개월이나 되었다. 1826년 9월 19일 화요일 저녁 로버트 모리슨은 그리워하던 중국으

---

93 이것이 목사 안수례인지 분명하지 않지만, 양발이 복음을 전할 때에 입교자에게 세례를 베풀고 말씀을 증거할 수 있었던 것으로 보아 목사 안수례로 간주해도 무방할 듯하다. 양발 자신은 이와 관련하여 다음과 같이 말한 바 있다. "모리슨 박사가……나를 성실한 사람으로 여겨……목자의 직에 임명하였다. 나중에 나에게 안수하고 내가 진도(眞道)를 각처의 사람에게 권하라고 명하였다."(吳相湘 主編, 『勸世良言』, 臺灣, 學生書局, 1985, pp,308-9) 따라서 등사우(鄧嗣禹)는 이를 목사 안수례로 간주하고 양발을 최초의 중국인 목사라고 주장하였다.(鄧嗣禹, 「勸世良言與太平天國革命之關係」上 · 下, 『大陸雜誌』30-8 · 9, 1965. (吳相湘 主編, 『勸世良言』, 臺灣, 學生書局, 1985 수록), pp.2-3) 한편 1826년 양발이 로버트 모리슨에 의하여 광주에서 정식으로 목사 안수를 받음으로써 최초의 중국인 목사가 되었다는 주장이 있다.(查時杰, 『中國基督教人物小傳』, 〈臺北, 中華福音神學院, 1983〉, p.2; 王治心, 『中國基督教史綱』, 〈香港, 基督教文藝出版社, 1998〉, p.156; 梁家麟, 『福臨中華 : 中國近代教會史十 講』, 〈香港, 天道書樓, 1988〉, p.39. 중국교회연구소 옮김, 『중국에 축복이 임하다』, 〈서울, 그리심, 2013〉, p.39) 이처럼 목사 안수례를 받은 시기 문제에 관해서는 의견의 차가 있지만 당시의 문헌에서는 일치해서 양발이 최초의 중국인 목사라고 언급하고 있다.(Mrs. Eliza A. Morrison, *Memoirs of the Life and Labors of Robert Morrison, D. D.*, 〈London : Longman, Orme, Brown, Green & Longmans, 1839〉, Vol. Ⅱ, pp.211-5; Samuel W. Williams, *The Middle Kingdom*, 〈New York : Chades Scitbneis Sons, 1883〉, Vol. Ⅱ, pp.321-2)하였으므로 이에 따르는 것이 옳을 것 같다.

94 *The Chinese Repository*, Vol. Ⅰ, Dec., 1832, p.323; Alexander Wylie, *Memorials of Protestant Missionaries to the Chinese*, (Shanghai : American Presbyterian Mission Press, 1867), p.21.

95 Katherine R. Green, trans. by R. F. Fitch & Y. L. Yang, *Robert Morrison(1782-1834) : The First Protestant Missionary to the Chinese*, (Shanghai : Christian Literature Society, 1935). 費佩德 · 楊蔭瀏 譯, 『馬禮遜小傳』, (上海, 廣學會, 1935), p.166; 史靜寰 · 王立新, 『基督教教育與中國知識分子』, (福州, 福建教育出版社, 1998), p.59. 한편 이 급료의 지급은 양발이 소천할 때까지 중단되지 않았다고 한다.(張靜廬, 「"察世俗"和梁發」, 『圖書館』 1961年 第3期, p.61)

로 되돌아왔다. 그런데 애석하게도 이 기간 동안 양발의 행적은 전혀 알려져 있지 않을 뿐 아니라 관련 기록도 없다. 그 이유는 열악한 우편 시설, 영어 실력 부족 및 영국인 친구의 부재로 말미암아 양발이 자신의 사역을 런던선교회에 보고할 수 없었기 때문이라고 생각된다. 어쨌든 재회의 기쁨에 넘친 로버트 모리슨과 양발은 함께 기도를 하며 그들의 건강함에 감사하였다. 그 주 주일부터 로버트 모리슨은 중국인을 위한 설교를 재개하였다. 그리고 양발은 로버트 모리슨 부재 시 저술한 세 종류의 저작을 로버트 모리슨에게 제시하였다.[96]

그 제1책은 히브리서에 대한 주석을 포함한 중국어의 소책자였다. 이것은 양발이 윌리엄 밀른으로부터 배운 종교관을 이교도인 중국인에게 전하는 형태를 취하였다.[97] 로버트 모리슨은 1826년 9월 20일 런던선교회에 보낸 편지 속에서 이 소책자에 대하여 다음과 같이 평가하였다.

> 양발은 예배가 끝난 후 나에게 그가 간행한 중문 소책자『희백래서주석(希伯來書註釋)』을 보여주었는데, 내가 중국을 떠난 후에 쓴 것이었다. 나는 그 일부분을 읽고서 양발이 실로 약간의 깨달은 바가 있음을 알았다. 비록 그 중국어가 중국 고유의 이교 색채에 오염됨을 면할 수 없었지만, 이로써 그가 성경에 대하여 실로 연구 · 공부하였음을 증명할 수 있다.[98]

---

96 Mrs. Eliza A. Morrison, *Memoirs of the Life and Labors of Robert Morrison, D. D.*, (London : Longman. Orme, Brown, Green Longmans, 1839), Vol. Ⅱ, pp.357-8.

97 吉田寅,「中國人キリスト教宣教師梁阿發と『勸世良言』」,『立正大學文學部論叢』89, 1989, p.43; 吉田寅,「中國人宣教師梁阿發と『勸世良言』」, (吉田寅,『中國プロテスタント傳道史研究 : 宣教師刊中國語著作の資料的研究』,〈東京, 汲古書院, 1997 수록〉), p.79.

98 George H. McNeur, *China's First Preacher Liang A-Fa 1789-1855*, (Shanghai : Kwan Hsueh Publishing House, 1934), p.42. 胡簪云 譯 · 上海廣學會 重譯,「中華最早的布道者梁發」,『近代史資料』1979年 第2期, p.160. 朱心然 譯,『梁發 : 中國最早的宣教師』, (香港, 基督教文藝出版社, 1998), p.64.

이러한 로버트 모리슨의 평가는 양발의 성경에 대한 연구와 이해가 전도하기에 충분한 수준의 것임을 말하는 것이었다. 그런데 로버트 모리슨의 이러한 평가에 대하여 조지 맥네어는 다음과 같이 양발을 변호하였다.

> 이 선교사〔로버트 모리슨〕가 비평한 그러한〔이교〕 '색채'란 반드시 불량한 것이 아니다. 그것은 현금 중화의 신도가 극력 주장한 지방 색채이자 또한 본색교회(本色教會)의 천연의 기호이다. 중국 선교사가 중국인이 종래 사용해 온 종교 명사를 기독교 선양의 도구로 사용하지 않는다면, 그것은 이상한 일이다. 또한 고유한 종교 명사를 사용하지 않으면 선교사가 사실상 일반인으로 하여금 그가 말하는 도리를 이해케 하는 다른 방법이 없을 것이다.[99]

즉 '이교 색채'란 중국의 국정을 돌보지 않는 외국 선교사와는 달리 중국인들이 널리 사용하는 고유의 종교 용어를 사용하여 기독교의 교리를 쉽게 이해시키기 위한 방편의 발로였던 것이다. 이는 양발의 다음과 같은 말에 의해서도 분명히 알 수 있다.

> 나는 중국인을 위하여, 나는 어떠한 문체가 중국인의 심경에 가장 적합한지를 알고 있다. 우리는 우선 번역문을 수정하여 그것이 중국 방언에 가깝게 한 연후에 그것을 간행하고자 노력하여야만 한다.[100]

제2책은 양발이 『진전구세문(眞傳救世文)』으로 명명한 소론이었다. 그 내용은 우주의 창조주이신 영원한 상제의 특성, 마귀와 가신(假神)의 반항, 세인의 죄를 위하여 구속당하신 예수 등이었다. 이는 나중에 『권세양언』

---

99 George H. McNeur, *China's First Preacher Liang A-Fa 1789-1855*, (Shanghai : Kwan Hsueh Publishing House, 1934), p.42. 胡簪云 譯 · 上海廣學會 重譯, 「中華最早的布道者梁發」, 『近代史資料』 1979年 第2期, p.160. 朱心然 譯, 『梁發 : 中國最早的宣教師』, (香港, 基督教文藝出版社, 1998), pp.64-5.

100 胡簪云 譯 · 上海廣學會 重譯, 「中華最早的布道者梁發」, 『近代史資料』 1979年 第2期, p.193.

제1권에 편입되었다.[101]

제3책은 종교상의 문제에 대하여 양발이 고향의 사람들과 이야기한 회화 형식의 전도서였다. 한 가지 예를 들면 배를 타고 여행하던 양발이 「마가복음」을 읽고 있을 때 한 여행객이 어깨 너머로 그것을 보며 '인자가 죽은 자 가운데서 살아날 때까지'(마가복음 9장 6절)라는 구절의 의미를 묻자 양발은 예수 그리스도의 죽음과 부활을 통한 구속의 역사를 설명하며 복음을 전하였다[102]는 내용이 이 전도서에 수록되어 있다.

1826년 청조가 『대청율례(大淸律例)』에 다음의 조항을 추가함으로써 금교령은 더욱 잔혹해졌던 것이다.

> 외국인이 중국 땅에서 천주교를 선전하고 서적을 비밀리에 인쇄하거나 무리를 모아 선전하여 많은 사람을 현혹시키는 경우, 만족 · 한족이 외국인의 지시를 받고 그들의 종교를 선전하거나 비밀리에 서양 이름으로 개명하여〔세례 받은 자〕많은 사람들을 미혹시키는 경우에는 심판을 거쳐 사실이 확인되면 우두머리가 되는 자를 교수형에 처할 것이다. 종교를 선전하고 많은 사람들을 미혹시키면서 서양 이름으로 개명하지 않은 자〔세례 받지 않은 자〕는 교수형 유예에 처할 것이다. 서양 종교를 믿고 뉘우치지 않는 자는 신강〔新疆, 투르크스탄〕군역에 충당하여 그들을 강력히 바로 잡을 수 있는 회교도들에게 노예로 줄 것이다.[103]

---

101 吉田寅,「中國人キリスト教宣教師梁阿發と『勸世良言』」,『立正大學文學部論叢』89, 1989, p.43; 吉田寅,「中國人宣教師梁阿發と『勸世良言』」, (吉田寅,『中國プロテスタント傳道史研究 : 宣教師刊中國語著作の資料的研究』,〈東京, 汲古書院, 1997 수록〉), p.79; 顧長聲,「第一個被按立的中國傳道人梁發」, (顧長聲,『傳教士東來傳救恩論文集錦』, 臺北, 宇宙光, 2006 수록), p.69.

102 George H. McNeur, *China's First Preacher Liang A-Fa 1789-1855*, (Shanghai : Kwan Hsueh Publishing House, 1934), p.43. 朱心然 譯,『梁發 : 中國最早的宣教師』, (香港, 基督教文藝出版社, 1998), p.65.

103 胡簪云 譯 · 上海廣學會 重譯,「中華最早的布道者梁發」,『近代史資料』1979年 第2期, p.161.

이처럼 잔혹한 금교령에도 불구하고 양발은 빚진 자의 심령으로 동포를 위한 전도를 기쁘게 감당해 나갔다. 양발은 진리를 명확히 배워 그의 동포들도 회개하여 우상을 버리고, 천지만물을 지으신 하나님을 섬기기를 희망하였지만, 오직 그의 능력이 부족한 것을 두려워하며 성령의 도움을 구하였다.[104] 양발의 이러한 태도는 1826년 11월 런던선교회에 보낸 서한[105]에 잘 나타나 있었던 것이다.

> 런던선교회 이사회의 목사님 여러분
> 우리가 비록 양국에 나누어 살고, 만리나 떨어져 있으며, 여지껏 만난 적이 없을지라도 우리가 예수 그리스도를 함께 믿기 때문에 이미 마음이 서로 통하였습니다. 나의 이름은 양발이라고 하는데, 각각의 목사님과 그리스도 안에서 사실상 이미 일체가 되었습니다. 나 양발의 전 가족이 기독교를 신앙할 수 있게 된 것은 모리슨과 밀른 목사가 부름을 받아 먼 길을 마다하지 않고 중국에 와서 복음의 진도(眞道)를 전파하여 나와 가족이 그리스도를 믿게 하였기 때문입니다. 또한 진도를 우리 조국의 백성에게 선양하여 많은 사람이 이 대단히 기쁜 소식을 듣고 그것을 믿으며 청종함으로써 회개하고 죄를 인정하며 우상을 버리고 천지만물의 주재를 숭배케 하였기 때문입니다. 그렇지만 우리 중국인은 죄악에 기만당하며, 또한 극히 교만하고 잘난 체하여 복음의 진도를 사도(邪道)로 보기 때문에 받아들이기 어려우니 나처럼 덕이 모자라고 능력이 없는 사람은 실로 그들을 감동시켜서 진신상제(眞神上帝)

---

104 裵英敏,「최초의 중국인 개신교 목사 梁發과『勸世良言』」, 高麗大學校 大學院 碩士學位 論文, 2004, p.15.

105 로버트 모리슨이 번역한 영문 서한과 원래의 중문 서한을 함께 동봉하여 런던에 보내었다. 그 전문은 George H. McNeur의 전게서와 그 역서에 수록되어 있고(George H. McNeur, *China's First Preacher Liang A-Fa 1789-1855*, 〈Shanghai : Kwan Hsueh Publishing House, 1934〉, pp.44-46. 胡簪云 譯 · 上海廣學會 重譯,「中華最早的布道者梁發」,『近代史資料』1979年 第2期, pp.161-2. 朱心然 譯,『梁發 : 中國最早的宣教師』, 〈香港, 基督教文藝出版社, 1998〉, pp.66-8. 顧長聲,「第一個被按立的中國傳道人梁發」, 〈顧長聲,『傳教士東來傳救恩論文集錦』, 臺北, 宇宙光, 2006 수록〉, pp.70-1), 특히 그 백화문(白話文) 원문은 朱心然 譯,『梁發 : 中國最早的宣教師』, (香港, 基督教文藝出版社, 1998), pp.68-9에 수록되어 있다.

를 믿게 하기에 부족합니다. 그러나 나는 오직 몸과 마음을 다할 뿐이며, 또한 성령께서 그들을 감동시켜서 진도를 경청하여 예수 그리스도에게로 돌아오게 하기를 바랍니다. 지금 나는 각각의 목사님과 서양의 모든 사람에게 힘 있는 사람은 힘을 내고 돈 있는 사람은 돈을 내어 예수의 박애 정신에 근거해서 중국의 모든 사람이 복음의 진도를 듣고 회개하여 주께로 돌아오게 하며, 상제께서 나타내 보이신 구속의 은혜를 저버리지 않고 장래에 함께 천당에 들어가 영원히 행복을 누릴 수 있게 하시기를 청합니다. 예수의 은혜와 평강이 각각의 목사님께 영원히 함께 하시기를 원합니다. 아멘![106]

1827년 9월 양발은 귀향하였다. 이 때 양발은 로버트 모리슨으로부터 신학 수업을 받게 되었다. 이러한 사정을 로버트 모리슨은 1827년 9월 18일에 쓴 글에서 다음과 같이 말하였다.

양아발은 나와 온 여름을 함께 지냈다. 그는 성경의 대부분을 읽었고, 매일 찾아와서 명백하지 않은 부분을 해석해 주기를 요청하였다. 그는 떠나기 전 그가 들은 것을 모두 기록하였다. 또한 아발의 기도는 훌륭하였다. 무릎을 꿇고 하는 그의 신앙고백은 매우 만족스러웠다.[107]

이 날 양발은 동일한 사정을 내용으로 하는 편지[108]를 런던선교회에 보내었는데, 그 일부를 소개하면 다음과 같다.

---

106 George H. McNeur, *China's First Preacher Liang A-Fa 1789-1855*, (Shanghai : Kwan Hsueh Publishing House, 1934), pp.44-46. 胡簪云 譯 · 上海廣學會 重譯,「中華最早的布道者梁發」,『近代史資料』1979年 第2期, pp.161-2. 朱心然 譯,『梁發 : 中國最早的宣教師』, (香港, 基督敎文藝出版社, 1998), pp.66-8.

107 George H. McNeur, *China's First Preacher Liang A-Fa 1789-1855*, (Shanghai : Kwan Hsueh Publishing House, 1934), p.47. 胡簪云 譯 · 上海廣學會 重譯,「中華最早的布道者梁發」,『近代史資料』1979年 第2期, p.162. 朱心然 譯,『梁發 : 中國最早的宣敎師』, (香港, 基督敎文藝出版社, 1998), p.71.

108 이 편지는 현재 런던 기록보관서에 보관되어 있는데, 그 전문은 胡簪云 譯 · 上海廣學會 重譯,「中華最早的布道者梁發」,『近代史資料』1979年 第2期, pp.163-5에 수록되어 있다.

만약에 귀국의 현인군자가 고결한 사랑의 마음을 가지고 있다면, 우리가 어찌 주님에게 속하지 않고 우리나라의 사람들을 사랑하지 않겠습니까? 바로 이러한 이유 때문에 저는 훌륭한 모리슨 선생으로부터 교리를 배우고 있고, 그런 지가 1년 이상 된 것 같습니다. 모리슨 선생께서 저를 한 걸음 한 걸음 이끌어 복음의 의미를 알게 해 주시는 것은 정말 다행이라 생각합니다. 진리는 저에게 한없이 다가오며 그것을 생각하면 생각할수록 더욱 깊게 다가오는 것 같습니다. 저의 공부를 완벽히 마치고 싶은 욕망은 크지만 능력이 부족함을 느낍니다. 그러므로 매일 아침과 밤에 저는 하나님께 기도하여 성령의 능력을 주셔서 저의 마음이 열리고 저의 능력이 향상되기를 바랍니다. 그래서 제가 새롭게 공부를 하여 저의 녹슨 부분과 죄를 씻어내기를 바랬습니다. 이리하여 저의 행실을 바로잡게 된다면, 저는 아마 다른 사람들을 가르쳐 깨우칠 수 있을 것입니다. 진리를 배우는 것 자체는 쉽지만, 그것을 평소에 행하며 살아가는 것은 어렵습니다.[109]

1827년 9월 26일 양발은 로버트 모리슨과 이별하고 고향으로 돌아왔다. 1828년 1월의 어느 주일에 양발은 고향 고명(高明)에서 자기와 함께 살며 기독교를 공부한 고천청(古天青)이라는 젊은 숙사(塾師)를 회심시키고 그에게 세례를 베풀었다. 이는 양발이 자기의 처 여씨에 이어 두 번째로 베푼 세례였다. 고천청은 이 때의 경험을 로버트 모리슨에게 편지[110]를 보내어 말하였는데, 그 내용은 다음과 같았다.

이 세상 사람의 도덕적인 병은 자신의 참된 상태에 대하여 무지하고 세상의 관습에 지나치게 순응하는 것입니다. 지난 몇 달 동안 나는 나의 도형(道

---

109 George H. McNeur, *China's First Preacher Liang A-Fa 1789-1855*, (Shanghai : Kwan Hsueh Publishing House, 1934), p.48. 胡簪云 譯 · 上海廣學會 重譯,「中華最早的布道者梁發」,『近代史資料』 1979年 第2期, pp.163-4. 朱心然 譯,『梁發 : 中國最早的宣教師』, (香港, 基督敎文藝出版社, 1998), p.72.

110 백화문으로 쓰인 이 편지는 朱心然 譯,『梁發 : 中國最早的宣教師』, (香港, 基督敎文藝出版社, 1998), pp.79-80에 수록되어 있다.

兄)을 만나 그와 함께 조석으로 진리의 말씀을 들었습니다. 그는 진리의 최대의 원천은 하늘로부터 온다고 말합니다. 즉 비록 많은 유파로 나뉠지라도 최고의 가르침은 모두 하나님 한 분에게로 돌아간다는 것입니다. 이것을 듣자마자 저는 갑자기 깨달았고, 제가 종전에 범한 허물과 죄악을 생각하기 시작하였습니다. 저는 죄사함의 방법을 찾고자 하였는데, 그것이 멀리 있는 것이 아님을 알았습니다. 기쁘게도 저는 그 길을 가리키는 나의 도형의 손을 발견하였습니다. 그는 '비록 너의 죄가 태산처럼 크다 할지라도 진심으로 후회하고 회개하며 세상의 구원자 예수를 믿는다면, 너는 죄사함을 받을 것이고 영생을 얻을 것이다!'라고 말하였습니다. 그래서 나는 경건하게 나의 마음을 믿음으로 인도하기로 하였고, 나의 죄악을 씻기 위하여 세례를 받았으며, 성령의 영광이 나의 마음에 신성함의 뿌리를 심어 나를 신성한 결실의 길로 인도해주기를 희망하였습니다.[111]

그리고 양발은 고향에서 고천청과 함께 사숙[112]을 운영하며 중국의 전통적인 '존사중도(尊師重道, 스승을 존경하고 도리를 중히 여기다)' 방식[113]을 이용하여 학동에게 기독교의 교의를 가르쳤다. 이는 중국 내지 최초의 기독교 교육기관이라고 할 수 있다. 그런데 이 사숙은 고향 사람으로부터 '산독(散毒)'과 '매국'[114]이라는 비방을 받으며 해산 · 차압당하였다. 생명의 위협을 느낀 양발은 마카오의 로버트 모리슨 집으로 일시 피난하였지만, 고천청에 관해서는 더 알려진 바가 없다.

---

111 George H. McNeur, *China's First Preacher Liang A-Fa 1789-1855*, (Shanghai : Kwan Hsueh Publishing House, 1934), p.48. 胡簪云 譯 · 上海廣學會 重譯,「中華最早的布道者梁發」,『近代史資料』 1979年 第2期, p.165. 朱心然 譯,『梁發 : 中國最早的宣教師』, (香港, 基督教文藝出版社, 1998), p.73.

112 이 사숙의 정식 명칭은 현재로서는 확인이 되지 않고 있다.

113 關漢華 · 胡波,「梁發及嶺南基督教的傳播」,『學術研究』 1993年 第1期, p.121.

114 呂延壽,「教徒 · 傳教士 · 畸形兒 : 關於梁發的一生」, (四川省哲學社會科學學會聯合會 · 四川省 近代教案史研究會 合編,『近代中國教案研究』, 成都, 四川省社會科學院出版社, 1987 수록), p.479.

마카오의 로버트 모리슨 집으로 피난한 양발은 그 곳에서 성경을 연구하고 전도용 팸플릿을 저작하였다. 이 때 양발이 저작한 팸플릿은 총 12종이었다. 이와 관련하여 로버트 모리슨은 런던선교회에 보낸 보고 속에서 다음과 같이 언급하였다.

> 양 선생은 사숙을 운영하여 그 고향 사람에게 전도한 외에 다량의 전도 팸플릿을 저술하였는데, 이러한 팸플릿은 총 12종이었다. 그 중 하나는 아동을 위하여 저작한 기독도 문답서였고, 그 외에는 모두 그의 비기독교 친구가 말한 기독교에 반대하는 문제에 회답하기 위하여 저작한 것이었다.[115]

로버트 모리슨은 양발의 이들 팸플릿을 아주 가치 있는 것으로 인정하였기 때문에 그 원고를 말라카의 영화서원에 보내어 교정한 후 인쇄에 넘겼던 것이다.[116]

1829년 양발은 딸을 낳았다.[117] 1830년 굴앙(屈昂, Kew A-gang[118], 1785-1867)[119]이 회심하였다. 굴앙은 본래 양발의 인쇄 도제였으나 1830년 초

115 George H. McNeur, *China's First Preacher Liang A-Fa 1789-1855*, (Shanghai : Kwan Hsueh Publishing House, 1934), p.50. 胡簪云 譯 · 上海廣學會 重譯,「中華最早的布道者梁發」,『近代史資料』 1979年 第2期, p.166. 朱心然 譯,『梁發 : 中國最早的宣教師』, (香港, 基督教文藝出版社, 1998), p.74.

116 王治心,『中國基督教史綱』, (香港, 基督教文藝出版社, 1998), pp.156-7.

117 Alexander Wylie, *Memorials of Protestant Missionaries to the Chinese*, (Shanghai : American Presbyterian Mission Press, 1867), p.21.

118 굴앙의 영문식 성명은 Alexander Wylie에 의하면 Kew A-gang으로 표기되어 있지만, 일반적으로 A-gong으로 표기되었다. 한편 굴앙에게는 Wat Ngong이라는 영문식 별명이 있다.(Alexander Wylie, *Memorials of Protestant Missionaries to the Chinese*, 〈Shanghai, American Presbyterian Mission Press, 1867〉, p.11) 그리고 굴앙이란 한문식 표기는 朱心然 譯,『梁發 : 中國最早的宣教師』, (香港, 基督教文藝出版社, 1998), p.75에 의거하였다.

119 굴앙은 1785년 광동성 황포(黃埔)에서 태어났고, 1815년경 말라카에 왔다. 굴앙은 1830년경 마카오에 있었는데, 그 곳에서 그는 로버트 모리슨으로부터 세례를 받은 후 양발과 함께 광동에서 250 마일 떨어진 중국 오지에 기독교 팸플릿을 배포하였고, 마카오에서 로버트 모리슨을 위하여 인쇄에 종사한 후 1836년 말라카로 돌아갔다. 굴앙은 1843년 제임스 렉그와 함

마카오에서 로버트 모리슨으로부터 세례를 받은 후 양발의 전도조수가 되었다. 런던선교회에는 1830년 3월 28일부터 11월 6일까지 양발의 일기가 보관되어 있다. 이 기간 동안 굴앙은 대부분의 시간을 양발과 함께 하였는데, 특히 5월 28일부터 7월 14일까지의 6주간은 광주의 서남쪽 약 800 마일 떨어져 있는 고주(高州)에 가서 양발의 저작을 배부하며 전도하였다. 이 때 두 사람은 고주의 향시(鄕試) 수험생에게 전도 책자 700여권을 배포하였다.[120] 1831년 굴앙은 런던선교회에 가입하여 나이 들어 죽을 때까지 소속하게 되었는데, 굴앙은 '가장 신실하고 귀한 일꾼'[121]이 되었던 것이다.

한편 로버트 모리슨은 일찍이 영국과 미국 교회에 선교사를 파송해 줄 것을 여러 차례 요청한 바 있었다. 이에 호응하여 1830년 2월 19일 미국 국제선교본부(American Board of Commissioners for Foreign Missions, 중국명 美國公理會)[122]

---

께 홍콩으로 옮겨가서 여러 해 동안 런던선교회의 전도사(preacher)로서 봉사하다가 1867년 죽었다. 굴앙에 관한 보다 상세한 내용은 Alexander Wylie, *Memorials of Protestant Missionaries to the Chinese*, (Shanghai, American Presbyterian Mission Press, 1867), pp.11-2를 참조하기 바란다.

120 George H. McNeur, *China's First Preacher Liang A-Fa 1789-1855*, (Shanghai : Kwan Hsueh Publishing House, 1934), p.52. 胡簪云 譯 · 上海廣學會 重譯, 「中華最早的布道者梁發」, 『近代史資料』 1979年 第2期, pp.168-9. 朱心然 譯, 『梁發 : 中國最早的宣教師』, (香港, 基督教文藝出版社, 1998), p.76; 呂堅, 「從新發現的有關馬禮遜梁發傳教檔案看新教的傳入及影響」, 『歷史檔案』 1996年 第4期, p.96.

121 George H. McNeur, *China's First Preacher Liang A-Fa 1789-1855*, (Shanghai : Kwan Hsueh Publishing House, 1934), p.52. 朱心然 譯, 『梁發 : 中國最早的宣教師』, (香港, 基督教文藝出版社, 1998), pp.75-6.

122 미국공리회는 처음 광동에서 '강기신회(綱紀愼會)'라고 불리었는데, 이는 '강기신주(綱紀愼主, congregationalism)'에서 음역한 것으로서 그 뜻은 '인민평등취의(人民平等聚議, 인민이 평등하게 의견을 모은다)'였다. '강기신(綱紀愼)'은 나중에 '공리(公理)'로 개칭되었다. 그리고 공리회는 미부회(美部會)라고도 칭해졌다. 미국공리회 내에는 국외선교부가 있었는데, '미부(美部)'란 이 '미국선교부'의 간칭이었던 것이다. 한편 미국국제선교본부의 발족을 비롯하여 미국 교회 내에서 일어난 해외 선교운동에 대해서는 Kenneth S. Latourette, *Christianity in a Revolutionary Age : A History of Christianity in the Nineteenth and Twentieth Centuries*, (New York, 1959), Vol Ⅲ, Chapter Ⅳ · Ⅸ을 참조하기 바란다. 특히 미국 북동부에 거주하던 백인 남성 지식인 사회에서는 하나님으

는 엘리야 브리지만(Elijah C. Bridgman, 중국명 裨治文, 1801-61)[123]과 데이비드 아빌(David Abeel, 중국명 雅裨理, 1804-46)[124]을 광주에 파송하였다. 로버트 모

로부터 부여받은 고귀한 의무인 '백인 남성의 책무(white men's burden)'라는 시대정신이 당시 널리 확산되고 있었다. 백인 남성은 세계의 다른 '열등한' 인종을 계몽하고 그들에게 복음을 전해야 하는 소명을 받았다는 견해이다. 하나님으로부터 새로운 세계를 만들기 위하여 부름을 받았다는 백인 남성의 자의식과 선택의식도 해외 선교의 열풍에 많은 영향을 미쳤 다. 하바드 · 예일 · 프린스턴 대학교에서 수학하던 최고의 남성 지식인이 '백인 남성의 책무'라는 시대정신에 고양되어 해외 선교에 자원함으로써 프로테스탄트 선교의 전성기를 맞게 되었다. 이러한 백인 남성 지식인의 선교 자원은 학생선교자원운동(student volunteer in mission)으로 확산되어 20세기 초반까지 왕성한 선교 활동을 벌였던 것이다.

**123** 엘리야 브리지만은 미국의 메사추세츠 주에서 태어났고, 1826년 암허스트(Amherst) 대학을 거쳐서 1829년 안돌프 신학원을 졸업하였다. 엘리야 브리지만은 미국공리회의 중국 선교사로 피선되자 1829년 10월 6일 벨쳐타운 교회에서 목사 안수를 받았는데, 데이비드 올리펀트(David W. C. Olyphant, 1789-1851)가 그의 후원자였다. 1830년 2월 19일 엘리야 브리지만은 데이비드 아빌과 함께 광주에 도착하였다. 이 날 로버트 모리슨은 두 선교사를 맞이하면서 16년전 밀른 부부를 맞이할 때와 같은 감격을 느꼈다. 이는 로버트 모리슨이 중국 선교를 시작한 후 약 23년만에 처음으로 미국 선교사를 맞이한 것이다. 로버트 모리슨은 자신의 중국어 교사였던 나(羅) 선생을 엘리야 브리지만에게 소개하여 매일 한 시간씩 중국어를 학습하게 하였고, 양발 목사의 협조를 받도록 하였다. 당시 엘리야 브리지만이 광주에서 주로 한 사역은 출판 · 조직 · 교육 등이었다. 1843년 8월 22일부터 9월 4일까지 로버트 모리슨의 유지를 받들어 홍콩에서 개최된 성경번역회의에 엘리야 브리지만은 참석하여 위원의 한 사람으로서 침례회의 윌리엄 딘(William Dean, 중국명 燐爲仁, 1807-95)과 성경 원문에 표기된 Baptizo(세례 혹은 침례) 용어의 사용 문제를 상의하였다. 그 후 엘리야 브리지만은 광주에 거주하였다. 중국 정부가 기독교의 선교 활동을 개방함에 따라 엘리야 브리지만은 1847년부터 상해로 거주를 옮겨서 성경번역 사역에 종사하였다. 1856년 엘리야 브리지만은 영국왕립아주학회북지회(英國王立亞洲學會北支會, The North China Branch of the Royal Asiatic Society)의 회원이 되었고, 1857년부터 1859년까지 이 회의 회장직을 역임하였다. 1861년 11월 2일 엘리야 브리지만은 상해에서 별세하여 그 곳의 공원 묘지에 안장되었다.

**124** 데이비드 아빌은 뉴 저지(New Jersey)주 뉴 브룬스윅 출신으로서 1826년 네덜란드 개혁교회(Dutch Reformed Church)에서 목사 안수를 받았다. 데이비드 아빌은 처음 미국선원우교회(美國船員友交會, The American Seamen's Friend Society)라는 미국 선원들의 구제 · 전도를 위하여 설립된 단체에서 파송된 선교사로서 1830년 2월 19일 엘리야 브리지만과 함께 중국에 왔다. 나중에 데이비드 아빌은 엘리야 브리지만이 속하였던 미국공리회에 소속되어 활동하게 되었다. 데이비드 아빌은 광주에 체류하는 외국인 선원 선교에 봉사하면서 로버트 모리슨의 도움으로 중국어 학습을 하는 한편, 양발 목사의 열정적인 신앙 활동에 깊은 감동을 받기도 하였다. 약 1년이 되어갈 무렵 데이비드 아빌은 건강상의 이유로 그의 사역을 로버트 모리슨에게 맡기고 1830년 12월 28일 자바에 갔고, 그 곳에서 런던선교회 소속의 선교사 월터 메드허스트를 만나 그의 집에서 잠시 머물게 되었다. 그 때에 윌리엄 영(William Young)을 알게 되어 그와 월터 메드허스트에게 정통한 중국어를 배우면서 그들의 중국 선교에 대한 열의에 크게 감동을 받았다. 1831년 6월 4일 자바를 떠나 14일에 싱가포르에 도착한 데이비드 아빌은 그

리슨은 엘리야 브리지만과 데이비드 아빌을 맞이하여 '내가 무대를 떠나려고 할 때에 주님께서 기꺼이 그 일을 계속할 다른 사람들을 보내어 주신 것을 기뻐한다'[125] 라고 기록하였다. 이 날 로버트 모리슨은 두 선교사를 맞이하면서 16년 전에 윌리엄 밀른 부부를 맞을 때와 같은 감격을 느꼈다. 이는 로버트 모리슨이 중국 선교를 시작한 후 약 23년 만에 처음으로 미국 선교사를 맞이한 것이었다.

---

곳에서 제이콥 톰린(Jacob Tomlin, 중국명 湯雅各, 1793-1880)을 만나서 7월 2일 태국에 상륙하였다. 두 사람이 태국에서 일단 선교용 문서를 전하면서 지내 던 중 데이비드 아빌은 갑자기 병이 들어서 1932년 1월 13일 싱가포르로 돌아왔다. 싱가 포르에서 건강을 어느 정도 회복한 그는 3월 12일 말라카를 일시 방문하였고, 4월 28일 싱가포르에서 톰슨(Rev. M. Thomson)과 함께 리오(Rhio) 섬으로 가서 그 곳의 중국인과 말레이인에게 전도한 다음, 싱가포르의 번 박사(Dr. Burn)가 별세하자 깊은 감회를 느꼈다. 1833년 10월 21일 런던에 도착한 데이비드 아빌은 건강이 회복된 탓인지 이 번에는 프랑스 · 독일 · 스위스 등을 순방하는 가운데에 특히 네덜란드 개혁교회와 미국 교회의 동양 선교에 대하여 공통의 인식을 하고 그 유대를 공고히 하였다. 1834년 9월 6일 데이비드 아빌이 뉴욕에 도착하자 각 교회는 미국 교회가 파송한 최초의 동양 선교사가 돌아왔다고 해서 열렬히 그를 환영하였다. 데이비드 아빌은 미국 대서양 연안 중부 지역의 학교 · 신학교 · 교회 · 부녀단체의 초청 강연을 통하여 그 지역 교회들의 동양 선교에 대한 관심과 이해를 크게 진작시키기도 하였다. 데이비드 아빌은 브라운 목사 부부(Rev. and Mrs. Samuel R. Brown)와 키스버니 목사 부부(Rev. and Mrs. B. P. Keasburny)의 도움으로 1839년 2월 20일 다시 마카오로 돌아왔다. 이 번에는 네덜란드 개혁 교회파(Dutch Reformed Church)의 선교사로서 파송되어 왔던 것이다. 그 때는 마침 중영 관계가 악화되어 광주에 거주하고 있던 엘리야 브리지만, 피터 파커, 사무엘 윌리엄스 선교사 등이 마카오에 일시 퇴거하여 있었다. 마카오에서 데이비드 아빌은 다시 중국어 학습에 전력하면서 피터 파커의 사역을 도왔다. 1841년 4월부터 12월까지 약 9개월간 데이비드 아빌은 싱가포르 · 보르네오를 잠시 순회하고 마카오로 돌아왔다. 1842년 2월 2일 데이비드 아빌은 분 목사(Rev. W. J. Boone)와 함께 마카오를 떠나서 2월 24일 홍콩을 경유하여 하문(厦門) 일대를 순회 선교하고 이 해 9월경 마카오로 돌아왔다. 동년 여름 데이비드 아빌은 미국의 뉴 저지주 럿트저 대학(Rutger's College)으로부터 명예신학박사(Doctor of Divinity) 학위를 취득하였다. 그 후 데이비드 아빌은 병세의 악화로 선교 사역을 중지하고 하문에서 마카오를 경유하여 1845년 4 월 3일 뉴욕으로 돌아갔으나 익년 9월 뉴욕주 알바니(Albany)에서 세상을 떠났다. 한편 데이비드 아빌에 관한 보다 상세한 내용은 다음의 연구업적을 참조하기 바란다. David Abeel, *Journal of a Residence in China and the Neighbouring Countries from 1829 to 1833*, (New York : 1834); G. R. Williamson, *Memoir of the Rev. David Abeel, D. D. : Late Missionary to China*, (New York : 1848. Wilmington : Delaware, Schorlay Resources Inc., 1972); Alvin J. Poppen by, Walter de Velder tran., *The Life of David Abeel.* 李華德 譯,『雅裨理的生平』, (香港, 基督教出版社, 1963).

125 Mrs. Eliza A. *Morrison, Memoirs of the Life and Labors of Robert Morrison, D. D.*, (London : Longman, Orme, Brown, Green & Longmans, 1839), Vol. Ⅱ 2, p.434.

3월 25일 로버트 모리슨은 엘리야 브리지만과 데이비드 아빌을 자기 집으로 초청하였는데, 그 이유는 양발을 소개하기 위해서 였다. 엘리야 브리지만과 데이비드 아빌은 중국인 '제자'를 만나 느낀 인상을 '그는 주 예수 그리스도의 이미지를 갖고 있다'[126]라고 표현하였다. 이별할 때 간단한 예배를 드렸는데, 양발이 「누가복음」 10장 2절(추수할 것은 많되 일꾼이 적으니 그러므로 추수하는 주인에게 청하여 추수할 일꾼들을 보내 주소서)을 읽었다. 이에 대하여 엘리야 브리지만은 '만약에 주님께서 말씀하신 이 「누가복음」의 이상적이고 감명 깊은 구절이 일반적으로 기독교인들에 의하여 행해졌더라면, 일꾼들이 부족하여 추수에 문제가 되는 일은 없었을 것이다'[127]라고 간단히 강론하였다. 그리고 모두 무릎을 꿇은 뒤 양발이 대표로 기도하였고, 로버트 모리슨은 그것을 영어로 통역하였다. 양발의 기도는 형식적이지 않았지만, 마치 그 특별한 분위기에 모든 사람이 순응함과 아울러 진실된 감정과 정직함으로 충만케 하였다. 데이비드 아빌은 이 때의 느낌을 자신의 일기 속에서 다음과 같이 토로하였다.

> 만약에 '제사하는 처음 익은 곡식 가루가 거룩한즉 떡덩이도 그러하고 뿌리가 거룩한즉 가지도 그러하니라'(로마서 11장 16절)는 유태인에 관한 약속이 중국인에게 적용될 수 있다면, 우리는 내버려졌던 이 주님의 포도밭에서 영광스러운 수확을 기대해도 될 것이다. 그〔양발〕가 알지도 못하는 나라에

---

126 George H. McNeur, *China's First Preacher Liang A-Fa 1789-1855*, (Shanghai : Kwan Hsueh Publishing House, 1934), p.52. 胡簪云 譯 · 上海廣學會 重譯,「中華最早的布道者梁發」,『近代史資料』1979年 第2期, p.168. 朱心然 譯,『梁發 : 中國最早的宣教師』, (香港, 基督教文藝出版社, 1998), p.76.

127 George H. McNeur, *China's First Preacher Liang A-Fa 1789-1855*, (Shanghai : Kwan Hsueh Publishing House, 1934), p.53. 朱心然 譯,『梁發 : 中國最早的宣教師』, (香港, 基督教文藝出版社, 1998), p.76.

서 온 선교사를 환영할 때 그가 표현한 감정은 분명히 누군가에게 나타나신 구원자의 모습을 하고 있었고, 우리를 일깨워주었다.[128]

한편 로버트 모리슨은 자신의 중국어 교사였던 나 선생을 엘리야 브리지만에게 소개하여 매일 한 시간씩 중국어를 학습하게 하였고, 양발의 협조를 받도록 하였다. 당시 엘리야 브리지만이 광주에서 주로 한 사역은 출판 · 조직 · 교육 등이었다.[129]

전도와 신교(信敎)를 취체하는 법령이 준엄하였지만, 양발은 조금도 위축됨이 없이 항상 우상 숭배하는 사람들 속에서 그들의 미신을 질책하였고, 만나는 사람에게는 예수의 참된 진리를 강론하였다. 전술한 바 있듯이 양발은 고주로의 첫 전도 여행을 떠나기 전에 로버트 모리슨을 찾아가 다음과 같이 말하며 여비의 지원을 요청하였다.

나는 여러 해 동안 주님을 믿으며 살아왔지만, 그를 위하여 아직 가치 있는 일을 한 적은 없는 것 같습니다. 만약에 내가 갑자기 죽어 하나님께서 무엇을 하였느냐고 물어보신다면, 나는 무슨 말씀을 드릴 수 있겠습니까? 나는 굴앙을 데리고 어디든지 가서 성경과 소책자를 돌리며 복음을 전하고 싶습니다. 이것이 우리의 목표이지만, 우리에게는 지금 여행을 다닐 충분한 여비가 확보되지 못하였습니다.[130]

로버트 모리슨으로부터 여비 지원을 약속받은 후 양발은 굴앙과 함께

---

128 George H. McNeur, *China's First Preacher Liang A-Fa 1789-1855*, (Shanghai : Kwan Hsueh Publishing House, 1934), p.53. 朱心然 譯,『梁發 : 中國最早的宣教師』, (香港, 基督教文藝出版社, 1998), p.77.

129 李志剛,『基督教早期在華傳教史』, (臺北, 臺灣商務印書館, 1985), p.97.

130 George H. McNeur, *China's First Preacher Liang A-Fa 1789-1855*, (Shanghai : Kwan Hsueh Publishing House, 1934), p.53. 朱心然 譯,『梁發 : 中國最早的宣教師』, (香港, 基督教文藝出版社, 1998), p.77.

고로촌의 집으로 돌아와 전도 여행 준비를 하였다. 이 때 양발은 그의 아내와 어린 아들에게 「마태복음」 10장을 설명하며 예수님께서 복음을 전파하기 위하여 세상 곳곳에 제자들을 보내신 것처럼 자신을 보내시는 것이고, 주의 일을 감당하는 자는 주님께서 지켜주실 것이라고 하면서 가족을 안심시켰다.[131] 그리고 첫 전도 여행을 떠나기 직전 주일 아침에 「사도행전」 14장 22절(제자들의 마음을 굳게 하여 이 믿음에 머물러 있으라 권하고 또 우리가 하나님의 나라에 들어가려면 많은 환난을 겪어야 할 것이라)을 읽으면서 박해받을 곳에 가서 전도할 결심을 굳혔고, 오후에는 「고린도전서」 2장 5절(너희 믿음이 사람의 지혜에 있지 아니하고 다만 하나님의 능력에 있게 하려 하였노라)을 보면서 타락한 도시 고린도에서 복음을 선포한 바울의 외침을 마음에 새겼다.[132] 다음 날 양발과 굴앙은 광주에 가서 여행의 방향에 대하여 논의하였다. 처음 그들은 북행하려고 하였지만, 그들을 안내할 예정이었던 향도가 계약금을 받고 사라져 버렸기 때문에 부득이 광주 서남쪽의 고주로 가서 복음을 전하였던 것이다.[133]

1830-4년은 양발의 광주에서의 전도 사역이 커다란 결실을 맺는 시기였다. 그러나 당시는 전도가 일종의 범죄행위로 간주되어 사형에 처

---

131 이처럼 양발은 무척 가정적인 사람이었던 듯한데, '그〔양발〕는 충실한 아들이자 사랑스러운 남편이며 아버지였다'(George H. McNeur, *China's First Preacher Liang A-Fa 1789-1855*, 〈Shanghai : Kwan Hsueh Publishing House, 1934〉, p.56. 朱心然 譯,『梁發 : 中國最早的宣教師』,〈香港, 基督教文藝出版社, 1998〉, p.82)는 평가는 과장이 아닐 것이다.

132 George H. McNeur, *China's First Preacher Liang A-Fa 1789-1855*, (Shanghai : Kwan Hsueh Publishing House, 1934), p.57. 胡簪云 譯 · 上海廣學會 重譯,「中華最早的布道者梁發」,『近代史資料』 1979年 第2期, pp.169-70. 朱心然 譯,『梁發 : 中國最早的宣教師』, (香港, 基督教文藝出版社, 1998), p.82.

133 George H. McNeur, *China's First Preacher Liang A-Fa 1789-1855*, (Shanghai : Kwan Hsueh Publishing House, 1934), pp.54-5. 朱心然 譯,『梁發 : 中國最早的宣教師』, (香港, 基督教文藝出版社, 1998), pp.78-9.

해질 만큼 엄격한 금령이 시행되고 있던 시기이기도 하였다. 이러한 때에 가장 유력한 방식은 마음을 터놓고 하는 대화식 복음 전도(conversational evangelism)[134]였다. 이하에서는 양발이 이러한 대화식 복음전도 방식을 사용하여 임(林)씨를 회심시켜 가는 과정을 좀 상세히 살펴보고자 한다.[135]

1830년 7월 14일 양발과 굴앙은 고주에서 광주로 돌아와 임씨가 운영하고 있던 여관에 묵게 되었다. 이튿날 임씨가 느닷없이 양발의 방에 들어와 양발이 기도하는 장면을 보게 되었다. 임씨는 이상하게 생각하며 '당신은 바닥에 무릎을 꿇고 무슨 신을 예배합니까?'라고 물었다. 이에 대하여 양발은 다음과 같이 대답하였다.

> 우리가 머리를 조아린 신은 최초에 천지만물을 지으신 왕으로서 천지만물과 인간을 관리하시는 무소부재(無所不在)하시고 무소부지(無所不知)하신 살아계신 하나님이십니다. 무릇 사람이 정성을 다하여 예배하고 간구하면 하나님은 반드시 듣고 응답하실 것입니다.

임씨는 이러한 해석에 대하여 '이와 같다면 심히 편리할 것이다' 라고 간단히 평가하였다. 다음날 양발은 임씨에게 『장원양우상론(張遠兩友相

---

134 George H. McNeur, *China's First Preacher Liang A-Fa 1789-1855*, (Shanghai : Kwan Hsueh Publishing House, 1934), p.60. 한편 이 'conversational evangelism'을 호잠운(胡簪雲)은 '개인전도'(胡簪云 譯 · 上海廣學會 重譯, 「中華最早的布道者梁發」, 『近代史資料』 1979年 第2期, p.171)로 번역하였고, 주심연(朱心然)은 '개인담도(個人談道)'(朱心然 譯, 『梁發 : 中國最早的宣教師』, 〈香港, 基督教文藝出版社, 1998〉, p.85)로 번역하였다. 이러한 대화식 복음전도 방식은 바로 양발이 밀른과의 대화에서의 경험을 원용한 것이라고 할 수 있으며, 『장원양우상론(張遠兩友相論)』에서의 장(張)씨와 원(遠)씨의 가상의 대화가 현실화한 것이라고 평가할 수 있을 것이다.

135 이에 관해서는 George H. McNeur, *China's First Preacher Liang A-Fa 1789-1855*, (Shanghai : Kwan Hsueh Publishing House, 1934), pp.60-6. 胡簪云 譯 · 上海廣學會重譯, 「中華最早的布道者梁發」, 『近代史資料』 1979年 第2期, pp.171-80. 朱心然 譯, 『梁發 : 中國最早的宣教師』, (香港, 基督教文藝出版社, 1998), pp.85-90에 수록되어 있다. 이하 번거로움을 덜기 위하여 상세한 주기는 생략하겠다.

論)』[136]과 『진도문답천해(眞道問答淺解)』[137]를 주며 읽고서 이해되지 않은 부분이 있으면 주저하지 말고 질문하라고 하였다.

며칠 후 임씨는 양발의 방에 와서 '당신이 말씀하시는 참된 경은 어디에서 얻어 온 것입니까'라고 물었다. 양발은 다음과 같이 대답하였다.

> 이 진리의 말씀에 관한 책은 본래 아시아(如氐亞, 猶太)에 존재하던 것입니다. 종전에 이 나라 사람들은 다른 나라 사람들과 왕래하지 않았습니다. 나중에 이 나라 사람들은 하나님의 계율을 지키지 않았고, 다른 나라 사람들을 좇아 우상들에게 예배를 드렸으며, 간음하고 사악한 일을 저질렀습니다. 그러나 하나님은 많은 선지자들을 통하여 그들이 악에서 돌아서도록 가르쳤으나 전혀 듣지 않고 오히려 그들을 가르쳤던 사람들에게 해를 입히고 죽였습니다. 이 때문에 하나님은 다른 나라로 하여금 그 성을 치게 하여 온 백성을 멸망시켰습니다. 당시 전심으로 진리의 말씀을 믿고 말씀에 순종하고자 한 사람들은 먼저 하나님의 보호하심으로 진리의 말씀인 성경을 갖고 외국으로 도주하여 사람들에게 가르침을 권하였습니다. 그러므로 지금 각국의 진리의 말씀의 도리를 아는 자는 여기에서 기인한 것입니다. 나는 이 진리의

---

136 『장원양우상론』은 장씨와 원씨의 대화 형식으로 기독교의 교의를 평이하게 해설한 윌리엄 밀른의 저술인데, 1819년 초판이 간행된 이후 동아시아 여러 지역으로 보급되었다. 그 내용은 조직신학적 바탕 위에서 매우 탄탄한 구성으로 쓰였으며, 또한 신학적 이론을 삶의 경험에 대비시켜 이해할 수 있도록 많은 노력이 기울여진 것으로 평가되고 있다. 이해하기 쉽다는 점, 짜임새 있는 구성, 호소력 있는 용어의 사용으로 말미암아 당대 대중의 심령에 접근 하여 사랑받게 되었다고 한다. 『장원양우상론』이 한글로 번역된 것은 1896년 마포삼열(Samuel A. Moffet, 1864-1939)에 의해서 였는데, 최근에 김홍만 · 이스데반에 의하여 현대어로 공역되었다.(김홍만 · 이스데반, 『장원양우상론』, 서울, 부흥과개혁사, 2012) 한편 『장원양우상론』에 관한 보다 상세한 내용은 다음의 연구업적들을 참조하기 바란다. 吉田寅, 「『張遠兩友相論』考 : 中國新教傳道開拓の一側面」, 『基督教史學』 6, 1955; 吉田寅, 「兩友相論 : 明治初年における中國キリスト教書和譯の一形態」 (一) (二), 『東京學藝大學附屬高校 硏究紀要』 10 · 11, 1973 · 74; Daniel H. Bays, "Christian Tracts : The Two Friends," in Suzanne Wilson Barnett & John King Fairbank ed., *Christianity in China : Early Protestant Missionary Writings*, (Cambridge 〈Massachusetts〉 and London : Harvard University Press, 1985); 조훈, 「『張遠兩友相論』點描 : 윌리엄 밀른의 선교문서 이해의 一端」, 『總神大論叢』 제27집, 2008.

137 『진도문답천해』는 양발에 의하여 1829년에 간행된 십계와 기독교도의 의무에 대한 교의 문답을 주된 내용으로 한 저술이었다.

말씀인 성경을 얻어 그 오묘한 뜻을 조금 아는 사람으로서 몇 년 전에 외국에서 무역하면서 우연히 한 선한 사람을 만났습니다. 그는 이 경서를 나에게 건네주면서 경서의 의미를 소책자로 만들어 나누어주며 세상 사람들이 마귀에게 유혹당하지 않도록 권면하라고 말하였습니다.

이에 대하여 임씨는 다음과 같이 말하였다.

원래 진리의 말씀인 성경이 외국에서 들어온 후 우리 중국인들은 맹목적으로 따를 뿐 참과 거짓을 구별할 수 없었습니다. 지금 당신이 여관에 묵게 된 것은 사실상 하늘이 당신을 보내어 우리같이 미혹된 사람들을 구원하도록 한 것입니다.

한편 양발은 '스스로 성심껏 진리의 말씀을 믿으려고 해야만 미혹의 길에서 벗어날 수 있는 것인데, 만약에 반신반의하면 더욱 큰 해를 당하고 죄악이 더욱 중해질 수 있습니다'라고 대답하였다. 임씨는 '성경의 진리를 나는 믿지 않을 수 없지만, 성경의 의미를 올바로 알아야만 마음을 다하여 믿을 수 있을 것입니다'라고 말하였다. 양발은 다음과 같이 대답하기도 하였다.

무릇 진리의 말씀을 믿고 따르는 사람은 먼저 믿은 후에야 알게 됩니다. 지금 당신이 먼저 안 후에 믿으려 한다면 아마도 진심으로 말씀에 순종하려는 사람이 아닐 것입니다. 나중에 들으면 들을수록 더욱 의심하게 될 것이고 진실한 마음을 갖지 못하게 될 것입니다.

임씨는 '내 마음이 이미 정해졌고 당신의 가르침만을 구할 따름입니다'라고 말하였다. 여기까지 이야기하였을 때 마침 어떤 사람이 임씨를 불러 나감으로써 대화가 중단되었다.

6일 후 양발이 방에서 책을 읽고 있을 때 임씨가 들어와 '『장원양우상론』에서 예수를 믿는다는 의미를 어떻게 해석합니까?'라고 물었다. 양발은 다음과 같이 대답하였다.

예수는 하나님의 아들입니다. 믿음이란 예수님이 고난을 받아 죽으심으로 세상 사람들의 죄를 대속하신 사실을 믿는 것입니다. 또 예수님은 전능하신 신으로서 사람들의 영혼을 구원하신다는 사실과 육신이 죽은 후에 영원한 복락을 얻게 된다는 사실을 믿는 것입니다. 그리고 예수님은 성령으로서 사람의 마음을 감화시켜 선하게 만든다는 사실을 믿는 것입니다. 바로 이것이 예수님을 믿는다는 의미입니다.

임씨는 다 들은 후에 돌아갔다.

이틀이 지난 후 양발이 혼자 책을 읽고 있을 때 임씨가 다시 와서 예수는 어떤 사람이냐고 물었다. 양발은 다음과 같이 답하였다.

예수라는 두 글자는 성경의 원문에서는 세상을 구원한다는 의미입니다. 따라서 인성을 가짐으로써 고난을 받아 죽으셨고, 또한 세상 사람들의 죄를 대속한다는 의미입니다. 또한 신성을 가짐으로써 사망 후에 동굴 속에 매장되었지만 삼일 만에 부활하여 승천하셨다는 의미입니다. 그러므로 무릇 믿고 따르는 사람의 영혼을 구원하여 지옥의 고통으로부터 벗어나게 하십니다.

약 일주일이 지난 후 임씨가 다시 양발의 방에 왔다. 그는 매우 기뻐하며 양발에게 다음과 같이 질문하였다.

내가 『진도문답천해』를 읽고 당신이 말씀하시는 진리를 들으니 내 마음이 대단히 즐겁습니다. 오늘 당신이 구세주가 왜 고난을 당하여 죽고 인간의 죽음을 대속하셨는지, 어떻게 사람들의 영혼을 구원하셨는지 가르쳐 주십

시오

이에 대하여 양발은 다음과 같이 대답하였다.

구세주가 고난을 받아 죽으신 것과 세상 사람들을 대신하여 속죄하신 오묘한 진리를 말하려면 일년을 말하여도 부족합니다. 오늘은 당신에게 간략하게만 말하겠습니다. 구세주는 원래 전혀 죄를 짓지 않으셨는데 왜 고난을 받아 죽으셨느냐 하면 하나님이 세상 사람들을 사랑하고 불쌍히 여기셨기 때문입니다. 세상 사람들이 마땅히 받아야 할 형벌을 구세주로 하여금 대신 받게 하셨고, 무릇 사람들이 죄를 깨우쳐 회개하며 구세주 예수를 믿게 하셨습니다. 구세주가 당하신 죽음의 공로로 사람들을 구원하여 징벌을 면케 하고 죄를 속하여 주셨습니다. 이것이 속죄에 대한 대략적인 의미입니다. 또 구세주가 사람들의 영혼을 구원하시고 먼저 성령으로 사람들의 죄악된 심령을 감화시키셔서 선한 사람으로 변화시키셨습니다. 그리고 사람들이 죄악의 유혹을 이기고 계율을 온전히 지키도록 도와 지옥의 영원한 고통에 떨어지지 않도록 하셨습니다. 이것이 영혼을 구원한다는 대략적인 의미입니다. 그러므로 구세주를 믿는 사람은 마땅히 복을 받을 것이고, 믿지 않는 사람은 영원히 화를 당할 것으로 예정하셨습니다.

임씨는 '오늘 내가 진리의 말씀의 의미를 더욱 분명히 알게 되었지만, 오늘은 일이 있으니 다음에 다시 가르쳐 주십시오'라고 하며 헤어졌다.

양발이 성령을 보내어 복음을 듣는 모든 사람들의 마음을 변화시켜 달라고 하나님께 기도하고 있을 때 임씨가 방에 들어와서 앉았다. 양발은 임씨에게 다음과 같이 말하였다.

무릇 하나님의 성경 말씀을 배우기를 사모하는 사람은 두 단계의 노력이 있어야 합니다. 먼저 자신이 들었던 진리를 마음에 새겨야 하고, 육체와 마음의 일은 장단점을 비교하며 생각해야 합니다. 또 가장 중요한 것은 혼자 하나님께 예배드리는 법을 배우는 것으로서 하나님께서 성령을 보내어 당신의 마음을 감화시키고, 죄 및 영혼의 소중함, 세상에서의 위기, 사후의 영원한 복락과 영원한 재앙의 고통, 구세주가 당신 대신에 속죄하여 영원한 재앙의 고통에서 구원받았음을 알게 하시며, 당신을 영원한 축복의 길로 인도하시도록 간구해야 합니다. 이와 같은 사상은 하나님의 성령의 은혜를 얻게 하고, 당신의 마음을 감화시킬 것입니다.

한편 임씨가 불교에 출가하고자 했었음을 양발에게 말하자 양발은 자신도 많은 고뇌 속에서 유사한 경험을 하였지만, 하나님의 은혜로 마음이 감화되어 하나님 말씀의 오묘한 뜻을 알게 됨으로써 불교의 해악을 깨닫게 된 사실을 다음과 피력하였다.

나는 종전에 하나님이 내 마음을 감화시키지 않아 성경 말씀을 몰랐을 때 나도 불교도가 될까 생각하였었습니다. 나중에 하나님의 은혜로 마음이 감화되고 말씀의 오묘한 뜻을 알게 되어 진심으로 순종하게 되었습니다. 점차 배울수록 그 뜻을 알게 되어 지금은 마음에 새기어 암송하게 되었습니다. 마음 속에서 분명해지고 하나님이 약속하신 말씀처럼 진리가 손에 잡힐 수 있었습니다. 그 때에야 불교의 해악을 알게 되었고, 진리의 말씀과 거룩한 종교의 이점을 알게 되었습니다. 내가 이미 성경 말씀의 오묘함과 의로움을 당신과 간략하게 나누었으니 믿고 안 믿고는 당신의 몫입니다. 그러나 당신은 이유 여하를 불문하고 불가의 가르침에는 들어가지 마십시오. 당신이 불교를 믿으면 받게 될 해악이 끝도 없을 것입니다.

이에 대하여 임씨는 '내가 오늘 불교의 해악을 알게 되고 진리의 말씀의 유익을 믿게 되었지만 한 가지 염려가 있어서 감히 세례를 받을 수 없으니 추후에 좀 더 당신의 말을 들어보고자 합니다'라고 말한 후 헤어졌다.

얼마 후 양발이 귀가하고자 하였을 때 임씨는 그의 가르침에 매우 감사해 하며 방세를 받으려고 하지 않았으나 양발이 이미 약속된 것이라고 말하고 나서야 비로소 받았다. 임씨는 양발이 다시 광주에 오게 되면 반드시 자신의 여관에 머물러주기를 부탁하였다. 이튿날 임씨는 양발에게 '당신이 말씀하신 진리로 내 마음에 커다란 기쁨이 있으며, 당신의 말과 행동이 존경할 만합니다'라고 말하였다.

몇 주가 지난 후 양발은 다시 가르치는 사역을 재개하였다. 이 때 임씨는 마침내 자신의 곤란한 사정을 토로하였다. 그 사정은 다음과 같았다.

> 당신이 말씀하신 진리는 구구절절이 모두 참되므로 나는 믿지 않을 수 없습니다. 그러나 나는 세례를 받을 수 없습니다. 왜냐하면 나의 부친이 원보(元寶)[138]의 종이 재료를 파는 장사를 하는데, 내가 세례를 받고 예수를 믿는다면 이 장사를 더 이상 하실 수 없기 때문입니다.

즉 임씨는 비밀스런 제자가 되려면 그의 부친이 세례 받는 것을 허락해야만 하고, 그렇지 않으면 자신의 신앙을 분명하게 밝힐 수 없다는 것이었다. 이처럼 그는 '아버지나 어머니를 나보다 더 사랑하는 자는 내게 합당하지 아니하고'(마태복음 10장 37절)라는 주님의 말씀 중 합당하지 않다는 말씀을 핑계로 삼았다. 임씨가 부친의 장사를 못하게 하는 것을 불효로 간주하고 핑계로 삼는다면 하나님과 사람에 대한 책임을 회피하는 것으로서 실로 큰 죄악이라고 양발은 지적하였다. 양발은 '누구든지 나를 따라오려거든 자기를 부인하고 자기 십자가를 지고 나를 따를 것이니라'(마태복음 16장 24절) 라고 하신 예수님의 말씀을 인용하며 임씨가 결정을 내리기를 바라며 다음과 같이 말하였다.

> 이 구절의 의미는 당시 구세주께서 그 제자들을 교훈하신 말씀입니다. 사람

---

138 신불에게 기원할 때 바치기 위하여 은박지를 엽전 모양으로 오린 물건.

> 들이 진리를 믿으려면 반드시 자기의 사적인 생각을 극복하여야만 합니다. 세속적인 나쁜 습성을 전부 근절하고 항상 고난당하며, 손해를 입고 죽음 당할 것을 예비하여야 합니다. 이렇게 할 때에 그 배운 진리에 순종할 수 있습니다.

즉 때를 얻든지 못 얻든지 상관없이 양발은 전도자로서 대단한 인내와 각종 교훈으로 경고하며 권면하였던 것이다.

1831년 2월 양발은 광주의 임씨 여관에서 그 주인 임씨와 여행객 미장이 이신(李新)에게 세례를 베풀고 기독교인으로 만들었다. 열정적이었던 이신은 나중에 양발의 조수가 되었다.[139] 같은 해에 양발은 또 다시 4인에게 세례를 주었다. 이 중에는 1가 3인, 즉 62세의 아버지와 22세와 17세의 두 아들이 있었는데, 그들은 모두 독서인이었다.[140] 그리고 양발은 그의 부친 양충(梁冲)과 두 아들이 같은 날 세례를 받게 하였다.[141]

1832년말 양발은 런던선교회의 윌슨에게 보낸 편지 속에서 다음과 같이 말하였다.

> 이 수년 동안에 이미 수인이 구주를 믿고 따르며 교회에 가입하였습니다. 이곳의 약 10인은 한 마음 한 뜻으로 주를 계속 섬기고 있습니다.[142]

---

139 王治心,『中國基督教史綱』, (香港, 基督教文藝出版社, 1998), p.158; 李志剛,『基督教早期在華傳教史』, (臺北, 臺灣商務印書館, 1985), p.176.

140 George H. McNeur, *China's First Preacher Liang A-Fa 1789-1855*, (Shanghai : Kwan Hsueh Publishing House, 1934), p.67. 胡簪云 譯 · 上海廣學會 重譯,「中華最早的布道者梁發」,『近代史資料』1979年 第2期, p.182. 朱心然 譯,『梁發 : 中國最早的宣教師』, (香港, 基督教文藝出版社, 1998), p.93.

141 王治心,『中國基督教史綱』, (香港, 基督教文藝出版社, 1998), p.158; 李志剛,『基督教早期在華傳教史』, (臺北, 臺灣商務印書館, 1985), p.176.

142 George H. McNeur, *China's First Preacher Liang A-Fa 1789-1855*, (Shanghai : Kwan Hsueh Publishing House, 1934), p.67. 胡簪云 譯 · 上海廣學會 重譯,「中華最早的布道者梁發」,『近代史資料』1979年 第2期, p.182. 朱心然 譯,『梁發 : 中國最早的宣教師』, (香港, 基督教文藝出版社,

위의 인용문을 통하여 알 수 있듯이 양발의 전도로 수세 · 입교한 중국인은 약 10인이었음을 알 수 있다. 이는 결코 많은 수자가 아니었지만, 로버트 모리슨이 중국에서 선교 활동을 전개한 25년 동안 단지 10여인에게만 세례를 베풀었을 뿐이라는 사실을 상기할 때 무시할 수 없는 성과였음을 알 수 있다. 이들은 매주 로버트 모리슨의 집에 모여서 예배를 드렸는데, 일부의 교회사 연구자는 이를 중국 교회의 발단으로 간주하였던 것이다.[143]

1832년 양발은 자식을 잃는 슬픔을 맛보았다.[144] 이러한 슬픔 속에서 양발을 매우 기쁘게 하는 일이 생겼다. 즉 양발의 아들 양진덕이 엘리야 브리지만의 집에 보내어져 교육을 받게 된 것이었다. 비록 작지만 교회의 설립과 교인 수의 증가는 양발의 용기를 적지 않게 불러일으켜 전도용 소책자의 저술과 인쇄에 더욱 노력케 하였다. 인쇄 비용은 영국과 미국의 성서공회가 담당하였고, 양발의 여행 경비는 엘리야 브리지만이 후원하였다.[145]

중국에서는 향시(鄕試) 때마다 소위 선서(善書)를 나누어 주는 풍습이 있었는데, 양발은 이에 주목하여 전도에 적극 활용하고자 하였다. 따라서

---

1998), pp.93-4; 王治心,『中國基督教史綱』, (香港, 基督教文藝出版社, 1998), p.158.

143 雷雨田,「梁發與中西文化的會通」,『湘潭大學社會科學學報』第25卷 第5期, 2001, p.90.

144 양발에게는 양진덕 외에 1829년 태어난 아첨(阿沾)이라는 딸과 1831년 산고 끝에 태어난 아들이 있었는데, 바로 이 아들이 이 해에 죽었던 것이다.(George H. McNeur, *China's First Preacher Liang A-Fa 1789-1855*, 〈Shanghai : Kwan Hsueh Publishing House, 1934〉, p.58. 胡簪云 譯 · 上海廣學會 重譯,「中華最早的布道者梁發」,『近代史資料』1979年 第2 期, p.171. 朱心然 譯,『梁發 : 中國最早的宣教師』, 〈香港, 基督教文藝出版社, 1998〉, p.83; Alexander Wylie, *Memorials of Protestant Missionaries to the Chinese*, 〈Shanghai : American Presbyterian Mission Press, 1867〉, p.21)

145 George H. McNeur, *China's First Preacher Liang A-Fa 1789-1855*, (Shanghai : Kwan Hsueh Publishing House, 1934), p.70. 朱心然 譯,『梁發 : 中國最早的宣教師』, (香港, 基督教文藝出版社, 1998), p.96.

양발은 부시(府試)를 보러 광주에 몰려드는 동생(童生)[146]을 대상으로 하여 1832-4년 사이에 가장 활발하게 전도 책자를 배포하였던 것이다. 특히 양발은 1832년 말부터 1833년까지 팸플릿과 성경일과를 7만권 이상 인쇄하여 나누어 주었다.[147] 1833년 양발은 미화성경회(美華聖經會)의 전임 성경보급원(colporteur)[148]으로 청빙되어 2년 동안 공원(貢院) 앞에서 전도 책자를 동생에게 나누어주었다.[149] 1833년 10월 사무엘 윌리엄스(Samuel W. Williams, 중국명 衛三畏, 1812-1884)[150]는 광주에 가서 양발을 만난 후 양발의 전

146 광주에서 거행된 부시에 각 현에서 응시한 동생의 수는 2만 5천명이었다고 한다.

147 雷雨田,「梁發與中西文化的會通」,『湘潭大學社會科學學報』 第25卷 第5期, 2001, p.90.

148 colporteur란 수경원(售經員)으로 한역되고 우리나라에서는 권서(勸書)로 불렸는데, 성서협회에 고용되어 성경과 전도 책자를 파는 행상을 이르는 말이었다. 권서는 성서협회에 고용되어 성경 판매를 맡은 일종의 외판원으로서 1804년 세계 최초로 영국성서협회(The British and Foreign Bible Society)가 설립된 이후 성경을 전파하기 위한 기구로서 생겨났다. 그러나 양발의 경우에는 성경을 파는 것보다는 성경을 가지지 않은 사람에게 성경을 가지게 하려고 노력하는 사람이라는 뜻이 더 타당하다고 하겠다.(이만열,『한국기독교와 민족의식』,〈서울, 지식산업사, 1991〉, p.113)

149 Kenneth S. Latourette, *A History of Christian Missions in China*, (London/New York : The Macmillian Company, 1929), p.219; *The China Mission Hand-book*, (Shanghai : 1896) pt.2, p.298.

150 사무엘 윌리엄스는 1812년 9월 25일 뉴욕 주의 유티카(Utica)에서 태어났다. 그의 부친은 유티카에서 출판업을 하는 경건한 청교도의 후예 윌리엄 윌리엄스(William Williams)였고, 그의 14 남매 중 사무엘 윌리엄스는 다섯째였다. 사무엘 윌리엄스는 1832년 뉴욕 주의 트레이(Tray) 시에 있는 렌셀리어 공예학교(Rensselear Polytechnic Institute)를 졸업하고 미국공리회의 중국 선교사로 파송을 받아 1833년 6월 이라 트레이시와 같이 모리슨 호를 타고 10 월 26일 광주에 상륙하였다. 사무엘 윌리엄스는 광주에서 로버트 모리슨과 그의 아들 존 로버트 모리슨, 이라 트레이시와 엘리야 브리지만 및 에드윈 스티븐스 등과 가까이 지내면서 중국의 생활을 익히고, 때로는 6명이 둘러앉아서 성찬 예식을 갖기도 하였다. 얼마 후 사무엘 윌리엄스는 마카오에서 동인도회사의 출판일을 하면서『광주기간(廣州期刊)』(*Canton Press*)을 편집하였다. 그 때에 사무엘 윌리엄스는 엘리야 브리지만을 도와서 *The Chinese Repository*에 약 80여 편의 글을 발표하기도 하였다. 그리고 엘리야 브리지만의『중문광동방언촬요(中文廣東方言撮要)』(*A Chines Chrestomathy in the Canton Dialect*)의 출판을 돕는 한편, 그 자신은 1842년『습급대성(拾級大成)』(*Easy Lesson in Chinese*)을 간행하기도 하였다. 1837년 사무엘 윌리엄스는 일본과 유구(琉球) 지역을 잠시 순회하고 다시 마카오에 돌아온 후 일본인과 접촉한 것을 계기로『구약성서』의「창세기」,『신약성서』의「마태복음」을 일본어로 번역할 수 있었다. 1842년 사무엘 윌리엄스는 홍콩에서 모리슨교육협회(Morrison Education Society)의 총무에 피선되자 그의 정열을 쏟아서 소임을 감당하기도 하였다. 그는 중국 선교 11년이 되던 해, 즉 1844년

도 소책자 배포와 관련하여 다음과 같이 말하였다.

> 그는 현재 힘을 다하여 저술에 종사하고 있을 뿐 아니라 또한 이미 수천 부를 나누어주었다. 얼마 전 광주에서 부시가 거행되자 2만 5천명의 동생이 각 현에서 광주로 왔다. 양발은 고력(苦力) 수인을 고용하여 그의 상자를 공원 앞으로 운반하였고, 그는 그 곳에서 전력을 다해서 생명의 도를 이들 지식계급의 청년들에게 전파하였다. 그는 3일간 이렇게 하였다. 그는 존경할 만한 풍채를 지닌 노인이었는데, 나이는 50세 전후였다. 그는 얼굴에 인자함이 가득하여 한 번 보면 경애심을 낳게 하였다.[151]

*The Chinese Repository* 1833년 10월호의 기사에 의하면 양발은 이 때 '광동

---

의 귀국 길에 이집트와 시리아 및 유럽의 각국을 여행하면서 견문을 넓히기도 하였다. 귀국 후 사무엘 윌리엄스는 사라 월워스 양(Miss Sarah Walworth)과 결혼하고, 유니온 대학(Union College)에서 법학 박사(Doctor of Laws)의 학위를 취득하였다. 사무엘 윌리엄스는 미국 체류 기간에 교회들로부터 목사의 장립을 종용받았으나 신학 훈련이 없다는 이유를 들어서 사양하였고, 1848년 6월 1 일 미국을 떠나 동년 9월 다시 광주로 돌아와서 계속 출판의 업무에 종사하였다. 1853년 미국이 페리 제독(Comodore Matthew C. Perry, 1794-1858)을 상무 교섭 차 일본에 파견할 때에는 통역원의 신분으로 동행하기도 하였다. 사무엘 윌리엄스는 일본어에 정통하였고, 특히 일본과 중국의 민정에 밝았다. 그러한 이유로 사무엘 윌리엄스는 1856년 미국의 주북경외교관서(駐北京外交官署)의 비서직에 위촉되었다. 그 후 사무엘 윌리엄스는 선교 사역을 그 만두고 외교관으로 변신하였다. 외교관으로 변신한 사무엘 윌리엄스는 1858년의 천진조약(天津條約) 체결 때에 미국을 대신하여 중 · 미 불평등조약을 체결하였고, 1863년에는 또 다시 대리공사가 되어서 중 · 미 사이의 외교 사무를 처리하였다. 1876년 사무엘 윌리엄스는 은퇴하고 귀국하여 예일 대학(Yale University)에서 한학 교수를 역임하였다. 그 후 미국성서공회(The American Bible Society)와 미국동방학회(The American Oriental Society)의 회장직을 각각 역임하였고, 1884년 2월 16일 뉴헤이븐(New Haven)에서 세상을 떠났다. 한편 사무엘 윌리엄스에 관한 보다 상세한 내용은 다음의 연구업적을 참조하기 바란다. Frederick W. Williams, *The Life and Letters of Samuel Wells Williams : Missionary, Diplomatist, Sinologue*, (New York and London : G. P. Putnam's Sons., 1889. Wilmington, Delaware : Scholarly Resources, INC., 1972); 小澤三郎,「支那在留宣教師 S. W. ウィリアムズ小傳」,『基督教史硏究』8, 1940.

151 George H. McNeur, *China's First Preacher Liang A-Fa 1789-1855*, (Shanghai : Kwan Hsueh Publishing House, 1934), pp.68-9. 胡簪云 譯 · 上海廣學會 重譯,「中華最早的布道者梁發」,『近代史資料』1979年 第2期, pp.182-3. 朱心然 譯,『梁發 : 中國最早的宣教師』, (香港, 基督教文藝出版社, 1998), p.95; Katherine R. Green, trans. by R. F. Fitch & Y. L. Yang, *Robert Morrison(1782-1834) : The First Protestant Missionary to the Chinese*, (Shanghai : Christian Literature Society, 1935). 費佩德 · 楊蔭瀏 譯,『馬禮遜小傳』, (上海, 廣學會, 1935), p.170.

에 집합한 부시 응시생에게 3천 책 이상의 포교서를 배포'[152]한 것으로 기록되어 있다.

당시의 환경으로는 공개적으로 설교를 하여 회심시키는 직접전도를 할 수 없었기 때문에 전도 책자를 나누어 주어 개인적인 회심을 기대하는 간접전도만이 유일한 방법이었으므로 양발은 간접전도에 주력하였다. 특히 로버트 모리슨의 사망[153] 후 생명의 짧음을 절실하게 느낀 양발은 복음 전파에 더욱 진력하였다.

그런데 1833년 1월 소집된 영국의 제1회 개정의회에서는 1834년 4월 22일을 기하여 동인도회사의 대중국무역독점권을 폐지하고 자유무역을 인정함과 동시에 새롭게 무역감독관을 임명하였다. 이 무역감독관은 그 때까지 광동의 외국 상관(商館) 내에 있던 특별위원회(select committee)의 직권과 기능을 계승함과 동시에 재판장으로서 재화영국상인(在華英國商人)의 취체와 광동 지역에서의 재판권, 심지어는 둔세(屯稅)와 수출입세를 징수하는 권한도 가짐으로써 금일의 총영사 이상의 권력을 국가로부터 부여받았다. 이 무역감독관에 임명된 이가 윌리엄 네이피어(William J. Lord Napier, 1786-1834)였다. 윌리엄 네이피어는 1833년 12월 10일부로 무역감독관에 임명되자 1834년 영국을 출발하여 7월 16일 마카오에 도착하였으며, 미리 허가를 구하지 않고 25일 광주에 입항하였다.[154] 윌리엄 네이피어는 종래의 상인 대표가 아니라 정부 임명의 관리라는 자부심과 오만함

---

152 *The Chinese Repository*, Vol. Ⅱ, Oct., 1833, p.286.

153 로버트 모리슨의 아들 존 로버트 모리슨의 공술(供述)과 양상 오소영(伍紹榮)의 주보(奏報)에 의하면 로버트 모리슨의 사망일은 1834년 8월 1일이라고 한다.(呂堅,「從新發現的有關馬禮遜梁發傳教檔案看新教的傳入及影響」,『歷史檔案』1996年 第4期, p.97; Alexander Wylie, *Memorials of Protestant Missionaries to the Chinese*, 〈Shanghai, American Presbyterian Mission Press, 1867〉, p.4.)

154 *The Chinese Repository*, Vol. Ⅱ, May, 1833, pp.12-3.

을 갖고서 종래의 관례를 무시한 채 공행상인(公行商人)을 통하지 않고 양광총독(兩廣總督)과 직접 평등한 교섭을 하고자 서간[155]을 보내어 청정의 외교 사무 처리의 부당함을 표시함으로써 양광총독 노곤(盧坤)과의 사이에 알력[156]을 표출하였다. 이러한 알력을 계기로 해서 중 · 영 간의 무역이 1834년 8월 16일부터 일시 중단되었다. 원래 1834년 이전 광동의 지방관은 외국인에 대하여 비교적 관용적이었다. 그 주요한 원인은 아편밀무역이 청조의 각급 지방관에게 거대한 이익을 가져다 주었기 때문이었다. 그런데 1834년의 윌리엄 네이피어 사건 이후 청조의 지방관은 아편 상인에 대하여 더 이상 관용을 베풀지 않았을 뿐 아니라 전도 활동에 대해서도 더욱 더 엄격하게 취체하였던 것이다.[157]

이러한 악조건 속에서도 8월 20일 양발은 세 명의 조수와 함께 부시의 수험생을 대상으로 전도 책자를 정력적으로 배포하였다. 이와 관련하여 양발은 자신의 수기에서 다음과 같이 말하였다.

나는 1834년 이래 광동성(廣東城)과 부근의 향촌에서 『성서일과초학편용(聖書

155 이 때 윌리엄 네이피어가 보낸 서간 2점(도광 14년 문서 제1호와 제2호)은 佐佐木正哉 編,『鴉片戰爭前中英交涉文書』, (東京, 巖南堂書店, 1967), p.2에 수록되어 있다.

156 무역감독관 윌리엄 네이피어와 양광총독 노곤과의 사이의 알력에 관한 보다 상세한 내용은 衛藤瀋吉,『近代中國政治史研究』, (東京大學出版會, 1968), p.202-4 : 林傳芳,「『勸世良言』授受年代に關する一考察 : 梁發と洪秀全の接點を求めて」, (小野勝年博士頌壽記念會 編,『小野勝年博士頌壽記念 東方學論集』, 東京, 朋友書店, 1982 수록), pp.482-3 등을 참조하기 바 란다.

157 이와 관련해서는 呂堅,「從新發現的有關馬禮遜梁發傳教檔案看新教的傳入及影響」,『歷史檔案』 1996年 第4期, pp.93-6에 최근 발견된 당안(檔案) 자료의 기사가 소개되어 있는데, 그 주된 내용은 다음과 같다. 첫째, 도광(道光) 15년 이래 영국 선박이 중국 연해를 순항하며 중국인에게 선교 문서를 배포함으로써 청 정부의 고도의 주의와 경계심을 야기하였다. 둘째, 도광 16년 광동의 지방관이 마카오의 '이루(夷樓)'에서 8종의 선교 문서를 압수하였고, 인쇄노동자 굴아희(屈亞熙, 굴앙의 아버지)를 체포하였으며, 존 로버트 모리슨을 소환 · 조사하였다. 셋째, 도광 12년 이래 로버트 모리슨은 중국인 인쇄노동자 양발과 굴앙 부자를 고용하여 마카오에서 중문의 선교 책자를 인쇄하였다. 청 관부가 이 사건을 조사 · 처벌하였을 때 로버트 모리슨은 이미 2년 전에 병사하였고, 양발과 굴앙은 싱가포르로 도망쳐 행방을 감추었다.

> 日課初學便用)』을 배부하였던 바 사람들은 기꺼이 받았고, 거절한 사람은 극히 적었습니다. 금년은 바로 3년마다 1회의 향시가 있는 해인데, 각 현의 수재(秀才)가 광동에 모여 수험하였으므로 이 기회를 이용하여 나는 가능한 한 빨리 중국어 선교문서를 그들에게 배부하는 것을 계획하였습니다. 이 때문에 8월 20일 나는 오아청(吳亞淸), 주아생(周亞生) 및 양아신(梁亞新)과 함께 이것을 실행하였습니다. 이 날 배포한 『성서일과초학사용』은 총계 1,000부였는데, 수험생이 기꺼이 받고 아무런 방해도 없어서 우리들은 대단히 감사하게 생각하였습니다.[158]

8월 21일에도 『성서일과초학편용』 1,000부(5,000책)가 배포되었으나 아무런 일도 일어나지 않았다. 그러나 익 22일 순졸이 와서 오아청을 남해현서(南海縣署)로 연행하는 사건이 발생하였다. 이 때 『성서일과초학편용』 한 부가 남해지현(南海知縣) 황정의(黃定宜)[159]에게 보내어졌지만, 지현(知縣)은 살펴본 후 문제가 없다고 판단하여 순졸에게 간섭하지 말라고 하였다. 이리하여 오아청은 석방되어 돌아왔다. 23일 순졸이 다시 와서 양발을 잡아 아문으로 수송하는 중 양발은 탈출하여 도망을 쳤다. 24일 양발은 순졸이 어제의 일을 광주지부(廣州知府) 반상즙(潘尙楫)[160]에게 보고한 사실을 듣고 지부(知府)가 그들을 체포할 것을 염려하여 잔여 서적을 다른 곳으로 옮겼다. 25일 본격적인 취체가 시작되어 양발의 조수 두 사람이 체포되었다. 그 중 한 사람이 자신은 아무 것도 아는 것이 없다고 하자 말을 할 수 없을 정도로 안면을 구타당하였다. 그래서 다른 한 명이 모든 사실을 고변하자 지현은 관련된 모든 인물을 체포하라고 명하였다. 이 소

---

158 胡簪云 譯 · 上海廣學會 重譯, 「中華最早的布道者梁發」, 『近代史資料』 1979年 第2期, p.186.

159 황정의는 광서성(廣西省) 용천인(龍川人)이었다.(史澄 等, 『廣州府志』 卷二十四, 職官表 八, p.15)

160 반상즙은 절강성(浙江省) 사람으로서 거인(擧人) 출신이었다.(史澄 等, 『廣州府志』 卷二十四 職官表 七, p.15)

식을 들은 양발은 그의 아내와 딸을 데리고 강문(江門)으로 피하였다. 동일 윌리엄 네이피어는 청조 당국에 불만의 의사 표시를 한문으로 인쇄하여 반포하였다.[161] 26일 100명의 순졸을 실은 두 척의 배가 삼주사에 도착하여 양발을 체포하려고 하였으나 실패하자 그의 친척 3명을 체포하였고, 그의 집을 압류하였다.[162] 그 5일 후인 30일에는 남해지현의 이름으로 된 포고[163]가 나붙었는데, 그 내용은 다음과 같았다.

南海縣正堂黃爲特別嚴禁書, 照得刊印誨淫及有害心術書籍, 久干厲禁. 但査近有不逞之徒竟膽敢刊印誨淫及有害心術之**外國異端書籍**, 詐称**勸世文**, 以派送與人, 實屬目無王法. 除飭巡卒嚴密査拿, 如有犯此者, 一經審訊屬實, 定必嚴爲究辦. 所有木板概予搜毀外, 合行出示嚴禁. 仰生負人等一體知悉. 爾等如藏有違禁之不良書籍, 可立刻將板銷燬, 如有膽敢故違功令, 印行及散播此等書籍, 定必嚴拿究辦, 決不姑寬. 其各凜遵, 毋胎後悔, 特示. 道光十四

161 이 포고는 도광 14년 문서 제9호를 가리키는데, 그 반포일과 관련해서는 다양한 견해가 존재한다. *The Chinese Repository* Vol. Ⅲ에 의하면 1834년 8월 25일(도광 14년 7월 21일)로 되어 있지만(p.58), 佐佐木正哉 編,『鴉片戰爭前中英交涉文書』, (東京, 巖南堂書店, 1967)에서는 구력 7월 22일(양력 8월 26일)로 되어 있고(pp.7-8), George H. McNeur에 의하면 8월 30일의 사건으로 되어 있다.(George Hunter McNeur, *China's First Preacher Liang A-Fa 1789-1855*, 〈Shanghai : Kwan Hsueh Publishing House, 1934〉. p.71)

162 George H. McNeur, *China's First Preacher Liang A-Fa 1789-1855*, (Shanghai : Kwan Hsueh Publishing House, 1934), pp.72-3. 胡簪云 譯 · 上海廣學會 重譯,「中華最早的布道者梁發」,『近代史資料』1979年 第2期, pp.186-7. 朱心然 譯,『梁發 : 中國最早的宣教師』, (香港, 基督教文藝出版社, 1998), pp.98-9; 彭澤益,「洪秀全得『勸世良言』考證 : 兼論太平天國與基督教的關係」,『近代史硏究』1988年 第5期, p.58.

163 이 포고는 엘리야 브리지만과 존 로버트 모리슨의 보고에 보이는 것을 조지 맥네어가 인용하였고, 한역본에서는 이것을 한문으로 복원한 것이다. 부현(府縣) 등 지방장관의 보고와 고시는『실록』이나『성훈(聖訓)』등 국사 사료 및『통지(通志)』나『부현지(府縣志)』등의 지방사 사료에도 재록되어 있지 않기 때문에 이에 대응하는 자료는 발견되지 않는다. 그러나 이 사건과 직접적인 관계를 가진 외국 상관이나 공원이 있던 곳이 남해현(南海縣) 관내인 점, 22일 오아청이 남해현서로 연행된 점 등을 아울러 생각해 보면, 이 고시가 남해 지현으로부터 나온 것임을 충분히 알 수 있다.

年七月二十六日[164]

이 포고 중에 보이는 '외국이단서적(外國異端書籍)'은 전도용 소책자를 가리키고, '권세문(勸世文)'은 『권세양언』을 가리키고 있음이 분명하다.

그런데 윌리엄 네이피어의 서간을 얼마 전 외국 서적 배포 혐의로 체포하고자 한 양발이 작성한 것으로 오인한 광주지부가 그의 고향에까지 사람을 풀어 양발 등을 수배한 끝에 기독교 선교문서를 배부한 '통적매국지인(通敵賣國之人)'이라는 이유로 8월 31일 체포 · 투옥하였다. 다행히 양발은 엘리야 브리지만과 존 로버트 모리슨(John Robert Morrison, 중국명 馬儒翰, 1814-1843)[165] 등의 진력에 의하여 800원의 몸값을 내고 간신히 구출되었

---

164 胡簪云 譯 · 上海廣學會 重譯,「中華最早的布道者梁發」,『近代史資料』1979年 第2期, pp.188-9.

165 존 로버트 모리슨은 로버트 모리슨의 아들이었는데, 1814년 마카오에서 출생하였다. 존 로버트 모리슨은 1827년 초부터 1830년 5월까지 영화서원에서 수학하였다. 존 로버트 모리슨은 영화서원 졸업후 1830년 광주에서 영국 상인의 통역이 되었고, 1833년 미국 정부의 코친 차이나 사절단의 임시 통역이 되었다. 사절단 임시 통역으로서의 소임을 마치고 광동으로 돌아가자마자 존 로버트 모리슨은 종래의 일을 계속함과 동시에 아버지 로버트 모리슨을 도움으로써 점차 외국인 사회에 알려지게 되었다. 1834년 로버트 모리슨이 죽자 존 로버트 모리슨은 그의 아버지를 이어서 영국주화상무감독(英國駐華商務監督)의 중국어 비서 겸 통역관(Chinese Secretary and Interpreter to the Superintendents of British trade in China)이 되었다. 1840년 영국 전권대표 조지 엘리어트(George Elliot, 1784-1863)와 주화상무감독(駐華 商務監督) 찰스 엘리어트(Charles Elliot, 1801-1875)를 따라서 천진(天津)에 도착하여 기선(琦善)과 만났고, 그 후에는 헨리 포틴저(Henry Pottinger, 1789-1856)를 따라서 남경(南京)에 도착하여 남경조약(南京條約)의 체결에 참가하였다. 1843년 존 로버트 모리슨은 홍콩 식민정부의 의정국(議政局)과 정례국(定例局) 위원에 임명되었다. 존 로버트 모리슨은 비록 관원이었을 지라도 열심히 선교하였다.(史靜寰 · 王立新,『基督教教育與中國知識分子』,〈福州, 福建教育出版社, 1998〉, pp.57-8) 부친의 사망 후 존 로버트 모리슨은 부친의 역경사업을 계승하여 월트 메드허스트, 칼 구츨라프, 엘리야 브리지만 등과 함께『신천성서(神天聖書)』를 개역해서 1837년에『신약전서』인『신유조성서(新遺詔聖書)』를 출판하였고, 1839년에는『구약전서』인『구유조성서(舊遺詔聖書)』를 출판하였다. 1843년 8월 존 로버트 모리슨은 마카오에서 28세라는 젊은 나이에 열병으로 죽어 마카오 묘지의 아버지와 어머니 곁에 매장되었다. 존 로버트 모리슨의 주요한 저서로는 *A Chinese Commercial Guide*,(『中國通商指針』, Canton, 1834)이 있다. 한편 존 로버트 모리슨에 관한 보다 상세한 내용은 田中正美,「ジョン=ロバ-ト=モリソンとアヘン戰爭」,『愛知學院大學文學部紀要』20, 1991을 참조하기 바란다.

다.[166] 9월 8일 엘리야 브리지만은 양발과 그의 아들 양진덕을 영정도(伶仃島) 행의 선상에 숨겨 영정도로 도피시켰다. 이 배에 머무는 동안 양발은 이제껏 일어난 일들을 상기하며 다음과 같이 심정을 토로하였다.

> 이러한 상황에서 나는 우리 구주의 복음을 전파하는 사람들은 반드시 박해를 받았다는 사실을 상기하였다. 그래서 나는 로마서 8장 31절-39절, 야고보서 5장 11절 및 베드로전서 5장 10절을 읽으며 명상하였다. 내가 우리 구주나 바울 · 욥과 같은 고통을 감내할 의지가 있는 것은 아니지만, 나는 옛 성인들의 그러한 모습을 모방하기를 원하였고, 평온 안에서 그러한 것을 명심하였다. 비록 극심한 박해를 겪지만, 내 마음에는 편안함과 기쁨이 있다. 다만 한 가지 무서운 것은 중국 정부가 나의 아내와 딸을 해칠까 하는 것이다. 그래서 나는 밤낮으로 하나님께서 자비롭게도 그들을 보호하고 지켜주시기를 간청하며 기도한다.[167]

1834년 10월 18일 양발은 양진덕과 함께 영국선을 타고 싱가포르로 갔다.

1835년 7월 21일 로버트 모리슨의 사역을 계승하기 위하여 런던선교회 소속의 선교사 월트 메드허스트(Walter H. Medhurst, 중국명 麥都思, 1796-1857)[168]가 광주에 왔을 때 상황은 아주 참담하였다. 월트 메드허스트와

---

166 呂堅,「從新發現的有關馬禮遜梁發傳教檔案看新教的傳入及影響」,『歷史檔案』1996年 第4期, p.97.

167 George H. McNeur, *China's First Preacher Liang A-Fa 1789-1855*, (Shanghai : Kwan Hsueh Publishing House, 1934), pp.73-4. 胡簪云 譯 · 上海廣學會 重譯,「中華最早的布道者梁發」,『近代史資料』1979年 第2期, p.188. 朱心然 譯,『梁發 : 中國最早的宣教師』, (香港, 基督敎文藝出版社, 1998), p.100.

168 월트 메드허스트는 런던에서 태어났는데, 공리회의 신자로서 14세부터 인쇄 기술을 배웠다. 월트 메드허스트는 세인트 폴 스쿨(St Paul's School)에서 고전 교육을, 런던의 핵크니 대학(Hackney College)에서 신학 훈련을 받았다. 이 때 월트 메드허스트는 '끊임없는 정신 활동과 주목할 만한 어학의 재능'을 나타내 보였다. 1816년 월트 메드허스트는 런던선교회에 가입하였다. 1817년 2월 10일 월트 메드허스트는 인도의 마드래스(Madras)에 상륙하여 몇 개월을 체류하는 동안에 엘리자베스 마틴(Elizabeth Martin)이라는 과부와 결혼하고, 그 해 6월 12일 말라카에 도착하여 윌리엄 밀른의 출판 사역을 도왔다. 언어 학습을 마친 후 곧 설 교와

연락이 되는 기독교인은 양발이 1년 전에 세례를 베푼 수재 유자천(劉蔗泉, Lew Tse-chuen)169 한 사람뿐이었다. 유자천은 수재로서 학식이 있었기 때문에 양발의 저술을 매끄러운 문장으로 수정해 주는 역할을 담당해 왔던 것이다.170

---

교육 관계의 실무를 맡은 월트 메드허스트는 1819년 4월 27일 말라카에서 목사 안수를 받았다. 1820년 월트 메드허스트는 페낭을 경유하여 바타비아(Batavia)에 가서 각종의 선교 기구를 설치하였다. 1821년 월트 메드허스트는 바타비아에 인쇄소를 설립하고 성경 번역과 신문 발행에 종사하였다. 1823년 7월 월트 메드허스트는『특선촬요매월통기전(特選撮要每月統紀傳)』(*Monthly Magazine*)을 바타비아에서 창간하였는데, 종교 · 시사 · 역사 · 잡문을 실었다. 월트 메드허스트는 1828-9년 월간『천하신문(天下新聞)』(*Universal Gazette*)을 말라카에서 연자(鉛字) 활판의 신식 인쇄로 출판하였는데, 그 내용은 중외의 뉴스, 과학, 역사 및 종교 등이었다. 1828년 8월 월트 메드허스트는 중국 범선을 타고 말레이 반도의 각 지역을 순회하였다. 특히 월트 메드허스트는 바타비아에 고아원을 설립하여 고아들을 돌보는 일에 헌신하였다. 1834년 로버트 모리슨이 소천하자 런던선교회의 중국 선교가 침체되어 그 다음 해 7월 21일 월트 메드허스트는 광주에 상륙하였다. 그 후 월트 메드허스트는 에드윈 스티븐스와 북상하여 중국의 연안 일대를 여행하면서 선교 문서를 전하였다. 월트 메드허스트는 산동반도(山東半島)에서 남하하여 1836년 4월 6일 바타비아로 다시 돌아간 후 얼마 있다가 일시 귀국하였다. 1838년 7월 31일 다시 바타비아에 상륙한 월트 메드허스트는 런던선교회의 수석 신분으로 1843년 8월 22일부터 9월 4일까지 홍콩에서 개최된 성경번역회의에 참석하였고, 그 후 상해로 가서 거주하였다. 그 해에 월트 메드허스트는 미국의 대학으로부터 명예 신학박사의 학위를 받았다. 상해에서 월트 메드허스트가 한 주요한 선교 사역은 성경의 번역이었고, 1846년에는『서경』을 영역하였다. 그 밖에 한문 소책자 59권과 말레이어 소책자 6권도 출판하였다. 1857년 1월 21일 월트 메드허스트는 귀국하였으나 3일 후 갑작스럽게 소천하였다. 월트 메드허스트는 중국인에 대한 견해가 극히 냉정한 선교사였다. 월트 메드허스트는 그의 저서에서 혁명이 일어나 왕조가 바뀌더라도 중국은 중국인 채로 계속 있을 것이라고 중국사회의 정체적 성격을 강조하였다. 월트 메드허스트의 중요한 저서로는 *Dictionary of the Hokkien Dialect* (Macao, 1832); *English and Japanese Vocabulary* (Batavia, 1830); *China : Its State and Prospects* (London, 1838); *Chinese English Dictionary*, 2 Vols. (Batavia, 1842-3); *Ong Tae-hae, or the Chinaman Abroad* (Shanghai, 1844); *The Shoo King or Historical Classics* (Shanghai, 1846); *English-Chinese Dictionary*, 2 Vols. (Shanghai, 1847-8) 등이 있다.

169 이 수재의 정확한 한식 이름은 현재로서는 알 수 없다. 호잠운은 역음(譯音)에 의하여 유자천으로 표기하였고(胡簪云 譯 · 上海廣學會 重譯,「中華最早的布道者梁發」,『近代史資料』1979年 第2期, p.194), 주심연은 역음에 의하여 유택천(劉澤泉)으로 표기하였다.(朱心然 譯,『梁發 : 中國最早的宣教師』, 〈香港, 基督教文藝出版社, 1998〉, p.109).

170 George H. McNeur, *China's First Preacher Liang A-Fa 1789-1855*, (Shanghai : Kwan Hsueh Publishing House, 1934), p.81. 胡簪云 譯 · 上海廣學會 重譯,「中華最早的布道者梁發」,『近代史資料』1979年 第2期, p.194. 朱心然 譯,『梁發 : 中國最早的宣教師』, (香港, 基督教文藝出版社, 1998), p.109.

양발과 함께 싱가포르로 갔던 양진덕은 광주로 돌아와 엘리야 브리지만의 집에서 다시 공부를 계속하게 되었다. 엘리야 브리지만의 규칙적인 가르침의 결과 양진덕은 12세라는 어린 나이에도 불구하고 영문 성경을 중국어처럼 읽을 수 있게 되었다. 그리고 양진덕은 성경의 보다 완전한 번역을 위한 준비라는 소망 하에 히브리어와 그리스어도 배웠다. 양발은 아들이 성직자가 되기를 끊임없이 기도하였고, 엘리야 브리지만도 양진덕이 그 아버지의 사역을 계승하기를 기대하였다. 왜냐하면 양진덕이 받은 훈련은 그 아버지가 받은 것보다 훨씬 양호하였으므로 그가 전도 사역에 종사할 경우 큰 능력을 발휘할 수 있을 것이었기 때문이었다.[171] 이

171 그런데 양진덕은 양발과 엘리야 브리지만의 기대와는 달리 복음 전도자가 되지 않았다. 심지어 벤자민 홉슨이 런던선교회에 보낸 보고서에 의하면 양진덕은 사람들과 교제할 때 자신이 기독교인임을 드러내지 않았다고 한다. 아편전쟁 전 양진덕은 광주흠차대신(廣州欽差大臣) 임칙서(林則徐, 1785-1850)의 막하에서 영문 통역원이 되었다. 이 때 양진덕은 임칙서를 위하여 당시 광주에서 출판되고 있던 영문의『광주주보(廣州周報)』와 마카오에서 출판되고 있던 외국 간행물 중에서 중국과 관계가 있는 중요한 뉴스를 선택하여『오문신문지(澳門新聞紙)』6책을 편집하였다. 이는 임칙서가 당시의 정세를 이해하는 데에 도움을 주었을 뿐 아니라 오늘날에 있어서도 아편전쟁 전기의 국제관계사를 연구하는 데에도 귀중한 참고자료가 된다. 따라서『오문신문지』는 중국근대출판물사상 최초의 번역 잡지라는 위상을 갖게 될 것이다. 1849년 10월 3일 임칙서가 혁직되자 양진덕도 동시에 사임하였다. 이직 후 양진덕은 벤자민 홉슨의 부름을 받아 마카오에 가서 사역하였다. 그 후 양진덕은 광주 대양행(大洋行)의 통역이 됨으로써 다시는 선교 사역에 종사하지 않게 되어 선교사들로부터 불만을 사게 되었다. 양진덕은 양행에서 일하였던 관계로 당시 광주에서 외교사무를 처리하던 기영(耆英)을 만났다. 따라서 기영은 양진덕에게 유럽 각국의 풍속 · 역사 및 정치 정세 등의 문제를 질문하였고, 양진덕의 견식은 기영의 외국과 기독교에 대한 태도의 전환에 상당한 영향을 미쳤다. 미국이 칼렙 쿠싱(Caleb Cushing)을 파견하여 망하조약(望厦條約) 체결을 위한 교섭을 할 때 엘리야 브리지만과 벤자민 홉슨이 중문 서기로 임명되었는데, 양진덕은 이들 아래에서 일하였다. 그 후 양진덕은 해관(海關)에서도 일하게 되어 당시의 총세무사 호라티오 레이(Horatio N. Lay, 1832-1898)가 성내(省內)의 각지에 분잡(分卡)을 설립하는 것을 도왔을 뿐 아니라 조주해관(潮州海關)에서 비서장과 대리관장을 담임하였다. 1861년 양진덕은 사직하고 광주의 하남 고거에서 사망하였다.(George H. McNeur, *China's First Preacher Liang A-Fa 1789-1855*, 〈Shanghai : Hsueh Publishing House, 1934〉, pp.67-8,118. 胡簪云 譯 · 上海廣學會 重譯,「中華最早的布道者梁發」,『近代史資料』1979 年 第2期, pp.182,218. 朱心然 譯,『梁發 : 中國最早的宣教師』,〈香港, 基督教文藝出版社, 1998〉, pp.94,148; 張靜廬,「"察世俗"和梁發」,『圖書館』1961 年 第3期, p.61; 顧衛民,『基督教與近代中國社會』,〈上海人民出版社, 1996〉, p.135; 顧長聲,「第一個被按立的中國傳 道人梁發」,〈顧長聲,『傳教士東來傳救恩論文集錦』, 臺北, 宇宙光, 2006

때 월트 메드허스트도 양진덕을 만났는데, 그에 대하여 다음과 같이 말하였다.

> 그〔양진덕〕는 영문에 대하여 상당히 능통할 뿐 아니라 중문도 계속 학습하고 있다. 그는 조용하고 세심하며 순종적이다. 만약에 그가 어떠한 감명을 받아 기꺼이 선교사의 길을 걷고자 한다면, 그는 선교회에 큰 도움을 주는 사람이 되어서 중국어역 성경을 개정하는 데에 유력한 조수가 될 것이다. 이러한 점에서 브리지만 씨는 그에게 히브리어를 가르치고 있고, 계속해서 철저한 고전 교육도 제공할 것이다.[172]

1835-9년 양발은 싱가포르와 말라카에서 함께 도망쳐 온 굴앙과 같이 활동하였다.[173] 1835년 양발은 중국내지선교회(The China Inland Mission, 보통 內地會라고 부른다)[174]를 창립한 허드선 테일러(Hudson Taylor, 중국명 戴德生, 1832-

---

수록〉, p.75)

172 George H. McNeur, *China's First Preacher Liang A-Fa 1789-1855*, (Shanghai : Kwan Hsueh Publishing House, 1934), p.82. 胡簪云 譯 · 上海廣學會 重譯,「中華最早的布道者梁發」,『近代史資料』 1979年 第2期, p.195. 朱心然 譯,『梁發 : 中國最早的宣教師』, (香港, 基督教文藝出版社, 1998), p.110.

173 이 시기 양발의 사역에 관해서는 王治心,『中國基督教史綱』, (香港, 基督教文藝出版社, 1998), pp.159-60; 吉田寅,「中國人キリスト教宣教師梁阿發と『勸世良言』」,『立正大學文 學部論叢』 89, 1989, p. 43; 吉田寅,「中國人宣教師梁阿發と『勸世良言』」, (吉田寅,『中國プロテスタント傳道史研究 : 宣教師刊中國語著作の資料的研究』,〈東京, 汲古書院, 1997 수록〉), pp.78-9를 참조하기 바란다.

174 중국내지선교회는 허드슨 테일러에 의해서 ①선교사가 상주하고 있는 도시가 아니라 중국 내지의 미전도지(未傳道地)에 '그리스도의 복음을 전함'을 목적으로 한다, ②학교교육 · 사회사업 등을 하지 않고 복음만을 전파한다, ③교파적 차별을 묻지 않고 국적을 묻지 않는다, ④의식주 등을 중국인과 똑같이 하며 생활한다, ⑤선교회의 자금은 모두 기독교도의 신앙에 기초한 자유 헌금에만 의한다, ⑥내지회(內地會)는 본부를 중국에 두고 선교사의 모국에는 두지 않는다는 것을 근본 방침으로 하여 1866년 조직되었다. 중국내지선교회는 훗날 최대의 선교 단체로 성장하여 1천여 명의 선교사를 배출하게 되는 것이다.(조훈,『중국기독교사』,〈서울, 그리심, 2004〉, pp.97-104) 한편 중국내지선교회에 대한 보다 상세한 내용은 다음의 연구 업적을 참조하기 바란다. M. G. Guinness, *The Story of the China Inland Mission* 2 vols., (London : Morgan & Scott, 1897); Marshall Broomhall ed., *Martyred Missionaries of the China Inland Mission with a Record of the Perils and Sufferings of Some Who Escaped*, (London : Morgan & Scott, 1901); F.

1905)[175]의 장인이자 활판 중문활자를 창제한 사무엘 다이어(Samuel Dyer, 중

Howard Taylor, *These Forty Years : A Short History of the China Inland Mission*, (Philadelphia : Pepper Publication, 1903); Marshall Broomhall, *The Jubilee Story of the China Inland Mission*, (London : Morgan & Scott, 1915); 何斯德,「中國內地會五十年紀念誌略」,『中華基督敎會年鑑』2, 1915; Dr. and Mrs. Howard Taylor, *Hudson Taylor and the China Inland Mission*, (London : Morgan & Scott, 1925). 戴存義 夫婦 著 · 胡宣明 節譯,『內地會創始人 : 戴德生傳』, (香港, 證道出版社, 1988); 張坦,「基督敎內地會和循道公會在黔西北苗彝地區傳播的比較研究」,『貴州社會科學』(文史哲版) 1991年 第6期; 晏可佳,「二十年代內地會傳敎士與中國土匪的接觸」,『當代宗敎研究』1994年 第4期; 郭熹微,「試論中華內地會的産生及特点」,『世界宗敎研究』1996年 第1期; 蔡錦圖,『戴德生與中國內地會』, (香港, 建道神學院, 1998); 노재식,「1868년 揚州敎案과 中國內地會의 宣敎政策確立」,『韓國敎會史學會誌』제14집, 2004.

175 허드슨 테일러는 영국의 요커셔 주 반슬레에서 독실한 감리교 집안의 목사 아들로 태어났다. 허드슨 테일러는 이미 어머니의 태내에서 양친의 기도로 중국 선교사가 될 것을 서원하였고, 어릴 때에 선병질(腺病質)이었음에도 불구하고 중국에 갈 뜻을 품고서 모든 곤고에 견딜 수 있도록 단련하였다. 1854년 3월 1일 허드슨 테일러는 중국복음선교회(Chinese Evangelization Society)의 후원으로 상해에 도착하였다. 당시 상해는 청군(淸軍)과 태평군(太平軍)이 대립하고 있었으므로 어떠한 활동도 불가능하였다. 허드슨 테일러는 런던선교회 소속의 선교사 윌리엄 로크하르트의 도움을 받아서 겨우 상해에 정착하였다. 허드슨 테일러 는 우선 상해에서 어학을 습득하고 곧 완전히 중국인의 생활과 풍습을 본받아 윌리엄 번즈(William C. Burns, 1815-1868)를 따라서 절강성 내지를 여행하였는데, 이윽고 북방으로 간 윌리엄 번즈와 이별하고 영파(寧波) 부근의 선교를 담당하였다. 허드슨 테일러의 초기 사역에서 이루어진 전도 여행은 15개월 동안에 무려 10 차례 이상이나 되었는데, 그는 이 기간 중에 중국어 신약성경 1,800권과 2,000권이 넘는 선교 책자들을 사람들에게 나누어주었다. 1857년 5월 29일 중국복음선교회를 사면한 허드슨 테일러는 후원단체가 없는 독특한 중국 선교방법을 창출해 내었다. 허드슨 테일러는 영파를 내지 선교의 거점으로 삼고 사역을 전개하였는데, 당시 청조와 서양 열강 사이에서 일어난 여러 차례의 전쟁을 겪으면서 많은 환자가 속출하고 있었다. 게다가 의료 시설이나 전문적인 의료인이 부족한 상태였다. 그래서 허드슨 테일러는 의료선교사 피터 파커와 동역하면서 진료소를 세워 환자들을 치료하고 무료급식소를 열어 난민들을 돕는 사역을 전개하기도 하였다. 1860년 허드슨 테일러는 건강 회복을 위하여 영국으로 돌아갔다. 1865년 허드슨 테일러는 '중국의 영적 필요와 간구(China's Spiritual Need and Claims)'라는 호소문을 유럽 전역과 미주 지역에 보냈다. 중국 선교의 절박성을 조리 있게 호소하면서 22명의 자비량 선교사가 중국에 와서 선교 사업에 종사하여 줄 것을 요청하였다. 이것이 계기가 되어 1866년 훗날 최대의 선교 단체로 성장하여 1천여 명의 선교사를 배출하게 되는 중국내지선교회(The China Inland Mission, 보통 내지회라고 부른다)가 조직되는 것이다. 1866년 허드슨 테일러는 가족 및 16명의 동지와 함께 중국으로 돌아왔는데, 도착 후 즉각 절강성 항주(杭州)에서 선교 활동을 재개하였다. 1년 만에 항주에는 교회가 건립되었고, 신자 수는 1,500명에 달하였다. 그 후 허드슨 테일러는 내지회의 본부를 상해로 옮기고, 내지회의 젊은 선교사들과 함께 보다 적극적인 내지 선교를 전개하였다. 요컨대 중국내지선교회의 운동은 초교파적 혹은 국제적인 순수한 복음 선교사업으로서 19세기의 해외선교사에서 가장 위대한 기적적인 존재였던 것이다. 허드슨 테일러는 중국 교회에 지대한 영향을 남기고서 52년간의 선교 사역을 마치고 1905년 하나님의 품으로 돌아갔는데, 그의 생애는 실로 천로역정과

국명 臺約爾, 1804-1843)[176]와 동역하였다. 이 기간 중 양발은 한 차례 귀국하였다고 하나 현재 이와 관련된 사료를 찾아볼 수 없다. 단지 월트 메드허스트에 의하면 '양발은 고향에 돌아와 가족을 만났으나 곧 말라카로 돌아갔다'[177]라고만 하였을 뿐이다. 그러나 양발의 구체적인 귀향일은 1836년 12월로 추정된다. 왜냐하면 이 때 양발은 영국성서공회의 재중국 수석 대표(the first agent of the British and Foreign Bible Society in China) 조지 레이(George T. Lay)와 함께 마카오에 머물렀다는 사실을 조지 레이의 다음의 말을 통하여 확인할 수 있기 때문이다.

---

같았다고 할 수 있다. 한편 허드슨 테일러에 관한 보다 상세한 내용은 다음의 연구업적을 참조하기 바란다. Dr. and Mrs. Howard Taylor, *Hudson Taylor and the China Inland Mission*, (London : Morgan & Scott, 1925). 戴存義 夫婦 著 · 胡宣明節 譯,『內地會創始人 : 戴德生傳』, (香港, 證道出版社, 1988); 金井爲一郎,『ハドソン · テイラ-傳』, (東京, 日曜世界社, 1936); 石原謙,「ハドソン · テイラ-と中國醫療傳道 : プロテスタント宣教師斷章(1)」,『福音と世界』9-3, 1954; Paul A. Cohen, "Missionary Approaches : Hudson Taylor and Timothy Richard," *Papers on China* Vol. 11, 1957. 蘇文奉 譯,「戴德生與李提摩太宣教方式之比較」, (林治平 編,『基督教入華百七十 周年紀念集』, 臺北, 宇宙光出版社, 1977 수록); 湯普生,『戴德生』, (香港, 基督教輔僑出版社, 1962); Roger Steer, *J. Hudson Taylor*. 윤종석 옮김,『허드선 테일러』2책, (서울, 두 란노서원, 1990); Dr & Mrs Howard Taylor, *Hudson Taylor's Spiritual Secret*. 오진관 역,『허드선 테일러의 생애』, (서울, 생명의 말씀사, 1992); 김지찬 역,『허드선 테일러의 자서전』, (서울, 생명의 말씀사, 1997); 蔡錦圖,『戴德生與中國內地會』, (香港, 建道神學院, 1998); 안보헌 역,『허드선 테일러에게서 배우는 100가지 교훈』, (서울, 생명의 말씀사, 1998); 안정임 옮김,『허드슨 테일러 : 중국의 심장부 깊숙이』, (서울, 예수전도단, 2003).

176 1804년 그리니치(Greenwich)에서 태어난 사무엘 다이어는 울위치(Woolwich)와 케임브리지 대학교(Cambridge University)에서 교육을 받았고, 1824-7년 고스포트 아카데미(Gosport Academy)에서 훈련을 받았으며, 1827년 런던에서 목사 안수를 받았다. 사무엘 다이어는 1827년 8월 페낭에 도착하여 중문 활자판의 주조에 종사하였고, 1835년 10월 말라카로 가서 영화서원을 위한 중문 서적의 조판 · 인쇄에 전심전력하였다. 사무엘 다이어는 1839-41년 아내의 건강 때문에 귀국하였고, 1842년 2월 싱가포르에 도착하였으며, 1843년 8월 홍콩의 성경번역회의에 참석하고 광주에서 싱가포르로 가던 도중에 마카오에서 열병에 전염되어 10월 21일 소천하였다. 사무엘 다이어는 마카오에 있는 로버트 모리슨의 묘 곁에 안장되었다.(Alexander Wylie, *Memorials of Protestant Missionaries to the Chinese*, 〈Shanghai : American Presbyterian Mission Press, 1867〉, pp.51-4)

177 Walter H. Medhurst, *China : Its State and Prospects, with Special Reference to the Spread of the Gospel*, (London : John Snow, 26, Paternoster Row, 1838), p.302.

그[양발]는 그의 대부분의 시간을 성경을 읽으며 그것을 이해하고자 노력하는 데에 소비하였다. 그러나 하나님께 기도를 하면서도 성경의 의미를 알 수 없는 부분에 대해서는 불평을 하기도 하였다. 이것은 영어의 숙어와 이해하기 어려운 문구가 매순간 그를 방해하는 동안에 생기는 중국 지성인의 자연스러운 한계이자 경향이었다.[178]

1837년 대다수의 선교 역량이 말라카에 집중하여 열심히 선교 활동에 종사하게 되었는데, 이 때 양발은 말라카 선교부에 소속되었다.[179] 1837년 4월 20명이 세례를 받았고, 5월에는 또 다시 10명이 세례를 받았다. 5월에 세례를 받은 사람 중 한 사람은 백발이 성성한 존경스런 모습의 65세 된 숙사였다. 따라서 1837년은 말라카 선교의 '황금시대'라고 할 수 있는 해였다. 양발은 미국공리회 소속의 선교사 이라 트레이시(Ira Tracy, 중국명 崔理時)[180]가 『신가파재종회경고중국무농지인(新加坡栽種會敬告中國務農之人)』을 번역하는 것을 도움과 동시에 그 자신은 「아편속계문(鴉片速戒文)」을 써서 아편을 끊으라고 권하였다.[181] 특히 후자는 애석하게도 전해지지

---

178 George H. McNeur, *China's First Preacher Liang A-Fa 1789-1855*, (Shanghai : Kwan Hsueh Publishing House, 1934), p.42. 朱心然 譯, 『梁發 : 中國最早的宣教師』, (香港, 基督教文藝出版社, 1998), p.112.

179 Alexander Wylie, *Memorials of Protestant Missionaries to the Chinese*, (Shanghai : American Presbyterian Mission Press, 1867), p.22; 吉田寅, 「梁阿發とその中國文布教書」, 『基督教史學』 13, 1963, p.26.

180 이라 트레이시는 미국의 앤도버 신학교(Andover Theological Seminary)를 졸업하고 1832년 9월 28일 버몬트(Vermont)주에 있는 화이트 리버 빌리지(White River Village)에서 미국공리회 소속 목사로 장립을 받았다. 이라 트레이시는 1833년 6월 뉴욕에서 사무엘 윌리엄스 와 같은 배를 타고 동년 12월 26일 광주에 상륙하였다. 때마침 미국공리회가 싱가포르에서 인쇄기를 설치하고 출판 사역을 시작하려던 참인지라 이라 트레이시가 그 곳에서 사역하게 됨으로써 미국공리회의 싱가포르 선교가 시작되었다. 이라 트레이시는 1835년 화이트 양(Miss White)과 결혼하였고, 6년간 사역을 하던 중에 건강 문제로 소속 선교회의 사역을 중지하였다.

181 George H. McNeur, *China's First Preacher Liang A-Fa 1789-1855*, (Shanghai : Kwan Hsueh Publishing House, 1934), pp.84-5. 胡簪云 譯 · 上海廣學會 重譯, 「中華最早的布道者梁發」, 『近代史資料』 1979年 第2期, p.196. 朱心然 譯, 『梁發 : 中國最早的宣教師』, (香港, 基督教文藝出

않았지만, 실견(實見)한 자에 의하면 아편전쟁전 아편 흡음에 반대한 통속적인 선전물로서 그 사용한 용어가 극히 통절하였다고 한다.[182] 1838년 양발은 싱가포르 선교 활동에도 가담하였다.[183]

1839년 7월 양발은 가족을 데리고 다시 광주로 돌아와 하남의 용미도(龍尾導)[184]라는 촌에 거처를 잡았다. 이 때 광주에는 영국 선교사는 없고 단지 몇몇 미국 선교사만 있었다. 아편문제로 말미암아 중국과 영국은 전쟁 상태에 돌입하게 될 지도 모르는 불안한 정세 하에 있었다. 양발은 이러한 정황을 보니까 근심 걱정으로 애가 탔다. 양발은 애국적인 기독도로서 영국의 중국에 대한 침략 전쟁을 누구보다 앞장서서 저지할 책임이 있다고 생각하였다. 따라서 양발은 전쟁을 극력 저지하기로 마음을 먹고 당시 영국주광주영사(英國駐廣州領事)였던 존 로버트 모리슨을 찾아가서 전쟁을 막아주도록 부탁하였다. 만약 영국 정부가 군대를 파견하여 중국과 전쟁을 한다면 이후 중국인은 더 이상 성경을 받아들이고 기독교를 믿으려고 하지 않을 것이며, 더 이상 영국선교사가 전하는 복음을 들으려고 하지 않을 것이기 때문에 존 로버트 모리슨에게 기독교인의 심령으로 이 불의의 전쟁을 막아달라고 요청하였다. 이처럼 양발이 자신의 몸을 돌보지 않고 용감하게 행동한 동기는 중국에 하나님의 나라가 세워지기를 바라는 열망 때문이었다. 그러나 경건한 기독교인인 존 로버트

---

版社, 1998), p.112; 王治心,『中國基督教史綱』, (香港, 基督教文藝出版社, 1998), pp.160-1; 李志剛,『基督教早期在華傳教史』, (臺北, 臺灣商務印書館, 1985), p.176; 關漢華 · 胡波,「梁發及嶺南基督敎的傳播」,『學術硏究』 1993年 第1期, p.122.

182 張靜廬,「"察世俗"和梁發」,『圖書館』 1961年 第3期, p.61.

183 Alexander Wylie, *Memorials of Protestant Missionaries to the Chinese*, (Shanghai : American Presbyterian Mission Press, 1867), p.22; 吉田寅,「梁阿發とその中國文布教書」,『基督教史學』 13, 1963, p.26.

184 이 이름은 아마도 마을을 감싸 안은 지질학적 모습과 하남 섬의 두 개의 높은 탑에 의한 풍수학적 영향에서 비롯된 것이 아닌가 한다.

모리슨이 양발의 이러한 걱정을 이해하였지만, 이미 상황은 그의 힘으로 막기에는 너무 늦었던 것이다.[185]

그런데 양발의 행동이 광동 당국으로부터 아무런 제재를 받지 않은 까닭은 다음과 같은 이유 때문이었다. 그 한 가지 이유는 광동 당국이 중대한 문제로 너무 바빠서 양발에게 신경을 쓰지 못하였을 뿐 아니라 선교단체로부터 존경을 받는 그를 체포함으로써 미국의 선교단체로부터 반감을 사는 일을 꺼렸기 때문이었다. 다른 한 가지 이유는 양발의 아들 양진덕이 광주흠차대신 임칙서의 영문 통역원이 됨으로써 양발이 일시적이나마 자유로워졌기 때문이었다.[186]

어쨌든 시국이 극히 비관적이었을 때 양발은 아주 기쁘고도 위안이 되는 두 가지의 소식을 듣게 되었다. 그 하나는 로버트 모리슨의 맏사위 벤자민 홉슨(Dr. Benjamin Hobson, 중국명 合信, 1816-73)[187]이 런던선교회로부터 파송

185 George H. McNeur, *China's First Preacher Liang A-Fa 1789-1855*, (Shanghai : Kwan Hsueh Publishing House, 1934), pp.85-7,9. 胡籥云 譯 · 上海廣學會 重譯,「中華最早的布道者梁發」,『近代史資料』1979年 第2期, pp.197-8,200. 朱心然 譯,『梁發 : 中國最早的宣教師』, (香港, 基督教文藝出版社, 1998), pp.113-5,7; 査時傑,「梁發(1789-1855) : 第一位中國籍 牧師」, (査時傑,『中國基督教人物小傳』上卷, 〈臺北, 中華福音神學院出版社, 1983〉 수록), p.3; 湯淸,『中國基督教百年史』, (香港, 道聲出版社, 1987), p.120; 顧長聲,「第一個被按立的 中國傳道人梁發」, (顧長聲,『傳教士東來傳救恩論文集錦』, 臺北, 宇宙光, 2006 수록), p.76.

186 George H. McNeur, *China's First Preacher Liang A-Fa 1789-1855*, (Shanghai : Kwan Hsueh Publishing House, 1934), pp.87-8. 胡籥云 譯 · 上海廣學會 重譯,「中華最早的布道者梁發」,『近代史資料』1979年 第2期, p.198. 朱心然 譯,『梁發 : 中國最早的宣教師』, (香港, 基督教文藝出版社, 1998), p.115.

187 벤자민 홉슨은 런던선교회의 중국 선교 32년간 가장 늦게 중국에 상륙한 의료 선교사였다. 1839년 12월 18일 벤자민 홉슨은 윌리엄 찰스 밀른 부부, 제임스 렉그 부부와 함께 마카오에 상륙하였다. 벤자민 홉슨은 마카오에서 의료선교 활동을 하면서 1840년 8월 1일 윌리엄 로크하르트와 함께 주산(舟山)을 다녀왔다. 1843년 8월 22일부터 9월 4일까지 홍콩에서 개최된 성경번역회의에 벤자민 홉슨은 런던선교회의 대표로 참석하였다. 벤자민 홉슨은 일시 귀국하였다가 1847년 7월 27일 다시 홍콩으로 돌아와 의료 활동을 하였다. 벤자민 홉슨은 11월 윌리엄 질레스피와 함께 광주를 방문하였고, 1848년 4월 광주에 병원을 개설하여 진료 활동을 하였다. 1859년 벤자민 홉슨은 가족과 함께 홍콩을 경유하여 귀국하였는데, 건강이 여의치 않아 첼튼햄(Cheltenham)에서 여생을 보내었다. 벤자민 홉슨이 홍콩에서 의료 활동을

되어 중국에 온다는 소식이었다. 그러나 벤자민 홉슨은 시국 관계로 마카오에 머물며 사역하다가 나중에야 홍콩에 도착하게 된다. 다른 하나는 윌리엄 밀른의 아들 윌리엄 찰스 밀른(William Charles Milne, 중국명 美魏茶, 1815-63)[188] 목사가 아버지의 사역을 계승하고자 하여 마카오에 도착하였다는 소식이었다.[189] 1840년 3-4월 양발은 4인에게 세례를 베풀어 광주 일대

---

하였을 때에는 양발 · 하진선(何進善)과 함께 중국 최초의 자립 교회 도제당(道濟堂)의 설립에 한 몫을 맡기도 하였다. 한편 벤자민 홉슨은『전체신론(全體新論)』·『서의약론(西醫約論)』·『부영신설(婦嬰新說)』·『내과신설(內科新說)』등의 중국문 의학서를 간행하였다.(Alexander Wylie, *Memorials of Protestant Missionaries to the Chinese*, 〈Shanghai : American Presbyterian Mission Press, 1867〉, pp.125-8)

**188** 윌리엄 찰스 밀른은 윌리엄 밀른 부처가 중국에 올 때 선상에서 낳은 쌍둥이 아들 중 하나였는데, 나중에 소 밀른이라고 불리어졌다. 1822년 윌리엄 밀른이 말라카에서 세상을 떠나자 의지할 데 없던 어린 윌리엄 찰스 밀른은 영국의 에버딘(Aberdeen)에 사는 그의 할아버지 곁으로 돌아갔다. 그 후 윌리엄 찰스 밀른은 마리샬 대학(Marischal College)에서 신학을 공부하고 런던선교회의 파송을 받아 부친의 뒤를 이어서 2대째 중국 선교에 헌신하였다. 1839 년 7월 19일 윌리엄 찰스 밀른은 런던선교회가 주관한 장립식에서 목사 안수를 받고, 벤자민 홉슨 부부 및 제임스 렉그 부부와 함께 12월 8일 마카오에 상륙하여 엘리야 브리지만이 경영하는 병원에서 얼마간 지낸 후 마례손교육회(馬禮遜教育會)의 학교에서 교수를 역임하였다. 1841년 윌리엄 찰스 밀른은 홍콩을 방문하여 4월 1일부터 9월 10일까지 마례손학당(馬禮遜學堂)에서 4개월 정도 근무하였고, 다시 1842년 2월에는 정해(定海) · 주산(舟山) · 징해(澄海) · 영파(寧波) 등지를 여행한 다음, 12월 7일 영파에 가서 연말까지 체류하였다. 윌리엄 찰스 밀른은 1843년 1월 주산을 방문하고 영파로 갔다가 6월 중순 윌리엄 로크하르트가 주산에서 병원을 개설하자 잠시 그 곳을 방문하기도 하였다. 윌리엄 찰스 밀른은 7월 7일부터 1천 3백 마일의 중국 여행을 모험하고 8월 12일 광주를 경유하여 홍콩으로 돌아왔다. 윌리엄 찰스 밀른은 8월 22일부터 9월 4일까지 홍콩에서 개최된 성경번역회의에 참석하여(8월 24일, 9월 1 · 4일 불참) 월트 메드허스트 및 존 로버트 모리슨과 같이 활동한 다음, 1844년 7월 26일 영국으로 일시 귀국하여 프란시즈 뷰맨트 양(Ms. Frances W. Beaumant)과 결혼하였다. 1846년 8월 25일 윌리엄 찰스 밀른은 존 클리랜드 목사 부부(Rev. & Mrs. John F. Cleland)와 같이 다시 홍콩에 상륙하였고, 이어서 11월 26일에는 상해에서 개최된 성경번역 회의에 참석하였다. 그 후 윌리엄 찰스 밀른은 성경의 번역 활동에 많은 공헌을 하고, 1856 년 건강 관계로 선교 사역을 사임한 후 영국주복주영사(英國駐福州領事) 통역관, 1861년부터 영국북경공사 통역관을 역임하였다. 1863년 5월 15일 윌리엄 찰스 밀른은 중풍으로 세상을 떠나 북경 북문에 있는 러시아인 공원 묘지(The Russian Cemetery)에 안장되었 다.(Alexander Wylie, *Memorials of Protestant Missionaries to the Chinese*, 〈Shanghai : American Presbyterian Mission Press, 1867〉, pp.122-5)

**189** 王治心,『中國基督教史綱』, (香港, 基督教文藝出版社, 1998), p.161.

의 기독교도가 12인으로 증가하였다.[190]

1841년 9월 양발은 마카오에 가서 벤자민 홉슨과 윌리엄 찰스 밀른은 방문하였다. 양발은 선교사의 가정을 방문할 때마다 하인들을 불러 모아 그들에게 성경을 읽어주고 그것을 해석해 주었다. 그리고 월트 메드허스트가 번역한 『신약전서』의 정오표를 선교사들에게 건네주었다. 특히 사람들의 관심을 끌게 한 양발의 행동 중 하나는 그의 딸 아첨에게 글을 가르친 것이었다. 그 당시 여자 아이에게 글을 가르치는 것은 드문 일이었기 때문이었다. 양발은 선교사가 없고 전쟁 상태에 있던 광동에서의 그의 외로운 처지와 힘든 사역에 관하여 "나는 씨를 뿌려야만 한다. 그러면 천상의 하나님께서 비를 내려주실 것이다."라고 말하였던 것이다.[191]

남경조약의 체결(1842년 8월 29일) 후인 12월말 런던선교회는 런던의 한 모임에서 동아시아 현장에 있는 모든 선교사는 장래 중국에서의 활동을 위한 상세한 계획을 입안하기 위하여 홍콩에 모일 것을 결정하였다. 그리고 영화서원과 관련해서는 런던선교회의 말라카 재산을 처분하여 홍콩에 적당한 건물 부지를 구입할 것이 결정되었다. 1843년 4월 28일 제임스 렉그(James Legge, 중국명 理雅各, 1815-97)[192] 목사는 런던선교

---

190 George H. McNeur, *China's First Preacher Liang A-Fa 1789-1855*, (Shanghai : Kwan Hsueh Publishing House, 1934), p.88. 胡簪云 譯 · 上海廣學會 重譯,「中華最早的布道者梁發」,『近代史資料』1979年 第2期, p.199. 朱心然 譯,『梁發 : 中國最早的宣教師』, (香港, 基督敎文藝出版社, 1998), p.116; 呂延壽,「教徒 · 傳教士 · 畸形兒 : 關於梁發的一生」, (四川 省哲學社會科學學會聯合會 · 四川省近代教案史研究會 合編,『近代中國教案研究』, 成都, 四 川省社會科學院出版社, 1987 수록), p.480.

191 George H. McNeur, *China's First Preacher Liang A-Fa 1789-1855*, (Shanghai : Kwan Hsueh Publishing House, 1934), p.90. 胡簪云 譯 · 上海廣學會 重譯,「中華最早的布道者梁發」,『近代史資料』1979年 第2期, p.200. 朱心然 譯,『梁發 : 中國最早的宣教師』, (香港, 基督敎文藝出版社, 1998), p.118.

192 제임스 렉그는 1815년 12월 에버딘셔주 헌틀리에서 출생하였고, 에버딘 문법학교(Aberdeen Grammar School), 킹스 칼리지(King's College, Aberdeen, M.A., 1835) 및 하이베리 대학

회의 지시에 따라 말라카의 재산을 처분[193]한 후 말라카를 떠나 8월 10일 홍콩에 도착하였다.[194]

제임스 렉그가 도착하자 그를 포함하여 사무엘 다이어, 벤자민 홉슨, 월터 메드허스트, 윌리엄 찰스 밀른, 알렉산더 스트로나크(Alexander Stronach),[195] 존 스트로나크(John Stronach)[196] 등이 홍콩에 모여 런던선교회 중국선교부의 총회(a general committee of the London Society's China Mission)를 구성하였다.[197] 원래 초교파적으로 초대하였으나 실제로 호응한 선교사들은 주로 런던선교회 소속이었다. 다른 교파 소속의 선교사는 아직 인원수가 적었

---

(Highbury College, London, 1837)에서 교육을 받았으며, 1839년 4월 런던의 브롬프턴(Brompton)에서 목사 안수를 받았다. 제임스 렉그는 1840년 1월 말라카에 도착하였고, 이 해 11월 존 에반스(John Evans, 1803?-1840)의 뒤를 이어 영화서원의 원장이 되었으며, 1843년 4월 런던선교회 말라카 지부의 자산과 영화서원의 건물매각을 결정하였다. 제임스 렉그는 1843년 5월 싱가포르로 떠났고, 이 해 8월 홍콩에 도착하였으며, 1843-56년 런던선교회 신학교(L.M.S. Theological Seminary)의 교장을 역임하였다. 제임스 렉그는 1844-73년 홍콩의 유니온 교회(Union Church)의 목사를 역임하였고, 1873년 영국으로 돌아갔고, 1876-97년 옥스퍼드 대학교(Oxford University)의 중국어 교수를 역임하였으며, 1897년 11월 죽었다. 제임스 렉그의 주요한 저서로는 다음의 것들이 있다. *The Chinese Classics*, 5vols. (Hong Kong and London, 1861-72); *Life and Works of Mencius*, (London, 1875); *The Religions of China*, (London, 1890). (Alexander Wylie, *Memorials of Protestant Missionaries to the Chinese*, 〈Shanghai : American Presbyterian Mission Press, 1867〉, pp.117-22)

**193** 영화서원의 건물, 헛간 및 대지는 당시 말라카 부지사(Assistant Resident of Malacca)였던 웨스터하우트(J. B. Westerhout)에게 2,120 스페인 달러로 양도되었다. 존 에반스가 획득한 두 채의 주택을 포함하여 처분된 재산 총액은 3,650 달러였다. 1826-7년 건설된 선교회의 예배당은 말라카 주민이 이용하도록 위탁되었다. 제임스 렉그는 이미 말레이어 및 영어 인쇄 장비를 싱가포르로 보내었으며, 중문 인쇄소와 도서관도 이제는 문을 닫고 홍콩으로 이전되었다.

**194** Helen E. Legge, *James Legge : Missionary and Scholar*, (London : 1905), p.13; Brian Harrison, *Waiting for China : the Anglo-Chinese College at Malacca 1818-1843, and Early 19th Century Missions*, (Hong Kong : Hong Kong University Press, 1979), p.110.

**195** Alexander Wylie, *Memorials of Protestant Missionaries to the Chinese*, (Shanghai : American Presbyterian Mission Press, 1867), pp.103-4.

**196** Alexander Wylie, *Memorials of Protestant Missionaries to the Chinese*, (Shanghai : American Presbyterian Mission Press, 1867), pp.104-7.

**197** Brian Harrison, *Waiting for China : the Anglo-Chinese College at Malacca 1818-1843, and Early 19th Century Missions*, (Hong Kong : Hong Kong University Press, 1979), p.111.

으므로 런던선교회 소속 선교사들의 활동 모습을 보고 그에 추종하고자 하는 태도를 취하였다.

1843년 8월 22일-9월 4일 개최된 이 홍콩협의회[198]의 참석자는 런던선교회 소속의 월트 메드허스트, 제임스 렉그, 윌리엄 찰스 밀른, 벤자민 홉슨, 존 스트로나크, 알렉산더 스트로나크, 사무엘 다이어, 미국공리회 소속의 엘리야 브리지만, 월트 로리(Walter M. Lowrie),[199] 다이어 볼(Dyer Ball),[200] 사무엘 브라운(Samuel R. Brown, 중국명 布朗, 1810-80),[201] 미국남침례회의 윌리엄 딘(William Dean),[202] 잇사칼 로버츠(Issachar J. Roberts, 중국명 羅孝全, 1802-71),[203] 예후

---

198 이 회의에 관한 속보는 'Religious Intelligence,' *The Chinese Repository*, Vol. Ⅹ Ⅱ, Oct., 1843, pp.551-3에 서기 사무엘 다이어, 회장 윌리엄 메드허스트의 서명 하에 게재되어 있다.

199 Alexander Wylie, *Memorials of Protestant Missionaries to the Chinese*, (Shanghai : American Presbyterian Mission Press, 1867), pp.129-32.

200 Alexander Wylie, *Memorials of Protestant Missionaries to the Chinese*, (Shanghai : American Presbyterian Mission Press, 1867), pp.107-10.

201 사무엘 브라운은 1810년 6월 6일 미국의 뉴잉글랜드에서 태어났고, 경건한 장로교의 신자였다. 1832년 예일대학을 졸업하였고, 나중에는 콜럼비아 대학과 뉴욕협화신학원을 졸업하고 박사학위를 취득하였다.

202 Alexander Wylie, *Memorials of Protestant Missionaries to the Chinese*, (Shanghai : American Presbyterian Mission Press, 1867), pp.85-8.

203 잇사칼 로버츠는 1802년 미국 테네시(Tennessee) 주의 섬너(Sumner County)에서 출생하여 1821년 침례교에서 세례를 받았다. 잇사칼 로버츠는 그의 재산 일부를 선교 헌금으로 바쳐서 로버츠 중국선교기금회(The Roberts Fund and China Mission Society)를 설립하고, 1827년 4월 27일 테네시주 쉘비빌(Shelbyville)에서 그 기금회의 목사로 안수를 받았다. 잇사칼 로버츠는 언젠가 칼 구츨라프의 선교 보고를 읽고 깊은 감동을 받은 적이 있었다. 잇사칼 로버츠는 1836년 가을 정식으로 파송을 받아 1837년 5월경 마카오에 상륙하였고, 그 곳에서 칼 구츨라프, 예후 샥 등과 깊은 유대 관계를 가졌다. 마카오에서 포르투갈 당국의 집요한 방해 공작에도 불구하고 잇사칼 로버츠는 특히 개인 전도와 나환자 선교에 주력하였다. 선교 기금 조달이 어렵게 되자 잇사칼 로버츠는 미국 남침례회 총회(The South Baptist Convention)의 지원을 받아 1842년 예후 샥과 함께 홍콩으로 이주하여 그 곳에서 영국인을 상대로 전도하여 황후대도(皇后大道)에 교회를 세웠다. 잇사칼 로버츠는 1843년 8월 22일 홍콩에서 열린 성경번역회의에 참석한 후 한 차례 중국의 동남 해안을 순회하였고, 1844년 5월에는 광주에 월동침신회교회(粵東浸信會教會, The Vet-tung Baptist Church)를 설립함으로써 프로테스탄트의 중국 역사상 처음으로 내륙 지역의 침례회 선교 기지를 마련하게 되었다. 이 교회에는 엘리야 브리지만, 잇사칼 로버츠, 양발이 소속되어 있었고, 교도로는 주도행(周道行) · 온덕상(溫德祥) ·

샤(Jehu L. Shuck 중국명 叔末士, 1812-63),[204] 다니엘 맥고완(Daniel J. Macgowan)[205] 등이었다. 여기에 로버트 모리슨의 아들이자 홍콩 정청(政廳)의 행정장관으로 근무하고 있던 존 로버트 모리슨도 가담하였다.[206] 그리고 이 협의회에는 제임스 렉그가 말라카에서 그와 동행한 하진선과 굴앙 등 3인의 중국인 조수를 데리고 왔는데, 그 중에서 하진선(何進善)[207]이 가장 두드러졌

---

남도영(藍道英) · 증도신(曾道新) · 황도겸(黃道謙)이 있었다. 중국이 아편전쟁에서 패배하자 현지인의 대외 감정이 폭발하여 이 교회도 파괴되고 말았다. 1847년 잇사칼 로버츠는 광주에서 홍수전을 만나서 2개월 간 기독교의 교의를 설명하면서 침례를 권하였으나 홍수전은 침례를 받지 못하였다. 잇사칼 로버츠는 1849년 2월 일시 귀국하였다가 1850년 4월 다시 중국에 상륙하였다. 그 후 잇사칼 로버츠는 홍수전의 배려로 북상하여 남경에서 선교하고 상해에서 15개월 간 체류한 후에 또 다시 귀국하였다. 1856년 초 광주에 다시 온 잇사칼 로버츠는 소속 선교 단체를 이탈하였다. 그 후 1860년 홍수전이 잇사칼 로버츠를 태평천국의 외교대신(Minister of Foreign Affairs)에 임명하였으나 홍수전의 태평천국 시책에 실망을 느끼고 1862년 1월 20일 남경을 떠나 광주에 와서 사역하다가 1866년 귀국하였다. 그 후 잇사칼 로버츠는 마카오와 광주 등지에서 나병 환자에게 선교할 당시 감염된 나병이 발작하여 1871년 12월 28일 세상을 떠났다.(Alexander Wylie, *Memorials of Protestant Missionaries to the Chinese*, 〈Shanghai : American Presbyterian Mission Press, 1867〉, pp.94-7)

**204** Alexander Wylie, *Memorials of Protestant Missionaries to the Chinese*, (Shanghai : American Presbyterian Mission Press, 1867), pp.90-3.

**205** Alexander Wylie, *Memorials of Protestant Missionaries to the Chinese*, (Shanghai : American Presbyterian Mission Press, 1867), pp.132-4.

**206** 都田恒太郎,『ギュツラフとその周邊』, (東京, 教文館, 1978), p.274.

**207** 하진선(何進善, 일명 하복당〈何福堂〉)은 광동인으로서 젊을 때 인도의 캘커타로 가서 영어를 배웠고, 약국에서 일하였으며, 한 때 비숍스 칼리지(Bishop's College)에서 청강하였다. 1840년 하진선은 말라카로 돌아와서 영화서원에 입학하였다. 입학 시 하진선의 나이는 20세 였는데, 그는 이미 영문을 조금 알았을 뿐 아니라 전통 교육을 받았기 때문에 중국의 경서에 대해서도 일정한 지식이 있었다. 하진선은 아주 학구적이었을 뿐 아니라 특히 어학의 재질이 뛰어났던 것 같다. 1843년 영화서원이 홍콩으로 옮기자 하진선은 원장 제임스 렉그와 함께 홍콩으로 갔다. 당시 영미의 몇몇 상행(商行)이 높은 봉급으로 하진선을 초빙하였지만, 그는 끝까지 버티며 응하지 않았다. 1846년 10월 11일 하진선은 홍콩의 우령당(佑寧堂)에서 목사의 안수를 받아 두 번째 중국인 목사가 되었다. 하진선은 제임스 렉그가 유교 경전을 번역하는 것을 도왔다. 하진선은 런던선교회의 선교사 존 찰머즈(John Chalmers, 중국명 湛約翰, 1825-1899)와 함께 불산(佛山)에 가서 예배당을 창설하였으나 나중에 민중폭동에 조우 하여 예배당이 파괴되었다. 하진선은 창문으로 도망쳐서 홍콩으로 돌아왔다가 중풍에 걸려 1871년 광주에서 세상을 떠났는데, 이 때 그의 나이는 54세였다. 하진선의 아들 하계(何啓, 1859-1914)는 중국근대사상사 상의 중요한 인물이었다. 하계는 홍콩의 유명한 신사였는데, 일찍이 영국에 유학하여 의학과 법률을 공부하고 의학 박사이자 변호사가 되었다. 홍콩으로 돌아온 후

다. 로버트 모리슨의 생존 시부터 이미 저명해진 중국인 전도자 양발도 이 모임에 초청되어 출석하였다.[208] 따라서 양발은 하진선과 함께 홍콩에서 적지 않은 선교기관을 창설하였다. 불운하게도 굴앙과의 사이에 언쟁이 발생하였고, 때마침 부친의 병이 악화되었기 때문에 양발은 광주로 돌아갈 수밖에 없었다. 양발의 부친은 1844년 2월 20일 향년 87세의 나이로 별세하였다.[209]

우선 홍콩협의회는 영화서원을 말라카에서 홍콩으로 이전하여 그 보통학부는 홍콩대학으로 이양하고 선교사 양성의 학교로 변경할 것을 결의하는 한편, 말라카 · 바타비아에 있던 인쇄소도 홍콩으로 이전하도록 하였다. 그와 동시에 마카오에 설립되어 있던 마례손학당(馬禮遜學堂, Morrison School)[210]도 홍콩으로 옮기게 되었다. 따라서 교장 사무엘 브라운의 부

---

하계는 향항아려씨의원(香港雅麗氏醫院)을 설립하였다. 서양문화에 대한 인식이 깊었던 하계는 「중국의개혁신정논의(中國宜改革新政論議)」·「중국개혁지진보론(中國改革之進步論)」 등의 글을 써서 중국의 개혁을 적극적으로 고취함으로써 홍콩의 저명한 초기 유신파 사상가가 되었다. 하진선의 한 딸은 저명한 외교가 오정방(伍廷芳) 박사의 부인이었고, 다른 딸은 광주의 사기(沙基)에서 자혜의원(惠慈醫院)을 경영한 중국 최초의 양의 황관(黃寬)에게 출가하였다.(王治心, 『中國基督教史綱』, 〈香港, 基督教文藝出版社, 1998〉, p.162; 梁家麟, 『福臨中華 : 中國近代教會史十講』, 〈香港, 天道書樓, 1988〉, p.41. 중국교회연구소 옮김, 『중국에 축복이 임하다』, (서울, 그리심, 2013), p.42; 顧衛民, 『基督教與近代中國社 會』, 〈上海人民出版社, 1996〉, p.135; 史靜寰 · 王立新, 『基督教教育與中國知識分子』, 〈福州, 福建教育出版社, 1998〉, pp.58-9)

208 Richard Lovett, *The History of the London Missionary Society 1795-1895*, (London : Oxford University Press, 1899) Vol. Ⅱ, p.449.

209 George H. McNeur, *China's First Preacher Liang A-Fa 1789-1855*, (Shanghai : Kwan Hsueh Publishing House, 1934), p.92. 胡簪云 譯 · 上海廣學會 重譯, 「中華最早的布道者梁發」, 『近代史資料』 1979年 第2期, p.202. 朱心然 譯, 『梁發 : 中國最早的宣教師』, (香港, 基督教文藝出版社, 1998), pp.120-1.

210 1836년 9월 광주의 외국인은 로버트 모리슨을 기념하여 마례손교육회(The Morrison Education Society)를 설립하였는데, 그 종지는 '중국에 학교를 개설하고 출자 원조하여 중국의 소년이 중문과 영문을 읽도록 가르치며, 또한 이러한 매개를 통하여 서양의 각종 지식을 그들에게 습득케 한다'(*The Chinese Repository* Vol.Ⅳ, Jun., 1835, p.90)는 것이었다. 이러한 종지에 기초하여 마례손학당이 설립되어 주로 중국의 여성 교육에 종사하였다. 초대 교장은 나중

처도 홍콩으로 옮겼다. 수년 후 사무엘 브라운은 미국으로 귀국하였다가 1859년 일본의 개국과 동시에 일본 선교를 위하여 일본으로 가게 되는 것이었다.[211]

1843년 8월 존 로버트 모리슨은 불과 29세의 나이에 세상을 떠났다. 양발은 그의 죽음을 크게 슬퍼하였다. 양발은 자신이 어려울 때 그로부터 받은 도움을 상기하였고, 인생이 짧다는 것을 느끼며 복음을 전파하기 위하여 모든 방법을 강구하리라 다짐하였다. 사실상 양발의 몸도 좋지 않았다. 양발은 런던선교회에 편지를 보내어 그의 질병과 악화된 건강에 대한 걱정을 하였다. 양발은 자유롭게 움직이지 못하는 기간 동안 계속해서 사람들을 그의 집으로 불렀으며, 방문자들에게 복음을 전파하였다. 양발은 이 기간을 잘 활용하여 그의 글과 서적을 수정 · 보완하였고, 게다가 성경을 번역하고 수정할 부분의 목록을 준비하였다.[212]

1844년 영국성공회(The Church of England)의 교회선교부(The Church Missionary

---

에 구츨라프 부인이 되는 메리 뉴엘 여사였다. 창립 4년 후인 1839년 미국 예일 대학교 졸업생 사무엘 브라운이 교장으로 부임함으로써 이 학교는 발전하였는데, 그는 미국 공리회 소속의 선교사였다. 마례손학당은 남경조약 후 홍콩으로 이전하였는데, 사무엘 브라운은 1847년까지 교장으로 재임하며 중국인 어린이들의 교육에 노력하여 교육의 효과를 거두었다. 마례손학당은 개학 당시 학생수가 6명이었으나 1842년 홍콩으로 옮긴 후 20명으로 증가하였고, 43년에는 43명이었다. 수업은 아침 6시부터 저녁 9시까지 하였는데, 공부 11시간, 과외활동 1시간, 기타 3시간이었다. 학제는 8년이었고, 4개반으로 나누어 수업하였다. 교재는 주로 영어교과서였고, 교육 내용은 중국어 · 영어 · 지리 · 역사 · 수학 · 역학 · 음악 등 미국 사립학교의 소학교 기본과정이었다. 마례손교육회는 1848년의 제10회 연례대회를 끝으로 활동이 중지되었고, 1849년 마례손학당도 문을 닫게 되었다.(조훈, 『중국기독교사』, 서울, 그리심, 2004, pp.33-4)

**211** 都田恒太郎, 『ギュツラフとその周邊』, (東京, 教文館, 1978), p.274.

**212** George H. McNeur, *China's First Preacher Liang A-Fa 1789-1855*, (Shanghai : Kwan Hsueh Publishing House, 1934), p.94. 胡簪云 譯 · 上海廣學會 重譯, 「中華最早的布道者梁發」, 『近代史資料』 1979年 第2期, p.202. 朱心然 譯, 『梁發 : 中國最早的宣教師』, (香港, 基督教文藝出版社, 1998), p.122.

Society)는 조지 스미스(George Smith, 중국명 四美)213를 각 통상항에 파견하여 선교 상황을 조사케 하였다. 광주에 도착한 조지 스미스는 피터 파커의 집을 방문하여 마침 그 곳에 와 있던 하남 해당사(海幢寺)의 방장(方丈)과 함께 그 해당사에서 중국어를 학습할 수 있는지를 상의하고 있을 때 홀연히 방문한 양발을 만난 감회를 다음과 같이 묘사하였다.

> 현재 중국에서 기독교 선교사의 노력으로 맺은 결실로서 유럽과 미국에 이름이 널리 알려진 중국 최초의 당지 전도인 양발을 만났다. 그는 나이가 60세 정도로 보였다. 견실해 보였고, 쾌활한 성격을 지녔으며, 존경할 만한 면이 있었다. 그는 우리의 도착에 대단히 관심이 있어 보였고, 대화에 활발하게 참여하였다. 하나님의 영광으로 개종한 사람을 직접 보면서 우리는 마치 기쁜 감정을 가진 사람만이 느낄 수 있는 그러한 감정에 흥분하였다. 사막에서 푸른 오아시스를 만난 것처럼 나의 지친 눈동자는 금방 상쾌해졌다. 우리의 이 번 모임은 아주 특별한 것이었다. 한 쪽에는 현명하고 존경받는 그 지역 출신의 학자가 자리 잡고 있었다. 그러나 그는 아직 저속한 우상의 노예였고, 모든 인류의 구원자이신 예수 그리스도와 하나님의 존재를 알지 못하였다. 반대편에 앉은 중국인은 이교 학문에 덜 정통하였으나 성령의 가르침을 받았고, 세상에 속한 지혜와 하나님에게 속한 지혜가 담긴 성스러운 축복에 의하여 죽음과 원죄로부터 구원을 받았다. 나는 양발뿐 아니라 그 방장이 우상숭배의 성향을 보이지 않는 것을 알게 되자 기뻤다. 그들은 인사를 나누며 분명히 상냥한 대화를 나누었다. 기독교인의 온화함과 상대방의 타고난 예의바름은 편협한 반감의 행동들을 보여주지 않았다.214

---

213 1844년 조지 스미스는 홍콩에 도착하였으나 2년 후 건강 문제로 귀국하여 수양하였다. 1847년 조지 스미스는 다시 영국성공회 교회선교부의 홍콩 주교로 취임하였다. 조지 스미스는 홍콩을 근거지로 삼고 복주(福州)·상해에 전도소를 설립하여 13년 간 열심히 선교 활동을 하다가 은퇴하였다.(Alexander Wylie, *Memorials of Protestant Missionaries to the Chinese*, 〈Shanghai : American Presbyterian Mission Press, 1867〉, pp.141-3)

214 George H. McNeur, *China's First Preacher Liang A-Fa 1789-1855*, (Shanghai : Kwan Hsueh Publishing House, 1934), pp.96-7. 胡簪云 譯·上海廣學會 重譯,「中華最早的布道者梁發」,『近代史資料』1979年 第2期, pp.203-4. 朱心然 譯,『梁發 : 中國最早的宣教師』,(香港, 基督教文藝

1844년 10월 13일 주일 오전 조지 스미스는 피터 파커의 식당에서 40여명의 유럽인과 미국인에게 설교를 하였다. 이 날 오후에는 피터 파커 부부,[215] 양발, 영국성공회 교회선교부 대표 맥클라치(T. M. McClatchie) 목사, 조지 스미스가 참여하여 성찬식을 거행하였다. 이에 대하여 조지 스미스는 다음과 같이 기록하였다.

> 익숙하지 않은 엄숙함이 그 자리를 감싸 안았고, 우리는 각자의 조국 교회에서 온 거리감에도 불구하고 서로 기독교적 교감을 느꼈다. 우리는 12 제자보다 더 적은 숫자가 모였지만, 그들처럼 불신으로 덮인 세상에 함께 모였다. 거기에서 우리는 우리의 죄를 뉘우치며 고백하였고, 우리의 사업을 위하여 능력을 내려 주시기를 간청하며 기도하였다. 그리고 우리는 구원의 소망을 갖게 해 주신 예수 그리스도의 희생과 '가서 만민을 제자 삼으라(Go and teach all nations)'는 명령에 복종하기 위하여 여기에 모였다는 것을 다시 상기하였다. 심지어 우리는 중국 현대 선교 사역의 최초의 과실이자 자신의 동포에게 복음을 전하는 전도자인 양발을 이처럼 성스러운 자리에서 함께 하고 있다는 사실에 크나큰 용기를 얻었다. 우리는 현재 우리의 상황을 대변하는 찬송가를 불렀고, 마지막으로 양발이 중국어로 복음이 전파되고 자신의 나라인 중국이 개종되기를 희망하는 기도를 하는 것으로 모든 의식을 끝맺었다. 열정적인 그의 기도는 이러한 상황에서는 더욱 열정적이어야만 한다고 우리에게 분명히 말해 주는 것 같았다.[216]

런던선교회는 양발이 홍콩으로 돌아와서 전도하기를 건의하였고, 제

出版社, 1998), pp.124-5.

215 파커 부인은 광주 13행 구역에 상당 기간 동안 거주한 최초의 외국인 여성이었다.

216 George H. McNeur, *China's First Preacher Liang A-Fa 1789-1855*, (Shanghai : Kwan Hsueh Publishing House, 1934), pp.97-8. 胡簪云 譯 · 上海廣學會 重譯,「中華最早的布道者梁發」,『近代史資料』1979年 第2期, p.204. 朱心然 譯,『梁發 : 中國最早的宣教師』, (香港, 基督教文藝出版社, 1998), pp.125-6.

임스 렉그도 그를 위하여 적합한 집을 예비하였다. 그러나 양발은 자신의 자질구레한 질병, 아내의 건강문제, 홍콩의 기후, 홍콩에서의 불유쾌한 경험 등 때문에 이 건의를 거절하고 싶었지만, 곧 양심의 가책을 느낀 데에다가 굴앙의 간청으로 홍콩에서의 사역을 재개하기로 하였다. 1845년 1월 홍콩의 런던선교회 소속 선교사는 동회의 설립 50주년을 기념하여 기도회를 거행하였다. 이 기도회에 중국인 동역자 4인이 참가하였는데, 동회가 거행되기 전에 양발과 굴앙이 은혜롭게도 화해하였다. 이와 관련하여 제임스 렉그는 다음과 같이 기록하였다.

> 우리가 기도회를 거행하기 전 우리에게는 이미 좋은 조짐이 보였다. 바로 굴앙과 양발이 이전의 감정을 버리고 서로 악수하며 형제의 우애를 함께 나누는 것이었다. 우리는 우리의 작은 단체 속의 악독한 뿌리가 이미 뽑혔다고 믿었으며, 나아가 우리의 사역을 위하여 하나님께서 우리에게 복을 내려주시기를 기구하였다.[217]

전술한 바 있는 홍콩협의회의 최대 협의사항은 로버트 모리슨과 윌리엄 밀른이 중국어로 공역한 『신천성서(神天聖書)』(Morrison and Milne's version of the Holy Scriptures)[218]의 개정[219] 작업 발족 및 아편전쟁 후 남경조약에 의하여

---

217 George H. McNeur, *China's First Preacher Liang A-Fa 1789-1855*, (Shanghai : Kwan Hsueh Publishing House, 1934), pp.99-100. 胡簪云 譯 · 上海廣學會 重譯, 「中華最早的布道者梁發」, 『近代史資料』 1979年 第2期, p.205. 朱心然 譯, 『梁發 : 中國最早的宣教師』, (香港, 基督教文藝出版社, 1998), p.128.

218 『신천성서』는 로버트 모리슨이 윌리엄 밀른의 도움을 받아 번역한 최초의 중문 성경이었다. 『신천성서』에 관한 보다 상세한 내용은 曺熏, 「神天聖書考」, 『총신사학』 제2호, 2000; 조훈, 『로버트 모리슨 : 중국에 온 최초의 프로테스탄트 선교사』, (서울, 信望愛出版社, 2003), pp.214-37 등을 참조하기 바란다.

219 『신천성서』의 개정에 관한 보다 상세한 내용은 조훈, 「神天聖書考」, 『총신사학』 제2호, 2000; 조훈, 『로버트 모리슨 : 중국에 온 최초의 프로테스탄트 선교사』, (서울, 信望愛出版社, 2003), pp.228-37; 조훈, 『윌리엄 밀른 : 말라카 선교를 통한 중국 선교기지의 개척 자』, (서울, 그리심,

새롭게 개항한 광주 · 하문 · 복주 · 영파 · 상해의 다섯 개항장에서의 선교 개시의 결의였다. 특히 후자의 결의에 기초하여 런던선교회를 비롯한 각 선교단체는 다섯 개항장에서 선교를 개시하였는데, 양발도 이에 호응하여 다시 광주로 돌아가 활동하게 되었던 것이다.

1845년 6월 양발은 윌리엄 질레스피(William Gillespie)[220]와 함께 광주 남쪽 교외 연안의 신사(新沙)라는 곳에 거주하며 복음을 전하였다. 교회를 세운 후 처음 3,4개월간 부근의 이웃은 평온무사하였다. 그러나 제임스 렉그가 병들어 영국으로 돌아가고 윌리엄 질레스피가 부득이 홍콩에서의 제임스 렉그의 사역을 대신하게 되자 주민들은 의심하기 시작하였다. 즉 양발이 중국인의 환심을 사기 위하여 영국 정부에 의하여 보내어졌고, 이 땅을 정복하려 한다는 소문이 퍼지기 시작하였다. 예배와 새롭고 교묘한 방법을 통하여 목사들이 적의 침략을 합리화하려 한다는 말도 나돌았다. 복음을 전하는 자들을 반역자로 오해한 군중들이 교회에 난입하여 집기를 부수거나 가져가 버렸다. 양발은 생명의 위기를 맞이하였으나 다행히 도망칠 수 있었다. 이리하여 광주시에서의 최초의 교회 설립 시도는 실패로 끝났던 것이다.[221]

양발은 다른 사역지를 찾았는데, 그것은 일찍부터 관심을 보여 왔던 피터 파커(Peter Parker, 중국명 伯駕, 1804-89)[222]가 1835년 11월 광주에 개설한 중

---

2008), pp.160-9 등을 참조하기 바란다.

220 Alexander Wylie, *Memorials of Protestant Missionaries to the Chinese*, (Shanghai : American Presbyterian Mission Press, 1867), pp.140-1.

221 George H. McNeur, *China's First Preacher Liang A-Fa 1789-1855*, (Shanghai : Kwan Hsueh Publishing House, 1934), p.100. 胡簪云 譯 · 上海廣學會 重譯, 「中華最早的布道者梁發」, 『近代史資料』 1979年 第2期, p.206. 朱心然 譯, 『梁發 : 中國最早的宣教師』, (香港, 基督教文藝出版社, 1998), pp.128-9.

222 피터 파커는 프로테스탄트의 중국 선교의 역사상 최초의 정식의 의료 선교사였다. 피터 파커는 예일 대학 재학 중 이 대학이 주최한 루퍼스 앤더슨(Rufus Anderson)의 집회에 참석하

여 뜨거운 감동을 받고 선교사가 되기를 결심하였다. 피터 파커는 1831년 미국공리회에 중국 선교를 지원하고 예일 대학에서 다시 신학(Theological Department of Yale College)과 의학(Medical College)을 동시에 수학한 후 1834년 이 대학을 졸업하였다. 피터 파커는 졸업하던 바로 그 해 5월 16일 필라델피아 제일장로교회(The First Prsbyterian Church)에서 목사 안수를 받았고, 6월 4일 뉴욕에서 모리슨호(the Morrison)를 타고 10월 26일 광주에 상륙하였다. 그 때는 로버트 모리슨이 별세한 후 약 3개월이 될 즈음이었다. 12월 14일 피터 파커는 미국공리회 소속의 동역자 이라 트레이시와 함께 싱가포르를 방문하여 그 곳에서 중국인을 대상으로 진료 활동을 하였다. 피터 파커는 광주로 다시 돌아와 1835년 11월 4일 13양행 구역 내에 안과를 중심으로 하는 중국 최초의 기독교 병원 박제의원(博濟醫院)을 개설하였다. 이 날부터 익년 2월 4일까지의 3개월 사이에 치료를 받은 환자의 수는 925인에 달한 만큼 성황을 보였지만, 선교 활동면에서는 개원일마저 소책자를 배포할 수 없을 만큼 엄한 정세 하에 있었다. 1837년 피터 파커는 훈련받은 조수의 필요를 절감하여 3명의 중국인 학생을 데리고 강의를 시작하였다. 이리하여 중국 최초의 의학교의 초석을 놓았던 것이다. 피터 파커는 병원의 수리 기간을 잠시 이용해서 마카오를 방문하여 그 곳에서 모리슨호를 타고 일본 순회를 계획하던 중 모리슨호의 사고로 사정이 여의치 않게 되자 유구의 나파(Napa)에서 의료 선교를 하고 동년 8월 19일 마카오로 돌아왔다. 피터 파커는 병원이 지역 사회에 봉사해야 할 뿐 아니라 사회에 의해 가능한 한 많은 지원을 받아야 한다는 사실을 알고 있었다. 이리하여 중화의약전교회(中華醫藥傳敎會, Medical Missionary Society in China)가 창설되었다. 1838년 7월 5일 피터 파커는 마카오에서 중화의약전교회가 주관하는 병원을 다시 개설하였다. 1839년 4-5월 사이에 양행 내의 외국인들이 중국 정부로부터 한 차례 감시를 받게 되어 의료 활동이 잠시 중단되었다. 1840년 중 · 영 사이에 무역 마찰로 인한 아편전쟁이 폭발하자 피터 파커는 7월 5일 일시 귀국하였다. 귀국 기간 중 피터 파커는 워싱턴, 필라델피아 및 보스턴 등지를 순회하면서 중국 의료 선교의 당위성과 당면 과제를 호소하기도 하였다. 피터 파커의 감동적인 연설은 특별한 관심을 불러일으켰고, 이로 인해 절실히 필요했던 재정적 협조를 확보하게 되었다. 1841년 피터 파커는 영국을 방문하여 그 곳에서 케임브리지 · 버밍햄 · 리버풀 · 글래스고우 · 에딘버러 등지를 순회하면서 중국 의료 선교의 지원을 다진 다음에 파리를 경유하여 귀국하였다. 1842년 6월 피터 파커는 부인을 대동하고 미국을 출발하여 10월 4일 두 번째로 광주에 상륙하여 11월 21일부터 박제의원의 진료 활동을 재개하였다. 1842년 미국 공사 칼렙 쿠싱이 마카오에 상륙하여 중국과의 관계 현안을 협의한 다음 피터 파커와 엘리야 브리지만을 그의 비서로 위촉하였다. 그 후 피터 파커는 중 · 미 사이의 망하조약(1844년) 체결에 참여하였다. 피터 파커는 뛰어난 능력으로 병원 일을 계속하다가 1855년 사임하였다. 피터 파커는 1855년부터 1857년까지 미국대리 공사를 역임하였다. 1855년 피터 파커는 신병 치료차 일시 귀국하여 주중국특명외교관(駐中國特命外交官, American Commissioner and Minister)에 임명되었다. 1857년 피터 파커는 미국이 영국과 연합하여 대만을 점령할 것을 제의하였다가 미국 정부에 의하여 제지당하기도 하였다. 동년 피터 파커는 귀국하여 워싱턴에 거주하면서 미국복음주의협회(American Evangelical Alliance)와 스미스 소니언 박물관(Smith-Sonian Institution)의 일을 각각 도왔다. 1888년 1월 10일 피터 파커는 워싱턴에서 84세를 일기로 별세하였다. 피터 파크에 관한 보다 상세한 내용은 다음의 연구업적을 참조하기 바란다. George B. Stevens & W. Fisher Markwick, *The Life, Letters, and Journals of the Rev. and Hon. Peter Parker, M. D.*(Boston and Chicago : Congregational Sunday-School and Publishing Society, 1896. Wilmington, Delware : Scholarly Resources, Inc., 1972); 王吉民, 「伯駕利用醫藥侵華史實」, 『醫史雜誌』 1951

국 최초의 기독교 의원으로서 서양식 안과 전문의원 박제의원(博濟醫院, Ophthalmic Hospital at Canton)[223]이었다. 양발은 매주 주일 박제의원에서 예배를 드렸는데, 이는 중국인 최초의 병원 전도의 시작이었던 것이다.[224]

1845년 12월 29일의 첫 예배에 약 80명의 중국인과 2명의 선교사가, 그 다음 주일에는 180명이, 또 그 다음 주에는 약 200명이 참석하였다. 이러한 식으로 예배는 3년 반 동안 계속되었는데, 전후하여 예배에 참석한 인원은 총계 1만 5천명 정도였다. 그러나 진심으로 진리의 말씀에 관심을 갖고 연구한 사람은 3명뿐이었고, 세례를 받은 사람은 한 명도 없었다.[225] 즉 광동인의 마음의 문이 생각만큼 쉽게 열리지 않았던 것이다. 이러한 실패가 양발의 열성과 능력 부족에서 말미암지 않은 것임은 피터 파커의 다음과 같은 내용의 보고서에서 확인할 수 있다.

> 그(양발)의 설교는 성실함과 연민을 자아내는 힘이 있었다. 최대한의 겸손한 자세로 그는 자주 청중들에게 자신은 30년 동안 복음의 종이었고, 아직도 그것을 조금밖에 이해하지 못한다고 이야기하였다. 그는 사람들에게 자신은 한 때 이단자였고, 다른 이들처럼 기독교에 대한 선입관이 강하였으

---

年 第3期; Edward van Gulick, *Peter Parker and the Opening of China*, (Cambridge, Massachusetts : Harvard University Press 1973); 魏外揚,「只在中國行醫的宣教師 : 伯駕(Peter Parker)」, (魏外揚,『宣教事業與近代中國』, 臺北, 宇宙光出版社, 1978).

223 박제의원은 1835년 11월 미국공리회 소속 선교사 피터 파커에 의하여 광주 13행 내의 비위생적인 곳에 간단한 의료기구만을 갖추고서 설립되었다. 처음에는 안과로 시작하였는데, 그 목적은 눈 관련 질환으로 고통을 받는 사람들을 치료하고자 하는 것이었다. 그러나 많은 사람들이 다른 질환을 치료하려 찾아오게 됨으로써 어느 한 질병에만 진료를 국한하는 것이 불가능해졌다. 박제의원은 동양에 설립된 이러한 류의 선구적인 병원이었다.

224 李志剛,『基督教早期在華傳教史』, (臺北, 臺灣商務印書館, 1985), p.177.

225 George H. McNeur, *China's First Preacher Liang A-Fa 1789-1855*, (Shanghai : Kwan Hsueh Publishing House, 1934), p.101. 胡簪云 譯 · 上海廣學會 重譯,「中華最早的布道者梁發」,『近代史資料』 1979年 第2期, p.206. 朱心然 譯,『梁發 : 中國最早的宣教師』, (香港, 基督教文藝出版社, 1998), pp.129-30.

며, 죽음 뒤의 삶에 똑같이 회의적이었다고 특히 강조하며 고백하였다. 그러나 이는 복음에 대한 무지 때문이었다고 그는 말하였다. 그 당시에는 천국의 빛이 그의 어두운 마음을 비추지 못하였다. 그의 기도는 매우 열성적이었고, 그의 신앙은 매우 복음적이었다. 성경에 대한 그의 설명은 명확하였고, 그의 호소는 자주 청중을 압도할 정도로 강력하였다.[226]

양발은 극히 감동적인 말로써 구세주의 생애 및 그 남기신 가르침을 상세히 설명하였고, 벽에 걸려 있는「병자획유(病者獲愈)」[227]의 그림들을 가리키며 그의 청중에게 저 병자들이 나을 수 있었던 까닭은 구주께서 주신 복과 의사들이 예수의 계명과 그 남기신 법을 준수하며 치료하였기 때문이라고 말하였다. 이처럼 양발은 주일에 설교를 하는 것 외에도 매주 월요일 아침 치료를 받으러 온 환자 앞에서 복음을 전하는 기회도 얻었다.

1846년 양발은 광주 하남의 용미도에 자비로 새롭게 집을 지었는데, 그 곁에 100명을 수용할 수 있는 강당을 부설하였다. 양발은 10월 18일부터 이 강당에서 예배를 인도하였는데, 이것이 중국 최초의 예배당인 복음당(福音堂)이었다. 처음 입당한 자는 8명[228]이었으나 나중에 점점 증가하였고, 양발은 2인에게 세례를 베풀었다.[229] 복음당은 예수 그리스도

---

226 George H. McNeur, *China's First Preacher Liang A-Fa 1789-1855*, (Shanghai : Kwan Hsueh Publishing House, 1934), p.102. 胡簪云 譯 · 上海廣學會 重譯,「中華最早的布道者梁發」,『近代史資料』1979年 第2期, pp.206-7. 朱心然 譯,『梁發 : 中國最早的宣教師』, (香港, 基督敎文藝出版社, 1998), p.130.

227 이 그림들은 임씨 성을 가진 사람의 작품이었는데, 그 몇 점은 나중에 피터 파커가 영국으로 가져가서 런던 구이 병원의 고든 박물관(the Gordon Museum of Guy's Hospital in London)에 기증하였다.

228 李志剛,『基督敎早期在華傳敎史』, (臺北, 臺灣商務印書館, 1985), p.177. 한편 간우문(簡又文)은 88명이라고 하였는데, 이는 아마 착오일 것으로 사료된다.(簡又文,『中國基督敎的開山事業 : 宣敎師列傳』〈香港, 輔僑出版社, 1956〉, p.29)

229 簡又文,『中國基督敎的開山事業 : 宣敎師列傳』(香港, 輔僑出版社, 1956), p.29; 李志剛,『基督

가 머리이고 교회가 지체였던 중국교회사에서 최초로 삼자(三自), 즉 자양(自養) · 자전(自傳) · 자치(自治)를 실행한 교회였다[230]는 평가도 있다.

1847년 1년간 양발은 병원에서 남자 2,487인, 부인과 아이 550인에게 성경 312책과 종교 팸플릿 1,568권을 나누어 주었다.[231] 병원 전도는 양발 자신이 말하였듯이 아주 시의적절한 전도방식이었다.

> 내가 거리 혹은 시골에서 사람들에게 우상 숭배의 어리석음을 말할 때 그들은 항상 나를 비웃었다. 그러나 사람이 병이 들어 치료를 받게 되면 그 마음이 매우 유연해져서 쉽게 감화를 받았다.[232]

1848년 4월초 벤자민 홉슨은 양발의 도움을 받아 광주 금리부(金利埠)에 혜애의원(惠愛醫院)을 개설하고 월 · 수 · 금요일마다 진료하기로 하였다. 첫 날에는 단 4명의 환자가 찾아왔을 뿐이었지만, 그 다음에는 20명으로 증가하였고, 또 그 다음에는 100명 이상의 환자가 찾아와 부득이 혜애의원의 문을 닫아야만 하였다. 이처럼 성공을 거두자 벤자민 홉슨은 혜애의원의 규모를 거주지, 예배당 및 병실로 확대하였다. 6월 다시 개원한 후 첫 번째 주일 벤자민 홉슨과 양발 및 그 가족과 동역자 10인(남자 4명, 여자 6명)은 헌당식을 드렸다. 양발이 이 예배당을 담임하게 됨으로써 부득이 박제의원에서의 사역은 그만두게 되었다. 두 번째 주일 공식 예

---

教早期在華傳教史』, (臺北, 臺灣商務印書館, 1985), p.177.

230 顧長聲, 「第一個被按立的中國傳道人梁發」, (顧長聲, 『傳教士東來傳救恩論文集錦』, 臺北, 宇宙光, 2006 수록), p.77.

231 胡簪云 譯 · 上海廣學會 重譯, 「中華最早的布道者梁發」, 『近代史資料』 1979年 第2期, p.207.

232 George H. McNeur, *China's First Preacher Liang A-Fa 1789-1855*, (Shanghai : Kwan Hsueh Publishing House, 1934), p.89. 胡簪云 譯 · 上海廣學會 重譯, 「中華最早的布道者梁發」, 『近代史資料』 1979年 第2期, p.199. 朱心然 譯, 『梁發 : 中國最早的宣教師』, (香港, 基督教文藝出版社, 1998), p.117.

배를 드리게 되었는데, 이 예배에 230명이 출석하였다. 1848년 여름 방문하는 환자의 수는 매일 평균 250명 정도였다. 매일 아침 9시 반 양발은 진찰을 기다리는 환자들에게 복음을 전하였고, 팸플릿과 간단한 기도문을 나누어주었다.[233] 벤자민 홉슨은 이처럼 고되지만 행복하였던 첫 한 달 동안의 경험을 상기하며 양발을 다음과 같이 칭찬하였다.

> 친애하는 양발은 나에게 커다란 만족감을 제공하였다. 그는 복음을 성실하고 애정 어리게 전파하였고, 박식하고 열성적인 태도로 임하였다. 그는 나에게 말하기를 의원을 개원하고 지금껏 하였던 일이 가장 흥미롭고 즐거웠다고 하였다. 그는 애정 어린 마음으로 말하였고, 그가 사람들에게 설교하는 내용을 깊이 공감하였다. 그가 그의 의무를 수행하면서 자신이 정화되었고, 하나님의 나라에 대한 희망으로 기뻐하였다. 그의 기도는 진심어린 기독교인의 마음이 담긴 목소리였다. 그가 이처럼 열정적이고도 경건하게 기도를 은혜로운 보좌에 드릴 때 무릇 그 자리에서 함께 기도를 드리던 사람의 귀와 영혼은 유쾌함을 느낄 것이다.[234]

1849년부터 환자의 수가 하루 평균 150명으로 줄어들었다. 양발이 모든 나라의 사람들은 유일신을 경배할 의무가 있다는 것을 전할 때 많은 사람들은 이를 받아들였지만, 죄에서 구원하신 예수 그리스도를 믿어야만 한다는 것을 전할 때 그들은 이를 거절하였다. 양발은 그의 동포들이 이처럼 복음에 반응을 보이지 않자 깊은 슬픔에 빠졌다. 벤자민 홉슨은

---

233 George H. McNeur, *China's First Preacher Liang A-Fa 1789-1855*, (Shanghai : Kwan Hsueh Publishing House, 1934), p.104. 胡簪云 譯 · 上海廣學會 重譯,「中華最早的布道者梁發」,『近代史資料』1979年 第2期, p.208. 朱心然 譯,『梁發 : 中國最早的宣教師』, (香港, 基督教文藝出版社, 1998), pp.132-3; 李志剛,『基督教早期在華傳教史』, (臺北, 臺灣商務印書 館, 1985), p.177.

234 George H. McNeur, *China's First Preacher Liang A-Fa 1789-1855*, (Shanghai : Kwan Hsueh Publishing House, 1934), p.105. 胡簪云 譯 · 上海廣學會 重譯,「中華最早的布道者梁發」,『近代史資料』1979年 第2期, pp.208-9. 朱心然 譯,『梁發 : 中國最早的宣教師』, (香港, 基督教文藝出版社, 1998), p.133.

이러한 슬픔에 빠져 있던 양발에 대하여 다음과 같이 기술하였다.

> 양발은 이 날 아침에 혼이 나간 것 같았고, 환자를 위하여 설교할 마음이 없다고 말하였다. 나는 그를 다른 곳으로 데려가서 낙담하게 된 이유를 물었다. 그는 자신의 아내가 아프고, 중국인들이 매우 사악하며, 기독교인들이 단결하지 못한다는 등등의 이야기를 하였다. 나는 그에게 외국인 선교사들이 얼마나 중국인들을 견뎌내며 자신의 일을 계속하고 있는지를 말하였다. 만약에 그러한 감정, 소망, 외국인들의 윤리 같은 것이 있다면 중국인 목사, 특히 당신과 같은 경험 많은 전도자는 자신의 동포에게 우상을 버리고 하나님을 경배하여야만 한다고 권유하는 그 마음을 잃어버리면 안 된다고 하였다. 그 때 나는 구주 예수께서 얼마나 많은 도전과 모욕, 비난을 견뎌냈는지를 그에게 상기시켜 주었다. 이 대화는 좋은 결과를 낳았다. 양발은 활기 있게 다시 노력하게 되었고, 전에 내가 들었던 것보다 훨씬 더 좋고 열성적으로 환자들에게 설교를 하게 되었다.[235]

이처럼 양발과 벤자민 홉슨의 협력 관계는 매우 긴밀하였던 것이다.

1849년 양발이 그처럼 걱정하던 아내 여씨가 애석하게도 자신보다 앞서 세상을 떠났다. 벤자민 홉슨은 일찍이 양발의 아내에 대하여 '병약한 상태에도 불구하고 아주 괜찮은 여성'이라고 평가한 적이 있었다. 양발의 아내 여씨는 복음 전파를 위하여 떠난 남편과 오랜 기간 동안 만나지 못하였고, 기독교인이라는 이유로 친척과 이웃으로부터 온갖 조소와 저주를 받았으나 남편과 하나님에게 성실하였던 여인이었다. 그녀의 며느리와 그 아이들이 교회에 출석하였고, 그녀의 늙은 어머니와 미망인이

---

**235** George H. McNeur, *China's First Preacher Liang A-Fa 1789-1855*, (Shanghai : Kwan Hsueh Publishing House, 1934), p.106. 胡簪云 譯 · 上海廣學會 重譯,「中華最早的布道者梁發」,『近代史資料』1979年 第2期, pp.209-10. 朱心然 譯,『梁發 : 中國最早的宣教師』, (香港, 基督教文藝出版社, 1998), p.134.

된 자매들이 기독교인이 되어 같은 집에 살았다는 사실만 보더라도 그녀가 얼마나 열성적이었던가를 알 수 있다. 이 때 양진덕은 엘리야 브리지만과 함께 상해에 있었으므로 아마도 어머니의 운명을 보지 못하였을 것이다.[236]

양발의 사역은 20여 년간 초지일관 흔들림이 없었고, 신자수도 나날이 증대하였다. 따라서 복음당은 1850년 양발을 정식 목사로 세웠다.[237] 이와 관련하여 벤자민 홉슨은 다음과 같이 말하였다.

> 양발은 이미 64세인데 열심히 진리를 전파하고 있다. 교회가 그를 정식으로 목사로 위임하였다. 이것은 그가 새 신자에게 세례를 줄 수 있으며, 세례를 받은 사람들로 교회의 분회를 만들 수도 있는 권리를 준 것이다.[238]

양발은 복음당의 목사로서 소천하기 전까지 예배를 인도하고 교무를 관장하였던 것이다.

1850년 양발은 주학(周學, 號 勵堂)이라는 장래성이 있는 동관(東莞)의 한 청년을 감화시켰다. 주학은 혜애의원의 수위로서 쉬는 시간에 전도 팸

---

236 George H. McNeur, *China's First Preacher Liang A-Fa 1789-1855*, (Shanghai : Kwan Hsueh Publishing House, 1934), p.109. 朱心然 譯,『梁發 : 中國最早的宣教師』, (香港, 基督教文藝出版社, 1998), p.137; 顧長聲,「第一個被按立的中國傳道人梁發」, (顧長聲,『傳教士東來傳救恩論文集錦』, 臺北, 宇宙光, 2006 수록), p.77.

237 일설에 의하면 중국 최초의 정식 목사는 나중에 하복당(何福堂)으로 개명하는 하진선으로서 1846년 10월 11일 주일에 홍콩의 합중당(合衆堂)에서 목사 안수를 받았다고 한다. 그러나 양발은 1826년 로버트 모리슨으로부터 안수를 받은 후 이미 목사로서의 활동을 시작하였고, 이 때에는 교회가 정식으로 인정한 것에 불과하기 때문에 실질적인 최초의 중국인 목사는 양발이라고 할 수 있는 것이다.(G. H. Choa, *The Life and Times of Sir Jai Ho Kai*, 〈Hong Kong : The Chinese University Press, 1981〉, p.9; 周燮藩,『中國的基督教』,〈北京, 商務印書館, 1991〉, p.121; 關漢華 · 胡波,「梁發及嶺南基督教的傳播」,『學術研究』1993年 第1期, p.120) 그리고 胡簪云 譯 · 上海廣學會 重譯,「中華最早的布道者梁發」,『近代史資料』1979年 第2期, p.155에서는 하진선을 중국의 두 번째 목사라고 분명하게 언급하 고 있다.

238 胡簪云 譯 · 上海廣學會 重譯,「中華最早的布道者梁發」,『近代史資料』1979年 第2期, p.210.

플릿을 배포하던 전도인 나정선(羅廷善)을 알게 되었다. 나정선은 주학에게 윌리엄 밀른의 『장원양우상론』을 주었는데, 중국 고전에 익숙하였던 주학은 이를 보고 그가 이전에 읽었던 책에서 느낄 수 없던 감동을 받았다. 마침내 24세의 젊은 주학은 혜애의원의 예배당에서 주일에 설교를 듣는 것을 수락하였다. 주학은 벤자민 홉슨과 그의 아내로부터 받은 자상한 환대에 놀라며 감동을 받았다. 양발의 열성적인 설교는 주학을 깊이 감동시켰다. 1년 동안 주학은 정기적으로 교회에 출석하였고, 또한 새로운 친구들의 지도 하에 성경을 공부하였다. 이리하여 주학은 양발로부터 세례를 받게 되었다. 주학은 양발이 죽을 때까지 양발의 강도와 문자 사역을 도왔다. 주학은 나중에 순도회(循道會, The Wesleyan Methodist Missionary Society)[239]에 가입하여 45년간 봉사하였다. 주학은 양발이 육성한 많은 전도 인재 중 최후에 얻은 아름다운 결실이었던 것이다.[240]

1852년 7월 15일 양발은 런던선교회에 마지막 편지를 썼는데, 이는 양진덕을 통하여 전송되었다. 이 편지에서 양발은 지난 몇 년간의 복음 사역에 관한 내용을 요약하였는데, 병원과 예배당에서 벤자민 홉슨 및 그의 동료들과 함께 하며 성경을 더욱 잘 이해하게 되었다는 것, 그들에게 주어진 추수의 기쁨과 같은 것 등이었다. 양발은 자신이 비록 건강할 지라도 설교가 너무나도 중대한 일이므로 영국 기독교인들의 기도와 후원이 필요하다는 내용으로 결론을 맺었다. 그리고 '전능하신 성부와 성자

---

239 순도회는 1813년 10월 6일 영국 웨슬리회가 세운 해외선교단체였는데, 1852년 조지 피어시(George Piercy)를 광주와 홍콩에 파송하여 선교 사역에 종사케 하였다.

240 George H. McNeur, *China's First Preacher Liang A-Fa 1789-1855*, (Shanghai : Kwan Hsueh Publishing House, 1934), pp.106-8. 胡簪云 譯 · 上海廣學會 重譯,「中華最早的布道者梁發」,『近代史資料』 1979年 第2期, pp.210-2. 朱心然 譯,『梁發 : 中國最早的宣教師』, (香港, 基督教文藝出版社, 1998), pp.134-6; 王治心,『中國基督教史綱』, (香港, 基督教文藝出版社, 1998), p.163.

와 성령의 축복이 여러분들과 우리 형제, 자매에게 영원히 함께 하길 축원하노라'라는 축도로 끝을 맺었다.[241]

1854년 혜애의원을 방문한 적이 있는 한 영국인이 런던의 한 신문에 다음과 같은 내용의 기고를 하였다.

> 환자들은 이른 시간에 예배당에 모이는데, 11시 정도면 거의 다 차며, 그 장소로는 병원과 연결된 적당한 곳이 사용된다. 이 때 늙은 전도인 양발이 의자에 앉는데, 예배의 의식은 영국 공리회의 예배와 유사하다.[242]

양진덕은 부친의 건강이 예전과 같지 않음을 보고 휴식을 권하자 양발이 다음과 같이 말하였다고 전하였다.

> 내가 믿은 지 이미 40년이다. 외국의 형제조차도 먼 길을 마다하지 않고 와서 복음을 중국인에게 전하는데, 나는 중국인으로서 어찌 방기할 수 있겠는가? 최후의 순간까지 복음을 사람에게 전할 것이다.[243]

1855년 4월 9일 토요일 저녁 양발은 주일 예배를 위하여 목욕을 할 때 한기를 느꼈으나 주일날 교회에 가서 설교를 하였는데, 이것이 마지막이 되었다. 4일 후인 12일 양발은 66세로 복음을 위하여 온 힘을 다 바친 그의 생애를 마쳤다. 벤자민 홉슨은 양발의 부음을 런던선교회에 보고하는

---

241 George H. McNeur, *China's First Preacher Liang A-Fa 1789-1855*, (Shanghai : Kwan Hsueh Publishing House, 1934), p.110. 胡簪云 譯 · 上海廣學會 重譯,「中華最早的布道者梁發」,『近代史資料』1979年 第2期, pp.212-3. 朱心然 譯,『梁發 : 中國最早的宣教師』, (香港, 基督教文藝出版社, 1998), pp.138-9.

242 George H. McNeur, *China's First Preacher Liang A-Fa 1789-1855*, (Shanghai : Kwan Hsueh Publishing House, 1934), pp.110-1. 朱心然 譯,『梁發 : 中國最早的宣教師』, (香港, 基督教文藝出版社, 1998), p.139.

243 王治心,『中國基督教史綱』, (香港, 基督教文藝出版社, 1998), p.163.

한편, 그 일생이 주를 위하여 충심으로 봉사한 중국기독교의 위인이라고 양발을 칭찬하였던 것이다.[244]

양발의 유체는 광주 하남의 봉황강(鳳凰岡)에 매장되었다. 1916년 설립 후 광주의 영남대학(嶺南大學)[245]은 봉황강 부근으로 옮겨 교지를 확충하고자 계획하고 부근의 묘지를 사들이려고 하였다. 이 때 쿠알라룸푸르에 살던 양발의 증손서(曾孫壻) 풍염공(馮炎公)이 편지를 보내어 양발의 묘가 이 곳에 있음을 알리자 영남대학 당국은 양발의 묘를 영남대학 예배당으로 옮겨서 양발을 기념하기로 결정하였다.[246] 1920년 양발의 묘는 영남대학의 예배당으로 이장하게 되었던 것이다.[247]

---

244 顧長聲, 「第一個被按立的中國傳道人梁發」, (顧長聲, 『傳教士東來傳救恩論文集錦』, 臺北, 宇宙光, 2006 수록), p.77.

245 그 전신은 영남학당(嶺南學堂)으로서 원래 마카오에서 설립되었으나 1905년 광주로 옮겼고, 1916년에는 대학으로 편제되었다. 지금은 중산대학(中山大學)으로 개명되었다.

246 鄧嗣禹, 「勸世良言與太平天國革命之關係」上 · 下, 『大陸雜誌』30-8 · 9, 1965. (吳相湘 主編, 『勸世良言』, 臺灣, 學生書局, 1985 수록), p.4; 査時傑, 「梁發(1789-1855) : 第一位中國籍牧師」, (査時傑, 『中國基督教人物小傳』 上卷, 〈臺北, 中華福音神學院出版社, 1983〉 수록), p.3.

247 呂延壽, 「教徒 · 傳教士 · 畸形兒 : 關於梁發的一生」, (四川省哲學社會科學學會聯合會 · 四川近代教案史研究會 合編, 『近代中國教案研究』, 成都, 四川省社會科學院出版社, 1987 수록), p.481.

# 제二장

# 양발의 저작 활동

# 제2장 _ 양발의 저작 활동

## 1. 양발의 중국어 전도문서

양발은 학선자(學善者, student of excellence) 혹은 학선거사(學善居士, retired student of excellence)라는 필명으로 활발한 저작 활동을 벌였다.[248] 이 학선자 혹은 학선거사라는 필명에는 윌리엄 밀른으로부터 배운 '신도의 특별한 증표는 정성을 다하여 선을 행하는 것'[249]이라는 의미가 내포되어 있었다. 이처럼 양발이 활발하게 저작 활동을 펼친 이유는 자신이 찾은 구원에 이르는 길을 동포들과 나누는 것이 바로 정성을 다하여 선을 행하는 것이라는 신념 때문이었다. 따라서 양발은 그의 학문이 깊지 않았음에도 불구하고 이러한 신념을 구현하기 위하여 심혈을 기울여 저작 활동을 전개하였다. 양발의 저작 목적은 비근한 비유와 통속적인 문자로서 성경을 해석하여 그의 동포로 하여금 성경의 참된 뜻을 깨닫게 하는 것[250]이었다.

---

248 Alexander Wylie, *Memorials of Protestant Missionaries to the Chinese*, (Shanghai, American Presbyterian Mission Press, 1867), p.22; 彭澤益,「洪秀全得『勸世良言』考證 : 兼論太平天國與基督教的關係」,『近代史研究』1988年 第5期, p.57.

249 Theodore Hamberg, *The Visions of Hung-Siu-Tshuen, and Origin of the Kwang-si Insurrection*, (Hong Kong : The China Mail Press, 1854), p.16. 市古宙三 譯,『洪秀全の幻想』, (東京, 汲古書院, 1989), p.35. 노태구 옮김,『洪秀全 : 太平天國 혁명의 기원』, (서울, 새밭, 1979), p.49.

250 彭澤益,「洪秀全得『勸世良言』考證 : 兼論太平天國與基督教的關係」,『近代史研究』1988年 第5期, p.57; 雷雨田,「梁發與中西文化的會通」,『湘潭大學社會科學學報』第25卷 第5期, 2001, p.91.

양발의 최초 저술은 다음의 〈표1〉에 제시되어 있듯이 1819년 출판한 『구세록촬요약해』였다. 그러나 본서는 200부를 인쇄하였지만, 관헌의 취체로 양발이 구금되고, 서적과 인판이 몰수되었기 때문에 절판되었다. 이 사건은 프로테스탄트 개척선교기에 있어서 전도문서 출판의 곤란성을 여실히 나타내 보이는 일례가 될 것이다.

이 사건 이후에도 양발은 조금도 낙담하지 않고 활발히 저작 활동을 하였다. 예를 들어 로버트 모리슨의 회고록에 의하면 1826년 양발이 로버트 모리슨에게 3책의 저작을 제시한 것으로 보인다.[251] 그 제1책은 히브리서에 대한 주석을 포함한 중국어의 소책자였다. 이것은 양발이 윌리엄 밀른으로부터 배운 종교관을 이교도인 중국인에게 전하는 형태를 취하였다.[252] 제2책은 양발이 『진전구세문』으로 명명한 구제에 대한 소론이었다. 이것은 나중에 『권세양언』 제1권에 편입되었다. 제3책은 종교상의 문제에 대하여 양발이 고향의 사람들과 이야기한 회화 형식의 전도서였다. 제2책 · 제3책도 제1책과 마찬가지로 중국어로 집필되었다.[253] 그러나 이들 3종의 저술에 대해서는 더 이상 상세한 내용을 알 수 없기에 아래의 표에서는 제외하였다. 한편 로버트 모리슨의 보고에 의하면 양발은 1828년까지 12종의 전도책자를 저술하였다고 한다. 그 서명은 분명

---

251 Mrs. Eliza A. Morrison, *Memoirs of the Life and Labors of Robert Morrison, D. D.*, (London : Longman. Orme, Brown, Green Longmans, 1839), Vol. Ⅱ, pp.357-8.

252 吉田寅, 「梁阿發とその中國文布教書」, 『基督教史學』 13, 1963, p.26; 吉田寅, 「中國人キリスト教宣教師梁阿發と『勸世良言』」, 『立正大學文學部論叢』 89, 1989, p.43; 吉田寅, 「中國人宣教師梁阿發と『勸世良言』」, (吉田寅, 『中國プロテスタント傳道史研究 : 宣教師刊中國語著作の資料的研究』, 〈東京, 汲古書院, 1997 수록〉), p.79.

253 吉田寅, 「梁阿發とその中國文布教書」, 『基督教史學』 13, 1963, p.26; 吉田寅, 「中國人キリスト教宣教師梁阿發と『勸世良言』」, 『立正大學文學部論叢』 89, 1989, p.43; 吉田寅, 「中國人宣教師梁阿發と『勸世良言』」, (吉田寅, 『中國プロテスタント傳道史研究 : 宣教師刊中國語著作の資料的研究』, 〈東京, 汲古書院, 1997 수록〉), p.79.

하게 알 수 없지만, 그 일부는 나중에『권세양언』에 수록되었을 것이다.

이처럼 양발의 저작은 개척선교기에 있어서 입화선교사(入華宣教師)의 경우와 마찬가지로 산일되어[254] 관견이 미치는 한『권세양언』외에는 그 원본을 볼 수 없다. 따라서 여러 자료를 참조하며 양발의 주요한 저작을 정리해 보면 다음의 〈표1〉에 나타나 있는 바와 같이 10종[255]이 될 것이다.[256]

---

254 양발이 남긴 문건과 서적이 광주 하남의 그의 고택에 있었으나 불행하게도 1915년의 수재로 모두 산일되고 단지 그의 초상화와 1813년 광주 지방에서 출판한 그가 사용하던「마태복음」만이 잔존하게 되었다.(George H. McNeur, *China's First Preacher Liang A-Fa 1789-1855*, 〈Shanghai : Kwan Hsueh Publishing House, 1934〉, p.4. 胡簪云 譯 · 上海廣學會 重譯,「中華最早的布道者梁發」,『近代史資料』1979年 第2期, pp.143-4) 한편 런던선교회의 문서보관소에 1827년 양발이 쓴 중국어 편지가 여전히 중국 봉투 속에 넣어진 채로 보존 되고 있다.(George H. McNeur, *China's First Preacher Liang A-Fa 1789-1855*, 〈Shanghai : Kwan Hsueh Publishing House, 1934〉, p.5)

255 12종(張靜廬,「"察世俗"和梁發」,『圖書館』1961年 第3期, p.61) 혹은 20여종(P. Richard Bohr, 'Liang Fa's Quest for Moral Power,' in Suzanne Wilson Barnett & John King Fairbank ed., *Christianity in China : Early Protestant Missionary Writtings*, 〈Cambridge〔Massachusetts〕and London : Harvard University Press, 1985〉, p.39)이라는 설이 있으나 모두 그 근거를 밝히고 있지 않으므로 신빙성이 떨어진다고 사료된다.

256 양발의 저작 내용에 관해서는 Alexander Wylie, *Memorials of Protestant Missionaries to the Chinese*, (Shanghai, American Presbyterian Mission Press, 1867), pp.22-5; 胡簪云 譯 · 上海廣學會 重譯,「中華最早的布道者梁發」,『近代史資料』1979年 第2期, pp.221-2; 簡又文,『太平天國典制通考』下卷, (香港, 簡氏猛進書屋, 1958), pp.1583-4; 吉田寅,「中國人キリスト教宣教師梁阿發と『勸世良言』」,『立正大學文學部論叢』89, 1989, p.44; 吉田寅,「中國人宣教師梁阿發と『勸世良言』」, (吉田寅,『中國プロテスタント傳道史研究 : 宣教師刊中國語著作の資料的研究』,〈東京, 汲古書院, 1997 수록〉), pp.79-80 등을 참조하기 바란다.

〈표1 양발의 저작목록〉

| | 서 명 | 엽(葉)[257]수 | 간행지 | 간행년 | 내 용 |
|---|---|---|---|---|---|
| 1 | 구세록촬요약해 | 37 | 광동 | 1819 | 기독교에로의 권면 |
| 2 | 숙학성리약론 | 9 | 광동 | 1828 | 양발의 신앙생활에 대한 자전적 기술 |
| 3 | 진도문답천해 | 14 | 말라카 | 1829 | 심계명과 기독교도의 의무에 대한 교의 문답 |
| 4 | 진도심원 | — | 고명 | 1830 | 성서일과의 번역 |
| 5 | 영혼편 | — | 고명 | 1830 | |
| 6 | 이단론 | — | 고명 | 1830 | |
| 7 | 성서일과초학편용 | 3권 | 광동 | 1831 | |
| 8 | 권세양언 | 9권 | 광동 | 1832 | |
| 9 | 기도문찬신시 | 60 페이지 | 마카오 | 1833 | 기도집과 찬미가 |
| 10 | (우상배척론) | 1매 | — | — | 이사야 44장에 기초 |

양발이 〈표1〉의 저작을 집필한 동기는 중국인이 이들 저작을 통하여 겸손한 마음을 갖고서 하나님의 참된 도를 찾기를 희망하였기 때문이었을 것이다.

> 이 책을 보는 중화대국 사람들에게 깊이 바라건대 예의의 나라 또는 문화의 나라라고 자만하지 말고 반드시 겸허하게 생각해야 할 것이다.……오직 하나님이 왜 나를 사람으로 태어나게 하였는지, 사람이 왜 사람인지 하는 문제를 생각하는 것이 복음의 진리이다.[258]

이하에서는 〈표1〉의 저작에 관하여 개괄적으로 살펴보고자 한다. 다만 『영혼편(靈魂篇)』은 그 내용이 알려져 있지 않아 소개하지 못하였고, 『권세

---

257 엽은 현행 2페이지에 해당한다.

258 吳相湘 主編, 『勸世良言』, (臺灣, 學生書局, 1985), p.367; 『近代史資料』 39號, 1979, pp.100-1.

양언』은 후술하다시피 홍수전과 태평천국에 미친 영향이 너무나 큰 주요한 저작이기 때문에 절을 달리 하여 보다 상세히 살펴보고자 한다.

### 가. 『구세록촬요약해(救世錄撮要略解)』

『구세록촬요약해』의 저술 동기는 우상 숭배에 젖어 있던 양발의 고향 사람들에게 우상의 쓸데없음과 예수를 믿어야 하는 필요성을 역설하기 위한 것이었다. 양발은 본서를 탈고한 후 로버트 모리슨의 교열을 받아 200부를 인쇄해서 친구에게 분송하여 배포하였다. 그러나 즉시 관헌의 눈에 띠어 양발은 체포 · 투옥되었고, 본서의 판목은 소각되었다. 로버트 모리슨이 유력한 상인을 통하여 애쓴 결과 양발은 30대의 장형과 70달러의 벌금을 부과 받고 간신히 구출되었다.[259] 이 사건은 프로테스탄트 개척선교기에 있어서 전도문서 출판의 곤란성을 여실히 나타내 보이는 일례가 될 것이다.

본서의 서문은 창조주이자 숭배의 대상으로서의 하나님에 관하여 기술하였다. 본문은 십계명과 성경 중 「히브리서」 2장의 여러 절, 「베드로후서」 2장, 「야고보서」 1장 및 2 · 3 · 4장의 일부, 「디모데후서」 3장 15절, 「베드로전서」 3장 10절-22절, 「베드로전서」 4장 3절-10절, 「요한일서」 1장 8절-9절, 「야고보서」 5장에 관한 해설, 찬송가 세 곡 및 약간의 기도문으로 구성되어 있다.[260]

---

259 王治心, 『中國基督教史綱』, (香港, 基督教文藝出版社, 1979), p.155; 吉田寅, 「中國人キリスト教宣教師梁阿發と『勸世良言』」, 『立正大學文學部論叢』 89, 1989, p.42; 吉田寅, 「中國 人宣教師梁阿發と『勸世良言』」, (吉田寅, 『中國プロテスタント傳道史研究 : 宣教師刊中國 語著作の資料的研究』, 〈東京, 汲古書院, 1997 수록〉), p.78.

260 Alexander Wylie, *Memorials of Protestant Missionaries to the Chinese*, (Shanghai : American

알렉산더 와일리는 본서를 비평하여 신학에 대한 충분한 이해에 기초하여 쓴 것이라고는 할 수 없지만, 중국인 신도가 동포에게 기독교를 전하기 위하여 진지한 노력을 경주하여 집필한 이색적인 선교문서임을 인정하였고, 기독교 선교에서 유효한 것이었다고 적극적으로 평가하였다.[261] 양발의 처녀작인 본서는 비록 37엽에 불과하였지만, 중국인이 저술한 최초의 중문 전도서[262]였다.

상술하였듯이 본서는 200부를 인쇄하였지만, 관헌의 취체로 양발이 구금되고, 서적과 인판이 몰수되었기 때문에 절판되었다.

### 나. 『숙학성리약론(熟學聖理略論)』[263]

양발의 자전적 저작인데, 자신의 신앙 체험을 적나라하게 말함으로써 동포에게 신앙을 권한 것이다. 양발의 가족적 환경, 윌리엄 밀른과의 만남, 인쇄기술자로서의 업무, 윌리엄 밀른에 의한 수세(授洗), 그의 저작인 『구세록촬요약해』를 배포하였기 때문에 관헌에게 검거되자 존 로버트

---

Presbyterian Mission Press, 1867), p.22; George H. McNeur, *China's First Preacher Liang A-Fa 1789-1855*, (Shanghai : Kwan Hsueh Publishing House, 1934), p.33. 胡簪云 譯 · 上海廣學會 重譯, 「中華最早的布道者梁發」, 『近代史資料』 1979年 第2期, p.155. 朱心然 譯, 『梁發 : 中國最早的宣教師』, (香港, 基督教文藝出版社, 1998), p.55.

261 Alexander Wylie, *Memorials of Protestant Missionaries to the Chinese*, (Shanghai, American Presbyterian Mission Press, 1867), p.22.

262 George H. McNeur, *China's First Preacher Liang A-Fa 1789-1855*, (Shanghai : Kwan Hsueh Publishing House, 1934), p.33. 胡簪云 譯 · 上海廣學會 重譯, 「中華最早的布道者梁發」, 『近代史資料』 1979年 第2期, p.155. 朱心然 譯, 『梁發 : 中國最早的宣教師』, (香港, 基督教文藝出版社, 1998), p.55; 彭澤益, 「洪秀全得『勸世良言』考證 : 兼論太平天國與基督教 的關係」, 『近代史研究』 1988年 第5期, p.56.

263 『숙학성리약론』은 나중에 『숙학진리약론(熟學眞理略論)』이란 서명으로 『권세양언』 권 6에 수록되었다. 본서 그 자체는 산일되었는데, 『권세양언』에 의하여 그 내용을 고찰하는 것이 가능하다.

모리슨의 원조에 의하여 구출된 것, 로버트 모리슨으로부터 안수례를 받고 목사가 된 것 등의 내용이 담담하게 서술되어 있다.[264]

이는 간단한 약력이라고는 하더라도 이교도였던 양발이 어떻게 해서 입신하여 성직자가 되기까지에 이르렀던가를 그 자신의 문장으로 정리한 것이다. 따라서 이는 프로테스탄트 선교개척기에 있어서 한 중국인의 회심의 궤적을 구체적으로 나타내 보이는 자료로서 극히 주목할 만한 것[265]이라고 할 수 있다.

## 다. 『진도문답천해(眞道問答淺解)』

십계명 및 기독교의 중요한 교의에 대하여 정리한 저작인데, 『구세록촬요약해』와 마찬가지로 이색적인 중국어 선교문서였다.[266]

---

264 Alexander Wylie, *Memorials of Protestant Missionaries to the Chinese*, (Shanghai, American Presbyterian Mission Press, 1867), p.22; 吉田寅, 「中國人キリスト教宣教師梁阿發と『勸世良言』」, 『立正大學文學部論叢』 89, 1989, p.45; 吉田寅, 「中國人宣教師梁阿發 と『勸世良言』」, (吉田寅, 『中國プロテスタント傳道史研究 : 宣教師刊中國語著作の資料的 研究』, 〈東京, 汲古書院, 1997 수록〉), p.80; 裵英敏, 「최초의 중국인 개신교 목사 梁發과 『勸世良言』」, 高麗大學校 大學院 碩士學位論文, 2004, p.31.

265 呂延壽, 「教徒 · 傳教士 · 畸形兒 : 關於梁發的一生」, (四川省哲學社會科學學會聯合會 · 四川省近代教案史研究會 合編, 『近代中國教案研究』, 成都, 四川省社會科學院出版社, 1987 수록), p.474; 吉田寅, 「中國人キリスト教宣教師梁阿發と『勸世良言』」, 「立正大學文學部論叢」 89, 1989, p.45; 吉田寅, 「中國人宣教師梁阿發と『勸世良言』」, (吉田寅, 『中國プロテスタ ント傳道史研究 : 宣教師刊中國語著作の資料的研究』, 〈東京, 汲古書院, 1997 수록〉), p.81.

266 Alexander Wylie, *Memorials of Protestant Missionaries to the Chinese*, (Shanghai, American Presbyterian Mission Press, 1867), p.22; 吉田寅, 「中國人キリスト教宣教師梁阿發と『勸世良言』」, 『立正大學文學部論叢』 89, 1989, p.45; 吉田寅, 「中國人宣教師梁阿發 と『勸世良言』」, (吉田寅, 『中國プロテスタント傳道史研究 : 宣教師刊中國語著作の資料的 研究』, 〈東京, 汲古書院, 1997 수록〉), p.81.

## 라. 『이단론(異端論)』

양발은 본서를 통하여 타도의 목표로 삼은 중국의 전통적인 우상숭배를 비판하였으며, 우상을 파괴함으로써 중국인이 참된 신을 바르게 인식하기를 기대하였던 것이다.[267]

## 마. 『성서일과초학편용(聖書日課初學便用)』

『성서일과초학편용』은 영국해외학교협회(The British and Foreign School Society)[268]가 편집한 『성서일과(聖書日課)』를 축약해서 번역한 것이다. 본서의 초판은 광주 지방의 영국인 및 미국인 거주자와 행상(行商)의 기부금에 의하여 출판되었다. 본서는 알기 쉽고도 사용하기 편리하게 개정되었으므로 호평을 받아 영화서원 등의 교육기관에서 교재의 일부로서도 활용되었다. 1832년 영국해외학교협회의 비용으로 본서의 제2판[269]이 출판되자 칼 구츨라프(Karl F. A. Gützlaff, 중국명 郭實獵 혹은 郭士立, 1803-51)[270]는 이것을

---

267 裵英敏, 「최초의 중국인 개신교 목사 梁發과 『勸世良言』」, 高麗大學校 大學院 碩士學位 論文, 2004, p.20.

268 영국해외학교협회는 퀘이커 교도인 영어교육자 조셉 랭카스터(Joseph Lancaster, 1778-1838)가 1798년 나이 많은 학생을 조교로 사용함으로써 다수의 아동을 경제적으로 일제히 교육할 수 있음을 발표하여 국교파 소속의 앤드류 벨(Andrew Bell, 1753-1832)이 대항하자 비국교파의 사람들에 의하여 1814년에 결성된 교육진흥 단체로서 해외의 의관(義館, a Chinese Free School)의 원조를 하나의 목적으로 하였다.(平塚益德, 「英華學堂考」, 『九州大學敎育學部紀要』 8, 1962. 〈平塚博士記念事業會編, 『平塚益德著作集』 Ⅱ 中國近代敎育史, 〔東京, 敎育開發硏究所, 1985〕 수록〉, p.343)

269 『성서일과초학사용』 제2판의 간행에 대해서는 *The Chinese Repository* Vol. Ⅰ, June, 1832, p.77를 참조하기 바란다.

270 중국 연안 항해 선교로 유명한 칼 구츨라프는 프러시아(Prussia)의 포메라니아(Pomerania) 출생으로서 18세 때에 베를린 선교학교에 입학하였고, 졸업 후 20세 때에 네덜란드로 갔다. 1826년 칼 구츨라프는 네덜란드 선교회에서 파송되어 네덜란드령 자바에 도착하였고, 이

곳 에서 월트 메드허스트로부터 중국어를 배웠다. 1829년 네덜란드 선교회가 중국 선교를 반대하자 칼 구츨라프는 선교회를 탈퇴하고 광주의 동인도회사 통역으로 일하면서 독립선교사로서 활동하였다. 이 기간 중 칼 구츨라프는 중국의 해안을 여러 차례 방문하여 탐사함과 동시에 7차에 걸친 순회전도를 실시하기도 하였다. 1831년 칼 구츨라프는 정크선을 타고 해남도(海南島) · 하문 · 대만에서 산동(山東) · 만주에 이르기까지 연안 선교를 하였는데, 각지에서 선교의 서적 · 팜플렛 등을 배포하였다. 그 후 1832년 · 1833년 2회에 걸쳐서 영국선을 타고 연안 선교를 하였다. 1833년 4월 칼 구츨라프는 3차에 걸친 중국 연안 선교를 기록한 *Journal of Three Voyages along the Coast of China in 1831, 1832, & 1833 with Notice of Siam, Corea and the Loo-Choo Islands*, (London : Thomas Ward & Co.,1834)를 출판하였다. 이 해부터 칼 구츨라프는 중국인에게 성경과 기독교 서적을 전하기 위하여 중국인 복장을 하고 능통한 중국어를 구사하며 내륙 지방을 여행하면서 선교 활동을 하였다. 1842년 칼 구츨라프는 로버트 모리슨의 아들인 존 로버트 모리슨과 함께 남경조약의 체결에 초안을 잡고 서명하는 데에 동참하였다. 그 후 칼 구츨라프는 홍콩에 본거지를 정하고 중국 복음화를 계획하였다. 중국에 파송되는 독일 선교사는 반드시 홍콩에 들러 칼 구츨라프의 지도를 받아야 하였다. 칼 구츨라프는 중국인 지도자를 양성하기 위하여 홍콩에 신학원을 설립하였다. 그 신학원은 4년 동안 48명의 지도자를 양성하였다고 한다. 칼 구츨라프의 노력에 의하여 중국복음화선교회(The Chinese Evangelization Society)가 조직되었다. 이 선교회에서 처음으로 파송한 선교사가 허드슨 테일러였다. 허드슨 테일러가 중국 선교의 방법과 목적을 설정하는 데에는 칼 구츨라프의 영향을 받았다고 한다. 허드슨 테일러는 칼 구츨라프를 '중국 내지선교의 조부'라고 불렀다. 스테판 네일은 그의 저서에서 칼 구츨라프를 가리켜 '그는 성인이자 괴짜이며 비전이 가득한 진정한 개척자임과 동시에 광신자이다' 라고 하였다. 칼 구츨라프는 1843-51년 홍콩 무역감독 중국어 전문비서(Chinese Secretary to the Superintendent of Trade in Hong Kong)로 일하다가 1851년 병으로 세상을 떠났다. 칼 구 츨라프는 평생에 61권의 중문서적, 9권의 영문서적, 7권의 독문서적, 2권의 일문서적 등을 저술한 정력적인 저술가였다. 특히 1833년 광주에서 칼 구츨라프가 창간하고 엘리야 브리지만 등이 편집을 맡은 중문 월간지『동서양고매월통기전(東西洋考每月統紀傳)』(The Eastern Western Monthly Magazine)은 중국 잡지의 역사에서 중요한 위치를 차지함과 동시에 많은 사람들의 흥미를 불러일으켰다.『동서양고매월통기전』은 1834년 싱가포르로 옮겨갔으며, 1836년 정간된 것을 제외하고 1838년 9월에 이르러서야 폐간되었다. 그 내용은 뉴스 · 종교 · 역사 · 지리 · 철학 · 시론 · 자연 · 천문 · 공예 · 상무 · 문학 · 잡무 등이었고, 영향력이 커서 북경 · 남경 등의 도시로 배포되었다. 칼 구츨라프는 이 잡지의 창간 목적은 중국인의 서양에 대한 편견을 없애고, 중국인이 서양의 예술 · 과학 · 교의를 쉽게 이해시키기 위함이라고 자술하였다. 중국의 신문사가인 과공진(戈公振)은『동서양고매월통기전』에 대하여 '이 잡지는 중국 경내에서 발행된 최초의 현대 잡지'(戈公振,『中國報學史』〈插圖整理本)〉〈上海古籍出版社, 2003〉, pp.78-9)라고 칭하였다. 한편 칼 구츨라프는 1836년 월트 메드허스트, 엘리야 브리지만 등과 함께『구약전서』를 번역하여 출판하였고, 1838-40년에 는『신약전서』를 번역하여 출판하였다. 칼 구츨라프의 선교 활동 중 주목되는 것은 전도 기관 복한회(福漢會)를 설립한 일이다. 1844년 칼 구츨라프는 복한회를 설립하여 중국인 전도인을 세우고 그들로 하여금 전도와 성경을 배포하는 일을 담당케 하였다. 복한회의 설립자 중에서 칼 구츨라프와 잇사칼 로버츠를 제외한 나머지 19명은 모두 중국인이었다. 복한회는 중국인 신자를 훈련함에 있어서 그들에게 이론과 실천을 겸비한 훈련을 강조하였는데, 이들은 이론과 실천의 반복된 훈련과 함께 실습 후에는 반드시 정해진 기일에 돌아와 전도 사

일본을 포함한 주변지역과 동남아시아에 배포할 중국어 선교문서의 일종으로서 준비하였다.[271]

## 바. 『기도문찬신시(祈禱文讚神詩)』

『기도문찬신시』는 1833년 마카오에서 60페이지의 소책자로 간행되었다. 본서는 영국성공회의 아침 예배용의 기도문 및 찬미가의 번역이었다. 44 페이지의 기도문은 양발이 편집하였고, 16 페이지의 찬미가는 로버트 모리슨 등이 정리한 것이었다. 본서는 로버트 모리슨에 의하여 휴

---

역을 보고하고, 또 다시 심도있는 훈련을 하고 파송되는 형식을 갖고 있었다. 복한회의 회원은 급속도로 증가하여 1844년의 21인에서, 1847년 300인(전도인 50인), 1848년 1,100인(전도인 100인), 1850년 1,871인(전도인 200인)으로 지속적인 발전을 이루어나갔다. 그 사역 범위도 전국적으로 확대되어 중국 복음화에 큰 기여를 하였다. 그러나 나중에 복한회는 회원이 증가하면서 거대한 조직을 갖추게 되자 조직 내에서 기대치 않았던 지도층 내부의 부패와 물질 문제 등이 점점 심화되면서 복음 사역에 적지 않은 부작용을 낳기도 하였다.(조훈, 『중국기독교사』, 〈서울, 그리심, 2004〉, pp.43-5) 한편 칼 구츨라프에 관한 보다 상세한 내용은 다음의 연구업적을 참조하기 바란다. Charles Gutzlaff, *Journal of Three Voyages along the Coast of China in 1831, 1832, & 1833 with Notice of Siam, Corea and the Loo-Choo Islands*, (London : Thomas Ward & Co.,1834. Taipei : Ch'eng-Wen Publishing Company, 1968; 木下豊,「ギュッラフと和譯聖書」,『收書月報』42 · 43, 1939; 都田恒太郎,『ギュツラフとその周邊』, (東京, 教文館, 1978); Jessie G. Lutz, "Karl F. A. Gützlaff : Missionary Entrepreneur," Suzanne Wilson Barnett John King Fairbank ed., *Christianity in China : Early Protestant Missionary Writtings*, (Cambridge 〈Massachusetts〉 and London : Harvard University Press, 1985); 吉田寅,「プロテスタント宣教師メドハ-ストと ギュツラフの中國文著作について」,『歷史人類』(筑波大 · 歷史 · 人類) 13, 1985; 李志剛,「郭士立牧師在港之歷史及其所遺中文資料」, (李志剛,『香港基督教會史研究』, 香港, 道聲出版社, 1987 수록); 리진호,『귀츨라프와 고대도』, (서울, 감리교출판부, 1988); 李志剛,「郭士立牧師在港創立之福漢會及其對太平天國之影響」, (李志剛,『基督教與近代中國文化論文集』, 臺北, 宇宙光出版社, 1989 수록); 李志剛,「郭士立牧師與中國信義宗教會之關係」, (李志剛,『基督教與近代中國文化論文集』〈二〉, 臺北, 宇宙光出版社, 1993 수록).

271 Alexander Wylie, *Memorials of Protestant Missionaries to the Chinese*, (Shanghai, American Presbyterian Mission Press, 1867), pp.22-3; 吉田寅,「中國人キリスト教宣教師梁阿發と『勸世良言』」,『立正大學文學部論叢』89, 1989, pp.45-6; 吉田寅,「中國人宣教師梁阿發と『勸世良言』」, (吉田寅,『中國プロテスタント傳道史研究 : 宣教師刊中國語著作の資料的研究』, 〈東京, 汲古書院, 1997 수록〉), p.81.

대하기 쉽게 제본되었다.[272] 특히 본서는 당시 양발의 손으로 새긴 연활자(鉛活字)를 시용해서 조판 · 인쇄하여 출판한 것이므로 중국 최초의 중문 연배본(中文鉛排本)[273]이라고 할 수 있다.

### 사. 『우상배척론(偶像排斥論)』

중국어의 서명은 붙어 있지 않지만, 1매로 정리된 우상 배척을 주제로 하는 광고삐라적인 전도문서이다. 그 내용은 「이사야」 제44장의 우상숭배의 허무함에 대하여 기술한 부분을 주제로 하고 있다. 이는 양발이 우상숭배에 대하여 가장 비판적이어서 그 배척을 비원으로 하고 있던 태도를 상징적으로 나타내 보이고 있다.[274]

한편 당안 자료에 의하면 청조 정부가 마카오에서 압수한 서적 목록 중에 『구세주야소기독행론지요략(救世主耶穌基督行論之要略)』과 『성서일과』가 있는데, 이들을 양발의 저작으로 추정하는 견해[275]가 있다. 후자는 그 서명에서 유추해 볼 때 『성서일과초학편용』을 지칭한 듯하지만, 전자와 관련해서는 유사한 서명의 저작이 보이지 않으므로 보다 상세한 고증이 필요하다고 사료된다. 이들 중국어 전도문서 외에 양발은 윌리엄 밀른이

---

272 Alexander Wylie, *Memorials of Protestant Missionaries to the Chinese*, (Shanghai, American Presbyterian Mission Press, 1867), p.25.

273 張靜廬, 「"察世俗"和梁發」, 『圖書館』 1961年 第3期, p.61.

274 Alexander Wylie, *Memorials of Protestant Missionaries to the Chinese*, (Shanghai, American Presbyterian Mission Press, 1867), p.25; 吉田寅, 「中國人キリスト教宣教師梁阿發と『勸世良言』」, 『立正大學文學部論叢』 89, 1989, p.46; 吉田寅, 「中國人宣教師梁阿發 と『勸世良言』」, (吉田寅, 『中國プロテスタント傳道史研究 : 宣教師刊中國語著作の資料的 研究』, 〈東京, 汲古書院, 1997 수록〉), p.81.

275 呂堅, 「從新發現的有關馬禮遜梁發傳教檔案看新教的傳入及影響」, 『歷史檔案』 1996年 第4 期, p.97.

주편하고 영화서원이 출판한『찰세속매월통기전』에 전도 관련의 글을 발표하기도 하였다.

다음 양발 개인의 저작인 전도문서 외에 그가 입화선교사의 중국어 저작의 집필에 여러 가지 형태로 공헌한 것에 대하여 생각해 보고자 한다. 입화선교사의 선교용 문서 작성을 위한 인쇄 관계의 업무를 주로 담당한 양발이 동시에 성경의 중국어 번역을 비롯한 입화선교사의 소위 문서선교에 적극적으로 협력한 것은 당연히 추찰되는 바이다.[276]

로버트 모리슨의 초기 '기독교 서적은 항상 이 청년 인쇄공의 손을 거쳤다'[277]는 지적에서도 양발의 역할을 엿볼 수 있다. 한편 윌리엄 밀른의 중국어 저작의 대다수가 양발을 상담역으로 하였듯이 직접적인 원조가 아니더라도 간접적으로 그의 언행이 입화선교사의 저작 활동에 공헌한 것으로 생각된다.[278] 그 좋은 예는 윌리엄 밀른의 유명한『장원양우상론』이다. 즉 장씨와 원씨의 대화 형식에 의하여 교의 문답을 진행케 하여 기독교 이해에로 이끌어 가려는 본서의 구성은 윌리엄 밀른과 양발의 대화 등을 힌트로 하였음이 분명하다.『장원양우상론』이 뛰어난 선교문서로서 문서선교사상 특히 유효하였던 배경에는 양발 등의 중국인 신도를 통

---

276 예를 들면 이라 트레이시의『아편속개문(鴉片速改文)』과『신가파재종회고소중국주산지인(新嘉坡栽種會告訴中國做産之人)』은 양발의 원조를 받아 저작 · 간행한 것이다.(Alexander Wylie, *Memorials of Protestant Missionaries to the Chinese*, 〈Shanghai : American Presbyterian Mission Press, 1867〉, pp.79-80) 그리고 양발이 윌리엄 밀른의 월간잡지 간행을 도운 것에 대해서는 日比野丈夫,「梁發と『察世俗每月統記傳』」, (梅原郁 編,『中國近世の都市と文化』,〈京都大學人文科學研究所, 1984〉)을 참조하기 바란다.

277 Katharine R. Green, trans. by R. F. Fitch & Y. L. Yang, *Robert Morrison(1782-1834) :The First Protestant Missionary to the Chinese*, (Shanghai : Christian Literature Society, 1935). 淸潔理 著, 費佩德 · 楊蔭瀏 譯,『馬禮遜小傳』, (上海廣學會, 1935), p.161.

278 吉田寅,「中國人キリスト教宣教師梁阿發と『勸世良言』」,『立正大學文學部論叢』89, 1989, p.47; 吉田寅,「中國人宣教師梁阿發と『勸世良言』」, (吉田寅,『中國プロテスタント傳道史研究 : 宣教師刊中國語著作の資料的研究』,〈東京, 汲古書院, 1997 수록〉), p.82.

하여 윌리엄 밀른이 중국인의 사고 형태와 신앙 의식 등을 상당히 적확하게 파악하고 있었던 것도 커다란 힘이 되었으리라고 추찰된다.[279]

양발이 집필한 중국어 전도문서는 중국교회사에서 특히 중요한 의의를 갖고 있다. 왜냐하면 그것은 서양의 기독교를 중국인인 양발이 어떻게 수용하여 전통적 세계의 여러 가지 속박을 벗어나 마침내 기독교 신앙을 갖기에 이르렀던가를 상징적으로 보여주고 있기 때문이다. 그리고 양발 자신도 인정하였듯이 그의 전도문서는 결코 깊은 신학적 이해에 기초하여 집필된 것이 아니었지만, 그만큼 그의 저작은 기독교 이해에 있어서 중국적 경사를 단적으로 나타내 보이기도 하기 때문이다.

## 2.『권세양언』

양발이 저술한 중국어 전도문서 중에서 중국 프로테스탄트 선교사상 특히 주목해야만 할 것은『권세양언』이다. 이에 의하여 1850년부터 1864년에 걸친 태평천국의 지도자 홍수전이 기독교 신앙의 길로 이끌린 것은 중요하다. 그러나 이 문제에 대해서는 다음 절로 미루고자 한다. 여기에서는 우선『권세양언』의 내용을 구체적으로 조사하고, 이어서 그 특색과 역사적 의의 등에 대하여 검토해 보고자 한다.

---

279 吉田寅,「梁阿發とその中國文布教書」,『基督教史學』13, 1963, p.27; 吉田寅,「中國人キリスト教宣教師梁阿發と『勸世良言』」,『立正大學文學部論叢』89, 1989, p.47; 吉田寅,「中國人宣教師梁阿發と『勸世良言』」, (吉田寅,『中國プロテスタント傳道史研究 : 宣教師刊中國語著作の資料的研究』, 〈東京, 汲古書院, 1997 수록〉), p.82.

## 가. 『권세양언』의 저작과 배포

『권세양언』에 관하여 기술한 초기의 가장 근본적인 문헌은 스웨덴인 선교사 테오도르 햄버그(Theodore Hamberg, 중국명 韓山文, 1819-54)**280**의 *The Visions of Hung-Siu-Tshuen, and Origin of the Kwang-si Insurrection*, (Hong Kong : The China Mail Press, 1854),**281** 태평천국의 유래를 기술한 역사서「태평

---

**280** 테오도르 햄버그는 1819년 3월 25일 스웨덴(Sweden)의 스톡홀름(Stockholm)에서 태어났다. 테오도르 햄버그는 처음 상업에 종사하였으나 1844년 바젤 선교회(Basel Evangelical Missionary Society, 중국명은 巴色會 혹은 崇眞會)의 칼리지에 입학하였다. 테오도르 햄버그는 레히러 루드(Lechler Rud)와 함께 바젤 선교회로부터 파송되어 1847년 3월 홍콩에 도착하자 필요한 준비를 마치고 1848년 광동성 남부의 객가어(客家語)를 사용하는 퉁포(Tungfo)로 가서 내지 선교를 개시하였다. 그러나 이 지방의 치안 상태가 나빠서 생명 · 재산의 안전이 보장되지 않았을 뿐 아니라 건강도 손상되었으므로 1849년 6월 테오도르 햄버그는 홍콩으로 되돌아왔다. 1851년 9월 테오도르 햄버그는 홍콩의 대승정의 중매로 스웨덴 태생의 모탠더(Motander)와 결혼하였다. 1853년 3월 전부터 새로운 선교지를 찾고 있던 테오도르 햄버그는 신혼의 처와 함께 홍콩을 떠나 푸카크(Pukak)로 갔다. 이 곳은 이전 선교지 퉁포로부터 15km 정도 떨어져 있었는데, 도적이 횡행하고 내전이 빈발하는 좋지 않은 치안 상태에 실망한 데에다가 심장병을 앓았으므로 테오도르 햄버그는 11월 홍콩으로 돌아가 치료를 받으며 건강의 회복에 힘썼다. 테오도르 햄버그는 머지않아 내지로 되돌아가 선교를 계속할 예정이었지만, 이질에 걸려 1854년 5월 13일 소천하였다. 저서로는 *The Visions of Hung-Siu-Tshuen, and Origin of the Kwang-si Insurrection*, (Hong Kong : printed at the China Mail Office, 1854)이 있다.

**281** 1852년 4월 홍인간(洪仁玕)은 홍콩에 있던 테오도르 햄버그를 방문하여 홍수전이 반란을 일으키기까지의 경위를 상세히 말하고 여러 매의 메모를 건넨 후 얼마 있다가 홍콩을 떠났다. 테오도르 햄버그는 극빈의 생활을 하고 있던 홍인간의 가족을 돕기 위하여 홍인간이 자기에게 들려준 홍수전에 관한 이야기를 한 권의 책으로 정리하여 출판하였다. 바로 그것이 63 페이지로 된 태평천국의 초기 상황에 관한 르뽀르따쥬적인 저서인 본서였다. 본서는 출판되자 그 평판이 상당히 좋았기 때문에 *China Mail*에 8월 17일부터, *North China Herald*에 8월 26일부터 발췌 · 전재되기 시작하였다. 그 후 1856년의 *The Shanghae Almanac and Miscellany*, 1863년의 *The Chinese and Japanese Repository*, Nos. 1-4에도 재록되었다. 한편 런던 소재 중국선교회(Chinese Evangelization Society)의 명예외인비서(名譽外人秘書) 조지 피어스(George Pearse)는 본서 중에서 서양인이 이해하기 어려운 자구에는 새롭게 주석을 붙이고 원서의 시 전부와 일부의 고유명사에 붙어 있던 한자 전부를 생략한 위에 자기의 서문과 바젤선교회 주사 요젠한스(Josenhans) 박사가 쓴 테오도르 햄버그의 전기를 부록하여 출판하였다. 바로 그것이 98 페이지로 된 Theodore Hamberg, *The Chinese Rebel Chieg, Hung-Siu-tshuen and the Origin of the Insurrection in China. Introduced by George Pearse*, (London : Walton and Maberly, 1855)였다. 홍콩판을 최초로 한역한 사람은 간우문이었는데,『태평천국기의기(太平天國起義記)』라는 제하에 1935년 두 종류를 발표하였다. 하나는 7월 연경대학(燕京大學)에서 출판된 簡又文,『太平天

천일(太平天日)」[282] 및 「홍인간자술(洪仁玕自述)」[283]이다.

이들 세 문헌에 공통하는 것은 모두 홍인간의 찬술 혹은 증언에 의한 것이라는 점이다. 「태평천일」은 저자명을 명시하지 않았지만, 홍인간이 쓴 것임은 거의 틀림이 없다. 홍인간은 홍수전의 9살 어린 종제로서 어릴 때부터의 죽마고우였으므로 혁명운동전 홍수전의 사력(事歷)을 가장 잘 알고 있던 사람이었다. 게다가 홍인간은 태평천국 인물 중에서 으뜸가는 지식인이어서 그의 저술과 증언은 시종일관하여 모순이 발견되지 않으며, 조작의 흔적도 발견되지 않는다. 「태평천일」은 『권세양언』의 내용 중 일부분을 인술(引述)하였지만, 입수 경위는 언급하지 않았다. 그 이유는

---

國起義記』(北京, 燕京大學出版社, 1935)였는데, 여기에는 홍콩판의 영인본이 첨부되어 있다. 다른 하나는 9월 상무인서관(商務印書館)에서 출판된 간우문의 논문집 『태평천국잡기(太平天國雜記)』 제1집에 수록된 것이다. 나중에 中國近代史資料叢刊, 『太平天國』 Ⅳ, (1952)에 수록된 것은 후자였다. 그 밖에 『逸經』 25期, 1937(人間書屋)에도 수록되어 있다. 그리고 일역본으로는 青木富太郎, 『洪秀全の幻想』(東京, 生活社, 1943)와 市古宙三, 『洪秀全の幻想』, (東京, 汲古書院, 1989)이 있으며, 국역본으로는 노태구, 『洪秀全 : 太平天國 혁명의 기원』, (서울, 새밭, 1979)이 있다.

282 「태평천일」은 태평천국 관서의 일부로서 『태평조서(太平詔書)』(「原道救世歌」·「原道 醒世訓」·「原道覺世訓」)와 「천조서(天條書)」에 이은 태평천국 초기의 중요한 문헌이었다. 본서의 표제 양측에 있는 「此書詔明于戊申年冬, 今于天父天兄天王太平天國壬戌十二年, 欽遵旨准刷印銅板頒行」이라는 구절을 통하여 무신(戊申)은 1848년으로서 찬술년(撰述年)이고, 임술(壬戌)은 1862년으로서 인각년(印刻年)임을 알 수 있다. 홍인간이 집필한 것으로 간주된다. 홍수전이 승천한 1837년부터 1847년까지의 역사서이다.(市古宙三, 『洪秀全の幻想』, 〈東京, 汲古書院, 1989〉, pp.149-52)

283 홍인간이 옥중에 있을 때 쓴 자공서(自供書)가 본서인데, 자술이란 공장(供狀)을 일컫는 것이다. 본서는 홍인간의 사후 즉시 유포되어 1865년 7월 *North China Herald*에 영역 · 전재되었다. 간우문은 이 영역문을 「太平天國干王洪仁玕供辭」(『逸經』 9期, 1936) 라는 제명으로 한역하였지만, 이윽고 한문 공사(供辭)를 남창(南昌)의 호(胡)씨가 갖고 있음을 알게 되자 「干王洪仁玕親筆供辭」(『逸經』 20期, 1936)라는 제명의 글에 이것을 수록하였다. 다만 이 원본은 1860년 이후의 후반부가 결락되어 있으므로 그 부분은 영역문을 한역한 것으로 보충하였다. 나중에 이것을 나이강(羅爾綱) 편주의 『太平天國文選』(香港, 南國出版社, 1969)에서는 「간왕 홍인간자전(干王洪仁玕自傳)」이라는 제명을 사용하였고, 中國史學會 編, 『太平天國』(上海人民出版社, 1957) 및 『太平天國文書彙編』(北京, 中華書局, 1979)에서는 「홍인간자술」이라는 제명을 사용하였다.(市古宙三, 『洪秀全の幻想』, 〈東京, 汲古書院, 1989〉, pp.154-5)

「태평천일」이 홍수전의 승천에서부터 기술하며 종교적인 면에 중점을 두었기 때문이다. 「홍인간자술」은 『권세양언』의 입수년(入手年)을 1837년이라 하고, 또한 서명을 밝히고 있지 않는 등 다른 문헌과 차이점도 보이지만, 자공서라는 성질상 이러한 오탈도 부득이 하였을 것이다. 그런데 *The Visions of Hung-Siu-Tshuen, and Origin of the Kwang-si Insurrection*은 홍수전과 『권세양언』의 관계에 대하여 실로 세세한 데에까지 이르도록 기술하였을 뿐 아니라 또한 극히 정확하였다.[284] 『권세양언』을 언급한 초기의 관계 문헌 중 잇사칼 로버츠가 영국의 친구에게 보낸 1852년 10월 6일부의 장문의 서간,[285] 아우구스투스 린드레이(Augustus F. Lindley, 중국명 呤唎, 1840-73)[286]의 *Ti-Ping Tien-Kwoh : The History of the Ti-Ping Revolution, including a Narrative of the Author's Personal Adventures*, (London : Day & Sons, 1866), 토마스 미도우즈(Thomas T. Meadows, 중국명 美都士)[287]의 *The Chinese and Their Rebellions : Viewed in Connection with Their National Philosophy, Ethics, Legisla-*

---

284 이들 문서의 이동에 관한 보다 상세한 내용은 市古宙三, 『洪秀全の幻想』, (東京, 汲古書院, 1989), pp.157-70을 참고하기 바란다.

285 이 서간은 *The Chinese and General Missionary Gleaner*, (London, Oct. 1852)에 게재되었고, 간우문이 「홍수전혁명진상(洪秀全革命眞相)」이란 제목으로 중역하여 『逸經』 (25期, 1937)에 개제하였으며, 나중에 楊家駱 主編, 『太平天國』 第6冊, (鼎文書局, 1973)에 수록되었다.

286 아우구스투스 린드레이는 영국인으로서 해군 출신이었다. 1859년 여름 아우구스투스 린드레이는 중국에 왔는데 곧 군직을 사임하고 상해 부근의 내하(內河)에 항행하던 한 선박의 1등 항해사가 되었다. 1860년 가을 아우구스투스 린드레이는 태평천국에 가담하여 이수성(李秀成)의 작전 고문관을 지냈으며, 나중에는 태평천국과 이수성에 관한 기록을 남기기도 하였다. 1864년 아우구스투스 린드레이는 영국으로 돌아갔다. 저서로는 *Ti-Ping Tien-Kwoh : The History of the Ti-Ping Revolution, including a Narrative of the Author's Personal Adventures*, (London; Day & Sons, 1866)가 있다. 한편 본서의 중역본으로 孟憲承 譯, 『太平天國外紀』, (上海商務印書館, 1915, 抄譯)와 王維周 譯, 『太平天國革命親歷記』, (北京, 中華書局, 1961. 上海古籍出版社, 1985)가 있고, 일역본으로는 曾井經夫 · 今村與志雄 共譯, 『太平天國』, (東京, 平凡社, 1964-5)이 있다.

287 토마스 미도우즈는 1843년 중국에 와서 영국주광주영사관(英國駐廣州領事館) 통역을 역임하 였는데, 그의 대표적인 저술로는 *The Chinese and Their Rebellions : Viewed in Connection with Their National Philosophy, Ethics, Legislation, and Administration*, (London, 1856)이 있다.

*tion, and Administration*, (London, 1856), 밀튼 맥키(J. Milton Mackie)의 *Life of Tai-ping Wang, Chief of the Chinese Insurrection*, (New York : Dix, Eswards, and Co., 1857) 및 선교사의 보고서 등은 테오도르 햄버그의 본서를 원자료로서 인용하였던 것이다.[288]

『권세양언』의 간행연도와 간행 장소는 로버트 모리슨의 1832년 보고서에 의하면 1832년 9월 4일 광주였음을 알 수 있다. 그런데 간행 장소와 관련하여 전술한 테오도르 햄버그의 저서에서는 양발이 저술한 것을 로버트 모리슨이 수정하여 말라카에서 인쇄하였다고만 하였고, 광주에서 인쇄 · 출판한 것에 관해서는 언급하지 않았다. 그러나 하바드대학교 도서관(Harvard University Library) 소장본의 간기에는 1832년 광동으로 되어 있다.[289] 이로써 아마도 같은 해에 말라카에서 재간되었으며, 후술하듯이 싱가포르에서도 몇 번인가 중간되고 개편도 이루어졌음을 알 수 있다.[290]

『권세양언』을 저작한 목적은 권2 제3장에 다음과 같이 잘 나타나 있다.

> 이 책을 읽는 분에게 자신의 과거를 돌이켜보고 잘못을 뉘우치며 예수님의 말씀을 지키고 믿고 따를 것을 권면하고 싶다. …… 본 책의 내용은 성경의 심오한 뜻을 자세히 해석한 것으로서 혹 문맥이 허술하나 뜻이 깊은 만큼 정독을 하면 그 오묘함을 느낄 수 있을 것이다. 영혼의 영생의 뜻과 성경과 진리를 알게 되어 비록 세상의 처세의 길과 현저한 차이가 있으나 참과 거짓을 구분할 줄 알게 될 것이다. …… 나는 이 책을 세상 사람들에게 나누어 드려 천지만물을 창조하신 하나님의 크신 은혜를 알고 전심전력 하나님을 믿고 의지함으로써 천지를 만드시고 우리를 기르시는 하나님의 크신 은혜

---

288 林傳芳, 「『勸世良言』の資料的考察」, 『龍谷史壇』 79, 1981, pp.122-3.

289 吳相湘 主編, 『勸世良言』, (臺灣, 學生書局, 1985), p.14.

290 林傳芳, 「『勸世良言』の資料的考察」, 『龍谷史壇』 79, 1981, p.125.

를 저버리지 않는 것만이 사물의 근원이며 올바른 길이라는 것을 깨닫게 하고자 한다.[291]

서명과 관련하여 처음에는『규시양언(規時良言)』이라는 제목을 붙였으나 나중에『권세양언』으로 변경되었다는 설이 있다.[292] 그러나 이는 출전이 분명하지 않아 영어의 서명에서 복원한 것으로 생각된다. 그리고『권세양언』에는『간선권세요언(揀選勸世要言)』·『구복면화요론(求福免禍要論)』등의 이명이 있는데, 이에 관해서는 뒤에서 상론하고자 한다.

'권세양언'이란 서명의 의미는 무엇일까. 테오도르 햄버그는 '권세양언'을 영역하여 'good words for exhorting the age'라고 하였고, 마쓰이 츠네오(增井經夫)는 이에 근거하여 '시대에 권고하는 좋은 말씀'[293]으로 다시 해석하였다. 한편 하바드대학교 도서관 소장본의 간기에는 'good words to admonish the age'로 되어 있고,[294] George H. McNeur, *China's First Preacher Liang A-Fa 1789-1855*, (Shanghai, Kwang Hsueh Publishing House, 1934)의 부록에는 'good words exhorting mankind'로 되어 있다.

'양언(良言, good words, 좋은 말씀)'의 의미와 관련하여『권세양언』권2 제2장에서는 '蓋救世主亦知其系泥于財帛之人, 不過發此**良言**, 欲救拔其陷溺之志'[295] 라고 서술하였다. 여기에서 말하는 '양언'이란 진리의 말씀, 즉 하나님의 말씀을 뜻한다고 해석하더라도 이론은 없을 것이다.

---

291 吳相湘 主編,『勸世良言』, (臺灣, 學生書局, 1985), pp.146-7,154;『近代史資料』39號, 1979, pp.37.39.

292 王治心,『中國基督教史綱』, (香港, 基督教文藝出版社, 1979), p.170; 楊森富 編,『中國基督教史』, (臺北, 臺灣商務印書館, 1984), p.174.

293 增井經夫·今村與志雄 共譯,『太平天國』1冊, (東京, 平凡社, 1964), p.49.

294 吳相湘 主編,『勸世良言』, (臺灣, 學生書局, 1985), p.14.

295 吳相湘 主編,『勸世良言』, (臺灣, 學生書局, 1985), p.89;『近代史資料』39號, 1979, p.21.

‘권세(勸世, exhorting the age, 시대에 권고하다)’와 관련지을 수 있는 것으로는 다음의 인용문이 있다.

① 此書之意, 乃**勸人**不要拜各様神佛之像, 獨要敬拜原造化天地人萬物之大主爲神[296]

耶蘇救世眞理之書, 都是**勸人**去惡爲善的好書[297]

② 知眞經聖理之旨, 將其意義, 編輯小書, 分送**勸戒**世上之人, 不可拜人手隨意所作弄神佛菩薩之像, 乃要獨敬崇拜原造化天地萬物之大主, 纔合正經之道理[298]

所以聊述此意, **勸戒**世人不可奉拜神佛菩薩偶像者, 乃系追本究源的大道理, 非是異端邪道誘惑人 也[299]

救世主**勸戒**世人之意[300]

③ **勸諭**世上之人, 務要悔改一切姦邪惡端, 丟棄各様假神菩薩之像, 轉意歸向崇敬爲主, 可以除免將 來永苦之究[301]

④ 甚欲學習眞經聖理, 謹身修德, 或能可以**勸教**世上之人[302]

상기 인용문의 용례 중 ①의 ‘권인(勸人)’은 ‘사람에게 ~을 권하다’라는 의미이고, ②의 ‘권계(勸戒)’는 ‘타일러서 조심하게 하다’라는 의미이고, ③의 ‘권유(勸諭)’는 ‘권하고 타이르다’라는 의미이며, ④의 ‘권교(勸教)’는 ‘타일러 가르치다’라는 의미이다. 종합하건대 ‘권세’에는 ‘교도(教導)’의 의미가 내포되어 있는 것으로 해석할 수 있다.

---

296 吳相湘 主編, 『勸世良言』, (臺灣, 學生書局, 1985), p.304; 『近代史資料』 39號, 1979, p.82.

297 吳相湘 主編, 『勸世良言』, (臺灣, 學生書局, 1985), p.305; 『近代史資料』 39號, 1979, p.83.

298 吳相湘 主編, 『勸世良言』, (臺灣, 學生書局, 1985), p.39; 『近代史資料』 39號, 1979, p.7.

299 吳相湘 主編, 『勸世良言』, (臺灣, 學生書局, 1985), p.41; 『近代史資料』 39號, 1979, p.8.

300 吳相湘 主編, 『勸世良言』, (臺灣, 學生書局, 1985), p.347; 『近代史資料』 39號, 1979, p.95.

301 吳相湘 主編, 『勸世良言』, (臺灣, 學生書局, 1985), p.73; 『近代史資料』 39號, 1979, p.16.

302 吳相湘 主編, 『勸世良言』, (臺灣, 學生書局, 1985), p.307; 『近代史資料』 39號, 1979, p.83.

요컨대 '권세양언'을 '세상의 사람들을 교도하는 좋은 말씀' 혹은 ①의 '권인거악위선적호서(勸人去惡爲善的好書, 세상의 사람들에게 악을 버리고 선을 행하도록 권하는 좋은 책)'로 이해하는 것이 원의에 보다 가까울 것이다. 부연하면 '권세양언'이란 '천지를 지으신 하나님을 모르고 사악한 우상을 숭배하는 세상 사람들에게 하나님의 아들 예수와 예수의 말씀을 믿어 구원에 이르러 영원한 복락을 누리는 진리의 길을 가르쳐 알게 하는'[303] 말씀 혹은 책이라는 의미가 될 것이다. 이처럼 『권세양언』이라는 서명에는 당연히 종교적이면서도 중국적이고도 세속지향적[304]인 느낌의 의미가 내포되어 있었던 것이다.

### 나. 『권세양언』의 간본

『권세양언』은 로버트 모리슨의 교정을 거치고 영국종교소책회(英國宗敎小册會, The Religious Tract Society)의 경비로 1832년 간행되었다. 그 후 『권세양언』은 수차 간행되었는데, 그 간본에 따라 약간의 이동이 보인다. 여러 자료를 종합하고,[305] 각 판본의 내용 · 소재 등에 대하여 소개하면 다음과 같다.

ⓐ『권세양언』: 1832년 광동에서 간행된 것이 초판이었고, 동년 말라카의 영화서원에서 말라카판이 간행되었다. 광동판과 말라카판을 비교해

303 裵英敏, 「최초의 중국인 개신교 목사 梁發과 『勸世良言』」, 高麗大學校 大學院 碩士學位 論文, 2004, p.24.

304 林傳芳, 「『勸世良言』の資料的考察」, 『龍谷史壇』 79, 1981, p.124.

305 Alexander Wylie, *Memorials of Protestant Missionaries to the Chinese*, (Shanghai, American Presbyterian Mission Prcss, 1867), pp.23-5; 鄧嗣禹, 「勸世良言與太平天國革命之 關係」上 · 下, 『人陸雜誌』 30-8 · 9, 1965. (吳相湘 主編, 『勸世良言』, 臺灣, 學生書局, 1985 수록), pp.1-2.

보면 문장에 관한 한 양자는 거의 동일하다. 그러나 전체적인 구성면에서는 상당한 이동이 있는 듯한데, 말라카판의 권수 목차에 기초하여 광동판의 내용을 검토해 보면 내용의 배열 교체 등 상당한 개정이 있음을 알 수 있다. 그리고 체제도 광동판이 1페이지(반엽)마다 8행 24자임에 대하여 말라카판은 8행 20자로 되어 있다. 양자 모두 현존하는 수는 극히 희소하다. 광동판은 하바드대학교 도서관 소장의 것이 현재 유일한 것이다.[306] 하바드대학교 도서관 소장본의 본문은 1페이지 8행, 1행 24자였고, 성경의 출전은 두주(頭註)로 제시하였으며, 구두점은 행간에 있으나 자수를 차지하지 않았다. 원본은 선장본(線裝本)의 형식이었는데, 본문만 총계 488페이지(244엽)이었다. 각 권은 할주가 많은 것과 많지 않은 것, 인명 · 지명에 방선을 그은 것과 긋지 않은 것, 존경의 뜻을 나타내기 위한 공격(空格) · 대두(擡頭)의 형식을 사용하고 있는 것과 사용하고 있지 않은 것, 판심(版心)의 어미(魚尾) 하단에 장제(章題)를 기록하고 있는 것과 기록하고 있지 않은 것의 차이가 있는 등 약간 통일성이 결여되어 있다. 이는 처음부터 1책본으로 출판할 계획으로 쓰여진 것이 아니라 각각 성립한 9종의 소책자를 원래의 체제를 유지한 채 합해서 인쇄에 붙였기 때문이다.[307] 말라카판은 뉴욕 공공도서관(New York Public Library), 런던선교회 도서관(The London Missionary Society Library)(결 1책), 런던박물관(The Museum of London)(권5 · 권7), 미국의회 도서관(Library of Congress)(권9) 소장의 것이 있다. 이들

---

306 林傳芳,「『勸世良言』の資料的考察」,『龍谷史壇』79, 1981, p.126; 吉田寅,「中國人キリスト教宣教師梁阿發と『勸世良言』」,『立正大學文學部論叢』89, 1989, pp.66-7; 吉田寅,「中國人宣教師梁阿發と『勸世良言』」, (吉田寅,『中國プロテスタント傳道史研究 : 宣教師 刊中國語著作の資料的研究』, 〈東京, 汲古書院, 1997 수록〉), p.102; 吉田寅,「『勸世良言』考 : 十九世紀中國キリスト教布教書の一考察」,『キリスト教史學』17, 1966, pp.43,50.

307 林傳芳,「『勸世良言』の資料的考察」,『龍谷史壇』79, 1981, p.127.

중 완전한 것은 뉴욕 공공도서관 소장본뿐이다.[308]

ⓑ『간선권세요언(揀選勸世要言)』: 『권세양언』을 구성하는 9분권 중 권1 · 권2 · 권3 · 권5의 내용을 적당하게 취사하여 정리한 것으로서 전체 62엽이고, 싱가포르에서 간행되었다. 즉 권1에서는 3장의 「이사야」 1장 2절-31절에 관한 글 중에서 2절-4절에 관한 것을 제외한 나머지 부분과 4장(「마태복음」 5장-7장의 전문 번역)을 생략하였다. 권2에서는 3장(「이사야」 8장 19절)과 4장의 「요한복음」 3장 1절-21절에 관한 글 중에서 3장 17절에 관한 것을 제외하고는 모두 생략하였다. 권5의 제목은 「성경잡론(聖經雜論)」으로서 동일하지만, 그 내용은 「야고보서」 1장 20절-21절, 「고린도후서」 4장 17절, 「요한복음」 3장 16절, 「요한일서」 1장 9절에 관한 것으로서 『권세양언』과는 완전히 다르게 구성되었다.[309]

ⓒ『구복면화요론(求福免禍要論)』: 『권세양언』을 구성하는 9분권 중 권4 · 권5 · 권7 · 권8 · 권9의 내용을 적당하게 취사하여 정리한 것으로서 전체 82엽이고, 싱가포르에서 간행되었다. 즉 권4에서는 1장과 2장만을 취사선택하였고, 권5에서는 1장, 9장-11장 및 13장-15장만을 취사선택하였으며, 권7에서는 3장과 8장-9장을 취사선택하였다. 그리고 권8에서는 2장-4장을 취사선택하였고, 권9에서는 4장, 6장 및 8장-9장을 취사선택하

308 鄧嗣禹, 「勸世良言與太平天國革命之關係」上 · 下, 『大陸雜誌』30-8 · 9, 1965. (吳相湘 主編, 『勸世良言』, 臺灣, 學生書局, 1985 수록), pp.1-2; 林傳芳, 「『勸世良言』の資料的考察」, 『龍谷史壇』 79, 1981, p.126; 吉田寅, 「中國人キリスト教宣教師梁阿發と『勸世良言』」, 『立正大學文學部論叢』 89, 1989, p.67; 吉田寅, 「中國人宣教師梁阿發と『勸世良言』」, (吉田寅, 『中國プロテスタント傳道史研究 : 宣教師刊中國語著作の資料的研究』, 〈東京, 汲古書 院, 1997 수록〉), p.102; 吉田寅, 「『勸世良言』考 : 十九世紀中國キリスト教布教書の一考 察」, 『キリスト教史學』 17, 1966, p.50.

309 Alexander Wylie, *Memorials of Protestant Missionaries to the Chinese*, (Shanghai, American Presbyterian Mission Press, 1867), p.24.

였던 것이다.[310]

한편 ⓑ · ⓒ의 간행년 및 소장자 등에 대해서는 목하 불명이다. 태평천국의 연구자인 등사우의 말에 의하면 그가 2차에 걸쳐서 동남아시아 각지의 도서관을 역방하였을 때에도 발견할 수 없었다고 한다.[311]

다음 태평천국 연구의 활성화를 배경으로 하여 그 원점이 될 수 있다고 할 수 있는『권세양언』의 복각본이 간행되었다. 관견이 미치는 한 3종의 현행 복각본을 볼 수 있다.

첫째는 1955년 홍콩의 기독교보교출판사(基督敎輔僑出版社)가 간행한『중화최조적포도자양발(中華最早的布道者梁發)』의 부록으로서 게재된 것으로서 활자본이다.[312] 이 복각본은『권세양언』발견 후 최초의 공간이었다. 이 복각본의 원본은 윌리엄 로크하르트(Dr. William Lockhart, 중국명 諾魏林, 1811-1896)[313]의 집에 있던 것이 발견되어 나중에 셀리 오크 학원 도서관(Selly Oak

310 Alexander Wylie, *Memorials of Protestant Missionaries to the Chinese*, (Shanghai, American Presbyterian Mission Press, 1867), pp.24-5.

311 鄧嗣禹,「勸世良言與太平天國革命之關係」上 · 下,『大陸雜誌』30-8 · 9, 1965. (吳相湘 主編,『勸世良言』, 臺灣, 學生書局, 1985 수록), p.4.

312 胡簪雲 譯,『中華最早的布道者梁發』, (上海廣學會, 1931. 香港 : 基督敎輔僑出版社, 1955). 한편 1955년 간본은 1959년에 재간되었다.

313 윌리엄 로크하르트는 더블린(Dublin)과 런던에서 각각 의학을 공부하고 런던선교회의 중국 의료선교에 참여하였다. 윌리엄 로크하르트는 1838년 7월 31일 런던선교회에서 파송된 최초의 의료선교사로서 월트 메드허스트와 함께 중국으로 향하였고, 11월 중순 바타비아를 거쳐서 1839년 1월경 중국의 광주에 상륙하여 중화의약전교회 사역에 종사하였다. 윌리엄 로크하르트는 광주에서 중국어를 배우는 동안에 피터 파커가 경영하던 마카오의 병원에서 약 6개월 간 일을 돕다가 중 · 영 사이의 아편문제 교섭이 어렵게 되어 시국이 어수선해지자 9월 7일 바타비아로 가서 월트 메드허스트로부터 계속 중국어를 배웠다. 윌리엄 로크하르트는 1840년 5월 다시 마카오로 돌아와서 8월 1일부터 의료 활동을 재개하였다. 그 후 벤자민 홉슨과 디버(Dr. W. B. Diver) 의사 등이 마카오에 상륙하자 윌리엄 로크하르트는 자기의 일을 그들에게 맡기고 1840년 8월경 중국의 정해 · 주산 등지를 순회하였고, 1840년 9월 13일 주산에 병원을 개설하였다. 주산은 당시 영국인의 점령지였다. 1841년 2월 22일 영국인이 주산을 철수하자 윌리엄 로크하르트는 3월 22일 마카오로 퇴거하였다. 윌리엄 로크하르트는 1843년 홍콩으로 이주하여 그 곳에 병원을 개설하였고, 6월 13일에는 주산을 방문하여 다시 그 곳에

College Library)에 소장되어 있던 것이다. 처음에는 제1권이 결락되어 있었으나 그 후 다른 곳에서 제1권이 발견되어 전권이 갖추어졌으므로 이것을 사진판으로 하였고, 유익릉(劉翼凌)의 서를 붙여서 활자인쇄하였다. 부록의 원본 사진판을 보면 판식은 1페이지 8행, 1행 24자로 되어 있어서 하바드대학교 도서관 소장본과 유사하다. 사진판의 하란에는 '1832년 간행의 목각본'이라는 편자의 설명이 붙어 있다. 그리고 원본의 제1권 표지에도 '1832년, 광동'이라는 기입이 희미하게 보이므로 광동판임이 틀림없는 듯하나 의심스러운 점도 있다. 그것은 이 복각본에 삽입된 다른 사진판(제1권 표지)을 보면 제첨(題簽)이 '권세양언본일(勸世良言本一)'로 되어 있기 때문이다. 하바드대학교 도서관의 소장본은 '권세양언권일(勸世良言卷一)'로 되어 있기 때문에 그 차이점은 확실하다. 이 복각본에는 목록의 부분이 없다. 후술할 대만판의 목록이 말라카판의 것으로 충당되어 있는 점으로 보아 광동판은 처음부터 목록을 붙이지 않았을 지도 모른다. 이 복각본은 원본의 두주를 삭제하고, 할주의 부분을 괄호 안에 넣었으며, 공격 · 대두는 거의 그대로였지만, 방선 등의 기호는 생략하고, 구두점을 행간에 두는 등 원서의 체제와 상당히 다른 형식을 취하였던 것이다.[314]

둘째, 1965년 하바드대학교 도서관 소장 초판본의 복각본이 오상상(吳相湘)의 주편 하에 중국사학총서 14로 대북(臺北)의 학생서국에서 간행되

---

서 진료 활동을 하였다. 윌리엄 로크하르트는 1844년에 상해에서, 1861년에는 북경에서 병원을 열었다. 1864년 귀국 후 윌리엄 로크하르트는 중국학을 영국의 대학에 개설케 하는 최초의 사람이 되기도 하였다. 윌리엄 로크하르트에 관한 보다 상세한 내용은 William Lockhart, *The Medical Missionary in China : A Narrative of Twenty Years Experience*, 2rd edition, (London : 1861)을 참조하기 바란다.

**314** 林傳芳,「『勸世良言』の資料的考察」,『龍谷史壇』79, 1981, pp.127-8.

었다.[315] 그런데 이 복각본의 목록 부분은 자체와 판식에서 볼 때 하바드대학교 도서관 소장의 광동판의 것이 아니라 뉴욕 공공도서관 소장의 말라카판의 것이다. 왜 하바드대학교 도서관 소장본의 목록을 채용하지 않았는지, 어쩌면 하바드대학교 도서관 소장본의 목록이 붙어 있지 않았던 것인지 확실하지 않다. 그리고 이 복각본의 권두에 견본으로 부록되어 있는 뉴욕 공공도서관 및 미국의회 도서관 소장의 말라카판의 판식을 보면 모두 1페이지 8행, 1행 20자이어서 광동판과는 다르다. 그러나 뉴욕 공공도서관 소장본이 목판본임에 대하여 미국의회 도서관 소장본이 활자본이라는 점에서 다르다.[316] 이처럼 이 복각본의 권수는 뉴욕 공공도서관 소장 말라카판의 속표지 · 권수목차 · 내용의 일부, 미국의회 도서관 소장 말라카판의 속표지 · 내용의 일부 및 광동판의 속표지 · 내용으로 구성되어 있기 때문에 이 복각본은 광동판과 말라카판을 대비할 수 있다는 측면에서 매우 편리한 판본이다. 한편 본서에는 등사우에 의한 「권세양언여태평천국혁명지관계(勸世良言與太平天國革命之關係)」가 해제로서 모두에 부록되어 있다.

셋째의 복각본은 1979년 북경의 중화서국에서 간행된 『근대사자료』에 게재된 간체자본(簡體字本)[317]인데, 『중화최조적포도자양발(中華最早的布道者梁發)』과 함께 『권세양언』의 전9책이 수록되어 있다. 이 복각본은 1955년의 홍콩판과 1965년의 대만판을 대조하며 교정을 한 것이다. 할주는 괄호 안에 넣었고, 두주는 구갑(龜甲)의 기호를 붙여서 행간에 편입하였으

315 吳相湘 主編, 『勸世良言』, (臺北, 學生書局, 1965). 한편 본서는 1985년에 재판되었다. 그리 고 본고의 작성에 이 1985년도판 복각본을 사용하였음을 밝혀 둔다.

316 林傳芳, 「『勸世良言』の資料的考察」, 『龍谷史壇』 79, 1981, p.127.

317 中國社會科學院近代史研究所 近代史資料編輯組 編, 『近代史資料』 1979年 第2期(39號), 1979.

며, 특히 보정해야 할 문자는 태(太) 구갑으로 표시하였다. 홍콩판과 대만판을 대조하였다고 하지만 『권세양언』의 부분은 사실상 대만판만 원자료로 이용한 것같다. 활자본이라는 점에서는 홍콩판과 같지만, 홍콩판이 종조(縱組)로 번체자(繁體字)를 사용하고 있음에 대하여 이 복각본은 횡조(橫組)로 간체자(簡體字)를 사용하고 있다. 그리고 홍콩판이 『중화최조적포도자양발(中華最早的布道者梁發)』을 중심으로 하고, 『권세양언』은 부록으로 수록하고 있음에 대하여 이 복각본은 『권세양언』을 앞부분에 두고, 『중화최조적포도자양발(中華最早的布道者梁發)』를 뒷부분에 두어서 편찬하였다. 홍콩판과 대체로 유사하나 이 복각본은 구두점 이외의 기호도 사용하고, 문장이나 단어의 인용 및 강조 부분에는 " "를 사용하고 있기 때문에 이해하기 쉬운 것이 특징이다. 이 복각본은 홍콩판과 마찬가지로 목록이 없다. 권말에는 「권세양언별본목록(勸世良言別本目錄)」이라는 제목을 붙이고서 대만판의 목록(원본은 뉴욕 공공도서관 소장본의 것)을 그대로 재록하고 있다. 그런데 이 목록에 오류가 있음을 깨닫지 못하고 마치 이 편목 순으로 구성되어 있는 『권세양언』의 판본이 별도로 존재하고 있는 것처럼 오인하였던 것이다.[318]

이들 복각본은 『권세양언』의 원본이 망일(亡佚)된 후 약 120년을 거쳐서 비로소 공개된 것인데, 이로써 그 전용을 알 수 있게 되었다.

### 다. 『권세양언』의 구성과 내용

『권세양언』은 신앙교의(信仰教義) · 성경주석(聖經註釋) · 선도강장(宣道講章)

318 林傳芳, 「『勸世良言』の資料的考察」, 『龍谷史壇』 79, 1981, pp.128-9.

· 호교변도(護敎辨道)를 그 주된 내용으로 하는 9권의 소책자를 총칭하는 서명이었다. 그 각 권(편)은 원래 단행본으로 집필된 것이기 때문에 각각의 제명이 있었다는 것이 일반적인 견해이다. 그러나 *The Visions of Hung-Siu-Tshuen, and Origin of the Kwang-si Insurrection*에는『권세양언』은 언제나 4책으로 장정되어 있었다는 저자 테오도르 햄버그의 원주가 있고,「홍인간자술」에는 '一部九卷, 未號書名'이라는 어구가 보인다.[319]

테오도르 햄버그의 원주에 의거할 때 원래 얇은 9권의 소책자였으나 이를 제본할 때 합정(合訂)하여 4책본으로 한 것으로 이해할 수 있다. 그러나 조지 맥네어에 의하면『권세양언』이 나중에 싱가포르에서 재간되었을 때 9권 중 4권만을 선정하여 간행하였고, 서명도『간선권세요언』으로 바꾸었다고 한다.[320] 그렇다면 테오도르 햄버그가 말한 4책본은 이를 가리킨 것으로 해석된다. 게다가 현존하는 뉴욕 공공도서관 소장본의 목록을 보면 9편(권) 중 제1편의 제명 하단에 '권1', 제4편의 제명 하단에 '권2', 제7편의 제명 하단에 '권3'의 문자가 보인다. 그렇다면『권세양언』은 9편 3권의 형태를 취하게 되어 전술한 바와는 다른 형식이 된다. 요컨대 원래 단행본이었던 소책자를 합하여 1부의 책을 만들 경우 판차(版次)에 따라 4책 혹은 3권 등 여러 가지의 조합이 있을 수 있지만, 그 내용이 9편(권)의 문장임에는 변함이 없다.[321]

한편「홍인간자술」의 상기 어구와 관련해서는 단행본인 채로 합정되어 있지 않기 때문에『권세양언』이라는 서명이 사용되지 않았을 것이라

---

319 林傳芳,「『勸世良言』の資料的考察」,『龍谷史壇』79, 1981, p.123.

320 George H. McNeur, *China's First Preacher Liang A-Fa 1789-1855*, (Shanghai : Kwan Hsueh Publishing House, 1934). 胡簪雲 譯,『中華最早的布道者梁發』, (上海廣學會, 1931. 香港 : 基督教輔僑出版社, 1955), p.120.

321 林傳芳,「『勸世良言』の資料的考察」,『龍谷史壇』79, 1981, p.123.

고 해석할 수 있지만, 다른 문헌과 대조해 보면 홍인간의 기억 착오로 보는 편이 타당할 것이다. 홍수전이 수취한 것은 9권본의 『권세양언』임은 *The Visions of Hung-Siu-Tshuen, and Origin of the Kwang-si Insurrection*과 『홍인간자술』에서 모두 일치하고 있다.[322]

『권세양언』 전권의 총목(總目)을 최초로 소개한 것은 테오도르 햄버그의 *The Visions of Hung-Siu-Tshuen, and Origin of the Kwang-si Insurrection*이다. 그러나 이는 영역된 것으로서 원서의 중문 총목은 홍콩판 『권세양언』이 공간되기 까지는 전혀 알 수 있는 방법이 없었다. 이 홍콩판도 장마다 4 호자(號字)의 장제를 붙였지만, 권제(卷題)는 없다. 따라서 권수에서 순서를 따라 가면 각 장의 제명은 알 수 있어도 각 권의 제명을 알 수는 없다. 간신히 우단(右端)의 이제(耳題)와 개항(改項)을 보고서 권차(卷次)를 구별할 수 있을 정도인데, 어쨌든 불명료하고 불편하다. 북경판(北京版)은 이러한 결점을 시정하여 권제 · 장제도 문중에 넣었지만, 권두에 총목이 없기 때문에 검색할 때에 역시 불편을 느끼게 된다. 복각본인 대만판은 원본대로 판심의 어미 상단에 권제(원래는 단행본의 제명), 하단에 장제가 인쇄되어 있다. 홍콩판은 이 체제를 그대로 활자화한 것에 불과하다. 그러나 대만판은 뉴욕 공공도서관 소장본의 목록을 권두에 붙임으로써 하바드대학교 도서관 소장본에 빠져 있는 부분을 보완하였다. 그런데 이 총목은 인쇄 과정에서 순서가 뒤엉켜서 페이지 순이 반대로 되어 버렸다. 북경판이 이 대만판의 오류를 깨닫지 못하고 전도된 목록을 별본 목록이라는 제목을 붙여서 권말에 수록하였음은 전술한 바 있다.[323]

이하에서는 대만본(吳相湘 主編, 『勸世良言』, 臺灣, 學生書局, 1985)을

322 林傳芳, 「『勸世良言』の資料的考察」, 『龍谷史壇』 79, 1981, pp.123-4.

323 林傳芳, 「『勸世良言』の資料的考察」, 『龍谷史壇』 79, 1981, pp.129-30.

저본으로 하여 『권세양언』의 구성과 내용을 살펴보고자 한다. 『권세양언』은 총 9권으로 구성되어 있는데, 각 권과 그 각 장에는 각각 권제와 장제가 붙어 있다. 권1이 4장, 권2가 4장, 권3이 8장, 권4가 4장, 권5가 19장, 권6이 8장, 권7이 9장, 권8이 6장, 권9가 9장으로 총 71장 470항(약 9만자)으로 구성되어 있음을 알 수 있다.

『권세양언』의 구문 형식을 보면 대체로 다음과 같이 다섯 가지 유형으로 되어 있다. ① 형식은 성경의 중역 원문을 발췌 · 초록한 것이다. 즉 초록되어 있는 성경은 전 장의 것이 많고, 전 장이 아니더라도 수 절 내지 수십 절을 발췌하여 싣고 있다. 중복된 곳은 보이지 않는다. 성경의 편명(篇名)은 앞 부분에 제시되어 있다. ② 형식은 성경의 말씀을 인용한 후 부연 해석한 것이다. 즉 이 형식은 우선 모두에 성경의 말씀을 대체로 1,2절 인용하고, 그 뒤에 저자의 견해를 기술하고 있다. 인용되어 있는 성경의 편명은 두주로 제시되어 있다. 다만 ① 형식과 중복되는 곳도 약간 있다. ③ 형식은 성경의 말씀을 문중에서 인례로 제시하고 있는 것이다. 즉 이 형식은 처음부터 논설을 전개하고 문중에서 성경의 말씀을 인용하며 설명하는 점이 ① 형식과 약간 다르다. 성경의 편명은 두주로 제시되어 있다. 이 형식에는 원문 어구의 인용이 아니라 대의만을 헤아린 것도 있다. ④ 형식은 성경의 초록이 대부분을 차지하고 설명 · 해석의 부분이 간략한 것이다. 즉 이 형식은 성경의 초록과 저자의 논술 부분이 차지하는 비율에서 볼 때 ① 형식에 가깝다고도 볼 수 있다. ⑤형식은 전혀 성경 말씀을 인용하지 않은 것이다. 즉 이 형식은 성경으로부터의 직접 인용이 아니라 전 편 저자의 견해를 기술한 것이지만, 그 사상이 성경에 입각하고 있음은 물론이다. 이하에서는 이 다섯 가지의 구문 형식을 염두에 두면서 『권세양언』의 내용을 살펴보고자 한다.

『권세양언』 권1을 간략히 도표화해 보면 다음과 같다.

〈표2 『권세양언』 권1의 내용〉[324]

| 眞傳救世文 : 인류의 구원에 대한 참된 설명문(50項) | |
|---|---|
| 1章 | 論元始創造男女二人違犯天條大律引災難入世界(태초의 남녀가 범죄하여 세상에 재난을 가져옴을 논함) : 「창세기」 3장(5項 3行) |
| 2章 | 論世人迷惑於各神佛[325]菩薩之類 : 중국에 있어서의 우상숭배 폭로(24項 6行) |
| 3章 | 聖經以賽亞篇第一章〈二節起至末節〉 : 「이사야」 1장 2-31절(4項 5行) |
| 4章 | 聖經馬竇第五章至六章七章 : 「마태복음」 5-7장 전문 번역(13項 7行) |

권1은 그 편명이 「진전구세문(眞傳救世文)」(인류의 구원에 대한 참된 설명문)인데, 4장으로 구성되어 있다. 1장은 상기 구문 형식 중 ④에 해당하는데, 「창세기」 3장을 초록한 부분이 4항으로서 앞에 있고, 그 설명은 채 1항 반도 되지 않는 것으로서 뒤에 있다. 그 내용은 태초에 범죄함으로써 인간은 죄인이며, 공의의 하나님께 심판받아야 할 존재임을 부각시키고 있다. 특히 모든 인간은 악성을 지니고 태어난다는 식으로 인간의 원죄를 중국적이며 윤리적으로 해석하고 있는 특징을 지니고 있다. 2장은 ③에 해당하는데, 유 · 불 · 도의 우상 숭배의 허망함과 잘못을 설명한

---

324 이 표는 吳相湘 主編, 『勸世良言』, (臺灣, 學生書局, 1985)을 저본으로 하고 Alexander Wylie, *Memorials of Protestant Missionaries to the Chinese*, (Shanghai, American Presbyterian Mission Press, 1867), pp.22-3; 林傳芳, 「『勸世良言』の資料的考察」, 『龍谷史壇』 79, 1981, pp.130-9; 吉田寅, 「中國人キリスト教宣教師梁阿發と『勸世良言』」, 『立正大學文學部論叢』 89, 1989, pp.48-53; 吉田寅, 「中國人宣教師梁阿發と『勸世良言』」, (吉田寅, 『中國プロテスタント傳道史研究 : 宣教師刊中國語著作の資料的研究』, <東京, 汲古書院, 1997 수록>), pp.84-9; 吉田寅, 「『勸世良言』考 : 十九世紀中國キリスト教布教書の一考察」, 『キリスト教史學』17, 1966, pp.43-8; 裵英敏, 「최초의 중국인 개신교 목사 梁發과 『勸世良言』」, 高麗大學校 大學院碩士學位論文, 2004, pp.58-68 등을 참고로 하여 작성하였는데, 이하 표3～표10도 이와 동일한 방식에 의거하여 작성하였음을 미리 밝혀 둔다.

325 '신불(神佛)'은 뉴욕 공공도서관 소장본의 목록에 의하면 '가신(假神)'으로 표기되어 있다.

후 하나님에게로의 귀신(歸信)을 권하고 있는 내용이다. 3~4장은 ①에 해당하는데, 3장은 당시 부패하고 미신에 빠져있던 동포들을 향한 저자의 메시지이고, 4장은 산상수훈의 전문 번역이다.

『권세양언』 권2를 간략히 도표화해 보면 다음과 같다.

**〈표3 『권세양언』 권2의 내용〉**

| 崇眞闢邪論 : 진리를 숭상하고 거짓을 물리치라는 논의(62項) | |
|---|---|
| 1章 | 論救世主耶穌降世之意(구세주 예수 강세의 의의를 논함) :「요한복음」3장 17절(18項 1行) |
| 2章 | 論富人難得天堂永遠之福(부자는 천당의 영원한 복을 누리기가 어려움을 논함) :「마태복음」19장 23-4절(14項 4行) |
| 3章 | 論問鬼之邪妄(귀신의 사악한 망상에 대한 질문을 논함) :「이사야」8장 19절(17項 3 行) |
| 4章 | 論復生之義(重生의 의의를 논함)〈聖經若翰福音篇第三章〉 :「요한복음」3장 1-21절(10 項 6行) |

권2는 그 편명이 「숭진벽사론(崇眞闢邪論)」(진리를 숭상하고 거짓을 물리치라는 논의)인데, 4장으로 구성되어 있다. 권2는 상기 구문 형식 중 ②에 해당하는데, 특히 1~2장에서는 ③의 형식을 병용하고 있다. 1장은 구주 예수 그리스도의 강세의 의의를 논하고 있다. 2장은 부자가 천국의 영원한 복을 누리기 어려움을 논하고 있다. 3장은 천하만물을 창조하시고 인간의 생사화복을 주관하시는 하나님과 성경의 진리 및 구세주 예수의 인도하심을 받아 구세주 예수가 하나님의 아들이시라는 사실과 하나님께 지은 세상 사람의 죄를 대속하시는 분이시라는 사실을 믿음으로써 영혼 구원을 받아 영원한 복을 누려야 함을 주장하고 있다. 4장은 하나님의 나라에 들어가기 위해서는 성령으로 거듭날 필요가 있다고 함으로써 성령 세례의 중요성을 강조하고 있다.

『권세양언』 권3을 간략히 도표화해 보면 다음과 같다.

〈표4 『권세양언』 권3의 내용〉

| 眞經聖理 : 성경에 기록되어 있는 진리(48項) | |
|---|---|
| 1章 | 論眞經聖理[326](성경에 기록되어 있는 진리를 논함)(14項 1行) |
| 2章 | 論有一位主宰造化天地萬物[327](천지만물의 주재자이자 창조주를 논함)(7項 7行) |
| 3章 | 論救世主耶穌降生代贖罪救世人之來歷(구세주 예수가 세상에 내려와 사람들의 죄를 대속한 것을 논함)(11項 3行) |
| 4章 | 聖經神詩篇〈十九首〉:「시편」19편(1項 6行) |
| 5章 | 聖經神詩篇〈三十三首四節起至末節止〉:「시편」33편 4-22절(2項 1行) |
| 6章 | 聖經以賽亞篇〈四十五章五節起至二十一節止〉:「이사야」45장 5-21절(3項 6行) |
| 7章 | 論聖經創世篇第一章〈論神造化天地萬物〉[328](하나님이 천지만물을 창조하신 것 을 논함):「창세기」1장(4項 1行) |
| 8章 | 論元始造生之人初性本善(태초에 창조하신 인간이 선한 본성을 가졌음을 논함):「창세기」1장(2項 4行) |

권3은 그 편명이 「진경성리(眞經聖理)」(성경에 기록되어 있는 진리)인데, 8장으로 구성되어 있다. 1장과 2장은 상기 구문 형식 중 그 어디에도 해당되지 않는다. 1장은 유 · 불 · 도 3교가 세인을 유혹하고 있음을 예리하게 비판하는 한편 영혼의 의(義)를 설명하는 성경은 최상의 가르침이라는 점, 중국인에게 하나님의 가르침을 전하기 위하여 서양의 선교사가 동래하고 성경이 역출(譯出)된 점 등을 기술하고 있다. 2장은 하나님은 전지전능전재(全知全能全在)하신 천지만물의 창조주이시기 때문에 군주로부터 서

326 목록에 보이지 않는다.

327 목록에 보이지 않는다.

328 목록에는 本題와 副題 2章으로 나누이져 있는데, 본문의 本題는 '聖經創世歷代傳或稱厄尼西書'로 목록의 본제와 다르게 표기되어 있다.

민에 이르기 까지 모두가 숭배하여야 할 분이시며, 하나님 아래에서는 모두가 평등하다고 기술하고 있다. 3장은 ⑤의 형식을 취하고 있지만, 구주 예수께서 세상에 내려와 인류의 죄를 대속하신 것을 논하고 있다. 4~7장은 ①의 형식을 취하고 있다. 즉 4장은 자연 세계의 태양과 인간 세계의 태양인 율법을 노래하고 있으며, 허물투성이인 나의 절망을 해결하실 수 있는 분은 오직 주님이심을 고백하고 있다. 5장은 하나님의 공의와 권능과 사랑을 찬양하고 있다. 6장은 만군의 하나님만이 절대적인 주권을 가지신 유일하신 신이시므로 여호와 하나님을 앙망하는 자만이 구원을 얻을 수 있음을 강조하고 있다. 7장은 하나님은 말씀으로 천지만물을 창조하셨음을 논하고 있다. 8장도 ⑤의 형식을 취하고 있는데, 『삼자경』의 '인지초(人之初) 성본선(性本善)'을 인용하여 아담과 하와도 본래 성은 착하였지만, 천률(天律)을 범하여 악해졌다는 부회·융합적 해석법을 보이고 있다.

『권세양언』 권4를 간략히 도표화해 보면 다음과 같다.

**〈표5 『권세양언』 권4의 내용〉**

| 聖經雜解 : 성경에 대한 여러 가지의 해설(38項) | |
|---|---|
| 1章 | 論人勿獨勞心爲肉身之糧, 乃要善養靈魂更爲福(육신의 양식에 메이지 말고 영혼의 복을 추구하는 사람을 논함) : 「요한복음」 6장 27절(9項 3行) |
| 2章 | 論人獨知別人之過不知自己之愆(이웃의 잘못만 알고 자기의 허물을 모르는 사람을 논함) : 「로마서」 2장 1절(9項 3行) |
| 3章 | 論世界之上並無實福(세상에는 결코 진정한 복이 없음을 논함) : 「전도서」 2장 11절(11項 3行) |
| 4章 | 創世歷代聖經傳第六七章全旨〈論洪水剿滅全世界上之人物〉(홍수로 전세계의 사람이 멸망한 것을 논함) : 「창세기」 6-7장(7項 2行) |

권4는 그 편명이 「성경잡해(聖經雜解)」(성경에 대한 여러 가지의 해설)인

데, 8장으로 구성되어 있다. 1～3장은 상기 구문 형식 중 ②에 해당한다. 1장은 육신의 양식에 메이지 말고 예수를 믿고 복음의 길로 나가며 인애와 선덕을 행하는 영생의 양식을 추구하라고 권면하고 있다. 2장은 이웃의 잘못만 알고 자신의 허물을 모르는 사람을 논하고 있는데, 다른 사람을 판단하는 것은 스스로를 정죄하는 것이며 자신을 기만하는 것임을 강조하고 있다. 3장은 ⅰ) 아버지되시는 하나님, ⅱ) 아들되시는 그리스도 예수, ⅲ)성령 (이상 삼위일체), ⅳ) 천국과 지옥의 두 세계, ⅴ) 육체와 영혼의 두 생명이 있음을 든 후 이 5대사를 올바르게 인식하는 것이 인생에게 있어서 가장 중요하고도 진정한 복임을 기술하고 있다. 4장은 ①의 형식을 취하고 있는데, 인간이 범죄함으로 말미암아 홍수로 멸망당한 사실을 논하고 있다.

『권세양언』 권5를 간략히 도표화해 보면 다음과 같다.

〈표6 『권세양언』 권5의 내용〉

| 聖經雜論 : 성경에 기초한 여러 가지의 논설(56項) | |
|---|---|
| 1章 | 論靈魂生命貴於珍寶美物(영혼의 생명이 보물보다 귀함을 논함) : 「마태복음」 16장 26절(2項 7行) |
| 2章 | 論世盡審判必先判斷神天信徒之家, 後判不順神天之人(세상 끝 날의 심판 때 반드시 먼저 믿는 자를, 그 후 믿지 않는 자를 심판하심을 논함) : 「고린도후서」 5 장 10절(3項 1行) |
| 3章 | 論神父愛世人特賜聖子降世(하나님이 세상을 사랑하사 독생자를 세상에 주셨음을 논함) : 「요한복음」 3장 16절(3項 1行) |
| 4章 | 論人認罪則公道赦免(죄를 자백하면 하나님은 의로우셔서 용서하심을 논함) : 「요한일서」 1장 9절(3項 1行) |
| 5章 | 論人謙心納受福道可能得靈魂之救(겸손하게 복음을 받아들이면 영혼의 구원을 받을 수 있음을 논함) : 「야고보서」 1장 20-1절(2項 4行) |
| 6章 | 論神千年如一日一日如千年(하나님께는 천년이 하루 같고 하루가 천년 같음을 논함) : 「베드로후서」 3장 8절(3項 5行) |
| 7章 | 論神無所不在弗居於人手所建造之廟(無所不在의 하나님은 사람이 지은 신전에 계시지 않음을 논함) : 「사도행전」 17장 24절(2項 3行) |
| 8章 | 論神所愛之人則以災禍警責之(하나님은 사랑하는 자를 재난으로 징계하심을 논함) : 「히브리서」 12장 6-7절(3項 3行) |
| 9章 | 論得天福非獨以善言乃要有善德(하늘의 복은 말에 있는 것이 아니라 선한 덕에 있음을 논함) : 「고린도전서」 4장 20절(2項 3行) |
| 10章 | 論人肉身死了於世盡仍復生活(육신은 죽어도 세상 마지막에 부활할 것임을 논함) : 「고린도전서」 15장 32-3절(3項) |
| 11章 | 論救世眞經福道之言必應驗不廢(진리의 말씀은 폐기되지 아니하고 반드시 응할 것임을 논함) : 「마태복음」 24장 35절(2項 6行) |
| 12章 | 論禽獸各樣食物皆可食之不宜分別(각양 식물은 구분 없이 모두 먹을 수 있는 것임을 논함) : 「디모데전서」 4장 4절(2項 7行) |
| 13章 | 論人勿獨罣衣食乃敬信天父作善義爲先(입을 것과 먹을 것에만 정신을 팔지 말고 먼저 하나님을 믿어 행하라고 논함) : 「마태복음」 6장 31-2절(2項 6行) |
| 14章 | 論眞道福音宣到該處衆人應該敬信求福免禍(모든 백성에게 복음을 전하여서 믿어 복을 구하고 화를 면하게 하자고 논함) : 「로마서」 10장 13-4절(3項 2行) |
| 15章 | 論宣講福音不圖人喜悅惟恭敬奉命播傳之(복음을 전하는 것은 사람을 기쁘게 하는 것이 아니라 오직 전하라는 명령을 받드는 것임을 논함) : 「데살로니가전 서」 2장 4절(2項 3行) |
| 16章 | 聖經羅馬篇第十二章全旨 : 「로마서」 12장(2項 6行) |
| 17章 | 聖經羅馬篇第十三章全旨 : 「로마서」 13장(1項 7行) |
| 18章 | 論天火燒滅兩城淫慾男色女色之人(하나님이 소돔과 고모라의 음란한 자들을 불로 멸하심을 논함) : 「창세기」 19장 24-8절(3項 4行) |
| 19章 | 聖經者米士篇第五章全旨 : 「야고보서」 5장(3項 1行) |

권5는 그 편명이 「성경잡론(聖經雜論)」(성경에 기초한 여러 가지의 논설)인데, 19장으로 구성되어 있다. 1~15장은 상기 구문 형식 중 ②에 해당한다. 1장은 영혼의 영원한 생명이 보물보다 귀한데, 그것을 얻기 위해서는 회개하여 예수님을 믿고 선을 행하며 덕을 쌓아야 한다고 논하고 있다. 2장은 세상 끝 날의 심판 때 계명을 지키며 하나님을 믿고 꾸준히 선을 행하는 자는 영생의 복락을 누리게 될 것이고, 그렇지 않은 자는 영벌을 면치 못할 것임을 강조하고 있다. 3장은 하나님이 세상을 사랑하사 독생자를 세상에 주셨음을 논하고 있다. 그런데 이 장의 특징은 '인의예지신(仁義禮智信)'·'항하사수(恒河沙數, 갠지즈강의 무수한 모래)'등의 중국고전과 불전 용어를 사용하고 있는 점이다. 4장은 회개하고 예수님을 믿는 자는 예수의 대속의 공로로 의로우신 하나님으로부터 죄 사함을 받고 영혼의 구원을 받게됨을 논하고 있다. 5장은 구세의 복음의 말씀을 경건하게 믿고 따르며 열심히 선을 이루는 자는 영혼을 구원받아 내생에서 영원히 복을 누리게 될 것임을 강조하고 있다. 6장은 하나님께서는 오래 참으시지만, 심판의 시기는 아무도 모르며 우리의 인생은 짧으므로 속히 회개하여 예수를 믿고 하나님 아버지를 사랑하고 경외하여 선덕을 이룸으로써 죽음과 종말에 대비하라고 권면하고 있다. 7장은 무소부재의 하나님을 언급하고 있다. 8장은 사랑하는 자녀를 훈련시키는 부모처럼 하나님은 사랑하는 자를 징계로 훈계하여 내생에서 영원한 복락을 누리게 하심을 논하고 있다. 9장은 하늘의 복은 말에 있는 것이 아니라 선한 덕을 행함에 있음을 지적하고 있다. 10장은 부활을 언급하고 있다. 11장은 하나님의 말씀만이 영원함을 강조하고 있다. 12장은 동식물은 하나님이 사람의 식용으로 만드신 것이기 때문에 육식을 하지 않는 것은 의미가 없음을 언급하고 있다. 13장은 입을 것과 먹을 것에만 정신을 팔지 말고 먼저 우리의

필요를 아시는 하나님을 믿어 행하라고 권면하고 있다. 14장은 복음 전파의 필요성을 역설하고 있다. 15장은 복음을 전하는 것은 오직 주님의 명령을 받드는 것임을 강조하고 있다. 그런데 16~17장은 상기 구문 형식 중 ①에 해당한다. 즉 16장은「로마서」12장의 발췌 · 초록이고, 17장은「로마서」13장의 발췌 · 초록이다. 18장은 ⑤의 형식을 취하고 있는데, 죄악에 관영하였던 소돔과 고모라의 멸망을 전하고 있다. 그리고 19장은「야고보서」5장의 발췌 · 초록이다.

『권세양언』권6을 간략히 도표화해 보면 다음과 같다.

**〈표7『권세양언』권6의 내용〉**

| 熟學眞理論 : 진실한 교리에 관한 완전한 이해(44項) | |
|---|---|
| 1章 | 聖經以賽亞篇 第五十八章〈爲善去惡獲報之速〉:「이사야」58장(4項 1行) |
| 2章 | 聖經以弗所篇 第五章 :「에베소서」5장(3項 2行) |
| 3章 | 熟學眞理略論[329](진리를 깊이 배움을 略論함)(21項 7行) |
| 4章 | 闢毁謗(비방을 피함)(2項 6行) |
| 5章 | 聖經使徒行篇 第二十二章 :「사도행전」22장(4項 7行) |
| 6章 | 聖經弟摩氏篇 第二章 :「디모데전서」2장(1項 5行) |
| 7章 | 聖經弟摩氏篇 第三章 :「디모데전서」3장(1項 7行) |
| 8章 | 聖經若翰現示篇 第二十二章 :「요한계시록」22장(3項 2行) |

권6은 그 편명이「숙학진리론(熟學眞理論)」(진실한 교리에 관한 완전한 이해)인데, 8장으로 구성되어 있다. 1~2장은 상기 구문 형식 중 ①에 해당한다. 즉 1장은 하나님께서는 사람에게 보이기 위한 금식이 아니라 결박을 풀어주고, 멍에를 끌러주며, 헐벗은 자를 입히고, 집 없는 자에게 잠

329 목록에 보이지 않는다.

자리를 제공하며 압제당하는 자를 자유케 하며 주린 자에게 식물을 나누어 주는 금식을 기뻐하신다고 강조하고 있다. 2장은 그리스도의 사랑을 입은 자로 하나님을 본 받는 자가 되어 그리스도가 그랬던 것처럼 서로 사랑하고, 주의 뜻이 무엇인지 이해하고 빛의 자녀로 성령 충만한 삶을 살며, 아내는 남편에게 복종하고 남편은 그리스도가 교회를 사랑하고 자기 몸을 주신 것같이 하라고 권면하고 있다. 3~4장은 ⑤의 형식에 해당한다. 3장은 양발의 자서전에 해당하는데, 양발의 전기를 알 수 있는 근본적 자료이다. 즉 윌리엄 밀른과의 만남, 인쇄공으로 근무한 것, 불교 승려로부터 불전을 받은 것, 28세에 재차 윌리엄 밀른을 만나서 가르침을 받고 세례를 받아 기독교도가 된 것, 학선자로 자칭하며 『구세록촬요약해』를 저술하여 200부 인쇄 · 배포하려다가 검거된 후 윌리엄 밀른에 의하여 구출된 것 등을 기술하였다. 즉 양발 자신이 어떻게 기독교 신앙에의 길을 걸었던가를 말하면서 신앙에의 권면을 한 것으로서 이는 『숙학성리약론』의 내용을 거의 그대로 채용하였다. 11엽에 걸친 장편으로서 전 권 중의 백미이다. 4장은 신자는 타인으로부터의 비난이나 중상을 두려워하지 말고 신앙을 견지해야 함을 중국의 고사 · 고전을 인용하며 역설하고 있다. 5장은 ④의 형식에 해당하는데, 열렬한 유대교인으로서 기독교인을 핍박하던 사울이 예수님을 만나고 회심하여 바울이 되는 과정과 갖은 고난을 겪으면서 복음을 전파하는 간증을 전하고 있다. 6~8장도 ①의 형식에 해당한다. 즉 6장은 바울이 믿음의 아들 디모데에게 좋은 목회자가 되도록 권면하는 내용으로 되어 있다. 7장은 감독과 집사는 정결하고 절제하며, 근신하며, 절주하며, 탐하지 않고, 깨끗한 양심을 가지며, 나그네를 잘 대접하고, 가르치기를 잘 하며, 자기 집을 잘 다스려 자녀들로 모든 단정함으로 복종하는 자들이어야 함을 강조하고 있다. 8장

은 천국을 묘사하고 있다.

『권세양언』 권7을 간략히 도표화해 보면 다음과 같다.

**〈표8 『권세양언』 권7의 내용〉**

| 安危獲福篇 : 안위와 복(68項) | |
|---|---|
| 1章 | 論信救世主福音眞經聖道亦受許多艱難乃入神之國(복음을 믿는 자는 많은 환란을 거쳐 천국에 들어갈 것임을 논함) : 「사도행전」 14장 22절(19項) |
| 2章 | 論人不可誘惑敬信救世主眞經聖道福音之人(구세주와 성경의 진리를 믿는 복음의 사람을 유혹하지 말 것을 논함) : 「마태복음」 18장 6절(11項 5行) |
| 3章 | 論眞經聖道福音宣傳到該地凡有人不肯接受者應當之禍(각지에 전해진 복음을 받지 않는 자는 화를 얻을 것임을 논함) : 「히브리서」 12장 25절(10項 3行) |
| 4章 | 聖保羅宣傳福音與可林多輩書 第一章(성 바울이 전한 복음과 「고린도전서」) : 「고린도전서」 1장(3項 7行) |
| 5章 | 聖保羅宣傳福音與可林多輩書 第二章(성 바울이 전한 복음과 「고린도전서」) : 「고린도전서」 2장(2項 2行) |
| 6章 | 聖經可林多上篇 第十三章 〈論仁愛之道〉 : 「고리도전서」 13장(1項 5行) |
| 7章 | 聖經若翰篇一書 第四章 : 「요한일서」 4장(3項 1行) |
| 8章 | 論善人至來生災難盡息眞福齊來(의로운 자는 내세에 재난을 면하고 진정한 복을 누릴 것임을 논함)(6項 7行) |
| 9章 | 論人不信赦罪恩詔之福道該受的永禍(하나님의 용서의 은혜를 불신하는 무리가 받을 영원한 화를 논함)(7項 7行) |

권7은 그 편명이 「안위획복편(安危獲福篇)」(안위와 복)인데, 9장으로 구성되어 있다. 1~3장은 상기 구문 형식 중 ②에 해당한다. 즉 1장은 복음을 믿는 자는 많은 환란을 거쳐 천국에 들어갈 것임을 논하고 있고, 2장은 구주 예수 그리스도와 성경의 진리를 믿는 복음의 사람을 유혹하지 말 것을 논하고 있으며, 3장은 복음을 받아들이지 않으면 화를 초래할 것이므로 문화예의지국인 중국은 복음을 필연적으로 받아들여야만 함을 논

하고 있다. 4~7장은 ①의 형식에 해당한다. 즉 4장은 십자가의 도는 멸망하는 자에게는 미련한 것이나 구원을 얻는 자에게는 하나님의 능력이며, 하나님은 이 세상이 자기의 지혜로 하나님을 알지 못하므로 전도의 미련한 것으로 믿는 자들을 구원하시기를 기뻐하신다는 내용이다. 5장은 우리가 말하는 지혜는 세상의 지혜가 아니라 신령한 지혜, 즉 하나님의 지혜이며, 믿는 자들은 하나님의 영을 받았으니 우리가 가르치고 전도함도 성령의 능력이라는 내용이다. 6장은 사랑이 없으면 모든 것이 무익하므로 네 이웃을 네 몸과 같이 사랑하라 하신 예수님의 말씀처럼 사랑이 제일이라고 강조하고 있다. 7장은 하나님은 사랑이시므로 하나님께 속한 자는 사랑을 알며 사랑 안에는 두려움이 없으며, 우리가 사랑함은 하나님께서 우리를 먼저 사랑하셨기 때문이라는 내용이다. 8장은 ③의 형식에 해당하는데, 하나님을 경외하며 그 계명을 믿고 지키는 의로운 자는 내세에 재난을 면하고 진정한 복을 누릴 것임을 논하고 있다. 9장은 ⑤의 형식에 해당하는데, 선악에 대한 보응은 영혼에 대한 보응이며 선한 자는 영생을, 악한 자는 영벌을 받음을 논하고 있다.

『권세양언』 권8을 간략히 도표화해 보면 다음과 같다.

〈표9 『권세양언』 권8의 내용〉

| 眞經格言 : 성경의 격언(62項) | |
|---|---|
| 1章 | 聖經耶利米亞篇 二十三章 〈十九節起三十三節止〉 : 「예레미아」 23장 19-33절 (2項 5行) |
| 2章 | 論人在世界之上須要分別善惡而行(선악을 분별하여 행하라고 논함) : 「데살로니가전서」 5장 21절(11項 2行) |
| 3章 | 論蒼天厚地及萬物於世盡日被火燒毁(천지만물은 세상 끝날에 불타 없어질 것임 을 논함) : 「베드로후서」 3장 10절(14項 1行) |
| 4章 | 論未識之人與識之人念圖不同(하나님을 아는 자와 모르는 자는 생각이 다름을 논함) : 「요한일서」 4장 5-6절(23項) |
| 5章 | 聖經創世歷代書 第四章全旨 : 「창세기」 4장(4項 3行) |
| 6章 | 論彼多羅上 四章 〈十七節〉[330] : 「베드로전서」 4장 17절. 베드로가 전한 복음과 심판에 대한 경고를 서술(5項 1行) |

권8은 그 편명이 「진경격언(眞經格言)」(성경의 격언)인데, 6장으로 구성되어 있다. 1장은 상기 구문 형식 중 ①에 해당하는데, 거짓 예언자들이 심판을 받을 것임을 강조하고 있다. 2~4장은 ②의 형식에 해당한다. 2장은 하나님을 믿고 그 아들 예수를 믿는 것이 선이며, 우상을 섬기는 것이 악이니 선악을 분별하여 행하라고 권면하고 있다. 3장은 순식간에 닥칠 마지막 심판 날에 천지만물은 다 불타 없어질 것임을 논하고 있다. 4장은 하나님을 아는 자와 모르는 자는 생각이 다름을 논하고 있다. 5장은 ①의 형식에 해당하는데, 「창세기」 4장에 등장하는 가인과 아벨의 이야기를 전하고 있다. 6장은 ②의 형식에 해당하는데, 베드로가 전한 복음과 심판에 대한 경고를 서술하고 있다.

『권세양언』 권9를 간략히 도표화해 보면 다음과 같다.

330 본문 중에서 이 장제가 빠져 있다.

〈표10 『권세양언』 권9의 내용〉

| 古經輯要 : 성경의 佳句(42項) | |
|---|---|
| 1章 | 聖經使徒行篇 第十九章 : 「사도행전」 19장(5項 1行) |
| 2章 | 聖經以弗所篇 第六章 : 「에베소서」 6장(2項 6行) |
| 3章 | 聖經弟撒羅尼亞篇一書 第五章 : 「데살로니가전서」 5장(2項 5行) |
| 4章 | 論人不可自誇爲明日將來之事(사람은 내일 일을 장담할 수 없음을 논함) : 「야고보서」 4장 13-4절(3項 2行) |
| 5章 | 論人該賴知足度日(사람은 하나님을 의지하여 족한 줄을 알고 살아야 함을 논함) : 「디모데전서」 6장 6-8절(2項 7行) |
| 6章 | 論救主降世救拔悔罪改惡之人(구주가 오셔서 회개한 자를 구원하심을 논함) : 「디모데전서」 1장 15절(3項 7行) |
| 7章 | 可羅所第三章註解釋義(「골로새서」 3장 주석)[331](8項 6行) |
| 8章 | 總闢各様邪術異端(각양의 異端邪術을 반박함)(5項 4行) |
| 9章 | 論世界盡末審判世人之日(최후의 심판에 대하여 논함)(6項 5行) |

권9는 그 편명이 「고경집요(古經輯要)」(성경의 佳句)인데, 9장으로 구성되어 있다. 1~3장은 상기 구문 형식 중 ①에 해당한다. 즉 1장은 바울이 에베소에서 전한 성령의 세례로 많은 사람들이 성령을 받았고, 아데미 여신상을 만들어 파는 은장색(銀匠色)들과의 소동을 서술하고 있다. 2장은 자녀는 부모에게 순종하고, 부모는 자녀를 주의 교양과 훈계로 양육하고, 종들은 상전을 섬김을 주께 하듯 하고, 상전들도 그리하라고 권면하고 있으며, 우리의 싸움은 혈과 육에 대한 것이 아니니 믿음의 전투에서 승리할 수 있도록 하나님의 전신갑주를 취하고 무시로 성령 안에서 기도하고 깨어 구하며 중보하라고 권면하고 있다. 3장은 우리는 빛에 속하였으니 깨어 근신하며 주의 날을 대비하라고 권면하고 있으며, 항

331 본장에는 「골로새서」 3장이라고 명기되어 있으나 「골로새서」 4장 1절까지 녹입(錄入)되어 있는데, 이는 당시 역본(譯本)의 장 · 절 구분이 확실하지 않았거나 양발이 초록할 때의 실수에 의한 것이라고 생각된다.

상 기뻐하고 쉬지 말고 기도하며 범사에 감사하라고 권면하고 있다. 4~6장은 ②의 형식에 해당한다. 즉 4장은 내일 일을 장담할 수 없으므로 인생은 안개와 같은 재물과 이익이 아니라 영혼을 보양하고 선을 행하여야 한다고 강조하고 있다. 5장은 사람은 하나님을 의지하며 족한 줄을 알고 살아야 함을 논하고 있다. 6장은 예수 그리스도께서 이 땅에 오셔서 회개한 자를 구원하심을 논하고 있다. 7장은 ④의 형식에 해당하는데, 하늘의 것을 사모하는 사람이 되라고 권면하고 있으며, 옛사람과 그 행위를 벗어버리고 새사람을 입었으니 긍휼과 자비의 사람이 되고 오래 참고 용납하고 서로 사랑하며 무슨 일을 하든지 주께 하듯 하라고 권면하고 있다. 8~9장은 ⑤의 형식에 해당한다. 즉 8장은 사술과 이단에 미혹되지 말고 성령의 감화로 잘못된 길에서 올바른 길로 들어서 하나님을 경외하도록 해야 함을 강조하고 있다. 9장은 최후의 심판에 대하여 논하고 있다.

이상과 같은 내용 구조를 갖고 있는『권세양언』은 종합하건대 성경 다이제스트의 중국판이자 기독교의 입문서이며 저자 자신의 신앙 체험의 고백서이기도 하였다.[332] 이러한 성격의『권세양언』은 다음과 같은 특징을 지니고 있었다.

첫째,『권세양언』은 전도 문서로서의 특징을 지니고 있었다. 즉『권세양언』은 세상 사람들에게 좋은 말씀을 가르쳐 알게 하려는 취지에서 저작된 전도서였던 것이다. 위의 표에 의해서도 알 수 있듯이 원래『권세양언』은 9권의 소 전도문서를 집대성한 것이었다. 그리고 각 권도 성구를 중심으로 몇 개의 주제에 관하여 정리한 것의 집성이어서 전체적으로 통일성이 결여되어 있었다. 이들 중에는 자전적 저작(권6 3장「숙학진리약

332 林傳芳,「『勸世良言』の資料的考察」,『龍谷史壇』79, 1981, p.139.

론」)과 성경의 본격적인 주석(권9 7장의 「골로새서」 3장 주해석의〈註解釋義〉) 등도 포함되어 있어서 그 내용이 복잡하고도 다기하였다.

『권세양언』의 성구 초록 · 인용은 『신천성서』를 인용하였다. 그런데 양발이 성구를 초록 · 인용할 때 단지 성경이라고만 칭하였을 뿐 『신천성서』라는 명칭은 한 차례도 사용하지 않았기 때문에 일반적으로 『신천성서』를 성경이라고 칭한 것이 아닌가 한다. 한편 『권세양언』에서는 성경을 '진경(眞經)'[333] . '진경성도(眞經聖道)'[334] . '진경성전(眞經聖典)'[335] . '진경성서(眞經聖書)'[336] . '구세진경성리(救世眞經聖理)'[337] . '구세진경성전(救世眞經聖典)'[338] . '복음진경성도(福音眞經聖道)'[339] . '진경도리지서(眞經道理之書)'[340] . '진경성도복음(眞經聖道福音)'[341] 등으로도 칭하였다.

『권세양언』의 초록 · 인용 성구를 개관해 보면 『신약전서』로부터의 것이 대부분이었고, 『구약전서』로부터의 것은 그다지 많지 않았다. 즉 『구

---

333 吳相湘 主編, 『勸世良言』, (臺灣, 學生書局, 1985), pp.24, 39, 42, 46, 69, 86, 95, 105, 140, 144, 146, 155, 160, 164, 165, 183; 『近代史資料』 39號, 1979, pp.3, 7, 8, 10, 15, 20, 23, 26, 35, 36, 37, 40, 41, 42, 43, 48.

334 吳相湘 主編, 『勸世良言』, (臺灣, 學生書局, 1985), pp.102, 103, 112, 113, 114, 115, 116, 118, 290, 311, 312, 327, 330, 332, 333, 339, 346, 348, 349, 353; 『近代史資料』 39號, 1979, pp.25, 28, 29, 30, 78, 85, 89, 90, 92, 94, 95, 96.

335 吳相湘 主編, 『勸世良言』, (臺灣, 學生書局, 1985), pp.44, 140, 296, 490; 『近代史資料』 39 號, 1979, pp.9, 35, 80, 137.

336 吳相湘 主編, 『勸世良言』, (臺灣, 學生書局, 1985), pp.295, 296, 302, 304; 『近代史資料』 39號, 1979, pp.80, 82.

337 吳相湘 主編, 『勸世良言』, (臺灣, 學生書局, 1985), pp.133, 136, 137, 138, 141, 142, 144, 145, 401; 『近代史資料』 39號, 1979, pp.33, 34, 35, 36, 37, 110.

338 吳相湘 主編, 『勸世良言』, (臺灣, 學生書局, 1985), p.140; 『近代史資料』 39號, 1979, p.35.

339 吳相湘 主編, 『勸世良言』, (臺灣, 學生書局, 1985), pp.327, 328, 329, 330, 331, 332, 336, 337, 339, 340, 341, 342, 343, 344, 345, 353; 『近代史資料』 39號, 1979, pp.89, 90, 91, 92, 93, 94, 96.

340 吳相湘 主編, 『勸世良言』, (臺灣, 學生書局, 1985), p.296; 『近代史資料』 39號, 1979, p.80.

341 吳相湘 主編, 『勸世良言』, (臺灣, 學生書局, 1985), pp.346, 347, 357, 358, 361, 362, 364, 367; 『近代史資料』 39號, 1979, pp.94, 95, 98, 99, 101.

약전서』의 초록 부분은「창세기」1장(권3 7장-8장) · 3장 (권1 1장)[342] · 4장(권8 5장) · 6장-7장(권4 4장),「시편」19편과 33편 4절-22절(권4 4장),「이사야」1장 2절-31절(권1 3장) · 45장 5절-20절(권3 5장) · 58장(권6 1장),「예레미야」23장 19절-32절(권8 1장)이었다.『구약전서』의 인용 부분은「전도서」2장 11절(권4 3장) 및「이사야」8장 19절(권2 3장), 21장 9절 · 44장 9절-12절,14절-21절(권1 2장)[343]이었다. 그리고『신약전서』의 초록부분은「마태복음」5장-7장(권1 4장),「사도행전」19장(권9 1장) · 22장(권6 5장)[344],「로마서」12장(권5 16장) · 13장(권5 17장),「고린도전서」1장(권7 4장) · 2장(권7 5장) · 13장(권7 6장),「에베소서」5장(권6 2장) · 6장(권9 2장),「골로새서」3장(권9 7장)[345],「데살로니가전서」5장(권9 3장),「디모데전서」2장(권6 6장) · 3장(권6 7장),「야고보서」5장(권5 19장),「요한계시록」22장(권6 8장)이었다.『신약전서』의 인용부분은「마태복음」6장 31절-32절(권5 13장) · 10장 28절(권7 7장)[346] · 16장 26절(권5 1장) · 18장 6절(권7 2장) · 19장 23절-24절(권2 2장) · 24장 35절(권5 11장),「요한복음」1장 9절(권5 4장) · 3장 1절-21절(권2 4장) · 3장 16절(권5 3장) · 3장 17절(권2 1장) · 6장 27절(권4 1장),「사도행전」14장 22절(권7 1장) · 17장 24절(권5 7장),「로마서」2장 1절(권4 2장) · 10장 13절-14절(권5 14장),「고린도전서」4장 20절(권5 9장) · 15장 32절-33절(권5 10장),「고린도후서」5

342 이 장은 전반부가 초록으로, 후반부가 설명으로 되어 있으나 일단 초록 부분으로 간주하였다.

343 이 장의 인용한 부분은 모두 인용이 아니라 문중 인용이라는 특징을 갖고 있다.

344 이 장은 전반부가 설명으로, 후반부가 초록으로 되어 있으나 일단 초록 부분으로 간주하였다.

345 이 장은 주석에 해당하나 초록 부분에 포함시켰다.

346 이 장은 문중 인용이다.

장 10절(권5 2장), 「데살로니가전서」 2장 4절(권5 15장) · 5장 21절(권8 2장), 「디모데전서」 1장 15절(권9 6장) · 4장 4절(권5 12장) · 6장 6절-8절(권9 5장), 「히브리서」 12장 6절-7절(권5 8장) · 12장 25절(권7 3장), 「야고보서」 1장 17절(권1 2장) · 1장 20절-21절(권5 5장) · 4장 4절(권7 8장) · 4장 13절-14절(권9 4장), 「베드로전서」 4장 3절-4절(권7 8장) · 4장 17절(권8 6장), 「베드로후서」 3장 8절(권5 6장) · 3장 10절(권8 3장), 「요한일서」 4장 5절-6절(권8 4장)이었다.

요컨대 초록 부분은 25개소였고, 인용 부분은 37개소였다. 초록 부분은 대체로 『권세양언』의 전 장을 차지하는 경우가 많기 때문에 『권세양언』 전 71장의 약 35%를 성경에서 전재한 것임을 알 수 있다. 『구약전서』 보다는 『신약전서』로부터의 초록 · 인용이 많은 편이다. 초록 · 인용의 빈도수를 살펴보면 「마태복음」의 7회가 가장 많으며, 「요한복음」 · 「고린도전서」 · 「디모데전서」 · 「야고보서」 · 「이사야」의 5회가 그 다음을 차지하고 있다. 특히 「요한복음」 3장 16절-17절("하나님이 세상을 이처럼 사랑하사 독생자를 주셨으니 이는 저를 믿는 자마다 멸망치 않고 영생을 얻게 하려 하심이니라 하나님이 그 아들을 세상에 보내신 것은 세상을 심판하려 하심이 아니요 저로 말미암아 세상이 구원을 받게 하려 하심이라")은 2회나 초록 · 인용되고 있는데, 어쩌면 양발은 이 성구를 인류의 구원과 관련된 성경의 핵심적인 부분으로 생각하였기 때문에 반복해서 인용한 것이 아닌가 한다. 한편 초록 · 인용의 분량을 살펴보면 「창세기」 132절, 「마태복음」 118절, 「사도행전」 73절, 「이사야」 62절, 「데살로니가전서」 61절 등의 순이다.

이처럼 『권세양언』이 성구의 소개를 중심으로 하고 그것을 부연해서 교의를 해설하는 형태를 취한 것은 양발의 입신 과정에서의 경험의 산물이었다. 즉 윌리엄 밀른이 성경 기사를 중심으로 해서 기독교 교의를 설명해 줌으로써 양발은 올바른 신앙을 갖게 되었던 것이다. 이러한 방법이 입신자에게 있어서 가장 적절한 것이라고 생각하였기 때문에 양발은 이러한 방법을 『권세양언』에 채택하였던 것이다. 그 때문에 『권세양언』은 전체적인 통일성이 결여되어 있다는 평가[347]를 받곤 하였다. 그러나 『권세양언』에는 19세기 초반 양광(兩廣) 지방의 어두운 현실 속에서 하나님이 계신 것을 모르고 각종 죄악에 사로잡혀 있던 동포들에 대한 안타까움과 그들에게도 자신이 발견한 구원의 진리를 나누고 싶어 하는 양발의 사랑이 양발 나름의 논리적 체계를 갖고서 피력되어 있었던 것이다.[348]

19세기 초이래 내화선교사(來華宣敎師)에 의하여 많은 중국문 선교문서가 간행되었지만, 그 동안 중국인 신도에 의하여 간행된 것은 극히 소수였다. 그것도 알렉산더 와일리에 의하면 전도문서로서 결코 뛰어난 것이 아니었다[349]는 평가를 받았다. 『권세양언』도 기독교 교의의 심오한 해설 부분에서 내화선교사의 저작에 훨씬 미치지 못한 측면이 있었다. 그러나 『권세양언』은 내화선교사에 의하여 입신하게 된 한 중국인 신도가 자신의 직접적 학습과 체험을 토대로 하여 기독교 교의를 해설하고 신앙을 권면하며 또한 이를 집대성한 것이었다. 따라서 『권세양언』은 중국인 신도에 의하여 저작된 최초의 본격적인 전도문서로서 문서전도사상 특필

347 吉田寅, 「中國人キリスト教宣教師梁阿發と『勸世良言』」, 『立正大學文學部論叢』 89, 1989, p.54; 吉田寅, 「中國人宣教師梁阿發と『勸世良言』」, (吉田寅, 『中國プロテスタント傳道史研究 : 宣教師刊中國語著作の資料的研究』, 〈東京, 汲古書院, 1997 수록〉), p.89.

348 裵英敏, 「최초의 중국인 개신교 목사 양발과 『勸世良言』」, 高麗大學校 大學院 碩士學位 論文, 2004, p.26.

349 Alexander Wylie, *Memorials of Protestant Missionaries to the Chinese*, (Shanghai : American Presbyterian Mission Press, 1867), p.22.

할 만한 것[350]이었다.

둘째, 『권세양언』은 신앙간증 문서로서의 특징을 지니고 있었다. 즉 권6은 양발의 입신 과정을 기술한 것이었는데, 여기에서는 중국의 전통사회에서 태어나서 자랐기 때문에 전통 종교나 민간 신앙에도 익숙하였던 양발이 복음을 접하고 나서 내면의 고뇌를 극복하고 믿음을 확립해 가는 것을 훌륭히 간증하였던 것이다.[351]

셋째, 『권세양언』에서는 상제가 지고무상(至高無上)의 유일한 진신(眞神)임을 강조하였다. '상제는 무지(無地)의 주재이시고,' '우주 내의 만물지물(萬物之物)은 모두 주관 하에 있다'라고 말하여 상제가 세상의 유일한 진신임을 천명하였다. 즉 『권세양언』에서는 하나님의 절대적 주권을 인정하였던 것이다. 한편 양발이 전도하고자 하였던 임씨와의 다음과 같은 내용의 대화 속에서도 기독교의 기본 교리인 '삼위일체'에 대한 개념을 양발이 정확히 파악하고 있었음을 엿볼 수 있다.

> 신천상제는 순령지체(純靈之體)인데, 합하면 하나이고 나누면 셋이기 때문에 나누면 성부 · 성자 · 성풍(聖風)이란 이름을 갖는다. 성부는 무소부지(無所不知) · 무소부재(無所不在) · 무소불능(無所不能)하고 우주만국의 인물을 관리하신다. 성자는 인간으로 세상에 강림한 야소(耶穌)이자 구세주로서 우선 사람들에게 진리를 전파하며 가르쳤고, 그 후 기꺼이 고난을 받아 죽음으로써 세상 사람들을 대신해서 속죄하여 이를 믿는 자들이 죄를 용서받고 영혼의 구원을 얻도록 하였다. 성풍은 선량한 마음을 가진 사람이나 성경의 교리를 들

---

350 吉田寅, 「『勸世良言』考 : 十九世紀中國キリスト教布教書の一考察」, 『キリスト教史學』 17, 1966, p.48; P. Richard Bohr, 'Liang Fa's Quest for Moral Power,' in Suzanne Wilson Barnett & John King Fairbank ed., *Christianity in China : Early Protestant Missionary Writtings*, (Cambridge 〈Massachusetts〉and London : Harvard University Press, 1985), p.40.

351 吉田寅, 「日中兩國におけるプロテスタント受容 : 初期信徒の入信狀況」, (『日中文化交流叢書 · 宗教篇』, 1996 수록), p.439.

었거나 성경을 본 사람들의 마음을 감동시켜 그들이 자신의 죄와 귀한 영혼을 알고 야소께서 사람들을 대신하여 속죄하였고, 그들의 영혼을 구원할 수 있다는 것과 천당의 영원한 행복과 기쁨, 지옥의 영원한 고통과 근심을 알게 한다. 성풍은 사람들을 감동시켜 여러 가지 중요한 일을 알도록 하고, 사람들에게 경외하고 구원을 기도하는 마음이 생겨나게 하는데 이것이 성풍이 사람의 마음을 감화시킨다는 뜻이다.[352]

넷째, 『권세양언』의 기본적인 방향은 우상숭배를 배척하고 유 · 불 · 도 · 민간신앙을 비판하는 것이었다. 양발은 우상숭배를 중단하고 진신을 신앙해야 함을 특히 강조하였다. 자전의 부분에서도 보이지만, 불교도로서 자란 양발이 기독교를 믿기에 즈음하여 가장 고뇌한 것은 바로 이 문제였다. 이는 바꾸어 말하면 중국인이 입신에 즈음하여 조상숭배와 불교 · 도교 신앙 등과의 차이에 심한 저항을 느끼는 점이기도 하였던 것이다. 따라서 『권세양언』에서는 유교 · 불교 · 도교 등으로 대표되는 중국의 전통 종교는 중국의 낙후(落後)와 적약(積弱)을 야기한 근원임을 강조하면서 비판을 전개하며 진실한 종교인 기독교를 권하는 태도를 명시하였다. 권1의 「논세인미혹어각신불보살지류(論世人迷惑於各神佛菩薩之類)」는 기독교도가 된 양발이 이전에 자신이 수용하였던 우상숭배와 중국의 전통적 종교인 유교 · 불교 · 도교에 대한 견해를 정리한 것이었다. 그 내용은 입화(入華) 외국인 선교사의 중국 전통종교 비판보다도 더욱 구체적인 비판이었으므로 중국인에게 더욱 설득적인 것이었다.[353]

---

352 胡簪云 譯 · 上海廣學會 重譯, 「中華最早的布道者梁發」, 『近代史資料』 1979年 第2期, pp.175-6.

353 吉田寅, 「中國人キリスト教宣教師梁阿發と『勸世良言』」, 『立正大學文學部論叢』 89, 1989, pp.54,56; 吉田寅, 「中國人宣教師梁阿發と『勸世良言』」, (吉田寅, 『中國プロテスタ ント傳道史研究 : 宣教師刊中國語著作の資料的研究』, 〈東京, 汲古書院, 1997 수록〉), pp.89-91. 이에 관한 보다 상세한 내용은 P. Richard Bohr, 'Liang Fa's Quest for Moral Power,' Suzanne Wilson Barnett & John King Fairbank ed., *Christianity in China : Early Protestant Missionary Writtings*, (Cambridge

우선 양발은 우상숭배의 잘못에 대하여 다음과 같이 기술하였다.

> 이 때문에 각자는 모두 사마(邪魔) · 사도(邪道)의 길을 따라 가며 인물을 조양(造養)한 대주(大主)를 알지 못하고 그를 경배할 줄 모른다. 오히려 사람의 손으로 만든 각종의 우상을 신으로서 숭배한다. 대개 상고시대에는 산천 · 사직 · 충신 · 의사의 우상을 숭배하는 것에 불과하였지만, 근래의 세대, 사농공상, 상하인(上下人) 등은 각자 자기 멋대로 무수한 신불의 상을 만들어 숭배하며 간구한다.[354]

상기 문장은 우상숭배가 진신에 대한 신앙을 방해하는 악습임을 논한 뒤 시대의 경과와 함께 우상숭배의 악습이 보다 다양해지고 있음을 역설하고, 즉각 고쳐야 할 것임을 강조하였다. 즉 양발은 중국인의 우상숭배로 말미암아 도덕적 순결성(moral purity)이 실용적 공리성(pragmatic utility)에 희생당한다[355]고 보았던 것이다.

양발은 유교에 있어서 학문의 신인 문창(文昌) · 괴성(魁星)의 상에 대한 예배는 세속적인 명성을 구하는 공명심에 기초한 것이므로 유교는 진실한 종교라고 할 수 없음을 다음과 같이 강조하였다.

> 유교도 허망에 치우쳤다. 그리하여 문창과 괴성 두 상을 우상으로 숭배하면서 그들로부터 재능과 지혜를 받아 과거에 급제하기를 바랐다. 그래서 유교를 공부하는 중국인들은 이 두 상을 세우고 숭배하며 시험에 합격하여 관리가 되어 백성을 다스리게 보호해 달라고 빌었다. 그런데 어찌하여 모든 사

〈Massachusetts〉 and London : Harvard University Press, 1985), pp.41-3을 참조하기 바란다.

354 吳相湘 主編,『勸世良言』, (臺灣, 學生書局, 1985), pp.24-5;『近代史資料』39號, 1979, p.3.

355 P. Richard Bohr, 'Liang Fa's Quest for Moral Power,' Suzanne Wilson Barnett & John King Fairbank ed., *Christianity in China : Early Protestant Missionary Writtings*, (Cambridge 〈Massachusetts〉 and London : Harvard University Press, 1985), p.41.

람이 두 신을 꼭 같이 숭상하였지만, 어떤 사람은 어려서부터 칠팔십이 되도록 수재가 되지 못하는데도 계속 합격한다고 말하는 것은 웬 말인가? 이들이 해마다 두 신을 참배하는데도 왜 붙도록 도와주지 못한단 말인가? 이로써 유교를 숭상하는 사람들이 공명을 이룰 망상으로 유혹을 이기지 못하고 이 두 상을 숭상하였음을 알 수 있다.[356]

즉 양발은 독서인들로 하여금 지금까지의 우상숭배를 버리고 진도에 귀의할 것을 강조하였던 것이다

양발은 불교에 관하여 우상숭배 배척의 입장에서 다음과 같이 통렬하게 비판하였던 것이다.

한편 저 석가(釋家)의 화상은 남녀가 부처를 경배하여 서천(西天)에 가서 극락세계를 누리라고 전심으로 유혹한다. 게다가 화상은 착한 일과 좋은 일을 조금도 하지 않고, 오직 조석으로 염경배물(念經拜物)하며 득도하여 서천에 가서 극락을 누릴 생각만 한다.……모두 사람을 속이고 사람을 현혹할 뿐이다.[357]

즉 상기 문장에서 불승은 독경(讀經)과 장제(葬祭) 등의 행사에 관계하고 있을 뿐이고, 진정한 종교적 활동을 행하고 있지 않으며, 불승의 설교는 사람을 현혹할 뿐이라고 기술하였다. 그 말미에서는 '사람이 만든 우상을 숭배함으로써 신의 진리를 알려고 하는 것은 바로 연목구어(緣木求魚)와 같은 것이다'라고 비판하였다. 특히 양발은 승도들이 자신들의 돈지갑을 살찌우기 위하여 사람들을 미신으로 유혹하고 이용하였으며, 그렇게 뜯은 돈을 사치와 음란에 사용하면서도 아무런 양심의 거리낌도 느끼지 않

356 吳相湘 主編,『勸世良言』, (臺灣, 學生書局, 1985), pp.25-6; ;『近代史資料』39號, 1979, pp.3-4.
357 吳相湘 主編,『勸世良言』, (臺灣, 學生書局, 1985), pp.27.29;『近代史資料』39號, 1979, p.4.

는다고 극론하였던 것이다.

> 불교에서 주장하는 명심견성(明心見性)은 마음이 바르고 경건한 자만이 순결한 심성과 참된 덕성을 기를 수 있으며, 그래야만 비로소 진성(眞性)의 덕을 볼 수 있는 것이다. 이러한 사람들이 불문에의 귀의를 간절히 바라며, 이러한 행위는 참다운 마음의 본성을 엿볼 수 있게 한다. 그런데도 음란하고 게으르며 사치스러운 불교의 승려는 오직 탐욕과 사리를 만족시키기 위하여 불상을 만들고 불경만 읽으면서 자기들의 배부름만 도모하며……[358]

양발은 도교 비판과 관련하여 도교의 삼청(三淸)·삼원(三元)의 상에 대한 예배는 저차원의 현세적 이익을 비는 무익한 행위라며 다음과 같이 비판하였던 것이다.

> 또 저 도가는 삼청 및 삼원의 상을 봉사(奉事)하며 매일 조석으로 봉배(奉拜)할지라도 또한 각 상이 얼마나 추한 인물인지를 모를 것이다. 각 상의 위를 세우고 조석으로 각 상의 앞에 무릎을 꿇고 머리를 조아리며 독경하면서 보호와 정과(正果)의 완성을 구하고자 한다.……어찌 그가 배부르고 등 따뜻하게 할 수 있으며, 하물며 그들이 승천하여 신선이 될 수 있겠는가. 이 또한 도가가 허황된 망상을 하며 신선의 길로 미혹한다.[359]

특히 도교가 사람을 유혹하여 사리사욕을 채우는 꼬임수라고까지 극론하였던 것이다.

> 도교는 인성의 근원을 탐구하고 도의로 사람을 다스리는 자만이 연기양신(煉氣養神)하여 원기를 되찾는다고 하면서도 그들은 허장성세하며 귀신을 쫓

---

358 吳相湘 主編, 『勸世良言』, (臺灣, 學生書局, 1985), pp.134-5; 『近代史資料』 39號, 1979, p.34.

359 吳相湘 主編, 『勸世良言』, (臺灣, 學生書局, 1985), pp.29-30; 『近代史資料』 39號, 1979, pp.4-5.

느니, 요괴를 없애느니 하면서 부적을 만들고 술수를 부리는 등 갖은 수단을 동원하고 있는데, 이는 사람을 유혹하여 사리사욕을 채우기 위한 여러 가지 꼬임수일 뿐이다.[360]

한편 권2의 「논문귀지사망(論問鬼之邪妄)」은 『구약전서』 「이사야」 8장 19절의 "혹이 너희에게 고하기를 지절거리며 속살거리는 신접한 자와 마술사에게 물으라 하거든 백성이 자기 하나님께 구할 것이 아니냐 산 자를 위하여 죽은 자에게 구하겠느냐 하라"의 해설을 중심으로 하여 중국의 무술(巫術) 신앙에 대한 비판을 정리한 것이었다. 이는 우상숭배 비판과 거의 같은 취지의 것이었다.[361]

이처럼 양발은 전통 종교를 통렬하게 비판하였으나 중국적 전통 속에서 자란 관계로 전통 종교의 영향을 받은 점을 여러 곳에서 발견할 수 있다. 예를 들면 양발은 자신의 노력 없이 예수의 대속적 죽음으로 얻은 죄사함에 대하여 머리로는 이해하고 있었으나 그것만으로는 부족하다고 생각한 듯한 인상을 보여주는 다음과 같은 부분이 있는데, 이는 유교의 영향 탓이었을 것이다.

혹시 나도 잠깐 미혹되어 다시 죄를 범하게 되면 장래에 이와 같이 영원히 벌을 받게 되는 것이 아닐까 걱정된다. 정말 그렇게 되면 누가 구할 수 있으랴? 그리하여 날마다 곰곰이 반성하고 신천상제의 뜻과 가르침에 따라 행하며 구세주 야소의 힘에 의지하여 말과 행동을 조심히 함으로써 덕을 닦고 있다. 그래서 죽을 때가 되면 혹시나 영원한 고생을 면하면 다행한 일이라

---

360 吳相湘 主編, 『勸世良言』, (臺灣, 學生書局, 1985), p.135; 『近代史資料』 39號, 1979, p.34.

361 吉田寅, 「中國人キリスト教宣教師梁阿發と『勸世良言』」, 『立正大學文學部論叢』 89, 1989, p.56; 吉田寅, 「中國人宣教師梁阿發と『勸世良言』」, (吉田寅, 『中國プロテスタント傳道史研究 : 宣教師刊中國語著作の資料的研究』, 〈東京, 汲古書院, 1997 수록〉), p.91.

고 생각한다.[362]

양발은 불교의 지옥 관념을 차용하여 지옥의 공포를 극력 과장하기도 하였다.[363] 그리고 불교의 인과응보 사상을 엿볼 수 있는 다음과 같은 부분도 있었다.

> 대개 악을 행하는 자는 그들이 살아서 보응을 받지 않았으면 그들의 자손이 보응을 받아 화를 받게 된다. 혹은 봉사로 혹은 절뚝발이로 혹은 벙어리로 혹은 가난한 자로 혹은 문둥병자로 혹은 도둑으로 혹은 옥살이로 혹은 관가의 형벌에 걸려 죽는 것으로 이것들이 모두 벌을 받음이다.[364]

그런데 상기 인용문의 내용은 인과응보 때문이 아니었고, 누구의 죄 때문은 더 더욱 아니었다. 예수도 날 때부터 소경된 사람에 관하여 '이 사람이나 그 부모가 죄를 범한 것이 아니라 그에게서 하나님의 하시는 일을 나타내고자 하심이니라'(「요한복음」 9장 3절)고 말하였다. 한편 양발은 「사도행전」 19장 27절의 '큰 여신 아데미의 전각'을 '태태아나보살지묘(太太亞拿菩薩之墓)'[365]라고 번역하였고, '이스라엘'을 '서역(西域)'[366]이라고 묘사하는 등 불교적 술어를 사용하였다. 한편 도교의 술어도 사용하였던 것이다.

이에 주목하여 몇몇 서양인 선교사들은 양발의 사상에 이교적인 색채

---

362 吳相湘 主編, 『勸世良言』, (臺灣, 學生書局, 1985), p.135; 『近代史資料』 39號, 1979, p.20.

363 鄧嗣禹, 「勸世良言與太平天國革命之關係」上 · 下, 『大陸雜誌』30-8 · 9, 1965. (吳相湘 主編, 『勸世良言』, 臺灣, 學生書局, 1985 수록), p.4; 伍玉西, 「梁發對基督教義的中國化詮釋」, 『廣州社會主義學院學報』 2003年 第3期, p.60.

364 吳相湘 主編, 『勸世良言』, (臺灣, 學生書局, 1985), p.351; 『近代史資料』 39號, 1979, p.96.

365 吳相湘 主編, 『勸世良言』, (臺灣, 學生書局, 1985), p.464; 『近代史資料』 39號, 1979, p.127.

366 吳相湘 主編, 『勸世良言』, (臺灣, 學生書局, 1985), pp.145, 271; 『近代史資料』 39號, 1979, pp.37, 74.

가 있다고 여겼다. 그러나 이러한 이교적인 색채는 불량한 것이 아니라 바로 신학 본색화(本色化)의 산물이었다. 왜냐하면 양발이 반대한 것은 우상숭배와 미신적인 불·도였지 철학적 의미에서의 불·도가 아니었기 때문이다. 전통적인 사상과 관념이 기독교의 유일신 신앙에 위배되지 않기만 한다면 그는 모두 받아들여 이용하였던 것이다.[367]

다섯째, 『권세양언』은 중국의 전통종교에 대하여 부정적 태도를 취하였지만, 유교에 대해서는 상대적으로 온화한 태도를 취하였다. 이는 다음과 같은 이유 때문이었다. 우선 양발이 소년시절 촌숙에서 약 4년간 받은 유학 교육의 영향을 들 수 있다. 다음 명말청초의 예수회 선교사들이 적극적으로 전개한 노력의 결과로서의 '합유(合儒)'·'보유(補儒)'의 전통을 계승하고자 한 점을 들 수 있다. 그 다음 유가가 이상으로 삼는 '군자'적 풍모를 지닌 윌리엄 밀른의 좋은 품행이 양발에게 미친 영향을 들 수 있다.[368]

따라서 양발은 『권세양언』 권3의 「논진경성리(論眞經聖理)」에서 유교의 진리를 제한적으로 인정하기도 하였지만, 유교가 영혼 세계에 대하여 무지해서 참 진리를 제시하지 못하였음을 다음과 같이 탄식하기도 하였던 것이다.

> 또한 중국의 유·석·도의 3교와 같은 것은 사람이 경복하는 바이다. 그러나 석·도의 2교에는 사람을 미혹시키는 망령스러움이 많이 있다. 유교에도 성리(聖理)가 완전치 않고 은의(隱義)한 뜻이 있다. 그러므로 어리석은 자는 흐리멍덩하고 우매하며, 현명한 자는 과이불급(過而不及)이다. 대개 유교에서 논하는 仁義禮智(인의예지)의 성(性), 지정지선(至精至善)의 극(極)과 구세진경(救世眞

---

367 伍玉西, 「梁發對基督教義的中國化詮釋」, 『廣州社會主義學院學報』 2003年 第3期, p.60.

368 伍玉西, 「梁發對基督教義的中國化詮釋」, 『廣州社會主義學院學報』 2003年 第3期, p.60.

經)의 聖理(성경의 진리)는 대략 서로 부합한다. 오직 성만을 알고 영혼을 알지 못하니 어찌 천리본말(天理本末)의 의(義)를 완전히 이룰 수 있겠는가? 무릇 영혼이란……신천상제께서 부여하신 인신 내의 명오(明悟) · 기함(記含) · 애욕(愛慾)의 정(情)이다. 성은 기에서 비롯된다. 성에는 강유유약(剛柔懦弱)이 있으나 영혼만이 분명하게 깨달을 수 있을 뿐이다.……그러므로 성만을 알고 영혼을 알지 못하는 자는 사물의 본질을 알지 못하는 자다. 영혼이 있기 때문에 사람은 사후 그 영혼이 신천상제로부터 심판을 받게 된다.369

상기 문장에 나타나고 있듯이 유교의 인의예지는 기독교 윤리와 그대로 상통하는 것이고, 영혼에 대한 인식의 결여만이 유교에 있어서 애석해 하여야 할 것이라는 견해를 양발은 취하였다. 그러므로 양발은 유교의 대안으로서 영혼 문제를 해결하며, 또한 중국인들이 중시하는 예의와 효를 포함하는 것은 바로 기독교라고 다음과 같이 지적하였던 것이다.

이 책을 보는 중화대국 사람들에게 깊이 바라건대 예의지국 또는 문화의 나라라고 자만하지 말고 반드시 겸허하게 생각해야 할 것이다.……오직 신천상제께서 왜 나를 사람으로 태어나게 하였는지, 사람이 왜 사람인지 하는 문제를 생각하는 것이 복음의 진리이다.370

만약 사람들이 진경의 성도(聖道)를 삼가 믿는다면 오랫동안 태평스럽고 평안할 뿐 아니라 세계의 저 간도사위(奸盜詐僞)한 무리로 하여금 반드시 서로 권면하면서 이전의 잘못을 회개하게 할 것이다. 바로 이른바 '덕으로 행하고 예의로 다스린다'는 것이다. 사람이 떳떳하게 살 수 있다면 타인으로부터 의심 당할 일이 무엇이 있겠는가? 진경의 성도를 신봉하는 사람으로서

---

369 吳相湘 主編, 『勸世良言』, (臺灣, 學生書局, 1985), pp.134,136-7; 『近代史資料』 39號, 1979, pp.33-4.

370 吳相湘 主編, 『勸世良言』, (臺灣, 學生書局, 1985), p.367; 『近代史資料』 39號, 1979, pp.100-1.

여지껏 조종부모(祖宗父母)에게 효경하지 않은 자가 없었다.[371]

양발은 유교의 삼강과 기독교 사상의 친근성을 드러내 보이기 위하여 자녀들의 부모에 대한 순종과 부모 공경(「에베소서」 6장 1절-3절) 및 종들의 상전에 대한 복종(「에베소서」 6장 5절-8절)을 강조하였고,[372] 아내의 남편에 대한 복종(「에베소서」 5장 22절-24절)을 강조하였다.[373] 양발은 「로마서」 13장 1절의 위에 있는 권세들에게 복종하라는 바울의 권면을 인용하면서 국가에 대한 충성을 강조하기도 하였다.[374] 양발은 청조의 통치 체제를 비판하지 않았다. 그러나 양발은 그 통치 체제의 토대를 이루는 예와 의라는 유교적 덕목이 하나님에게로의 귀의를 통하여 보편적 규모로 확대되어 갈 것임을 시사하였다. 양발은 오륜에서도 유교와 기독교의 공통분모를 찾을 수 있다고 주장하였다.[375] 요컨대 양발은 기독교와 유교의 친근성을 설명하여 기독교는 유교 윤리를 그 속에 포섭한 보다 고차원의 종교임을 논하였던 것이다.[376]

양발은 지식인 계층의 출신은 아니었으나 중국어 저작의 집필을 위하여 유교 고전의 학습을 상당히 의욕적으로 하였다. 따라서 『권세양언』의 문중에는 공자의 언행이 상당히 인용되어 있다. 예를 들면 권7 「안위획

---

371 吳相湘 主編, 『勸世良言』, (臺灣, 學生書局, 1985), pp.311-2; 『近代史資料』 39號, 1979, p.85.

372 吳相湘 主編, 『勸世良言』, (臺灣, 學生書局, 1985), pp.466-7; 『近代史資料』 39號, 1979, pp.128-9.

373 吳相湘 主編, 『勸世良言』, (臺灣, 學生書局, 1985), p.287; 『近代史資料』 39號, 1979, p.78.

374 吳相湘 主編, 『勸世良言』, (臺灣, 學生書局, 1985), p.269; 『近代史資料』 39號, 1979, p.73.

375 P. Richard Bohr, 'Liang Fa's Quest for Moral Power,' Suzanne Wilson Barnett & John King Fairbank ed., *Christianity in China : Early Protestant Missionary Writtings*, (Cambridge 〈Massachusetts〉 and London : Harvard University Press, 1985), pp.44,46.

376 吉田寅, 「中國人キリスト教宣教師梁阿發と『勸世良言』」, 『立正大學文學部論叢』 89, 1989, p.57; 吉田寅, 「中國人宣教師梁阿發と『勸世良言』」, (吉田寅, 『中國プロテスタント傳道史研究 : 宣教師刊中國語著作の資料的研究』, 〈東京, 汲古書院, 1997 수록〉), p.92.

복편(安危獲福篇)」의 「論信救世主福音眞經聖道亦受許多艱難乃入神之國」에서는 '遂不思身體髮膚, 受之父母, 不敢毁傷之義, 又不想死後却有無限之苦可受也'라고 『효경』에서 인용하였다.[377] 그리고 권7 「안위획복편」의 「論人不可誘惑敬信救世主眞經聖道福音之人」에서는 '故孔夫子有云, 未知生, 焉知死'라고 하였는데, 이는 공자의 말을 예증으로서 인용한 것이었다.[378] 그러나 『권세양언』의 경서 인용은 겨우 10여개소여서 결코 많다고 할 수 없다. 그런데 권7 「안위획복편」의 「論善人至來生災難盡息眞福齊來」에서는 '卽如孔夫子亦有云, 憂心悄悄, 慍于羣小, 如此之謂也'라는 『시경』으로부터의 인용[379]을 공자의 말이라고 오해하는 등의 잘못을 범하였다. 사서의 인용은 겨우 4개소였다.[380] 이러한 사정은 양발의 고전적 교양이 결코 충분하지 않았음을 나타내 보이는 것이었다.

여섯째, 『권세양언』에는 현세적 질서의 중시와 태평세계에의 지향이 나타나고 있었다. 권3 「진경성리(眞經聖理)」의 「論有一位主宰造化天地萬物」에서는 '세상 만국의 사람에게는 비록 상하 · 존비 · 귀천의 구분이 있을 지라도 천상신부(天上神父)의 앞에서는 만국의 남녀인은 바로 그 자녀와 같다'[381]라고 하였다. 즉 세상 만국에는 상하 · 존비 · 귀천 등의 신분적

---

377 『古文孝經』 開宗明義章 第一
子曰, 夫孝德之本也, 敎之所繇生也, 復生, 吾語女, 身體髮膚, 受于父母, 弗敢毁傷, 孝之始也.

378 『論語』 先進 第十一
季路問事鬼神. 子曰, 未能事人, 焉能事鬼, 敢問死, 曰未知生, 焉知死.

379 『詩經』 國風, 邶風, 柏舟
憂心悄悄 慍于羣小
覯閔旣多 受侮不少
靜言思之 寤擗有摽

380 鄧嗣禹, 「勸世良言與太平天國革命之關係」上 · 下, 『大陸雜誌』30-8 · 9, 1965. (吳相湘 主編, 『勸世良言』, 臺灣, 學生書局, 1985 수록), p.5.

381 吳相湘 主編, 『勸世良言』, (臺灣, 學生書局, 1985), pp.150-1; 『近代史資料』 39號, 1979, p.38.

구별이 있지만, 하나님의 앞에서 만국의 사람들은 모두 평등함을 논하였던 것이다. 그러나 평등을 실현하기 위하여 혁명적 행동을 강조하기 보다는 상하 · 존비 · 귀천의 분은 하늘로부터 부여된 것이므로 하나님의 관할을 받으며 각자의 분에 만족하면서 생업에 힘써야 함을 강조한 점에 주목하여야만 할 것이다. 이와 관련하여 권5「성경잡론(聖經雜論)」의「성경라마편(聖經羅馬篇)」에서는「로마서」 13장 1절-2절의 "각 사람은 위에 있는 권세들에게 굴복하라 권세는 하나님께로 나지 않음이 없나니 모든 권세는 다 하나님의 정하신 바라 그러므로 권세를 거스리는 자는 하나님의 명을 거스림이니 거스리는 자들은 심판을 자취하리라"는 문장을 인용하여 기독교도는 현세적 질서에 따라야만 함을 강조하였다. 같은 논점은 권7「안위획복편」의「論眞經聖道福音, 宣傳到該地, 凡有人不肯接受者, 應當之禍」에도 나타나고 있었다.

> 만약에 전국인이 존신하고 행한다면 빈자는 분수에 만족하여 마음이 항상 평안할 것이고, 부자는 선의를 흠모하여 마음이 또한 항상 즐거울 것이다. 위로는 신천상제의 뜻을 거스르지 않을 것이고, 아래로는 왕장법도(王章法度)를 범하지 않을 것이다. 단지 세락지환(世樂之歡)을 탐모(貪慕)하지 않을 것이고, 헛되이 광음지보(光陰之寶)를 허비하지 않을 것이다. 군주는 다스리고 신하는 충성하며, 아비는 자애롭고 아들은 효성스러우며, 관리는 청렴하고 백성은 즐거워하며, 태평의 복을 영원히 향유할 것이다. 장차 밤에는 문을 닫지 않고 길에 떨어져 있는 물건을 줍지 않는 평화롭고도 좋은 세계를 보게 될 것이다.[382]

상기 문장에서 양발은 세상의 사람들이 현세적 질서 하에서 각각 그 분에 따르고 기독교의 가르침에 기초하여 행동해야 함을 기술하였는데,

---

**382** 吳相湘 主編,『勸世良言』, (臺灣, 學生書局, 1985), pp.365-6;『近代史資料』39號, 1979, p.100.

이렇게 하면 지상에서도 청평호세계(淸平好世界), 즉 태평세계가 실현될 것임을 논하였다. 요컨대 양발은 전근대적 사회의 신분적 차별의 불합리성과 사회적 모순에 대해서는 반발적인 의식을 거의 갖고 있지 않았음이 분명하였다. 그러나 태평세계의 실현에 대한 양발의 논설이 홍수전에게는 대동세계로 발전적으로 계승되어 태평천국으로 향하여 역사가 크게 움직였음은 중요하다.[383]

일곱째, 『권세양언』의 문체는 '반문반백(半文半白)'의 형식을 취하였다. 문언 부분은 『신천성서』에서 많이 인용하였고, 백화문 부분은 양발 자신이 성경의 장절에 대하여 행한 강해였다. 이처럼 '반문반백'이라는 독특한 문체 형식을 취할 수 밖에 없었던 이유는 양발이 독서인 계층이 아니어서 격조를 중시하는 문어체의 문장을 집필할 수 없었기 때문이었다. 그러나 백화문이야말로 일반 민중에게는 친하기 쉬운 문장이었던 것이다.[384] 양발은 자신의 문장에 대하여 다음과 같이 말한 적이 있었다.

> 이 책은 세계 각 곳의 많은 사람들을 대상으로 쓴 것이기 때문에 문장이 평이하고 쉽게 이해할 수 있게 되어 있다. 그러나 현명한 사람들은 문장이 평이하다 하여 소홀히 취급하거나 책 속의 담겨진 참 뜻을 등한히 여기지 않을 것이다. 겸허한 마음의 자세로 이 책을 읽으면 이 책이 공허한 책이 아니라는 것을 알게 될 것이다.[385]

---

383 吉田寅, 「中國人キリスト教宣教師梁阿發と『勸世良言』」, 『立正大學文學部論叢』 89, 1989, p.59; 吉田寅, 「中國人宣教師梁阿發と『勸世良言』」, (吉田寅, 『中國プロテスタント傳道史研究 : 宣教師刊中國語著作の資料的研究』, 〈東京, 汲古書院, 1997 수록〉), p.94.

384 雷雨田, 「梁發與中西文化的會通」, 『湘潭大學社會科學學報』 第25卷 第5期, 2001, p. 92; 吉田寅, 「中國人キリスト教宣教師梁阿發と『勸世良言』」, 『立正大學文學部論叢』 89, 1989, p.59; 吉田寅, 「中國人宣教師梁阿發と『勸世良言』」, (吉田寅, 『中國プロテスタント傳道史研究 : 宣教師刊中國語著作の資料的研究』, 〈東京, 汲古書院, 1997 수록〉), pp.94-5; 吉田寅, 「『勸世良言』考 : 十九世紀中國キリスト教布教書の一考察」, 『キリスト教史學』 17, 1966, p.49.

385 吳相湘 主編, 『勸世良言』, (臺灣, 學生書局, 1985), pp.146-7; 『近代史資料』 39號, 1979, p.37.

즉 자신의 문장은 평이하고 쉽게 이해할 수 있게 되어 있기 때문에 독자들이 기독교 교의의 요체를 쉽게 이해할 수 있을 것이라고 생각하였던 듯하다.

그런데 양발의 기대와는 달리 일반적으로『권세양언』은 난해하다고 일컬어진다. 그 이유는 다음의 두 가지 원인 때문이라고 생각된다. 하나는『권세양언』이 근거한 성경의 역문이 난해하고 의미가 통하지 않았으므로 그 부연 · 해석이 회삽난해(晦澁難解)해지는 것은 당연한 일이었다. 로버트 모리슨과 월트 메드허스트[386]도 이 점을 지적하였다. 그러나 토마스 미도우즈는 이는 양발의 책임이 아니라며 극히 동정적이었다.[387] 다른 하나는 양발의 문학적 소양에 의한 것이다. 양발은 처음부터 문인학사를 지향하여 학문의 길로 나아간 사람이 아니라 조판인쇄의 일을 하던 중 로버트 모리슨 및 윌리엄 밀른과 만났고, 그러한 인연으로 기독교에 입신하여 면학에 힘써서 독서인을 권화하고자 전도 책자의 집필에 몰두하게 된 사람이었다. 그 때문에 문장 전체가 질박하고 겉꾸밈이 없는 장점이 있으나 그 표현에는 분명히 한계가 있다. 즉 문어와 구어가 뒤섞여 있고, 방언과 속어가 혼입되어 있고, 단락이 확실하지 않으며, 췌자(贅字) · 탈자(脫字) · 오자(誤字)가 있는 것도 또한 사실이다.[388]

이하에서 특이한 역어와 표현의 몇 가지 예를 소개해 보고자 한다. '이

386 월트 메드허스트는『권세양언』의 문장이 문법 오류로 말미암아 통하지 않는 곳이 많다는 내용의 평론을 *North China Herald* (August 27, 1853)에 발표한 적이 있다.

387 George H. McNeur, *China's First Preacher Liang A-Fa 1789-1855*, (Shanghai : Kwan Hsueh Publishing House, 1934), pp.77-8. 胡簪云 譯 · 上海廣學會 重譯,「中華最早的布道者梁發」,『近代史資料』1979年 第2期, p191. 朱心然 譯,『梁發 : 中國最早的宣教師』, (香港, 基督教文藝出版社, 1998), p.106.

388 林傳芳,「『勸世良言』の資料的考察」,『龍谷史壇』79, 1981, p.139.

스라엘의 하나님'(「이사야」 45장 15절)을 '만국지신(萬國之神)'(권3 6장)[389] 으로 번역하였는데, 이는 외국신이라는 비판을 피하기 위해서[390]라고 생각된다. 그리고 '야곱 자손'(「이사야」 45장 19절)을 '세상지인(世上之人)'(권3 6장)[391]으로 번역하였는데, 이도 동일한 사고방식의 산물로 여겨진다. '아담'·'하와'는 '이단(以丹)'[392]·'의활(衣活)'[393]로 음역되었지만, 양발은 한자의 어의를 빌어서 '남자의 이름은 홍토지진(紅土之塵)으로 만들어졌기 때문에 명명하여 이단이라 하고, 여자의 이름은 모든 인류가 의거하여 살 바이기 때문에 명명하여 의활이라고 한다'(권3 7장)[394]라고 해석하였다. 히브리어에서 아담은 흙을 의미하는 아다마에서 유래하였고, 하와는 생명을 의미하기 때문에 양발의 해석은 어음·어의·어원의 모든 면을 훌륭하게 겸비포용(兼備包容)한 것[395]이었다고 평가할 수 있다. '성령'을 '보패영혼(寶貝靈魂)'[396]이라고 칭한 것은 통속적 표현을 빈 것[397]이었다. '영

389 吳相湘 主編, 『勸世良言』, (臺灣, 學生書局, 1985), p.172; 『近代史資料』 39號, 1979, p.45.

390 林傳芳, 「『勸世良言』の資料的考察」, 『龍谷史壇』 79, 1981, p.145.

391 吳相湘 主編, 『勸世良言』, (臺灣, 學生書局, 1985), pp.22, 37, 38, 39, 40, 41, 73, 77, 102-3, 134, 138, 156, 173, 188, 190, 208; 『近代史資料』 39號, 1979, pp.2, 7, 8, 16, 18, 25, 33, 35, 40, 45, 49, 50, 55.

392 吳相湘 主編, 『勸世良言』, (臺灣, 學生書局, 1985), p.179; 『近代史資料』 39號, 1979, p.47. 한편 『勸世良言』 권1 1장과 권6 6장에서는 '아단(亞丹)'으로 표기되어 있다.(吳相湘 主編, 『勸世良言』, 〈臺灣, 學生書局, 1985〉, pp.18, 19, 20, 21, 158, 319, 448; 『近代史資料』 39號, 1979, pp.1, 2, 41, 87, 124.)

393 吳相湘 主編, 『勸世良言』, (臺灣, 學生書局, 1985), pp.20, 158, 179, 319, 448; 『近代史資料』 39號, 1979, pp.2, 41, 47, 87, 124.

394 吳相湘 主編, 『勸世良言』, (臺灣, 學生書局, 1985), p.179; 『近代史資料』 39號, 1979, p.47.

395 林傳芳, 「『勸世良言』の資料的考察」, 『龍谷史壇』 79, 1981, p.146.

396 吳相湘 主編, 『勸世良言』, (臺灣, 學生書局, 1985), pp.79, 80, 86, 98, 116, 165, 226, 230, 259, 261, 262, 266, 298, 354; 『近代史資料』 39號, 1979, pp.18, 20, 24, 29, 43, 60, 61, 70, 71, 72, 81, 97.

397 林傳芳, 「『勸世良言』の資料的考察」, 『龍谷史壇』 79, 1981, p.146.

(靈)'을 '신풍(神風)'[398] 혹은 '풍(風)'[399], '어령(御靈, 성령)'을 '성풍(聖風)'[400] 혹은 '성신(聖神)'[401]으로 번역하였다. 영은 히브리어에서 풍(風)·식(息)을 의미하는 말이기 때문에 원의에 입각한 번역[402]이라고 할 수 있다. '사랑'(「고린도전서」 13장)을 모두 '인(仁)'[403]으로 번역한 것은 유교적 영향에 의한 것으로 생각된다. '큰 여신 아데미의 전각'(「사도행전」 19장 27절)을 '태태아나보살지묘(太太亞拿菩薩之廟)'[404]로 번역하고, 이스라엘 지방을 '서역(西域)'[405]으로 칭한 것은 불교적 영향에 의한 것이다.

요컨대 『권세양언』의 문장은 양발의 생각과는 달리 난해하다는 평가를 받기는 하였으나 많은 중국인 독자층을 확보하여 영향을 미친 것으로 추찰된다. 왜냐하면 양발이 말하고자 하는 바가 거침없이 표현되어서 상당히 설득력이 있었으므로 '경천동지(驚天動地)의 서(書)'라고 칭찬받으며 받아들여졌기 때문이다. 『권세양언』이 태평천국 종교의 성경이 되고, 홍수전의 종교 지식의 원천이 되는 등 지대한 영향을 미칠 수 있게 된 것도

---

398 吳相湘 主編, 『勸世良言』, (臺灣, 學生書局, 1985), pp.119, 120, 123, 124, 125, 128, 139, 213, 297, 299, 309, 323, 336, 373, 420, 422, 425, 437, 455, 463; 『近代史資料』 39號, 1979, pp.30, 31, 32, 33, 35, 56, 81, 84, 88, 91, 102, 115, 116, 117, 120, 126, 127.

399 吳相湘 主編, 『勸世良言』, (臺灣, 學生書局, 1985), p.376; 『近代史資料』 39號, 1979, p.103.

400 吳相湘 主編, 『勸世良言』, (臺灣, 學生書局, 1985), pp.345, 376, 377, 461, 468, 470-1, 495; 『近代史資料』 39號, 1979, pp.94, 103, 104, 126, 127, 128, 129, 139.

401 吳相湘 主編, 『勸世良言』, (臺灣, 學生書局, 1985), pp.286, 312, 321, 373, 468, 480; 『近代史 資料』 39號, 1979, pp.77, 85, 87, 102, 128, 129. 한편 역문은 아니지만, 양발의 문장에서는 '성신풍(聖神風)'이라는 용어도 보인다.(吳相湘 主編, 『勸世良言』, 〈臺灣, 學生書局, 1985〉, pp.42, 144, 162, 165, 186, 234, 299, 303, 307, 309, 330, 355, 429; 『近代史資料』 39 號, 1979, pp.8, 36, 42, 43, 48, 62, 81, 82, 83, 84, 90, 97, 118)

402 林傳芳, 「『勸世良言』の資料的考察」, 『龍谷史壇』 79, 1981, p.146.

403 吳相湘 主編, 『勸世良言』, (臺灣, 學生書局, 1985), pp.374-5; 『近代史資料』 39號, 1979, p.103.

404 吳相湘 主編, 『勸世良言』, (臺灣, 學生書局, 1985), p.464; 『近代史資料』 39號, 1979, p.127.

405 吳相湘 主編, 『勸世良言』, (臺灣, 學生書局, 1985), pp.145, 271; 『近代史資料』 39號, 1979, pp.37, 74.

그 일례였다고 할 수 있다.[406]

『권세양언』은 다음과 같은 자료적 가치도 지니고 있었다. 우선 양발의 자서전, 성경의 초록 · 인용 및 해설 등을 주요한 내용으로 하는『권세양언』은 초기의 중국기독교 전도사를 이해함에 있어서 귀중한 자료이다. 예를 들면『권세양언』권6 3장의「숙학진리약론(熟學眞理略論)」은 양발의 전기일 뿐 아니라 로버트 모리슨과 윌리엄 밀른 등 초기의 중국선교사들의 활동에 대해서도 기술하고 있으므로 1810-20년대 광동의 기독교 사정을 아는 데에 근본 자료가 된다.[407] 다음『권세양언』에서 우상숭배와 미신 타파를 설명하기 위하여 예로서 들고 있는 유 · 불 · 도 계통의 신들과 서민의 신앙 등은 중국민속학 · 중국민속사의 중요한 자료가 될 수 있다. 예를 들면『권세양언』권1 2장의「논세인미혹어각신불보살지류(論世人迷惑於各神佛菩薩之類)」에서는 직종 · 신분 · 성별의 차이에 따라 숭배의 대상도 다르다고 하며 신들의 이름을 열거하고 있을 뿐 아니라 예배 방식에서 제사의식에 이르기 까지 상세히 기록하고 있다. 다른 곳에서도 유사한 기록이 약간 보인다.[408] 광동 지방의 민풍습속(民風習俗)과 신앙생활에 관한 것은 청대에 편찬된 지방지나 민국시대 이후의 민속조사자료 등에도 보이지만,『권세양언』에 기록되어 있는 것은 저자의 직접 견문이나 체험에 의

---

406 Eugene P. Boardman, *Christian Influence upon the Ideology of the Taiping Rebellion, 1851-64*, (Madison : University of Wisconsin Press, 1952), p.6; 雷雨田,「梁發與中西文化的會通」,『湘潭大學社會科學學報』第25卷 第5期, 2001, p.92; 鄧嗣禹,「勸世良言與太平天國 革命之關係」上 · 下,『大陸雜誌』30-8 · 9, 1965. (吳相湘 主編,『勸世良言』, 臺灣, 學生書 局, 1985 수록), p.1. 한편 등사우는 이 논문에서『권세양언』의 태평천국에 대한 영향을 ① 기제우상(棄除偶像), ②시용세례(施用洗禮), ③배일신교(拜一神敎), ④배상제회(拜上帝會), ⑤ 태평천국(太平天國), ⑥천당지옥(天堂地獄), ⑦천하일가(天下一家), ⑧천조대율(天條大律), ⑨ 예배도고(禮拜禱告) , ⑩언행영향(言行影響)의 10 항목을 들며 해설하였다.

407 林傳芳,「『勸世良言』の資料的考察」,『龍谷史壇』79, 1981, p.152.

408 林傳芳,「『勸世良言』の資料的考察」,『龍谷史壇』79, 1981, p.152.

한 것이어서 상세하고도 정확하다. 이처럼 『권세양언』은 근대중국 정치사 · 사회사 · 사상사 연구 상에서 무시할 수 없는 가치를 갖는 저술이었던 것이다.

## 라. 『권세양언』에 나타난 양발의 기독교 사상

기독교는 하나님이 태초에 창조하신 사람은 성결하였으나 나중에 사탄의 유혹을 받아 타락하였으므로 후세의 사람은 이 때문에 태어날 때부터 죄인이라고 공언하였다. 하나님의 공의에 비추어 죄인은 모두 멸망당하여야만 하지만, 하나님은 또한 호생(好生)의 덕(德)을 갖고 계시므로 세상 사람을 구하기 위하여 특별히 독생자 예수 그리스도를 육신의 모습을 갖추고서 이 땅에 내려보내셨다. 예수는 사람들에 의하여 십자가에 못박혀 돌아가심으로써 세상 사람의 죄를 대신 짊어지셨다. 무릇 예수가 구세주라는 것을 믿는 사람은 영생을 얻을 수 있지만, 그렇지 않으면 당연히 멸망당할 것이다. 이러한 하나님의 구속 과정은 크게 세 부분으로 구성되어 있다. 첫째, 사람은 모두 태어나자마자 죄인인데, 이는 하나님이 구속을 시행하시는 기본 전제이다. 둘째, 예수 그리스도가 십자가에서 죽으심으로써 죄인을 구하셨는데, 이는 구속의 절차이자 방법이다. 셋째, 영생을 얻어야만 천국에 들어가게 되는데, 이는 구속의 결과이다.[409]

영화서원에서의 신학 훈련이 전부인 양발은 『권세양언』에서 기독교의 기본 교의를 보통 중국인이 이해할 수 있는 언어로 훌륭히 표현하였다. 양발이 선양한 내용은 신천상제의 무소부지(無所不知)와 무소불능(無所

409 伍玉西, 「梁發對基督教義的中國化詮釋」, 『廣州社會主義學院學報』 2003年 第3期, p.60.

不能), 인류의 원죄, 구세주 예수의 인류를 대신한 속죄 · 수난 및 부활, 인류 영혼의 불멸, 세계 말일의 육신 부활, 하나님의 말일 심판, 선자(善者)의 천당행과 악자(惡者)의 지옥행 등 기독교의 기본 교의를 포함하고 있었다.[410] 그 중에서도 유일신의 전지전능성, 죄악과 우상숭배에 대한 비난, 구원과 파멸의 극단적 대비가 특히 두드러지게 언급되었다. 이는 외견상 개인의 기독교적 신앙과 인과응보를 극단적으로 강조한 복음적 성격이 강한 것이었지만, 반복해서 중국이 이제 가장 심각한 도덕적 타락 때문에 파멸에 직면해 있다고 하는 경고는 과거의 왕조 변혁기 때마다 왕왕 있었던 예언적 현실비판처럼 청조의 몰락을 암시하는 정치적 예언으로 받아들여질 수 있는 것이기도 하였다.[411]

(1) 죄악관

양발의 죄악관은 기본적으로 사람에게는 '원죄(原罪)'와 '본죄(本罪)'가 있다는 교회의 전통을 따르고 있다. 자신의 이론적 소양과 중국 하층군중의 이해 정도에 제한을 받아 양발은 결코 '원죄'에 대하여 형이상학적인 신학적 사변을 진행하지 않고 단지 성경의 기재에 의거하고 유가의 사상을 융합하여 유화(儒化) 색채가 극히 짙은 원죄관을 피력하였다. 양발은 '태초에 남녀 2인이 천률을 범하기 전 성은 본래 완전히 선하였다'[412]라고 생각하였는데, 중국인이 말하는 '인지초(人之初) 성본선(性本善)'이란 바로 '여호와 하나님이 태초에 남녀 2인을 만드셨을 때는 성이 아직 변하

410 吳義雄, 「關於梁發與洪秀全的幾個問題」, 『韓山師範學院學報』 2001年 第3期, p.5.

411 金誠贊, 「太平天國과 捻軍」, (서울大學校東洋史學研究室 編, 『講座 中國史』 V, 서울, 지식산업사, 1989 수록), p.84.

412 吳相湘 主編, 『勸世良言』, (臺灣, 學生書局, 1985), p.180; 『近代史資料』 39號, 1979, p.47.

지 않았을 때이다'[413]라는 것을 가리킨다고 하였다. 나중에 인류의 시조가 사탄의 유혹을 받아 하나님께 죄를 범하게 되었으며, 이로 말미암아 죄악이 세계에 들어와 '세상의 사람이 태어나자마자 악성지근(惡性之根)을 갖게 되었다'[414]라고 하였는데, 이는 교회의 전통적인 '원죄관'과 서로 부합하는 것이다. 그러나 양발은 사람도 하나님으로부터 착한 성을 부여받았다고 생각하였는데, 즉 '세계의 만국인은 모두 신천(神天)〔하나님〕이 만들어 보양하는 존재인데, 본래 품성으로서 인의예지의 영심(靈心)을 하나님으로부터 받았다'[415]는 것이었다. 이리하여 양발은 인성론에서 사람과 하늘은 생김과 동시에 선악의 양성을 지니고 있다는 모순에 빠져들어 갔다. 마치 양발은 결코 이 점을 의식하지 못한 듯이 사람은 어떻게 변하게 되었는가 하는 문제를 언급하였다. 양발은 사람이 변하게 된 데에는 두 가지의 근원이 있다고 생각하였다. 그 하나는 사람은 '모두 본래의 악성을 갖고 있기 때문에 악의가 이로 말미암아 생겨난다'[416]는 것이었다. 다른 하나는 지식의 증가와 환경의 영향으로 말미암아 '외물(外物)에 유혹당하고 습관이 천성이 되어 악의가 날로 증가하지만, 인의예지의 영은 점차 소멸된다'[417]는 것이었다.

이러한 양발의 원죄관에는 세 가지의 특징이 있다. 첫째, 양발은 중국사회에서 통용되던 '인지초 성본선'의 관념을 차용하여 그것을 타락하기 전 인류 시조의 천성으로 부회하였다. 둘째, 양발은 기독교와 유교의 인성론을 혼합하여 현실의 인간이 동시에 선과 악의 양성을 갖는 것으로

---

413 吳相湘 主編, 『勸世良言』, (臺灣, 學生書局, 1985), p.179; 『近代史資料』 39號, 1979, p.47.

414 吳相湘 主編, 『勸世良言』, (臺灣, 學生書局, 1985), p.22; 『近代史資料』 39號, 1979, p.2.

415 吳相湘 主編, 『勸世良言』, (臺灣, 學生書局, 1985), p.229; 『近代史資料』 39號, 1979, p.61.

416 吳相湘 主編, 『勸世良言』, (臺灣, 學生書局, 1985), p.229; 『近代史資料』 39號, 1979, p.61.

417 吳相湘 主編, 『勸世良言』, (臺灣, 學生書局, 1985), p.229; 『近代史資料』 39號, 1979, p.61.

간주함으로써 인성론 상의 이원론을 주장하였다. 셋째, 양발은 인간 죄악의 내원 문제에서 과정을 더욱 강조하였다. 즉 인간은 환경의 영향을 받아 변화하기 때문에 유가 성분이 분명히 우위를 차지한다는 것이었다. 이처럼 양발은 중국의 주류적인 '성본선(性本善)' 인성론과 기독교의 '성본악(性本惡)' 인성론을 서로 보충하여 그의 원죄관을 형성하였던 것이다.[418]

한편 양발이 거듭 강조한 것은 '원죄'가 아니라 중국인의 '본죄'였는데, 본죄에는 세 종류가 있다고 주장하였다. 첫째는 음란대죄인데, 이에 대하여 양발은 『권세양언』의 곳곳에서 강조하였다. 둘째는 우상숭배였다. 양발에 의하면 중국인의 최대의 본죄는 우상숭배보다 더한 것이 없다는 것이었다. 이 때문에 양발은 중국인이 숭배하는 우상에 대하여 전면적인 공격을 가하였다. 즉 중국인은 인간과 천지만물을 창조하신 하나님이 계신다는 것을 알지 못하기 때문에 그를 경배하기는커녕 오히려 사람의 손으로 만든 각종의 우상을 신으로 숭배한다고 공격하였던 것이다. 양발은 우상숭배가 하나님을 가까이 하는 것을 방해한다고 생각하였기 때문에 중국인을 하나님 앞으로 인도하려면 반드시 우상의 허구성과 우상숭배의 죄악성을 지적하여야만 하였다. 따라서 양발은 대량의 지면을 할애해서 우상의 허구성과 우상숭배의 죄악성을 폭로하는 것을 아깝게 여기지 않았던 것이다. 그런데 주목해야 할 것은 양발이 중국인의 조상 숭배에 대하여 명확한 비판과 공격을 가하지 않았다는 점이다. 셋째는 각종의 사회의 추악한 현상과 사회 풍속이었다.[419]

---

418 伍玉西, 「梁發對基督教義的中國化詮釋」, 『廣州社會主義學院學報』 2003年 第3期, p.61.

419 伍玉西, 「梁發對基督教義的中國化詮釋」, 『廣州社會主義學院學報』 2003年 第3期, p.61; 吳義雄, 「關於梁發與洪秀全的幾個問題」, 『韓山師範學院學報』 2001年 第3期, p.5.

### (2) 구속관

기독교에 있어서 선이란 예수가 하나님의 아들이라는 사실과 그 예수가 전파한 복음을 듣고 믿는 것을 말하고, 악이란 듣지 않는 것을 말한다. 양발도 이론적으로는 이것을 잘 알고 있었던 듯하다.

> 선한 자는 그 허령(虛靈)이 어둡지 않기 때문에 양심이 항존(恒存)하고 오상(五常)을 항수(恒守)하지만 복음진도(福音眞道)의 이치를 듣고 죄를 대속하는 구세지서(救世之書)를 볼 때마다 그것을 공경하고 그것을 믿고 그것을 지키며 행하기를 준봉하고 그것을 감히 경시하지 않는데, 그를 선하고 의로운 군자라고 할 수 있다. 대개 그 악한 자는 그 허령한 마음으로 말미암아 품성에 구애되고 인욕에 가리면 혼미하여 함부로 행동하고 언동이 괴팍하고 오직 인욕과 자의에 따라 행하여 선의(善義)의 길로 갈 수 없게 된다. 만약 복음진도의 이치를 들으면 소경과 같고 귀머거리와 같아서 죄를 대속하는 구세지서를 볼 때마다 바늘이 눈을 찌르는 것 같고 가슴을 화살로 쑤시는 것 같아 금방 던져 버리고 책 중에 쓰여 있는 도리를 거스르기 때문에 악역(惡逆)한 사람이라고 할 수 있다.[420]

그러므로 구원이란 하나님의 아들 예수 그리스도를 나의 구주로 믿는 것으로서 선이고, 그 다음의 인간 행위는 구원의 조건이 아니라 구원받은 자로서 예수를 닮아 가는 성화의 과정일 뿐이다.

그런데 양발의 구속관에 있어서 특징은 행선(行善)을 강조하고 있는 점이다. 양발이 행선을 강조한 것은 윌리엄 밀른의 영향인 큰 듯하다. 일찍이 양발이 기독교인의 표시가 무엇이냐고 물었을 때 윌리엄 밀른은 선한 일을 하는 것이라고 대답한 적이 있었다. 그래서 양발은 자신의 필명

---

420 吳相湘 主編,『勸世良言』, (臺灣, 學生書局, 1985), pp.379-80;『近代史資料』39號, 1979, p.104.

을 '학선자' 혹은 '학선거사'라고 짓고 행선을 중요하게 여기며 그 실천을 다짐하였다. 따라서 양발은 사람들에게 예수를 믿으라고 권면할 때 시종 행선을 강조하였다. 양발은 사람이 구원을 받아 천국에 가고 지옥에 떨어지는 것을 면하려면 예수가 구세주이자 하나님의 아들이라는 것을 믿어야만 할 뿐 아니라 또한 힘을 다하여 행선하여야만 한다고 생각하였다. 즉 '오직 예수를 주로 섬길 마음을 품고, 개과천선하고, 삼가 구세주를 믿어 사죄의 은혜를 얻고, 사후의 영화를 받는 것을 면해야만 한다'[421]는 것이었다. 양발은 영생의 양식과 관련하여 다음과 같이 말하였다.

> 따라서 상생(常生)의 양식이란 바로 구세주 예수를 믿고, 복음의 도를 받아들이며, 인애선덕(仁愛善德)에 의지해서 행하는 것을 말한다. 만약에 사람이 구세주가 선신(善信)이라는 두 가지의 덕을 갖고 있는 것을 알게 된다면 바로 이것이 영혼과 생명의 근본적인 복이자 영원한 양식인 것이다.[422]

양발의 구속관의 최대의 특징은 그가 기독교의 '신앙주의(信仰主義)'·'타력주의(他力主義)'와 중국문화의 '행위주의(行爲主義)'·'자력주의(自力主義)'를 결합한 것임을 알 수 있다. 기독교 신학의 창시자인 바울은 '이신칭의(以信稱義)'의 사상을 분명히 하였고, 마틴 루터도 종교개혁에서 '이신칭의'의 기치를 높이 내걸었다. 따라서 오직 믿음만으로 구원을 얻을 수 있다는 것이 기독교 신학의 주류인데, 이는 바로 주관적 노력을 말한 것이다. 구원을 받는 원동력에 있어서 정통 신학은 성령의 감화와 그리스도의 십자가의 공로를 더욱 강조함으로써 '타력주의'를 견지한다. 이와는 반대로 중국문화 전통은 가치관에서 일종의 도덕본위주의를 견지한다. 즉 유가

---

421 吳相湘 主編,『勸世良言』, (臺灣, 學生書局, 1985), p.365;『近代史資料』39號, 1979, p.100.
422 吳相湘 主編,『勸世良言』, (臺灣, 學生書局, 1985), p.185;『近代史資料』39號, 1979, p.48.

의 이념은 '수신'을 통하여 '제가 · 치국 · 평천하'의 목적을 달성하고, 사람은 단지 끊임없는 자기반성을 통하여야만 비로소 도덕적 완선(完善)을 달성할 수 있다는 일종의 '자력주의'를 견지한다. 전통문화의 훈도를 깊이 받은 양발은 비록 경건한 기독교 신앙을 갖고 있었을 지라도 또한 중국문화 중 도덕적 요소의 영향을 벗어날 방법이 없어서 '대개 사람이 마음을 닦고 천성을 함양하며, 선행을 하고 덕을 쌓는 것은 바로 본분이자 당연한 이치이다'[423]라고 생각하였다. 이 때문에 양발은 그리스도에 대한 신앙과 기독도 개인의 품행에 대한 요구를 결합하여 중서를 조화하는 길을 걸었던 것이다.

한편 양발은 불교의 선악보응설(善惡報應說)을 이용하여 사람이 구원을 받음에 있어서 행선의 중요성을 강조하였다. 양발은 하나님은 보응하시는 신이라고 생각하였다. 즉 하나님은 '천지만물을 만드신 대주시자 자연이연(自然而然)의 신이시어서 혁명(赫明)을 두루 비추시고, 현우(賢愚)를 감찰하시며, 틀림없이 보응하신다'[424]는 것이었다. 그리고 양발은 보응이란 사람의 선악품덕(善惡品德)과 관련이 있다며 다음과 같이 말하였다.

> 선을 행하는 자에게는 상을 받고 올라가 천당에서 영생의 복을 계속 누리라고 판결한다. 악을 일삼는 자에게는 벌을 받고 지옥에 떨어져서 영원한 고통을 받으라고 판결한다.[425]

보응의 방법상에서 양발은 다음과 같이 내세의 보응을 더욱 강조하였다.

---

423 吳相湘 主編,『勸世良言』, (臺灣, 學生書局, 1985), p.225;『近代史資料』 39號, 1979, p.59.

424 吳相湘 主編,『勸世良言』, (臺灣, 學生書局, 1985), p.44;『近代史資料』 39號, 1979, p.9.

425 吳相湘 主編,『勸世良言』, (臺灣, 學生書局, 1985), p.411;『近代史資料』 39號, 1979, p.113.

> 여기에서 논한 실선실악(實善實惡)의 보응은 모두 사후 내생에서 보응하는 것이 많다. 그리고 금생의 보응은 실선(實善)의 상으로 부족하고, 또한 실악(實惡)의 벌에 걸맞지 않다.[426]

요컨대 양발은 십자가 상의 그리스도를 믿어야 할 뿐 아니라 또한 '행선'하고 '정기수신(正己修身)'하여야만 비로소 천당에 올라갈 수 있고 지옥에 떨어지는 것을 면할 수 있다고 주장하였던 것이다.

### (3) 천국관

천국, 즉 하나님의 나라는 안식처(「히브리서」 4장 9절-10절)이고, 하나님 아버지의 집(「요한복음」 14장 2절)이며, 낙원(「고린도후서」 12장 4절)이다. 천국은 높은 곳(「이사야」 57장 15절), 거룩한 곳(「시편」 20편 6절), 행복한 곳(「요한계시록」 7장 17절), 눈물과 죽음과 슬픔과 울음과 고통이 없는 곳(「요한계시록」 21장 4절)이기도 하다. 또한 천국은 저주가 없는 완벽한 무죄 상태이며, 하나님과 그리스도가 통치하는 완벽한 정부가 있는 곳이며, 완전한 섬김이 있는 곳(「요한계시록」 22장 3절)이다. 예수 그리스도의 공생애의 첫 발언은 '회개하라 천국이 가까이 왔느니라'(「마태복음」 4장 17절 )이다. 예수 그리스도의 모든 사역의 최대 메시지가 천국이고, 성경의 최대 관심사도 천국이며, 구원을 받아야만 천국에 들어갈 수 있으므로 구원과 천국은 사실상 같은 것이라고도 할 수 있다.

천국의 개념에는 기본적으로 두 가지가 있다. 하나는 영원한 거처, 즉 통상적으로 일컫는 천당을 가리킨다. 이는 신도 사후 영혼의 귀착지인 것이다.(장소의 개념) 다른 하나는 하나님의 다스림을 가리킨다. 즉 하나

---

426 吳相湘 主編, 『勸世良言』, (臺灣, 學生書局, 1985), p.83; 『近代史資料』 39號, 1979, p.20.

님이 하라는 것은 하고, 하지 말라는 것은 안 하는 것이다. 예수를 나의 구세주로 믿고 예수를 주인으로 삼아 내가 옳고 그른 것을 판단하는 것이 아니라 그 분이 옳다고 하는 것을 옳은 것으로 믿는 것, 즉 내가 하나님께 헌신하고 순종하는 그것이 예수를 믿는 것이며 하나님의 나라가 임한 것이다.(주권의 개념) 천국, 즉 하나님의 나라는 현재적이기도 하며 미래적이기도 하다. '하나님의 나라는 먹는 것과 마시는 것이 아니요 오직 성령 안에 있는 의와 평강과 희락이라'(「로마서」 14장 17절)고 하며 현재형의 시제를 사용하였고, '하나님의 나라는 너희 안에 있느니라'(「누가복음」 17장 21절)라고 하였는데, 이는 모두 천국의 현재성을 말한 것이다. 한편 '내 아버지께 복 받을 자들이여 나아와 창세로부터 너희를 위하여 예비된 나라를 상속받으라'(「마태복음」 25장 34절)고 하였고, '이제 내 나라는 여기에 속한 것이 아니니라'(「요한복음」 18장 36절)라고 하였는데, 이는 하나님 나라가 지금의 세상이 지나간 후 다음에 올 세상에 속해 있다는 뜻으로서 천국의 미래성을 말한 것이다.[427]

양발은 천국을 다음과 같이 해석하였다.

> 천국이란 두 글자에는 두 가지의 해법이 있다. 하나는 천당의 영락지복(永樂之福)을 가리키는데, 선인(善人)의 육신의 사후 그 영혼이 향수하는 참된 복이다. 다른 하나는 지상의 무릇 구세주 예수를 경신하는 사람들이 모여서 신천상제를 예배하는 공회를 가리킨다.[428]

즉 양발은 천국을 자신의 죄를 알고 회개하며 예수님이 말씀하시는 진리를 믿고 따르는 자가 모두 죄 사함을 받고 영생의 복을 누리는 곳이며,

---

427 朴永善, 『하나님 나라의 이해』, (서울, 엠마오, 1989), pp.26-55.

428 吳相湘 主編, 『勸世良言』, (臺灣, 學生書局, 1985), p.87; 『近代史資料』 39號, 1979, p.21.

구세주 예수를 믿는 지상의 모든 사람들이 모여서 하나님을 경배하는 모임이라고 이해하였다. 이러한 양발의 해석은 방법상으로 교회의 이원론적 전통, 즉 미래의 천국과 현재의 천국을 계승하였다. 양발의 이상 중 미래의 천국은 '성결하고 영복안락(永福安樂)한 곳'인데, 이는 성경에 부합하는 것이다. 그러나 양발이 천국을 '사람들이 모여서 신천상제를 예배하는 공회'로 해석한 부분은 이미 성경의 원의에서 벗어난 듯하다. 즉 사후의 유토피아로서 천상의 왕국이어야 할 천국의 개념이 현세의 구체적인 실천의 장으로도 혼효되어 신자들의 지상의 집회와 지상왕국이라는 의미로도 해석될 소지가 있었던 것이다.[429] 그럼에도 불구하고 양발이 이렇게 해석한 것은 어쩌면 하층 대중이 쉽게 받아들이도록 하기 위한 일종의 중국화의 노력인지도 모른다.

양발의 지상천국관의 중요한 특징은 그가 그리스도화한 지상천국을 구체적으로 묘사할 때 다음의 인용문에서 엿보이듯이 유화 색채가 농후하다는 점이다.

> 만약에 전 국인이 존신하고 행한다면 빈자는 분수에 만족하여 마음이 항상 평안할 것이고, 부자는 선의를 흠모하여 마음이 또한 항상 즐거울 것이다. 위로는 신천상제의 뜻을 거스르지 않을 것이고, 아래로는 왕장법도(王章法度)를 범하지 않을 것이다. 단지 세락지환(世樂之歡)을 탐모(貪慕)하지 않을 것이고, 헛되이 광음지보(光陰之寶)를 허비하지 않을 것이다. 군주는 다스리고 신하는 충성하며, 아비는 자애롭고 아들은 효성스러우며, 관리는 청렴하고 백성은 즐거워하며, 태평의 복을 영원히 향유할 것이다. 장차 밤에는 문을 닫지 않고 길에 떨어져 있는 물건을 줍지 않는 평화롭고도 좋은 세계를 보게

429 鄧嗣禹, 「'勸世良言'與太平天國革命之關係」上 · 下, 『大陸雜誌』30-8 · 9, 1965.(吳相湘 主編, 『勸世良言』, 臺灣, 學生書局, 1985 수록), pp.12-3.

될 것이다.[430]

이는 현상과 본질 상 유가의 대동사상과 유사한 것이다.

### (4) 하나님에 대한 이해

하나님(god, theos)을 표현하는 용어로서 『신천성서』에서는 주로 '신(神)'[431] . '신야화화(神爺火華)'[432] . '천부(天父)'[433] 등을 사용하였다. 그러나 양발의 해설문에서는 주로 '신천상제(神天上帝)'[434] . '구세주(救世

430 吳相湘 主編, 『勸世良言』, (臺灣, 學生書局, 1985), pp.365-6; 『近代史資料』 39號, 1979, p.100.

431 吳相湘 主編, 『勸世良言』, (臺灣, 學生書局, 1985), pp.174, 175, 176, 177, 214, 215, 218, 219, 266, 267, 268, 269, 270, 273, 275, 276, 277, 284, 285, 286, 287, 314, 315, 318, 320, 321, 322, 324, 327, 368, 369, 370, 371, 372, 376, 377, 378, 381, 383, 385, 399, 402, 448, 450, 452, 454, 456, 462, 463, 467, 468, 469, 470, 479, 481, 482, 483, 485, 486, 488, 489, 496; 『近代史資料』 39號, 1979, pp.45, 46, 57, 58, 72, 73, 74, 75, 77, 85, 86, 87, 88, 89, 101, 102, 103, 104, 105, 106, 109, 110, 124, 125, 126, 127, 128, 129, 132, 133, 134, 135, 136, 137, 139.

432 吳相湘 主編, 『勸世良言』, (臺灣, 學生書局, 1985), pp.17, 18, 19, 20, 47, 48, 50, 51, 166, 167, 168, 169, 170, 171, 172, 173, 178, 179, 180, 213, 214, 216, 217, 219, 268, 275, 276, 281, 282, 283, 284, 285, 397, 398, 399, 448, 449, 450, 451, 452, 502; 『近代史資料』 39號, 1979, pp.1, 2, 10, 11, 43, 44, 45, 47, 56, 57, 58, 73, 75, 76, 77, 108, 109, 124, 125, 141.

433 吳相湘 主編, 『勸世良言』, (臺灣, 學生書局, 1985), pp.44, 57, 58, 59, 60, 62, 63, 77, 231, 240, 258, 332, 452, 453; 『近代史資料』 39號, 1979, pp.9, 13, 14, 18, 61, 64, 70, 90, 125.

434 吳相湘 主編, 『勸世良言』, (臺灣, 學生書局, 1985), pp.38, 44, 45, 69, 71, 72, 73, 74, 76, 77, 78, 79, 80, 81, 82, 83, 85, 86, 87, 88, 90, 92, 96, 98, 101, 102, 107, 114, 115, 116, 117, 118, 126, 127, 128, 136, 137, 139, 140, 143, 144, 146, 148, 149, 150, 151, 152, 153, 155, 156, 157, 158, 159, 161, 162, 163, 164, 165, 166, 184, 188, 191, 193, 194, 195, 196, 197, 200, 201, 204, 205, 208, 209, 210, 226, 231, 232, 233, 234, 235, 243, 263, 271, 272, 288, 290, 296, 297, 299, 300, 302, 303, 304, 309, 310, 312, 331, 332, 333, 336, 337, 338, 340, 341, 342, 343, 344, 345, 347, 348, 350, 353, 355, 356, 357, 359, 360, 361, 362, 363, 364, 365, 366, 367, 382, 383, 384, 385, 389, 390, 391, 392, 393, 400, 401, 402, 404, 405, 406, 409, 411, 412, 414, 415, 417, 418, 419, 420, 421, 422, 424, 425, 426, 427, 428, 429, 430, 431, 432, 433, 434, 435, 436, 437, 438, 439, 440, 441, 442, 443, 444, 446, 447, 452, 453, 454, 456, 474, 475, 478, 479, 480, 482, 490, 491, 495; 『近代史資料』 39號, 1979, pp.7, 9, 15, 16, 17, 18, 19, 20, 21, 22, 23, 24, 25, 27, 29, 30, 32, 33, 34, 35, 36, 37, 38, 39, 40, 41, 42, 43, 48, 49, 50, 51, 52, 53, 54, 55, 60, 61, 62, 65, 71, 74, 78, 80, 81, 82, 84, 85, 90, 91, 92, 93, 94, 95, 96, 100, 101, 105, 106, 107, 108, 109, 110, 111, 112,

主)’[435]·‘만왕지왕(萬王之王)’[436]·‘만국지왕(萬國之主)’[437]·‘만군신주(萬軍神主)’[438]·‘세상만국인지대부모(世上萬國人之大父母)’[439]·‘만국만류인지대부모(萬國萬類人之大父母)’[440] 등을 사용하였으며, 그 밖에 ‘천지대주(天地大主)’[441]·‘천지지주(天地之主)’[442]·‘천지적대주(天地的大主)’[443]·‘천지지대주(天地之大主)’[444]·‘천지지주재(天地之主宰)’[445]·‘자연이연지신(自然而然之神)’[446]·‘천지만물대주(天地萬物大主)’[447]·‘천지지대주재(天地之大主宰)’[448]·‘조양인물지대주

---

113, 114, 115, 116, 117, 118, 119, 120, 121, 122, 123, 125, 126, 131, 132, 133, 137, 139.

435 吳相湘 主編,『勸世良言』, (臺灣, 學生書局, 1985), pp.44, 72, 73, 79, 87, 88, 89, 90, 113, 119, 120, 122, 123, 124, 128, 129, 142, 143, 155, 157, 162, 163, 164, 185, 189, 199, 200, 207, 224, 228, 229, 231, 239, 240, 248, 252, 254-5, 258, 263, 264, 289, 290, 291, 296, 311, 312, 327, 332, 333, 342, 343, 345, 346, 347, 348, 353, 354, 355, 357, 360, 361, 365, 366, 368, 381, 390, 403, 411, 424, 425, 429, 436, 438, 453, 480, 481, 487, 488, 497;『近代史資料』39號, 1979, pp.9, 16, 17, 18, 21, 22, 28, 30, 31, 32, 33, 36, 40, 42, 48, 49, 52, 55, 59, 60, 61, 64, 66, 68, 69, 70, 71, 72, 78, 79, 80, 84, 85, 89, 90, 93, 94, 95, 96, 97, 98, 99, 100, 101, 105, 107, 110, 113, 117, 118, 120, 121, 125, 132, 133, 136, 139.

436 吳相湘 主編,『勸世良言』, (臺灣, 學生書局, 1985), p.364;『近代史資料』39號, 1979, p.100.

437 吳相湘 主編,『勸世良言』, (臺灣, 學生書局, 1985), pp.263, 364;『近代史資料』39號, 1979, pp.71, 100.

438 吳相湘 主編,『勸世良言』, (臺灣, 學生書局, 1985), p.332;『近代史資料』39號, 1979, p.90.

439 吳相湘 主編,『勸世良言』, (臺灣, 學生書局, 1985), p.391;『近代史資料』39號, 1979, p.108.

440 吳相湘 主編,『勸世良言』, (臺灣, 學生書局, 1985), p.150;『近代史資料』39號, 1979, p.38.

441 吳相湘 主編,『勸世良言』, (臺灣, 學生書局, 1985), p.42;『近代史資料』39號, 1979, p.8.

442 吳相湘 主編,『勸世良言』, (臺灣, 學生書局, 1985), p.241;『近代史資料』39號, 1979, p.164.

443 吳相湘 主編,『勸世良言』, (臺灣, 學生書局, 1985), p.436;『近代史資料』39號, 1979, p.120.

444 吳相湘 主編,『勸世良言』, (臺灣, 學生書局, 1985), pp.22, 24, 26, 34, 40, 42, 43, 102, 386, 432;『近代史資料』39號, 1979, pp.2, 3, 4, 6, 8, 9, 25, 106, 119.

445 吳相湘 主編,『勸世良言』, (臺灣, 學生書局, 1985), p.116;『近代史資料』39號, 1979, p.29.

446 吳相湘 主編,『勸世良言』, (臺灣, 學生書局, 1985), pp.22, 30, 42, 44, 133;『近代史資料』39號, 1979, pp.2, 3, 5, 8, 9, 33.

447 吳相湘 主編,『勸世良言』, (臺灣, 學生書局, 1985), p.154;『近代史資料』39號, 1979, p.39.

448 吳相湘 主編,『勸世良言』, (臺灣, 學生書局, 1985), p.180;『近代史資料』39號, 1979, p.50.

(造養人物之大主)'[449] . '조화만물지대주(造化萬物之大主)'[450] . '천지만물대주재(天地萬物大主宰)'[451] . '천지만물지대주(天地萬物之大主)'[452] . '천지인만물지주(天地人萬物之主)'[453] . '조양인류만물지주(造養人類萬物之主)'[454] . '조화천지만물지주(造化天地萬物之主)'[455] . '천지인만물대주재(天地人萬物大主宰)'[456] . '천지인만물지대주(天地人萬物之大主)'[457] . '조화천지만물지대주(造化天地萬物之大主)'[458] . '조화천지인만물지신(造化天地人萬物之神)'[459] . '조화천지인만물지주(造化天地人萬物之主)'[460] . '조화천지인물지대주(造化天地人物之大主)'[461] . '천지인만물적대주재(天地人萬物的大主宰)'[462] . '조화천지인만물지대주(造化天地人萬物之大主)'[463]

449 吳相湘 主編,『勸世良言』, (臺灣, 學生書局, 1985), p.24;『近代史資料』39號, 1979, p.3.

450 吳相湘 主編,『勸世良言』, (臺灣, 學生書局, 1985), p.356;『近代史資料』39號, 1979, p.97.

451 吳相湘 主編,『勸世良言』, (臺灣, 學生書局, 1985), pp.41, 154;『近代史資料』39號, 1979, pp.8, 39.

452 吳相湘 主編,『勸世良言』, (臺灣, 學生書局, 1985), pp.38, 381, 384;『近代史資料』39號, 1979, pp.7, 105, 106.

453 吳相湘 主編,『勸世良言』, (臺灣, 學生書局, 1985), pp.427, 431;『近代史資料』39號, 1979, pp.117, 119.

454 吳相湘 主編,『勸世良言』, (臺灣, 學生書局, 1985), p.30;『近代史資料』39號, 1979, p.5.

455 吳相湘 主編,『勸世良言』, (臺灣, 學生書局, 1985), pp.41, 402;『近代史資料』39號, 1979, pp.8, 110.

456 吳相湘 主編,『勸世良言』, (臺灣, 學生書局, 1985), p.301;『近代史資料』39號, 1979, p.82.

457 吳相湘 主編,『勸世良言』, (臺灣, 學生書局, 1985), pp.102, 150, 242, 307, 308, 452, 453;『近代史資料』39號, 1979, pp.25, 38, 65, 84, 125.

458 吳相湘 主編,『勸世良言』, (臺灣, 學生書局, 1985), p.39;『近代史資料』39號, 1979, p.7.

459 吳相湘 主編,『勸世良言』, (臺灣, 學生書局, 1985), p.411;『近代史資料』39號, 1979, p.113.

460 吳相湘 主編,『勸世良言』, (臺灣, 學生書局, 1985), pp.86, 157, 194, 428;『近代史資料』39 號, 1979, pp.20, 40, 51, 118.

461 吳相湘 主編,『勸世良言』, (臺灣, 學生書局, 1985), p.297;『近代史資料』39號, 1979, p.80.

462 吳相湘 主編,『勸世良言』, (臺灣, 學生書局, 1985), p.210;『近代史資料』39號, 1979, p.55.

463 吳相湘 主編,『勸世良言』, (臺灣, 學生書局, 1985), pp.40, 43, 44, 102, 112-3, 304, 335;『近代史資料』39號, 1979, pp.8, 9, 25, 28, 82, 91.

·'조화천지인만물적주재(造化天地人萬物的主宰)'[464]·'조화천지인만물지대신(造化天地人萬物之大神)'[465]·'조화천지인만물지주재(造化天地人萬物之主宰)'[466]·'조화천지인만물지대신주(造化天地人萬物之大神主)'[467]·'조화천지인만물지대주재(造化天地人萬物之大主宰)'[468] 등 성경 초록 부분에 보이지 않는 용어가 많이 사용되고 있다.

기독교는 유일신론을 주장하며 성경에 계시된 하나님만을 인정한다. 그런데 하나님의 특별계시인 성경은 하나님의 존재를 논증하지 않고 다만 기정사실화하면서 선언할 뿐이다. 이러한 하나님을 어떻게 아느냐 하는 문제가 대두된다. 이에 대하여 기독교는 자연·역사 이성에 나타난 하나님의 일반계시와 궁극적으로는 하나님의 영감된 말씀인 성경을 통하여 알 수 있다고 한다. 그러나 하나님을 완전히 알 수 있다고는 하지 않는다. 하나님은 무한한 분이시고 인간은 유한한 존재이기 때문이다. 그럼에도 불구하고 하나님에 대한 지식과 하나님이 베푸신 계시는 인간이 하나님을 알고 구원을 얻는 데에 있어서 부족함이 없다. 결국 인간은 하나님에 관한 지식을 하나님이 베푸신 계시 안에서만 얻을 수 있을 뿐이다. (신명기 29장 29절)

양발은 하나님을 다음과 같이 이해하였다. 즉 하나님은 스스로 계시고 형상도 없으시고 무소불능(無所不能)·무소부지(無所不知)·무소부재(無所不在)하시며 시작도 끝도 없이 영원히 존재하시는 참 신이다.[469] 유일하시

---

464 吳相湘 主編, 『勸世良言』, (臺灣, 學生書局, 1985), p.426; 『近代史資料』 39號, 1979, p.117.

465 吳相湘 主編, 『勸世良言』, (臺灣, 學生書局, 1985), p.115; 『近代史資料』 39號, 1979, p.29.

466 吳相湘 主編, 『勸世良言』, (臺灣, 學生書局, 1985), p.298; 『近代史資料』 39號, 1979, p.81.

467 吳相湘 主編, 『勸世良言』, (臺灣, 學生書局, 1985), pp.344-5; 『近代史資料』 39號, 1979, p.94.

468 吳相湘 主編, 『勸世良言』, (臺灣, 學生書局, 1985), p.69; 『近代史資料』 39號, 1979, p.15.

469 吳相湘 主編, 『勸世良言』, (臺灣, 學生書局, 1985), p.153; 『近代史資料』 39號, 1979, p.39.

며 천지와 만물을 지으시고 주관하시며 인간의 길흉화복과 부귀영화를 관장하시는 분이다.[470] 하나님은 인간을 지으시고 기르시며 보호하시고 영원히 우리 곁에 살아계시며, 무궁한 복을 예비하여 하나님을 경외하는 자들에게 주어 누리게 하신다.[471]

하나님의 속성은 사랑과 공의이다. 공의의 하나님은 범죄하여 타락한 인간을 심판하실 수 밖에 없다. 그러나 사랑의 하나님은 그 아들 예수 그리스도를 이 세상에 보내어 타락한 인간의 죄를 담당하게 하심으로써 만약 인간이 성령의 도우심으로 회개하고 예수의 대속의 공로를 믿는다면 천국에서 영원한 복락을 누릴 수 있도록 은혜의 언약을 세우셨다.

도박, 음란 및 우상숭배에 빠진 중국 사회를 바라볼 때 양발에게는 사랑과 공의의 하나님 중 심판주이신 공의의 하나님이 더 크게 다가온 것으로 보인다. 양발은 노아의 홍수, 죄악이 극에 달하여 멸망을 당한 소돔과 고모라, 선지자들의 타락에 대한 거듭된 경고 등의 예를 들며 하나님은 사랑이시지만 공의의 하나님은 타락한 인간을 심판하실 수 밖에 없다라고 중국인에게 경고하였다. 양발은 『권세양언』의 전체를 통해서 이 점을 부각시켰다. 특히 양발은 권1의 제1장에서 '태초에 남녀가 죄를 범하여 세상에 재난을 가져오다'란 부분을 두었고, 그 마지막에는 '세상 마지막 날 심판의 날에 하나님을 믿은 자는 구원을 받아 하늘에 올라가 하나님과 함께 영원한 복을 누리고, 하나님을 믿지 않는 자는 멸망하여 영원한 고통을 당한다'라는 부분을 두었다.[472] 요컨대 양발은 하나님이 인간

---

470 吳相湘 主編,『勸世良言』, (臺灣, 學生書局, 1985), pp.226-7;『近代史資料』39號, 1979, p.4.

471 吳相湘 主編,『勸世良言』, (臺灣, 學生書局, 1985), pp.356-7;『近代史資料』39號, 1979, p.97.

472 裵英敏,「최초의 중국인 개신교 목사 梁發과『勸世良言』」, 高麗大學校 大學院 碩士學位 論文, 2004, p.29.

의 사후에 선악 간에 공평한 심판을 하실 것이기 때문에 오직 심판주이신 하나님을 믿으라고 다음과 같이 권면하였던 것이다.

> 세계 만방 사람들은 생전에 존비와 귀천 및 상하의 구별이 있지만, 육신이 죽고 난 후에는 선악의 두 종류의 영만이 있을 뿐이다. 선한 자의 영혼은 하나님이 사자로 하여금 안락한 곳으로 인도하게 하여 영원한 복을 누리고, 악한 영은 지옥의 영원한 불구덩이로 떨어져 뜨거운 불에서 영원한 고난을 당하게 된다. 이 책을 읽게 되는 사람들은 곰곰이 생각해 보기 바란다. 천상의 영원한 복락을 누리고 싶은가, 아니면 지옥의 열화 같은 형벌을 받고 싶은가. 일찍이 잘 생각하여 후회 없기를 바란다.[473]

(5) 예수에 대한 이해

양발은 예수를 '궐자(厥者)'[474] . '신천상제지자(神天上帝之子)'[475] . '신천상제지성자(神天上帝之聖子)'[476] . '구세주야소(救世主耶穌)'[477]로 표현하였다. 그리고 예수 그리스도는 보통 '야소기독(耶穌基督)'[478]으로 번역하였지만, '야소기

---

473 吳相湘 主編,『勸世良言』, (臺灣, 學生書局, 1985), pp.392-3;『近代史資料』39號, 1979, p.108.

474 吳相湘 主編,『勸世良言』, (臺灣, 學生書局, 1985), p.69;『近代史資料』39號, 1979, p.15.

475 吳相湘 主編,『勸世良言』, (臺灣, 學生書局, 1985), pp.138, 139, 141, 142, 144, 210;『近代史 資料』39號, 1979, pp.35, 36, 37, 55.

476 吳相湘 主編,『勸世良言』, (臺灣, 學生書局, 1985), pp.140, 162;『近代史資料』39號, 1979, pp.35, 42.

477 吳相湘 主編,『勸世良言』, (臺灣, 學生書局, 1985), pp.69, 72, 73, 74, 75, 76, 77, 78, 79, 80, 85, 86, 87, 98, 100, 102, 113, 115, 116, 118, 138, 139, 140, 141, 142, 143, 144, 145, 146, 149, 150, 155, 156, 164, 183, 184, 185, 186, 189, 190, 199, 209, 210, 226, 231, 232, 233, 234, 244, 248, 250, 254, 261, 262, 297, 310, 332, 341, 353, 354-5, 358, 402, 412, 414, 415, 418, 424, 427, 429, 435, 438, 439, 440, 444, 478, 479, 483;『近代史資料』39號, 1979, pp.15, 16, 17, 18, 20, 21, 24, 25, 28, 29, 30, 35, 36, 37, 38, 40, 42, 48, 49, 50, 52, 55, 60, 61, 62, 65, 67, 69, 71, 80, 84, 90, 93, 96, 97, 98, 110, 113, 114, 115, 117, 118, 120, 121, 122, 132, 134.

478 吳相湘 主編,『勸世良言』, (臺灣, 學生書局, 1985), pp.287, 368, 369, 371, 372, 461, 468, 469,

리사독(耶穌基理師督)'[479]으로 번역되어 있는 곳도 있다.

기독교에서는 예수 그리스도는 하나님의 선택하신 자들의 구속자라고 한다. 인류의 구세주가 되기 위해서는 반드시 두 가지 자격을 갖추어야 한다. 첫째, 죄인들을 대신하여 죽기 위해서는 전혀 죄가 없는 의인이어야만 한다. 둘째, 영원한 진노와 저주인 지옥의 고통을 능히 감당해 낼 수 있는 참된 하나님이셔야만 한다. 그와 같은 인물로는 완전한 하나님이요 완전한 사람이신 예수 그리스도 밖에 없다. 그러므로 예수 그리스도는 하나님의 선택하신 백성들의 유일한 구속자이시다.

예수 그리스도는 누구인가라는 질문에 대하여 양발은 다음과 같이 「요한복음」 3장 17절과 3장 16절을 인용하며 예수는 하나님이 이 세상을 사랑하시어 보낸 하나님의 아들이라고 답하였다.

> 하나님이 그 아들을 세상에 보내신 것은 세상을 심판하려 하심이 아니요 그로 말미암아 세상이 구원을 받게 하려 하심이라[480]

> 하나님이 세상을 이처럼 사랑하사 독생자를 주셨으니 이는 그를 믿는 자마다 멸망하지 않고 영생을 얻게 하려 하심이라[481]

그러면 하나님은 왜 사람이 되셔야만 하였을까? 그 이유는 인류의 죄값인 사망의 고통을 대신 받으시기 위함이었다. 즉 자기 목숨을 많은 사람의 대속물로 주시려고 이 땅에 오신 것이다. 그러므로 예수 그리스도

---

470, 471, 481, 483, 485, 487;『近代史資料』39號, 1979, pp.77, 101, 102, 127, 129, 133, 134, 135, 136.

479 吳相湘 主編,『勸世良言』, (臺灣, 學生書局, 1985), pp.324, 376;『近代史資料』39號, 1979, pp.88, 103.

480 吳相湘 主編,『勸世良言』, (臺灣, 學生書局, 1985), p.69;『近代史資料』39號, 1979, p.15.

481 吳相湘 主編,『勸世良言』, (臺灣, 學生書局, 1985), p.121;『近代史資料』39號, 1979, pp.30-1.

는 우리 죄인들을 대신하여 죽으시기 위해서 이 세상에 태어나신 분인 것이다.

따라서 예수 그리스도는 대속주이신 것이다. 양발도 예수 그리스도가 대속주이심을 인정하였다. 즉 사랑의 하나님이 그 아들 예수 그리스도를 이 세상에 보내셔서 십자가에 못 박혀 죽게 하시고 인간의 죄를 대속하게 하심으로써 예수 그리스도의 공로로 인간은 죄 사함을 받을 수 있게 하셨다는 것이었다.

> 구세주 야소는 지극히 존귀한 보신(寶身)을 버리고 세상 사람이 받아야 할 천인공노할 만반의 간난을 대신하여 죽음으로써 무한한 대공을 이루셨다. 무릇 그를 믿는 사람은 예수의 공로를 자기의 공로로 삼아 죄 사함을 얻을 수 있게 될 것이다.[482]

깊은 도덕적 죄의식에 사로잡혀 토속종교에서 그 해답을 찾으려고 몸부림친 바 있는 양발에게 있어서 예수 그리스도는 구원의 진리였다. 즉 양발은 대속주 예수 그리스도를 통함으로써만 세상을 창조하시고 만물을 주관·보호하시는 유일신 하나님께 나아갈 길을 얻으며, 선을 쌓고 덕을 쌓는 거룩한 삶을 통하여 그 길의 확신을 얻고자 하였던 것이다.[483]

### (6) 성령에 대한 이해

성령은 하나님의 영을 지칭한다. 성경은 성령이 신적인 존재임을 계시한다. 어떤 의미에서 성령은 아버지 하나님 및 아들 예수와 하나이지만,

---

482 吳相湘 主編,『勸世良言』, (臺灣, 學生書局, 1985), pp.78-9;『近代史資料』39號, 1979, p.18.

483 裵英敏,「최초의 중국인 개신교 목사 梁發과『勸世良言』」, 高麗大學校 大學院 碩士學位論文, 2004, p.31.

다른 의미에서는 그들과 다른 분이시다. 성령의 역사는 만물, 특히 생명의 호흡을 지닌 피조물들의 창조와 보존에 밀접히 관여한다. 또한 성령은 인간의 구원에 밀접히 관여하며 도덕적 정결을 부여할 뿐 아니라 예언자들에게 영감을 주어 도래할 구세주에 대하여 예언하게 하였다. 때가 차서 구세주에게 기름부으시고, 스스로를 구세주에게 충만히 부여하신 분도 성령이다.

양발은 성령을 '성풍(聖風)'[484] . '신풍(神風)'[485] . '순령(純靈)'[486] . '보패영혼(寶貝靈魂)'[487] . '성신(聖神)'[488]으로 표현하였다. 양발은 성령과 관련한 「요한복음」 3장 8절의 '바람이 임의로 불매 네가 그 소리는 들어도 어디로 와서 어디로 가는지 알지 못하나니 성령으로 난 사람도 다 그러하니라'를 다음과 같이 주석하였다.

> 신풍이 사람의 착한 마음을 불러일으키는 것은 마치 바람이 부는 것과도 같다. 내가 바람 부는 소리를 들을 수 있으나 바람이 불어오고, 또 어디로 불어 가는지를 모르듯 바람 부는 것이 눈에 보이지 않는다 하여 어찌 바람이 없다고 말할 수 있는가? 성령이 사람의 마음을 다시 선하게 태어나게 하는 것

---

484 吳相湘 主編, 『勸世良言』, (臺灣, 學生書局, 1985), pp.345, 376, 377, 461, 468, 470-1, 495; 『近代史資料』 39號, 1979, pp.94, 103, 104, 126, 127, 128, 129, 139.

485 吳相湘 主編, 『勸世良言』, (臺灣, 學生書局, 1985), pp.119, 120, 123, 124, 125, 128, 139, 213, 297, 299, 309, 323, 336, 373, 420, 422, 425, 437, 455, 463; 『近代史資料』 39號, 1979, pp.30, 31, 32, 33, 35, 56, 81, 84, 88, 91, 102, 115, 116, 117, 120, 126, 127.

486 吳相湘 主編, 『勸世良言』, (臺灣, 學生書局, 1985), pp.133, 134, 153, 297; 『近代史資料』 39號, 1979, pp.33, 34, 39, 80.

487 吳相湘 主編, 『勸世良言』, (臺灣, 學生書局, 1985), pp.79, 80, 86, 98, 116, 165, 226, 230, 259, 261, 262, 266, 298, 354; 『近代史資料』 39號, 1979, pp.18, 20, 24, 29, 43, 60, 61, 70, 71, 72, 81, 97.

488 吳相湘 主編, 『勸世良言』, (臺灣, 學生書局, 1985), pp.286, 312, 321, 373, 468, 480; 『近代史 資料』 39號, 1979, pp.77, 85, 87, 102, 128, 129.

도 이와 같이 사람들이 느끼지 못할 뿐이다.[489]

양발은 하나님의 아들 예수는 성령으로 잉태되어 이 세상에 태어나셨다고 하였다.

그(예수)는 신천상제의 성자이고, 신천상제와 일성일체(一性一體)이며, 신천상제의 큰 성덕(聖德)으로 잉태되어 강생하였다.[490]

양발은 성령은 하나님의 영이며 예수의 영이기도 하므로 예수의 진리의 말씀은 육으로써는 이해할 수 없으며 성령으로 거듭나지 않으면 이해할 수 없다고 주장하였다.

진실로 진실로 네게 이르노니 사람이 물과 신풍으로 나지 아니하면 하나님 나라에 들어갈 수 없느니라. 육으로 난 것은 육이요 신풍으로 난 것은 영신(靈神)이니 내가 네게 거듭나야 하겠다는 말을 기이히 여기지 말라.[491]

한편 기독교 교의에 의하면 성령은 개인의 마음 속에 거하면서 그들을 그의 성전으로 만들어 내적으로 정결하게 하고, 그들이 세상 · 육체 · 악마에 대항하여 싸울 때와 하나님을 간구할 때 그들과 하나가 된다고 한다. 양발에 의하면 사람이 전심으로 신천상제를 경외하려고 해도 이 사악한 세상에는 항상 유혹하는 적, 즉 자기 마음의 욕심과 악한 생각과 사욕과 교만과 음욕과 분노와 인색이라는 내적인 적이 있다는 것이다. 이 내적인 적을 이기기 위해서는 성령의 도움을 구하고, 성령으로 다시 태

489 吳相湘 主編, 『勸世良言』, (臺灣, 學生書局, 1985), p.138; 『近代史資料』 39號, 1979, p.35.
490 吳相湘 主編, 『勸世良言』, (臺灣, 學生書局, 1985), p.140; 『近代史資料』 39號, 1979, p.35.
491 吳相湘 主編, 『勸世良言』, (臺灣, 學生書局, 1985), pp.119-20; 『近代史資料』 39號, 1979, p.30.

어나며, 성령을 좇아 행하여 성령으로 살며 육체의 욕심을 이루지 않아야 한다는 것이다.

> 내적인 적을 이기려면 기필코 공경하는 마음을 가져야 하며, 조석으로 하나님께서 성풍을 보내 주셔서 모든 사악한 욕심을 이기게 해 달라고 기도해야 한다.[492]

### (7) 삼위일체에 대한 이해

하나님은 순수한 영이시다. 그렇기 때문에 인간의 눈으로 볼 수 없는 분이시며 시간과 공간의 제한을 전혀 받지 아니하신다. 하나님께서는 그 자신만의 고유한 성품인 절대적 속성과 인간의 성품들과 어떤 유사점을 띠고 보편적 속성을 갖고 계신다. 삼위일체(trinity)란 한 마디로 '세 인격 그러나 한 하나님'이라는 의미이다. 즉 하나님은 본질적으로 한 분이시지만, 이 한 분 안에 '성부' · '성자' · '성령'이라고 불리우는 삼위, 곧 세 인격(three persons)을 가지고 존재하신다.

성부 하나님은 천지만물의 창조주이자 주재자이시고 영이며 모양도 형체도 없으신 분이다. 성자 하나님 예수는 하나님의 독생자이시며 성령으로 마리아를 통하여 세상에 사람의 모습으로 태어나셨으므로 완전한 신성과 인성을 가지셨다. 예수는 성부 하나님의 전달자이시고 구세 복음을 전파하시며 세상 사람들을 위해서 속죄하기 위하여 십자가에 못 박혀 돌아가셨다가 삼일 만에 부활하고 승천하셨다. 하나님의 보좌 우편에 앉아 계시면서 우리를 위하여 중보하시고 장래에 재림해서 사람들에게 말일 심판을 하실 것이다. 성령 하나님은 세계와 인류 중에 운행하시며 사

---

492 吳相湘 主編,『勸世良言』, (臺灣, 學生書局, 1985), p.336;『近代史資料』39號, 1979, p.91.

람들로 하여금 죄를 깨닫게 하시고 회개하게 하신다.[493]

이상과 같은 삼위일체에 대한 개념을 양발이 정확하게 파악하고 있었음은 그가 전도하고자 한 임씨와의 다음과 같은 내용의 대화 속에서 엿볼 수 있다.

신천상제는 순령지체(純靈之體)인데, 합하면 하나이고 나누면 셋이기 때문에 나누면 성부 · 성자 · 성풍이란 이름을 갖는다. 성부는 무소부지(無所不知) · 무소부재(無所不在) · 무소불능(無所不能)하고 우주만국의 인물을 관리하신다. 성자는 인간으로 세상에 강림한 야소이자 구세주로서 우선 사람들에게 진리를 전파하며 가르쳤고, 그 후 기꺼이 고난을 받아 죽음으로써 세상 사람들을 대신해서 속죄하여 이를 믿는 자들이 죄를 용서받고 영혼의 구원을 얻도록 하였다. 성풍은 선량한 마음을 가진 사람이나 성경의 교리를 들었거나 성경을 본 사람들의 마음을 감동시켜 그들이 자신의 죄와 귀한 영혼을 알고 야소께서 사람들을 대신하여 속죄하였고, 그들의 영혼을 구원할 수 있다는 것과 천당의 영원한 행복과 기쁨, 지옥의 영원한 고통과 근심을 알게 한다. 성풍은 사람들을 감동시켜 여러 가지 중요한 일을 알도록 하고, 사람들에게 경외하고 구원을 기도하는 마음이 생겨나게 하는데 이것이 성풍이 사람의 마음을 감화시킨다는 뜻이다.[494]

그런데 이처럼 삼위일체에 대하여 정확히 이해하고 있음에도 불구하고 양발은 다른 곳에서 이와 어긋나는 견해를 다음과 같이 피력하고 있는 것도 엿볼 수 있다.

예수님이 하나님의 아들로서 하나님과 동일체이며 하나님의 성령으로 잉태하여 태어날 것이라는 점을 미리 알고 있었기 때문이다. 예수님은 본디

---

493 裵英敏, 「최초의 중국인 개신교 목사 梁發과 『勸世良言』」, 高麗大學校 大學院 碩士學位 論文, 2004, p.33.

494 胡簪云 譯 · 上海廣學會 重譯, 「中華最早的布道者梁發」, 『近代史資料』 1979年 第2期, pp.175-6.

> 하나님의 성령이기 때문에 성장할 때 매우 총명하여 가르치는 사람 없이 시서와 학문을 깨우치고 성서에 통달하여 유식한 학자들과 서로 변론과 토의를 할 수 있었다.[495]

왜냐하면 성령은 하나님의 영 또는 그리스도의 영이기는 하지만, 예수가 곧 하나님의 성령이라고 볼 수 없기 때문이다.

양발의 기독교 사상의 특징은 생활과 신앙의 체험에서 출발하여 중국의 전통문화를 이용해서 기독교의 교의를 해석하였고, 당시의 중국인이 이해하기 어려웠던 기독교 교의를 우상을 숭배하지 말고 참된 신이신 여호와 하나님을 믿으라, 선행을 하고 예수를 믿어 지옥에 내려가지 말고 천당에 올라가라는 등의 간단한 신조로 간략화한 데에 있었다.[496]

495 吳相湘 主編,『勸世良言』, (臺灣, 學生書局, 1985), p.140;『近代史資料』 39號, 1979, p.35.

496 伍玉西,「梁發對基督教義的中國化詮釋」,『廣州社會主義學院學報』 2003年 第3期, p.62.

# 제三장

# 태평천국과 기독교

# 제3장 _ 태평천국[497]과 기독교

## 1. 『권세양언』과 홍수전의 입신

홍수전(洪秀全)[498]은 1814년 1월 1일(嘉慶 17년 12월 10일)[499] 광동의 북방 약 15km에 위치한 화현(花縣) 관록포(官祿㘵)의 한 농가에서 3남 2녀 중

497 태평천국에 관한 연구사로는 姜秉正 編,『硏究太平天國史著述綜目』, (北京, 書目文獻出版社, 1983) : 夏春濤,「50年來的太平天國史硏究」,『近代史硏究』1999年 第5期 : 夏春濤,「20世紀的太平天國史硏究」,『歷史硏究』2000年 第2期 등을 참고하기 바란다. 한편 태평천국에 관한 개설서로는 增井經夫,『太平天國』, (東京, 岩波書店, 1951) : 羅爾綱,『太平天國史稿』, (北京, 中華書局, 1955). 羅爾綱,『太平天國史稿』增訂本, (北京, 中華書局, 1957) : 簡又文,『太平天國全史』3冊, (香港, 簡氏猛進書局, 1960) : 牟安世,『太平天國』, (上海人民出版社, 1969) : Franz Michael, *The Taiping Rebellion* Vol. Ⅰ, (University of Washington Press, 1971) : Jen Yu-wen, *The Taiping Revolutionary Movement*, (Yale University Press, 1973) : 茅家琦 · 方之光 · 童光華,『太平天國興亡史』, (上海人民出版社, 1980) : 王戍笙 等,『太平天國運動史』, (北京, 人民出版社, 1986) : 李振宗,『太平天國的興亡』, (臺北, 正中書局, 1986) : 羅爾綱,『太平天國史』4冊 , (北京, 中華書局, 1991) : 茅家琦 主編,『太平天國通史』3冊 , (南京大學出版社, 1991) 등이 있다.

498 홍수전에 관한 보다 상세한 내용은 沈元,「洪秀全和太平天國革命」,『歷史硏究』1963年 第1期 : 簡又文,『洪秀全載記』, (香港, 簡氏猛進書局, 1967); 田原,『洪秀全傳』, (武漢, 湖北人民出版社, 1982); 小島晋治,『洪秀全』, (東京, 集英社, 1987). 崔震奎 譯,『홍수전』, (서울, 고려원, 1995) : Jonathan Spence, *God's Chinese Son, The Taiping Heavenly Kingdom of Hong Xiuquan*, (W. W. Norton Company, 1996). 양휘웅 역,『신의 아들 洪秀全과 太平天國』, (서울, 이산, 2006) 등을 참조하기 바란다.

499 홍수전의 생일과 관련해서는 가경(嘉慶) 16년 8월 16일설, 가경 17년 임신(壬申)설, 가경 17년 9월 9일설, 가경 17년 12월 9일설, 가경 17년 12월 10일설 등이 있는데, 이와 관련한 보다 상세한 내용은 崔震奎,「洪秀全의 幻夢과 上帝敎의 創立」,『史叢』43, 1994. (崔震奎,『太平天國의 宗敎思想』, 광주, 朝鮮大學校出版部, 2002 수록), pp.84-5을 참조하기 바란다.

네 번째인 셋째 아들로 태어났다. 홍수전이 사망[500]한 날은 50세 되던 1864년 6월 3일(同治 3년 4월 29일)이었다. 홍수전의 본명은 인곤(仁坤)이었고 아명은 화수(火秀)였는데, 1837년 이후 상제를 신앙하면서 상제 여호와(爺火華)의 이름을 피하여 수전으로 개명해서 사용하였다. 홍수전의 아버지는 홍경양(洪鏡揚)이었고, 형은 인발(仁發)과 인달(仁達)이었다. 홍수전이 태어난 화현 관록포 부근은 객가(客家)의 촌이었다. 객가[501]는 광동(廣東) · 광서(廣西) 방면으로 새롭게 이주해 왔던 자의 자손으로서 원주민인 본지에 비하여 대부분 빈농이었다. 홍가도 위작일 터이지만 족보상으로는 남송(南宋)의 명사 홍호(洪皓, 1088-1155)[502]의 자손이었는데, 그 후손이 복건(福建)에 와서 남방으로 분산하였다. 18세기 전반 홍수전의 5대조인 홍연삼(洪沿三)과 그의 차남 홍영륜(洪英綸) 및 5남 홍영위(洪英緯)는 가응주(嘉應州)의 석갱촌(石坑村)에서 화현으로 이주하였다. 그들은 처음 관록포에서 20km 정도 떨어진 산간의 복원수촌(福源水村)에 정착하였다가 경지가 모

500 홍수전의 사망과 관련해서는 음독자살설과 병사설이 있다.

501 객가는 중국 역사상 중원의 한인이 남으로 이주한 일파를 지칭하는데, 이들의 이주 배경에는 전란이나 인구 압박 등 다양한 요인이 있었다. 역사상 5 차례의 대규모적인 객가의 이주가 있었다. 객가는 선주민인 본지(本地)가 기름진 토지를 선점하고 있었기 때문에 산골짜기의 계곡이나 산비탈 또는 구릉지대에 정착하였다. 객가는 현지의 언어와는 다른 객가어를 사용하였으며, 여자들이 전족(纏足)을 하지 않고 남자와 똑같이 들에서 농사일을 하는 등 독자적인 풍속과 관행을 간직하였기 때문에 본지로부터는 이방인 침입자와 같은 대우를 받았다. 이처럼 열악한 상황에서 출발한 객가는 대부분 지주나 고리대에 예속되어 소작농으로 생활하거나 남 · 계피 등 상품작물을 생산하는 데에 적극적이었으며, 숯구이나 탄광노동자로 일하기도 하였다. 객가에 관한 보다 상세한 내용은 羅香林, 『客家研究導論』, (臺北, 1933); Myron L. Cohen, "The Hakka or 'Guest People' : Dialect as a Sociocultural Variable in South-eastern China", *Ethnohistory* Vol.15 No.3, 1968; 稻田清一, 「太平天國前夜の客民について」, 『名古屋大學東洋史研究報告』 11, 1986 등을 참조하기 바란다.

502 홍호는 강서성(江西省) 요주인(饒州人)으로서 자는 광필(光弼)이었다. 고종(高宗) 건염(建炎) 2(1128)년 휘유각대제(徽猶閣待制)로서 임시로 예부상서(禮部尙書)에 올라 대금통문사(對金通問使)에 임명되었다. 금(金)에 사신으로 파견되어 15년간 머물며 화의를 성립시키고 귀국한 후 고종으로부터 총애를 받다가 권신 진회(秦檜)에게 거슬러 유배당하여 죽었다. 홍호의 저서로는 금에 사행하였을 때의 견문록인 『송막기문(松漠紀聞)』이 있다.

자랐으므로 홍수전의 조부인 홍국유(洪國游) 때에 홍씨들이 이미 이주하여 살고 있던 관록포로 옮기게 되었다. 관록포는 복원수촌에 비하면 넓은 경작지도 있고 물 사정도 좋은 편이었으나 가난한 마을이었던 듯하다.[503]

> 마을의 전면에 여섯 채의 가옥이 있고, 그 뒤편에 가옥들이 두 줄로 늘어서 있으며, 그 사이로 골목길이 나 있다. 세 번째 열의 서쪽에 홍수전의 부모가 살던 작은 집이 있다. 마을의 가옥 앞에는 작은 연못이 있어 흙탕물이 담겨 있는데, 이것은 마을 전체의 대소변이 빗물과 함께 흘러들어 농업용수로 사용하는 이른바 마을의 비료 연못으로 기능하고 있다. 여기서 사방으로 냄새를 풍겨 중국 농촌에 익숙하지 않은 자는 매우 견디기 어렵다. 마을의 왼쪽 연못 옆에 한 서당이 있는데, 마을 아이들이 가서 책을 읽고 과거시험을 준비하는 곳이다.[504]

한두 마리의 물소를 소유할 정도의 하층 중농이었던 그의 가정환경은 어려서부터 활발하고 쾌활하여 모든 일에 열중하는 기질을 가진 홍수전에게 과거를 준비할 수 있도록 배려할 수 있었다. 7세 때부터 독서하기 시작한 홍수전은 타고난 총명함과 뛰어난 기억력으로 5, 6년 사이에 사서오경과 『고문효경(古文孝經)』을 암송하였다. 그 후에도 홍수전은 『사기』

---

503 小島晋治,『洪秀全』, (東京, 集英社, 1987). 崔震奎 譯,『홍수전』, (서울, 고려원, 1995), p.32 : 崔震奎,「洪秀全의 幻夢과 上帝敎의 創立」,『史叢』43, 1994. (崔震奎,『太平天國의 宗教思想』, 광주, 朝鮮大學校出版部, 2002 수록), pp.84-9. 한편 홍수전의 가계에 관한 보다 상세한 내용은 陳周棠 校補,『洪氏宗譜』, (浙江人民出版社, 1982); 陳周棠 主編,『廣東地區太平天國史料選編』, (廣東人民出版社, 1983), p.13의「洪秀全家族世系表」를 참조하기 바란다.

504 Theodore Hamberg, *The Visions of Hung-Siu-Tshuen, and Origin of the Kwang-si Insurrection*, (Hong Kong : The China Mail Press, 1854). 簡又文 譯,『太平天國起義記』(北京, 燕京大學出版社, 1935. 楊家駱 主編,『太平天國』第6冊, 鼎文書局, 1973 수록), p.837. 市古宙三 譯,『洪秀全の幻想』, (東京, 汲古書院, 1989), pp.10-1. 노태구,『洪秀全 : 太平天國 혁명의 기원』(서울, 새밭, 1979), pp.28-9 : 小島晋治,『洪秀全』, (東京, 集英社, 1987). 崔震奎 譯,『홍수전』, (서울, 고려원, 1995), p.30.

와 기타 전적을 읽어 학문이 크게 향상되었다.[505] 따라서 홍수전은 16세 때부터 과거에 응시하기 시작하였으나 여러 차례 낙방하였다.[506] 홍수전은 부시를 치기 위하여 광주를 방문하였는데, 그 곳의 용장가(龍藏街)에서 가두 전도하던 선교사로부터 기독교 포교서인 양발의 『권세양언』을 수취하였다. 이 당시 광주에 집합한 중국 지식인에게 선교사가 중국어 선교 책자를 배부하는 것은 항례처럼 행해지고 있었는데, 홍수전도 때마침 배부의 대상이 되었던 것이다. 홍수전은 이 서적의 목차만을 일견하고 자택으로 갖고 돌아와 책상 속에 간수해 두었다.[507]

그런데 홍수전이 『권세양언』을 언제 입수하였는지에 대해서는 현재 의견이 분분한데, 현재 1836년설 · 1837년설 · 1833년 혹은 1834년 8월 이전설의 세 가지 주장이 있다. 전 이자는 주로 태평천국사가가 주장하는 설인데, 대개 홍인간의 증언을 유일한 근거로 하고 있다. 후자는 주로 기독교사가가 주장하는 설인데, 그 근거를 선교사들의 증언과 보고 등에서 구하고 있다.[508]

테오도르 햄버그는 홍수전의 『권세양언』 입수 경위와 관련하여 다음과 같이 기술하고 있다.

> 현시(縣試) 때 홍수전은 언제나 상위로 합격하였지만, 수재에 급제하지는 못하였다. 1836년 홍수전이 23세 때에 재차 광주로 시험을 보러 갔다.(원주 :

---

505 簡又文, 『太平天國廣西首義史』 增訂本, (香港, 簡氏猛進書屋, 1967), p.66.

506 홍수전은 16세에서 31세까지 모두 4차례(1828년 16세, 1836년 23세, 1837년 24세, 1843년 31세) 부시에 응시하였으나 모두 낙방하였다.(樓宇烈 · 張志剛 主編, 『中外宗教交流史』, 〈長沙, 湖南教育出版社, 1998〉, p.397)

507 日本基督教團出版局編, 『アジア · キリスト教の歴史』, (東京, 日本基督教團出版局, 1991), p.152.

508 林傳芳, 「『勸世良言』授受年代に關する一考察 : 梁發と洪秀全の接點を求めて」, (小野勝年博士頌壽記念會 編, 『小野勝年博士頌壽記念 東方學論集』, 東京, 朋友書店, 1982 수록), p.480.

> 어쩌면 이보다 전에 갔을 지도 모른다) 포정사(布政司) 아문의 정도문(丁度門) 앞에서 그는 장포백수(長袍白袖)의 명조복(明朝服)에다가 머리 위에 상투를 묶고 있는 사람을 만났다. 그 사람은 중국어를 알지 못하여 그 지방의 사람이 통역을 하였다. 새까맣게 모인 사람들 속에서 그 사람은 들으려고 하지도 않았지만 몸소 사람들에게 말을 걸면서 모든 원망을 들어줄 수 있다고 낭랑한 목소리로 마구 지껄여대었다. 홍수전은 그 사람 앞에 접근하여 자신의 공명(功名)과 전도(前途)의 일을 들으려고 하였지만, 그 사람은 질문을 기다리지 않은 채 "군은 최고의 공명을 얻게 될 것이니 염려하지 말라. 염려하면 병이 된다. 나는 군의 덕 있는 부군을 축복한다."라고 말하였다. 다음 날 홍수전은 용장가에서 또 다시 두 사람을 만났다.(원주 : 홍수전은 후일 이 두 사람은 곧 전날 만난 전도를 점쳐준 그 사람이라고 생각하였다. 이 점에 대하여 그의 기억은 확실하지 않다. 그러나 이는 무리가 아닌 것이다. 왜냐하면 책을 받은 후 그것을 읽기 까지 이미 7년의 세월을 거쳤기 때문이다.) 그 중 한 사람은 9책으로 된 『권세양언』이라는 제목의 책을 손에 갖고 있었다. 그 사람은 이 책을 전부 홍수전에게 주었다. 홍수전은 시험이 끝났을 때 이것을 갖고 돌아가 목차 부분만을 흘끗 보고 책장 속에 넣어 두었다. 그 때에는 이것을 그다지 중시하지 않았다.[509]

한편 상기 인용문의 원자료로 간주되는 홍인간의 「홍수전내력(洪秀全來歷)」[510]에는 다음과 같은 구절이 있다.

---

509 Theodore Hamberg, *The Visions of Hung-Siu-Tshuen, and Origin of the Kwang-si Insurrection*, (Hong Kong : The China Mail Press, 1854), pp.9-10. 簡又文 譯, 『太平天國起義記』(北京, 燕京大學出版社, 1935), p.4. 市古宙三 譯, 『洪秀全の幻想』, (東京, 汲古書院, 1989), pp.19-20. 노태구 옮김, 『洪秀全 : 太平天國 혁명의 기원』, (서울, 새밭, 1979), pp.34-6.; 小島晋治, 『洪秀全』, (東京, 集英社, 1987). 崔震奎 譯, 『홍수전』, (서울, 고려원, 1995), p.39.

510 이는 1852년 4월 홍인간이 테오도르 햄버그에게 넘겨준 수 매의 메모인데, 두 종류가 있다. 하나는 대 영박물관에 소장되어 있는 초본인데, 『經世』 1期(1937)에 전재되어 있다. 다른 하나는 사홍요(謝興堯)가 홍콩의 옛 신문에서 필사한 것인데, 간우문이 해설을 붙여 『逸經』 25期 (1937)에 실었다. 다만 전자는 후자의 전반부뿐이다.(市古宙三, 『洪秀全の幻想』, 〈東京, 汲古書院, 1989〉, pp.155-7)

其人自少讀書, 聰明無比, 無書不讀. 十五六歲考試, 常居十名內. 祖父耕讀傳家, 丙申年在廣州府考試, 逢一**異人**, 着大袖衣, 梳髻, 傳書一部, 名日『勸世良言』.[511]

그리고 전술한 바 있는 「홍인간자술」에도 홍수전이 『권세양언』을 입수한 경위에 대하여 말한 다음과 같은 부분이 있다.

我主天王長子九齡, 子只知其天亶聖聰, 目不再誦, 十二三歲經史詩文, 無不博覽. 自此時至三十一歲, 每場榜名高列, 惟道試不售, 多有抱恨. 丁酉年, 聖壽二十五歲, 在廣州領卷考試, 由學院前街轉至龍藏街, 偶遇一**長髮道袍者**, 另有一人隨侍, 手持書一部九卷, 未號書名, 敬賚遞獻, 面囑云, '功名二字, 爾應大受, 切勿憂, 憂必病.' 言罷, 飄然而去.[512]

상기 예문에 나오는 '이인(異人)' · '장발도포자(長髮道袍者)'가 양발인지 여부를 둘러싸고 현재 학계에서는 의견이 분분한 실정이다.[513] 우선 미국학자 조나단 스펜서(Jonathan Spencer)는 이 사람은 양발이 아니라 미국공리회 소속의 에드윈 스티븐스(Rev. Edwin Stevens, 중국명 施迪芬, ?-1837)[514]일 것이라고

---

511 『逸經』 第25期, 1937, p.37.

512 『太平天國文書彙編』, (北京, 中華書局, 1979), p.547.

513 茅家琦 主編, 『太平天國通史』 上册, (南京大學出版社, 1991), p.153.

514 에드윈 스티븐스는 1832년 10월 26일 미국선원우교회의 선교사로 광주에 파송되어 와서 데이비드 아빌의 사역을 계승하였다. 1835년 4월 14일 칼 구츨라프와 고든(Gordon)을 따라 영정도를 출발하여 북해산(北海山, Bohea Hills)과 복건성 민청(閩淸, Min-tsing)을 순회한 다음, 5월 16일 마카오로 돌아왔다. 8월 26일 다시 월트 메드허스트와 함께 북상하여 중국 연해 지역에 대한 순회 선교를 하고 10월 31일 영정도로 돌아왔다. 1836년 3월 에드윈 스티븐스는 그의 선교 지원단체인 미국선원우교회를 떠나 미국공리회에 가입하여 12월 3일 트레이드센트 레이(Mr. Tradescent Lay)와 보르네오 일대를 순회하던 중 싱가포르에서 열병에 걸려 신음하다가 1837년 1월 5일 세상을 떠났다. 당시 에드윈 스티븐스의 나이는 겨우 35세 였다. 에드윈 스티븐스에 관한 보다 상세한 내용은 李志剛, 『基督教早期在華傳教史』, (臺北, 臺灣商務印書館, 1985), pp.103-4; 吳義雄, 『在宗教與世俗之間 : 基督教新教傳教士在華南沿海的早期活

주장하였는데,[515] 중국학자 오의웅(吳義雄)도 이 설에 동조하고 있다.[516] 한편 잇사칼 로버츠는 전술한 「홍수전혁명의 진상」이란 보고서 속에서 '넓은 소매의 옷에 장발을 한 용모 특이한 사람으로부터 『권세양언』 1권을 받았다' 라고 기술하였으며, 계속해서 '이 사람은 즉 양아발이다'[517]라는 주를 달았다. 그런데 이 '넓은 소매의 옷에 장발을 한 용모 특이한 사람'과 '장발도포자'는 약간 달라서 홍인간 증언의 애매함을 엿볼 수 있지만, 이 '넓은 소매의 옷에 장발을 한' 인물상은 금일 전해지고 있는 양발의 초상화와 완전히 일치하는 것으로 보아 양발로 간주해도 좋을 것이다.

요컨대 상기 세 종류의 자료는 문서로서 현출한 형태는 각각 다르지만, 모두 홍인간의 증언에 기초하고 있다는 점에서는 공통적이다. 그런데 상기 세 종류의 자료는 사료로서 다음과 같은 문제점을 갖고 있다. 첫째, 홍인간의 증언에 기초하고 있다는 *The Visions of Hung-Siu-Tshuen, and Origin of the Kwang-si Insurrection*에 기술되어 있는 사항이 홍인간 자신이 직접 체험한 것이 아니라 홍수전으로부터 들은 것이라는 점이다. 홍수전이 자신의 체험을 홍인간에게 말한 것은 사실의 발생으로부터 적어도 6년 이상 경과한 후였으며, 홍인간이 테오도르 햄버그에게 말한 것은 그로부터 또 다시 12년을 경과한 후였다는 점이다. 둘째, *The Visions of Hung-Siu-Tshuen, and Origin of the Kwang-si Insurrection*의 사료적 원천으로

---

動研究』, (廣州, 廣東教育出版社, 2000), pp.76-9 등을 참조하기 바란다.

515 Jonathan Spence, *God's Chinese Son, The Taiping Heavenly Kingdom of Hong Xiuquan*, (W. W. Norton Company, 1996), p.31.

516 吳義雄, 「關於梁發與洪秀全的幾個問題」, 『韓山師範學院學報』 2001年 第3期, p.3.

517 『逸經』 第25期, 1937, p.822; 鄧嗣禹, 「勸世良言與太平天國革命之關係」上 · 下, 『大陸雜誌』 30-8 · 9, 1965. (吳相湘 主編, 『勸世良言』, 臺灣, 學生書局, 1985 수록), p.6.

간주되는 「홍수전내력」과 이 저술의 기술을 비교해 보면 후자가 상당히 윤색되어 있다는 점이다. 셋째, *The Visions of Hung-Siu-Tshuen, and Origin of the Kwang-si Insurrection*과 「홍수전내력」은 모두 홍수전의 『권세양언』 입수년을 1836년으로 하고 있음에 대하여, 「홍인간자술」만은 1837년이라고 하고 있어서 기록상 차이를 보이고 있는 점이다.[518] 이러한 문제점이 있음에도 불구하고 홍인간의 증언을 유일의 중요한 증거로 간주해서 홍수전의 『권세양언』 입수년을 상고하면 1836년 혹은 1837년이 된다는 것이다.

우선 1836년을 취신하는 학자로는 Augustus F. Lindley[519] · W. E. Soothill[520] · Kenneth S. Latourette[521] · G. E. Taylor[522] · 소일산(蕭一山)[523] · 간

---

518 林傳芳, 「『勸世良言』授受年代に關する一考察 : 梁發と洪秀全の接點を求めて」, (小野勝年博士頌壽記念會 編, 『小野勝年博士頌壽記念 東方學論集』, 東京, 朋友書店, 1982 수록), pp.495-6.

519 Augustus F. Lindley, *Ti-Ping Tien-Kwoh : The History of the Ti-Ping Revolution, including a Narrative of the Author's Personal Adventures* Vol. 1, (London : Day & Sons, 1866), p.35.

520 W. E. Soothill, *China and West*, (Oxford, 1925), p.140.

521 Kenneth S. Latourette, *A History of Christian Missions in China*, (London/New York : The Macmillian Company, 1929), p.282. 한편 케네스 라투레트(Kenneth S. Latourette, 1884-1870)는 미국의 선교사이자 선교사가였다. 케네스 라투레트는 1921년부터 수년간 중국 선교사로 파송되어 활동하였다. 선교사로서의 사역을 성공적으로 수행한 후 케네스 라투레트는 예일 대학교의 교수로 초빙되어 1953년 은퇴할 때까지 선교의 역사를 가르쳤다. 케네스 라투레트는 선교의 역사에 관한 다수의 저서를 남겼는데, 그 대표적인 것들로 *A History of Christian Missions in China*, (London/New York, The Macmillian Company, 1929); *A History of the Expansion of Christianity*, 7 vols., (New York, Harper & Row, 1937-45); *Christianity in a Revolutionary Age : A History of Christianity in the Nineteenth and Twentieth Centuries*, 5 vols, (New York, 1958-61) 등이 있다.

522 G. E. Taylor, "*The Taiping Rebellion*," *The Chinese Social and Political Science Review* Vol.16 No.4, Jan., 1933.

523 蕭一山, 『青史大綱』, 1944, p.66.

우문(簡又文)[524] · 곽정이(郭廷以)[525] · 범문란(范文瀾)[526] · 사시걸(査時傑)[527] · 고장성(顧長聲)[528] · 시마야마 키이치(島山喜一)[529] · 마쓰이 츠네오(增井經夫)[530]가 있다. 이 설의 논지는 1835-9년 싱가포르와 말라카에서 활동 중이던 양발이 1836년 12월 일시 귀향하여 가족을 만난 후 전도 책자를 배포하였으며, 이 때 홍수전이 『권세양언』을 입수하게 되었을 것이라는 주장이다. 그러나 1834년의 체포령이 해지되지 않은 상황 하에서 양발이 과연 광주에서 전도 책자를 배포할 수 있었는지 의문이다. 홍수전이 다른 사람으로부터 『권세양언』을 받았을 가능성도 있으나 당시 전도에 대한 열성과 용기에 있어서 양발에 비길 자가 없었으며, 로버트 모리슨의 중국 선교 25주년의 회고에 의하더라도 양발이 전도 책자를 직접 배포하였다고 볼 수 밖에 없기 때문이다.[531]

---

**524** 簡又文, 『太平軍廣西首義史』, (北京, 商務印書館, 1944), p.68-9; 簡又文, 『太平天國典制通考』 下卷, (香港, 簡氏猛進書屋, 1958), pp.1590-1614. 간우문은 자설의 근거로서 *The Visions of Hung-Siu-Tshuen, and Origin of the Kwang-si Insurrection*과 「홍수전내력」이 일치해서 1836년이라고 하고 있는 점을 들고 있다. 그리고 1837년이라고 하는 「홍인간자술」에 대해서는 기억의 착오라고 하고, 1833년 혹은 1834년설은 홍수전이 광주로 과거 시험을 치러 간 사실이 없다며 이를 배척하는 한편, 오직 홍인간 측의 증언에만 입각하여 선교사측 기록의 모순을 지적하고 있다.

**525** 郭廷以, 『太平天國史事日誌』 上册, (臺北, 商務印書館, 1946), p.13.

**526** 范文瀾, 『中國近代史』 上卷, (北京, 人民出版社, 1962), p.94.

**527** 査時傑, 「梁發(1789-1855) : 第一位中國籍牧師」, (査時傑, 『中國基督教人物小傳』 上卷, 〈臺北, 中華福音神學院出版社, 1983〉 수록), p.3.

**528** 顧長聲, 「第一個被按立的中國傳道人梁發」, (顧長聲, 『傳教士東來傳救恩論文集錦』, 臺北, 宇宙光, 2006 수록), p.75.

**529** 島山喜一, 「太平天國亂の本質」, (京城帝國大學文學會 編, 『東方文化史叢考』, 1935 수록), p.68.

**530** 增井經夫, 『中國の二つの悲劇』, (東京, 研文出版, 1978), p.48.

**531** 彭澤益, 「洪秀全得『勸世良言』考證 : 兼論太平天國與基督教的關係」, 『近代史研究』 1988年 第5期, p.61.

다음 1837년을 취신하는 학자로는 나이강(羅爾綱)[532] · 모안세(牟安世)[533]가 있다. 그런데 1837년은 양발이 싱가포르와 말라카에서 활동하고 있던 때였고, 광주에서 정유과향시(丁酉科鄉試)가 거행된 해였다. 향시는 거인을 선출하는 것이지 수재를 선출하는 시험이 아니므로 홍수전은 이 시험을 볼 자격이 없었다. 따라서 홍수전이 이 해에 양발로부터 『권세양언』을 입수하였을 가능성은 없었을 것이라는 주장[534]이 설득력이 있다.

선교사의 증언이나 당시의 기록 중 가장 신빙성이 높은 것은 1833년 10월 26일 광주에 도착하여 친히 양발을 만난 적이 있는 미국국제선교본부 소속의 선교사 사무엘 윌리엄스의 다음과 같은 내용의 보고이다.

> 양발은 현재 저작을 출판하는 일에 열심인데, 이미 많은 서적을 배포하였다. 전날 광동에서 부시가 거행되자 25,000명의 수험생이 각 현에서 광동으로 몰려 왔다. 그는 고력 수인을 고용해서 중국어 저작을 채운 상자를 공원 앞까지 운반케 하여 그 곳에서 전력을 다해 생명의 도를 지식인인 과거 수험생에게 전하였다. 이것은 3일간 연속해서 행해졌다.[535]

같은 무렵 로버트 모리슨이 런던선교회에 보낸 보고 속에도 위의 인용

---

532 羅爾綱,『太平天國史稿』, (北京, 中華書局, 1955), pp.1,66.

533 牟安世,『太平天國』, (上海人民出版社, 1969). 依田憙家 譯,『太平天國』, (東京, 新人物往來社, 1973), pp.40-1.

534 팽택익은 史澄 等纂,『廣州府志』 卷四十五-四十六을 근거로 해서 이렇게 주장하고 있다.( 彭澤益,「洪秀全得『勸世良言』考證 : 兼論太平天國與基督教的關係」,『近代史研究』 1988年 第5期, p.61)

535 George H. McNeur, *China's First Preacher Liang A-Fa 1789-1855*, (Shanghai : Kwan Hsueh Publishing House, 1934), pp.68-9. 胡簪云 譯 · 上海廣學會 重譯,「中華最早的布道者梁發」,『近代史資料』 1979年 第2期, pp.182-3. 朱心然 譯,『梁發 : 中國最早的宣教師』, (香港, 基督教文藝出版社, 1998), p.95.

문과 같은 내용의 것이 포함되어 있다.

> 요망에 따라 내가 양아발 및 아앙(亞昂)과 어떻게 전도의 사역을 진행하고 있는가를 전합니다. 우리는 어떤 때에는 공동으로, 어떤 때에는 단독으로 중국어 선교문서의 저작과 배포를 진행하고 있습니다. 수일 전 양아발은 좋은 기회를 얻어 그의 저작인 『성서일과초학사용』 등의 저작을 과거의 수험을 위하여 광동으로 몰려 온 수험생들에게 배포할 수 있었습니다. 이들 수험생은 모두 100리 이상이나 떨어진 원거리의 향촌에서 수험을 위하여 참집해 오고 있는 것입니다. 양아발은 살금살금 건넨 것이 아니라 노골적인 방식으로 그의 조수와 함께 이들 중국어 저작을 배포하였습니다. 수험생들은 이들 서적을 기꺼이 받았고, 그 중에는 내용을 본 뒤 재차 받으러 온 자도 있을 정도였습니다. 아발은 편지 속에서 자신은 어떠한 경우에도 참고 견딜 각오가 되어 있다고 나에게 말하였습니다. 그는 박해에 견딜 준비가 이미 되어 있습니다. 그러나 이 편지를 쓰는 시점에서는 아직 아무런 사고도 일어나지 않았습니다. 아발은 마음으로는 아직 평온한 이 때에 사역에 전력을 다하려 하고 있는 것입니다.[536]

상기 두 인용문에 의하면 1833년 양발은 광주에 모여든 수험생들에게 대량의 전도 책자를 배포하였음을 알 수 있다.

1832년 이래 전도 책자를 정력적으로 배포해 온 양발은 1833년에 이어 1834년에도 수험생을 대상으로 하여 전도 책자를 배포하였다. 이와 관련하여 양발은 자신의 수기에서 다음과 같이 말하였다.

---

536 George H. McNeur, *China's First Preacher Liang A-Fa 1789-1855*, (Shanghai : Kwan Hsueh Publishing House, 1934), p.69. 胡簪云 譯 · 上海廣學會 重譯,「中華最早的布道者梁發」,『近代史資料』1979年 第2期, p.183. 朱心然 譯,『梁發 : 中國最早的宣教師』, (香港, 基督教文藝出版社, 1998), p.95.

> 나는 1834년 이래 광동성(廣東城)과 부근의 향촌에서 『성서일과초학사용』을 배부하였던 바 사람들은 기꺼이 받았고, 거절한 사람은 극히 적었습니다. 금년은 바로 3년마다 1회의 향시가 있는 해인데, 각 현의 수재가 광동에 모여 수험하였으므로 이 기회를 이용하여 나는 가능한 한 빨리 중국어 선교문서를 그들에게 배부하는 것을 계획하였습니다. 이 때문에 8월 20일 나는 오아청, 주아생 및 양아신과 함께 이것을 실행하였습니다. 이 날 배포한 『성서일과초학사용』은 총계 1,000부였는데, 수험생이 기꺼이 받고 아무런 방해도 없어서 우리들은 대단히 감사하게 생각하였습니다.[537]

상기 문장은 중국어 저작의 배포가 순조롭게 진행된 제2일째, 즉 21일까지의 상황이었다. 그런데 전술한 바 있듯이 22일 오아청의 남해현서 연행을 필두로 한 본격적인 취체 개시, 30일 남해지현의 포고 고시, 31일 양발의 체포 등 일련의 사건이 연속적으로 발생하였다. 따라서 『권세양언』의 배포는 1832년 8월경에 시작되어 1834년 8월 31일에 일단 종료되었다고 보아야만 할 것이다.

상기의 자료들은 동시대의 당사자에 의한 것이기 때문에 신빙성이 상당히 높을 것으로 사료된다. 그럼에도 불구하고 이들 자료에는 다음과 같은 문제점이 있다. 첫째, 1833 · 4년에 『권세양언』이 배포된 사실은 확인할 수 있어도 그것이 홍수전에게 건네진 증거는 아무데도 없다는 점이다. 둘째, 동시대 선교사의 보고이지만 과거 시험의 종별이나 수험자 등 세세한 면에서는 차이점이 보인다는 점이다.

어쨌든 홍수전이 『권세양언』을 입수한 것이 1833년 혹은 1834년 8월 이전이라고 간주할 때 그 논리적 근거는 대체로 상기의 자료들

---

537 胡簪云 譯 · 上海廣學會 重譯, 「中華最早的布道者梁發」, 『近代史資料』 1979年 第2期, p.186.

이다. 1833년 혹은 1834년 8월 이전설을 취신하는 학자는 Thomas T. Meadows,[538] J. Milton Mackie,[539] Lindesay Brine[540] · 등사우(鄧嗣禹)[541] · 왕치심(王治心)[542] · 추신성(鄒身城)[543] · 팽택익(彭澤益)[544] · 야자와 요시히코(矢澤利彦)[545] · 미야코다 츠네타로우(都田恒太郎)[546] · 하야시 덴보우(林傳芳)[547] · 요시다 토라(吉田寅)[548] 등이 있다.

이 설의 논리적 근거는 다음과 같은데, 필자도 취신하는 바이다. 첫째, 『권세양언』이 광주에서 배포된 것은 1832년부터 1834년 8월경 까지이고, 이 사이에 광주에서 수재시험(秀才試驗), 즉 동시(童試)가 거행된 것은

---

538 Thomas T. Meadows, *The Chinese and Their Rebellions : Viewed in Connection with Their National Philosophy, Ethics, Legislation, and Administration*, (London, 1856), pp.75-7.

539 J. Milton Mackie, *Life of Tai-ping Wang, Chief of the Chinese Insurrection*, (New York : Dix, Eswards, and Co., 1857), pp.61-5.

540 Lindesay Brine, *The Taiping Rebellion in China*, (London : John Murray, 1862), p.66.

541 鄧嗣禹, 「'勸世良言'與太平天國革命之關係」上 · 下, 『大陸雜誌』30-8 · 9, 1965.(吳相湘 主編, 『勸世良言』, 臺灣, 學生書局, 1985 수록), p.8. 등사우는 주로 선교사의 기록을 인례로 제시하며 1833년설을 주장하고, 『권세양언』의 배포자도 양발임을 인정함과 동시에 홍인간의 전문에 의한 회상적 증언에는 원자료로서의 가치가 없음을 주장하였다.

542 王治心, 『中國基督教史綱』, (香港, 基督教文藝出版社, 1979), pp.170-1.

543 鄒身城, 「洪秀全獲得勸世良言時間考」, 『社會科學戰線』 1980年 第4期; 鄒身城, 「勸世良言與洪秀全異夢」, 『中山大學學報』 1980年 第4期.

544 彭澤益, 「洪秀全得『勸世良言』考證 : 兼論太平天國與基督教的關係」, 『近代史硏究』 1988年 第5期, pp.68-9.

545 矢澤利彦, 『中國とキリスト教 : 典禮問題』, (東京, 近藤出版社, 1972), p.288.

546 都田恒太郎, 『ロバ-ト · モリソンとその周邊』, (東京, 教文館, 1974), p.268.

547 林傳芳, 『『勸世良言』授受年代に關する一考察 : 梁發と洪秀全の接點を求めて』, (小野勝年博士頌壽記念會 編, 『小野勝年博士頌壽記念 東方學論集』, 東京, 朋友書店, 1982 수록), pp.498-500.

548 吉田寅, 「中國人キリスト教宣教師梁阿發と『勸世良言』」, 『立正大學文學部論叢』 89, 1989, p.63; 吉田寅, 「中國人宣教師梁阿發と『勸世良言』」, (吉田寅, 『中國プロテスタント傳道史研究 : 宣教師刊中國語著作の資料的研究』, 〈東京, 汲古書院, 1997 수록〉), p.98

1833년뿐이며, 홍수전은 수재시험을 치기 위하여 광주에 왔기 때문에 1833년 이외에는 홍수전이 『권세양언』을 입수할 기회가 사실상 없었다는 점이다. 둘째, 1834년 8월 남해지현의 전도 책자 등의 배포 금지의 포고가 발령된 후 1840년까지 『권세양언』이 배포된 사실이 없고, 또한 배포가 불가능한 상태에 있었음을 고려할 때 홍수전이 『권세양언』을 입수할 가능성이 있었던 시점은 1834년 8월 이전이어야만 한다는 점이다.

홍수전이 『권세양언』을 수취하였을 때 그다지 관심을 갖지 않고 조금 읽고서 책장 속에 넣어 둔 사실은 전술한 바 있다. 1837년 홍수전이 세 번째로 과거 시험에서 낙방의 고배를 마셨을 때 심한 굴욕감으로 열병을 앓았으며, 그 상태는 들것에 실려 배로 귀향할 정도였다. 홍수전은 약 40일간 헛소리를 계속하며 발작을 반복하였는데, 이 때 환몽을 본 것이 『권세양언』에 홍수전이 중대한 관심을 갖게 되는 기연이 되었던 것이다.

홍수전의 환몽에 관한 자료로는 Theodore Hamberg의 *The Visions of Hung-Siu-Tshuen, and Origin of the Kwang-si Insurrection* (Hong Kong : The China Mail Press, 1854), 「태평천일」 및 홍수전의 명을 받아 그의 두 형이 1860년 증언한 것을 기록한 『왕장차형친목친이공증복음서(王長次兄親目親耳共證福音書)』의 세 자료가 있지만, 모두 거병 후 기록된 것으로 가식이 있을 수 있다. 이러한 점을 고려하면 환몽 자체는 사실이라기보다 의도적으로 만들어진 것이라고 보는 편이 옳을 지도 모른다. 이 세 자료 중 테오도르 햄버그의 것은 「태평천일」의 초고에 기초하여 쓰인 것으로 중복되는 부분이 많고, 「태평천일」은 1862년 출판 당시에 수정이 가해졌을 것이기 때문에 테오도르 햄버그의 기록이 보다 원형에 가까울 것이다.[549]

549 小島晋治, 『洪秀全』, (東京, 集英社, 1987). 崔震奎 譯, 『홍수전』, (서울, 고려원, 1995), p.41 : 崔

따라서 본고에서는 테오도르 햄버그의 저서에 입각하여 홍수전의 환몽을 살펴보고자 하는데, 그 요점은 다음과 같다. 즉 다른 세계로 이끌려 간 홍수전이 내장 교체의 수술을 받은 후 아름다운 방으로 인도되어 그 곳에서 금발흑의(金髮黑衣)의 노인으로부터 천계(天啓)를 들었다는 것이다.

> 분명하게 한 마리의 용과 한 쌍의 범과 한 쌍의 닭과 함께 찬란한 음악이 들려오는 중에 화려한 인마와 꽃가마가 나타나는 것을 보았다. 그리고 고상한 한 어른이 나와서 나에게 정중하게 인사하고 가마에 오르시라고 예의범절을 갖추고 권면하였다. 내가 꽃가마에 오르니 꽃가마가 즉시 떠났고 한 식경쯤 지나가니 휘황찬란한 궁궐문 앞에 도착하게 되었다. 남녀 많은 군중이 나를 환영하였다. 한 늙은 여인이 나와서 나를 안내하여 그리 크지 않은 목욕실로 들어가서 목욕을 마쳤다. 그리고 수술실로 들어가서 가슴을 가르고 심장을 바꾸는 수술을 하였다. 수술 후 고통은 느끼지 않고 유쾌하게 궁전을 걸어다니며 많은 비문도 읽고 구경하고 있을 때 검은 옷을 입고 누런 수염이 많이 난 한 노인이 앞에 와서 눈물을 흘리면서 말하기를 "세상 인류를 내가 창조하고 그들에게 입을 것과 먹을 것 등 일체를 거저 주었다. 그런데 그들이 은혜를 갚을 줄도 모르고 오히려 나를 배척하고 악마의 친구가 되고 말았다. 그러니 네가 속히 내려가서 악마를 멸하고 진리를 전파하여 인류가 다 나에게로 돌아오게 하기를 내가 원한다."고 하면서 검과 인을 주어서 증인을 삼았다.[550]

이 노인은 홍수전에게 한 자루의 검을 주며 악마를 전멸할 것을 명하

震奎,「洪秀全의 幻夢과 上帝教의 創立」,『史叢』43, 1994. (崔震奎,『太平天國의 宗教思想』, 광주, 朝鮮大學校出版部, 2002 수록), pp.111-2. 한편 홍수전의 환몽에 관한 연구 업적으로는 崔震奎,「洪秀全의 幻夢과 上帝教의 創立」,『史叢』43, 1994. (崔震奎,『太平天國의 宗教思想』, 광주, 朝鮮大學校出版部, 2002 수록)을 참고하기 바란다.

550 Theodore Hamberg, *The Visions of Hung-Siu-Tshuen, and Origin of the Kwang-si Insurrection*, (Hong Kong : The China Mail Press, 1854), p.10. 市古宙三 譯,『洪秀全の幻想』, (東京, 汲古書院, 1989), pp.21-3. 노태구 옮김,『洪秀全 : 太平天國 혁명의 기원』, (서울, 새밭, 1979), pp.37-8 : 小島晋治,『洪秀全』, (東京, 集英社, 1987). 崔震奎 譯,『홍수전』, (서울, 고려원, 1995), pp.42-3.

였으나 사람들에게는 위해를 주지 않도록 경고하였다. 그리고 노인은 악령에게 이기기 위하여 사용하는 인수 1개와 상당히 맛있는 노란 과실 하나를 주었다. 홍수전의 열병과 환몽은 약 40일간[551] 계속되었다. 그 가운데 홍수전은 여러 차례 중년의 사람과 만났는데, 그는 이 사람을 큰 형이라고 불렀다. 이 사람은 홍수전에게 어떻게 행동해야 할 것인가를 가르쳤고, 홍수전과 함께 먼 지방까지 악마를 퇴치하러 나갔으며, 홍수전이 이들 악마를 참살하고 전멸시키는 것을 원조하였다.[552]

홍수전이 본 환몽의 주요 부분은 이상과 같았다. 이상의 테오도르 햄버그의 기술 가운데에도 의도적으로 신화화한 부분이 당연히 들어 있을 것이다. 그러한 한계를 감안해서 읽는다 해도 이 환몽 속에는 과거 시험의 실패에 대한 강한 좌절감과 이것을 다른 길을 통해서 치유하고자 하는 심리 및 그 근저에 있던 거의 편집광적인 자존심과 사명감, 과거 시험의 실패에 의한 좌절을 계기로 분출된 시간 총체에 대한 막연한 울분이라고 할 수 있는 것이 잘 반영되어 있었다.[553] 따라서 간우문은 이 환몽을 다음과 같이 몽성상태(夢醒狀態, twilight state)로 분석하기도 하였다.

> 홍수전의 환상은 신령한 경험이나 자연을 초월하는 기적이 아니고 자연현상 가운데 하나로서 심리학과 정신병학으로 분석하여 한 마디로 말한다면

---

551 홍수전이 실제로 병을 앓은 기간은 단지 4일간이었다는 주장(郭廷以 編,『太平天國史事日誌』上,〈臺北, 臺灣商務印書館, 1946〉, pp.14-27; 簡又文,『太平天國全史』上,〈香港, 簡氏猛進書屋, 1960〉, pp.22-3; 簡又文,『太平天國首義史』增訂本,〈香港, 簡氏猛進書屋, 1967〉, pp.74-9)이 있고, 등사우는 예수의 40일간의 금식의 예에서 그 모티프를 차용한 것이라고 주장하였다.

552 Theodore Hamberg, *The Visions of Hung-Siu-Tshuen, and Origin of the Kwang-si Insurrection*, (Hong Kong : The China Mail Press, 1854), pp.10-1. 市古宙三 譯,『洪秀全の幻想』, (東京, 汲古書院, 1989), p.25. 노태구 옮김,『洪秀全 : 太平天國 혁명의 기원』, (서울, 새밭, 1979), p.40; 小島晋治,『洪秀全』, (東京, 集英社, 1987). 崔震奎 譯,『홍수전』, (서울, 고려원, 1995), p.45.

553 小島晋治,『洪秀全』, (東京, 集英社, 1987). 崔震奎 譯,『홍수전』, (서울, 고려원, 1995), p.48.

급성 정신병, 즉 몽성상태라고 할 수 있다. 이 병의 원인은 극도의 실망과 실의, 우울, 슬픔, 고통을 당하여 신경을 너무 많이 자극하게 되었을 때 생기는 일종의 신경혼란증에 속하는 병이다. 이 병의 증상으로는 욕망이 꿈과 같은 이상으로 나타나는 것이다. 홍수전의 환상에서 나타났던 상천은 청의 황제이며 검은 옷에 누런 수염을 한 노인은 길에서 만났던 선교사이며 여인은 중국인 통역관이거나 검은 책자를 상징하고 하나님을 경배하고 그릇된 신을 파기하라는 음성은 교리이며 천명을 퍼뜨려 사람의 왕이 된 것은 그의 최고의 욕망을 나타내는 것이다. 여기서부터 홍수전은 천왕의 의식을 갖게 된 것이다.[554]

심지어 잇사칼 로버츠는 친구에게 쓴 1847년 3월 27일자의 서간에서 홍수전이 본 환몽이 정통적인 기독교의 교의에서 보아도 전혀 독신적 · 이단적인 것이 아니었다는 것, 즉 홍수전이 예수의 아우이며 상제의 차자라고 하는 내용을 포함하고 있지 않았다는 것을 다음과 같이 언급하였다.

3, 4일 전에 두 명의 구도자(홍수전과 홍인간)이 광주로부터 20, 30마일 정도 떨어진 마을에서 찾아왔다. 그들은 한 편의 문장을 써서 자신들의 심성 수련 과정과 가르침을 받기 위해 이곳으로 자신들을 오게 만든 계기에 대해 서술하였다. 그들의 문장은 간명하고도 평이하였고 서술은 명백하고 만족할 만한 것이었다. 그것을 읽은 후 나는 주께서 이미 이들의 마음을 감화하여 이들을 움직여서 우상을 버리고 구세주를 찾게 하였다는 것을 확신하였다. 그 가운데 한 사람(홍수전)의 진술은 그야말로 이달리야 부대라고 불린 부대의 백부장 고넬료가 본 이상(「사도행전」 10장의 내용)과 거의 같은 것이었다.[555]

---

554 이관숙, 『중국기독교사』, (서울, 쿰란출판사, 1995), pp.215-6에서 재인용. 한편 P. M. Yap, "The Mental Illness of Hung Hsiu-chüan, Leader of the Taiping Rebellion," *Far Eastern Quarterly* 13, 1953도 홍수전의 환몽을 정신병리학적으로 연구한 업적으로서 참고할 만하다.

555 小島晋治, 『洪秀全』, (東京, 集英社, 1987). 崔震奎 譯, 『홍수전』, (서울, 고려원, 1995), 저자 서문.

어쨌든 이 환몽의 내용 중에는 기독교적인 요소와 민간신앙적인 요소, 특히 도교적인 요소[556]가 동시에 포함되어 있음을 간과할 수 없다. 그러면 홍수전이 『권세양언』의 내용을 그의 환몽과 일치하는 것으로서 감득한 데에 그의 기독교적 신앙의 문제점이 있었던 것이다.

환몽에서 깨어났을 때 홍수전의 외모와 태도 및 그 의식은 크게 달라져 있었다고 한다.[557] 환몽을 계기로 홍수전이 사상 면에서 크게 변화하였으리라고 판단되지만, 6년 후인 1843년의 과거에 응시하는 것으로 보아 그가 아직도 과거시험을 통한 현 체제 아래에서의 공명을 이루고자 하는 생각을 가지고 있었음을 알 수 있다.[558]

어쨌든 환몽이 홍수전의 입신과 결부되는 것은 1843년의 일이었다. 1843년 홍수전은 또 다시 과거에 낙방하여 깊은 절망감과 굴욕감에 젖게 되었다. 1837년의 실패로 인한 충격으로 열병과 환몽까지 경험한 바 있는 홍수전에게 그 절망감과 굴욕감의 도가 어떠했으리라는 것을 능히 짐작할 수 있다. 당시의 과거제도는 봉건이치(封建吏治)의 부패 때문에 진정한 인재를 뽑지 못하였으며, 광동에는 위성(闈姓)이라고 불리는 과장(科場) 도박이 성행하였는데, 실질적으로는 부호의 자제가 뇌물로 공명을 얻는 방법이었다. 아마 홍수전도 이러한 과장에서 일어나는 흑막의 희생자였을지도 모른다.[559]

---

556 홍수전 환몽의 도교적 색채에 관해서는 周志初 · 華國樑 · 吳善中, 「太平天國與道教」, 『揚州師院學報』 社科版, 1989年 제3期를 참고하기 바란다.

557 小島晋治, 『洪秀全』, (東京, 集英社, 1987). 崔震奎 譯, 『홍수전』, (서울, 고려원, 1995), pp.48-9.

558 崔震奎, 「洪秀全의 幻夢과 上帝教의 創立」, 『史叢』 43, 1994. (崔震奎, 『太平天國의 宗教思想』, 광주, 朝鮮大學校出版部, 2002 수록), p.115. 홍수전의 이러한 행동을 1837년의 환몽으로 말미암아 형성되기 시작한 반청사상이 일시적으로 동요한 결과라고 평가하기도 한다.(高光漢, 「論洪秀全反淸思想的形成」, 〈南京大學歷史系太平天國史研究室 編, 『太平天國史論考』, 江蘇古籍出版社, 1985〉)

559 夏春濤, 『太平天國宗教』, (南京大學出版社, 1992), p.17.

이 때 홍수전은 관록포에서 15km 정도 떨어진 내외종 사촌형 이경방(李敬芳)이 살고 있던 객가촌 연화당(蓮花塘)의 서당에 교사로 가게 되었다. 이경방이 홍수전의 서가를 보자 거기에 『권세양언』이 있어서 홍수전에게 그 내용을 물으니 알지 못한다고 하였다. 이경방이 『권세양언』을 빌어다가 읽어보니 경서에는 보이지 않는 묘한 것들이 쓰여 있었다. 이경방이 『권세양언』을 돌려주면서 홍수전에게 이 사실을 말하자 홍수전은 이 때부터 『권세양언』을 숙독하게 되었다.[560]

양발이 유일신이신 하나님만을 믿어야 한다는 논리를 펴기 위하여 『권세양언』에서 행한 유교 비판은 개인적으로 과거에 떨어져 극도의 절망감과 굴욕감을 경험한 홍수전의 가슴 속에 깊이 다가왔을 것이다. 비록 『권세양언』이 기독교를 전하는 전도 책자이기는 하였으나 저자 양발이 중국적 전통에서 자란 중국인이며, 불교에 의지하여 죄 문제를 해결하고자 하였다가 여의치 않자 기독교에 입교하여 내심의 고뇌를 해결하고 주위로부터의 강압과 핍박을 극복하고 신앙을 지켜나간 체험적인 글이었기 때문에 더욱 설득력이 있었다.[561] 그리고 『권세양언』의 문장 중에 보이는 유교 · 불교 · 도교 등의 색채는 홍수전이 기독교를 받아들이는 데에 문화적 거리감을 줄이고 심리상의 저항감을 덜어주었을 것이다.[562] 따라서 홍수전은 환몽의 내용을 『권세양언』 중의 기사와 일치시키며 그 의미를 풀 실마리를 발견하게 된 사실을 다음과 같이 말하였다.

---

560 日本基督教團出版局編, 『アジア · キリスト教の歷史』, (東京, 日本基督教團出版局, 1991), p.152; 小島晋治, 『洪秀全』, (東京, 集英社, 1987). 崔震奎 譯, 『홍수전』, (서울, 고려원, 1995), p.52 : 崔震奎, 「洪秀全의 幻夢과 上帝教의 創立」, 『史叢』 43, 1994. (崔震奎, 『太平天國의 宗教思想』, 광주, 朝鮮大學校出版部, 2002 수록), p.121.

561 吉田寅, 「日中兩國におけるプロテスタント受容 : 初期信徒の入信狀況」, (『日中文化交流叢書 · 宗教篇』, 1996 수록), p.439.

562 夏春濤, 『太平天國宗教』, (南京大學出版社, 1992), p.16.

> 사실 상천(上天)께서 나에게 특별히 하사한 것이니 내가 전에 경험한 것이 진실임을 증명하는 것이다. 만약 내가 이 책(『권세양언』)만을 얻고 이전의 병이 없었다면 책에서 말한 것을 믿고 세상의 누속(陋俗)을 반대하는 일은 하지 않았을 것이다. 또 이전의 병만 있고 이 책이 없었다면 다시 내가 병중에 경험한 것이 진실임을 증명할 수 없었을 것이다.[563]

홍수전은 환몽이 그에게 발생한 유래를 그 나름대로 이해하였다. 즉 저 금발흑의의 노인은 유일신인 여호와=천부=상제이고, 그를 도와 준 중년의 남성은 천형(天兄)인 구세주 예수라는 것이었다. 악마[564]란 진신에 대한 인식을 방해하는 최대의 요인으로서의 염마를 비롯한 갖가지의 우상으로 보면 상제로부터 우상의 제거를 명령받은 홍수전은 신으로부터 선택된 사람, 즉 천부의 제2자이자 예수 그리스도의 동생이 되는 셈이었다.[565] 따라서 홍수전은 우상을 버리고 여호와에게 귀의하여 항상 그에게 감사하고, 토지 · 식물 · 의복도 모두 여호와의 것으로서 균등히 분배하여 빈부의 차를 없애며, 살아서는 지상의 천국, 죽어서는 천상의 천국으로 가고자 생각하게 되었던 것이다.[566]

---

563 Theodore Hamberg, *The Visions of Hung-Siu-Tshuen, and Origin of the Kwang-si Insurrection*, (Hong Kong : The China Mail Press, 1854). 簡又文 譯,『太平天國起義記』(楊家駱 主編,『太平天國』第6冊, 鼎文書局, 1973 수록), p.843. 市古宙三 譯,『洪秀全の幻想』, (東京, 汲古書院, 1989), pp.49-50. 노태구 옮김,『洪秀全 : 太平天國 혁명의 기원』, (서울, 새밭, 1979), p.61.

564 악마의 개념과 그 변화과정 및 태평천국운동으로의 연관에 관해서는 王慶成,「太平天國的“魔鬼”」, (王慶成,『太平天國的歷史和思想』, 北京, 中華書局, 1985 수록); 沈茂駿,「洪秀全“斬邪留正”概念考釋」,『近代史硏究』1982年 第3期; 陳貴宗,「太平天國“滅妖”考釋」『史學集刊』1987年 第4期; 高橋良政,「太平天國運動での‘妖’」,『早稻田大學大學 院文學研究科紀要』別冊 3, 1977; 西川喜久子,「太平天國と宗教」, (窪德忠 · 西順藏 編,『中國文化叢書』6 宗教, 東京, 1967 수록) 등을 참조하기 바란다.

565 吉田寅,「中國人キリスト教宣教師梁阿發と『勸世良言』」,『立正大學文學部論叢』89, 1989, p.64; 吉田寅,「中國人宣教師梁阿發と『勸世良言』」, (吉田寅,『中國プロテスタント傳道史研究 : 宣教師刊中國語著作の資料的研究』, 〈東京, 汲古書院, 1997 수록〉), p.99.

566『中國の歷史』7, (東京, 講談社, 1974), p.217. 吳相勳 譯,『中國現代史』, (서울, 한길사, 1980)

이러한 신앙은 나중에 점차 기독교적으로 윤색되었지만, 그 원형은 완전히 중국적인 것이었다. 평등사상은 기독교의 독점물이라고 생각하고 있는 사람 이외에는 평등한 분배가 원시사회 본래의 인간의 지혜임에 생각이 미칠 것이다. 염마를 비롯한 우상의 위압도 소박한 공포와 연결되어 있었을 것이다. 과거의 벽에 부딪혔던 홍수전이 중국 종래의 모든 권위에 버림받은 자가 되어 새로운 권위를 여호와에서 구하였다고 할 수 있다.[567]

어쨌든 환몽과 『권세양언』의 내용이 주관적으로 부합하므로 홍수전은 자신이 진신에 의하여 중국을 다시 새우기 위해서 파견된 인물이라는 천계를 자각하였던 것이다. 도대체 이러한 자의적이라고도 할 수 있는 해석의 원천을 어떻게 이해해야 할까.

『권세양언』의 내용은 전술한 바 있는데, 보통의 읽기로서는 홍수전의 환몽과 일치한다고 생각되지 않는다. 홍수전이 『권세양언』을 어떻게 읽었던 것인가에 대해서는 여러 가지의 시각에서 고찰해 보는 것이 필요하다.[568]

이 경우 참고가 되는 것은 전술한 *The Visions of Hung-Siu-Tshuen, and Origin of the Kwang-si Insurrection* (Hong Kong : The China Mail Press, 1854) 속에 기술되어 있는 Theodore Hamberg의 견해이다. 그것을 요약하면 다음과 같다.

---

p.43.

567 『中國の歷史』 7, (東京, 講談社, 1974), p.217. 吳相勳 譯, 『中國現代史』, (서울, 한길사, 1980) p.43.

568 『권세양언』이 홍수전에게 미친 영향에 관한 보다 상세한 내용은 鄒身城, 「『勸世良言』與洪秀全早期的宗教思想」, (邢鳳麟 · 鄒身城, 『太平天國史釋論』, 學林出版社, 1984 수록)을 참고하기 바란다.

『권세양언』 중에는 성경의 문구가 많이 인용되어 있었다. 그 인용문은 확실히 충실하게 번역된 한문이었지만, 성경에는 서양의 관용구가 많이 사용되고 있었으며, 한역된 거기에는 해설이나 주석도 거의 붙어있지 않았기 때문에 홍수전과 그 친구들은 자기들 멋대로 그것을 해석해 버렸다. 그 때문에 참된 의미를 오해한 경우가 많았다. 예를 들면 성경의 역문 중에는 '나' · '우리' · '너' · '그' 등의 대명사가 많이 나오는데, 그것이 누구를 가리키는지 전혀 알지 못하였고, 친구들이 이것을 홍수전에게 물어도 그는 단지 침묵할 뿐이었다. 그러나 홍수전은 『권세양언』 전체가 자신을 위하여 특별히 쓰여진 것이고, 또한 하늘로부터 자신에게 주어진 것이라고 생각하였기 때문에 거기에 쓰여져 있는 것이 홍수전의 견해와 일치할 경우에는 그가 '너'라든가 '그'라는 대명사를 홍수전 자신에게 해당하는 것임은 친구들이 확실히 알고 있었다. 홍수전은 '전(全)'이라는 자를 발견하면 대부분의 경우 그것은 자신을 가리키는 것이라고 생각하였다. ……홍수전은 「시편」 19편 4절의 '伊之聲出于全地, 伊之言至世界之末(그의 소리가 온 땅에 통하고 그의 말씀이 세상 끝까지 이르도다)의 '전지(全地)'를 '전의 나라', 즉 '홍수전의 나라'로 이해하였고, 「시편」 19편 9절-10절의 '神爺火華之審斷乃眞也, 全義也, 比金, 且多細金更可欲獲'(여호와의 법도 진실하여 다 의로우니 금 곧 많은 순금보다 더 사모할 것이며)의 '전의(全義)'를 '전, 즉 홍수전은 공정하여 금보다도 호감이 간다'라고 독해하였다. 그리고 「시편」 19절 12절의 '誰可全知己過, 求汝淨我于私密之過(자기 허물을 깨달을 자 누구리요 나를 숨은 허물에서 벗어나게 하소서)를 '누가 전, 즉 홍수전처럼 그 허물을 잘 깨달을 수 있는가'로 독해하였다.[569]

테오도르 햄버그는 이상과 같은 고찰에 이어서 중국어의 특성에 대하여 언급하였다. 즉 하나의 용어가 단수인지 복수인지의 판정이 불가능한 경우가 누차 있기 때문에 모든 사람 혹은 기독교도를 가리키는 용어를

569 Theodore Hamberg, *The Visions of Hung-Siu-Tshuen, and Origin of the Kwang-si Insurrection*, (Hong Kong : The China Mail Press, 1854), pp.22-3. 市古宙三 譯, 『洪秀全の幻想』, (東京, 汲古書院, 1989), pp.51-2. 노태구 옮김, 『洪秀全 : 太平天國 혁명의 기원』, (서울, 새밭, 1979), pp.62-3.

홍수전이 자신을 가리키는 말로서 오해하는 것도 부득이한 것으로 간주하였다.[570]

가장 중요한 'god'란 용어를 홍수전은 어떻게 번역하여 사용하였는가를 살펴볼 필요가 있다. 원래 영문 'god'(희랍문 'theos')를 어떻게 중역할 것인가 하는 점은 중국선교사는 물론 로마 교황청도 관심을 가졌던 신학 문제였다. 청초에 발생한 '예의지쟁(禮義之爭, Rites Controversy)'[571] 중 한 가지 중요한 내용도 'god'라는 용어를 어떻게 번역하느냐 하는 것이었다. 예수회(Society of Jesus, 중국명 耶蘇會)[572]는 'god'를 중국 고대부터 사용하던 상제 또

570 Theodore Hamberg, *The Visions of Hung-Siu-Tshuen, and Origin of the Kwang-si Insurrection*, (Hong Kong : The China Mail Press, 1854), p.23. 市古宙三 譯,『洪秀全の幻想』, (東京, 汲古書院, 1989), p.54. 노태구 옮김,『洪秀全 : 太平天國 혁명의 기원』, (서울, 새밭, 1979), p.65.

571 예의지쟁은 천주와 상제의 혼용, 공자제례와 조상숭배 등을 둘러싸고 1643년에 발생하였다. 1645년 로마 교황청은 상제의 사용과 공자제례를 금할 것을 명하였지만, 1656년 융화적인 정책을 취하여 공자제례와 중국의 전통 관습은 우상숭배가 아니라며 다시 선교사 개인의 의사에 맡기도록 하였다. 그러나 이 두 가지 상이한 판결로 인하여 천주교 선교사들과 중국 조정 사이의 논쟁은 더욱 가속되었다. 1704년 11월 13일 교황 클레르망 11세는 주교회의를 개최하여 중국의 모든 제례를 이단으로 규정하여 금지하도록 결의하고 중국에 통고하였다. 1706년 6월 29일 강희제는 로망 교황청의 결의에 적극 반대하여 공자제례를 반대하는 천주교 선교사들의 중국 거주를 거부하도록 지시하였다. 1715년 교황 클레르망 11세가 1704년의 금지령에다가 더욱 강력한 금약을 선언하자 강희제도 강력한 조치를 취하여 중국에서 천주교 관련의 글을 읽는 자는 모두 체포할 것을 명령하였다. 한편 예의지쟁에 관한 보다 상세 한 내용은 矢澤利彦,『中國とキリスト教 : 典禮問題』, (東京, 近藤出版社, 1972)를 참조하기 바란다.

572 예수회는 스페인의 바스크(Basque) 지방 출신 귀족인 이그나티우스 데 로욜라(Ignatius de Loyola, 1491-1556)에 의하여 1539년 결성되었다. 1540년 교황 바울 3세가 공식적으로 교단을 인가하고, 1541년 이그나티우스 데 로욜라가 단장(general)으로 피선되자 예수회라 불리게 되었다. 이후 몇 년 안에 예수회는 급속한 성장을 이루어 교황으로부터 여러 권리를 부여받았다. 이그나티우스 데 로욜라는 *Spiritual Exercises*(『정신적 운동』, 1548)을 저술하여 예수회의 헌장을 기초하고 그 목적을 밝혔다. 예수회의 목적은 가톨릭의 방위를 위하여 전적으로 헌신하는 것이었다. 그 목적을 위하여 예수회가 벌인 사업은 ①청소년의 교육, ② 신앙심의 확립, ③선교 활동, ④군주 제후에 대한 봉사를 통한 국제정치 상의 외교 활동 등이었다. 예수회의 활동은 성공적이어서 폴란드의 대부분 가톨릭 교도를 회복하였고, 바바리아 · 벨기에 · 아일랜드 등의 가톨릭 세력을 유지하였으며, 남북 아메리카 뿐 아니라 중국 · 한국 · 일본 등지에 이르기까지 세계적으로 선교하였다. 예수회가 유럽 사회에 미친 영향은 컸었는데, 특히 종교동란시대를 거치는 동안 각국의 정치와 종교의 관계에서 깊은 역할을 하게 되었던 것이다.

는 천이라는 용어로 번역하여 여기에 새로운 내용을 담으려고 하였다. 그러나 중국의 상제와는 본질적으로 다른 'god'를 올바로 이해시킬 수 없다는 반대론이 프란체스코회 등에서 제기되었다. 1715년 로마 교황은 이 번역어를 금지하고 일률적으로 천주라는 번역어를 사용하도록 하였다. 중국에서 가톨릭이 천주교로 불린 것은 이 때문이었다. 가톨릭의 한역 성경은 신(神) · 신야화화(神爺火華) · 신주(神主) · 신부(神父) 등의 번역어를 많이 사용하였으나 때때로 신천상제(神天上帝)라는 용어를 사용하기도 하였다.[573]

1830-50년 성경을 중문으로 번역하는 과정에서 프로테스탄트 중국선교사 내부에서도 'god'라는 용어를 어떻게 중역할 것인가 하는 지루한 '역명지쟁(譯名之爭)'[574]이 발생하였다. 쟁론의 초점은 'god'를 '신'으로 번역하느냐 아니면 '상제'로 번역하느냐 하는 것이었다.[575] 양발의 『권세양언』은 '역명지쟁'이 발생하기 전에 저술되었다. 당시 선교사가 사용한 중문 성경은 두 종류가 있었는데, 하나는 로버트 모리슨이 번역한 『신천성서』였고, 다른 하나는 조슈아 마쉬만(Joshua Marshman, 중국명 馬士曼, 1768-1837)[576]이 번역한 성경이었다. 그런데 중국에서는 전자가 후자보다 광범위하게 사

---

573 小島晋治, 『洪秀全』, (東京, 集英社, 1987). 崔震奎 譯, 『홍수전』, (서울, 고려원, 1995), pp.52-3.

574 吳義雄, 「關於梁發與洪秀全的幾個問題」, 『韓山師範學院學報』 2001年 第3期, p.3.

575 이에 관한 보다 상세한 내용은 吳義雄, 「譯名之爭與早期的聖經中譯」, 『近代史研究』 2000 年 第2期를 참조하기 바란다.

576 조슈아 마쉬만은 어학의 재능이 뛰어난 사람이었다. 그는 인도어로 성경을 번역 · 출판하였을 뿐 아니라 1822년에는 중국어로 성경을 번역 · 출판하였다. 그런데 이 중국어 성경은 중국의 땅 밖에서 번역되었을 뿐 아니라 중국인 학자도 참여하지 않았기 때문에 조잡하였고, 그 사용된 범위도 침례회를 벗어나지 못하였다. 아편전쟁이 끝나고 남경조약이 체결된 후 조슈아 마쉬만은 대영 침례회의 파송을 받아 영파에 도착하여 교회를 설립하고 선교하다가 산동성 (山東省) 지부(芝罘)에 가서 교회를 설립하고 선교하였다.(Alexander Wylie, *Memorials of Protestant Missionaries to the Chinese*, 〈Shanghai : American Presbyterian Mission Press, 1867〉, pp.1-3)

용되었다.『신천성서』의 'god'에 대한 번역은 여러 종류가 있는데, 비교적 보편적인 것은 '신'이었다. 그러나 1830년 이후 로버트 모리슨이 비교적 상용한 것은 '신천상제'·'진신상제'·'천제' 등이었다.[577]

『권세양언』에서는 'god'의 주된 번역어가 '신천상제(神天上帝)'[578]였고, 그와 동시에 '신야화화(神爺火華, 여호와 하나님)'[579]. '천부(天父)'[580]. '신(神)'[581]. '신

---

577 吳義雄,「關於梁發與洪秀全的幾個問題」,『韓山師範學院學報』2001年 第3期, pp.3-4.

578 吳相湘 主編,『勸世良言』, (臺灣, 學生書局, 1985), pp.38, 44, 45, 69, 71, 72, 73, 74, 76, 77, 78, 79, 80, 81, 82, 83, 85, 86, 87, 88, 90, 92, 96, 98, 101, 102, 107, 114, 115, 116, 117, 118, 126, 127, 128, 136, 137, 139, 140, 143, 144, 146, 148, 149, 150, 151, 152, 153, 155, 156, 157, 158, 159, 161, 162, 163, 164, 165, 166, 184, 188, 191, 193, 194, 195, 196, 197, 200, 201, 204, 205, 208, 209, 210, 226, 231, 232, 233, 234, 235, 243, 263, 271, 272, 288, 290, 296, 297, 299, 300, 302, 303, 304, 309, 310, 312, 331, 332, 333, 336, 337, 338, 340, 341, 342, 343, 344, 345, 347, 348, 350, 353, 355, 356, 357, 359, 360, 361, 362, 363, 364, 365, 366, 367, 382, 383, 384, 385, 389, 390, 391, 392, 393, 400, 401, 402, 404, 405, 406, 409, 411, 412, 414, 415, 417, 418, 419, 420, 421, 422, 424, 425, 426, 427, 428, 429, 430, 431, 432, 433, 434, 435, 436, 437, 438, 439, 440, 441, 442, 443, 444, 446, 447, 452, 453, 454, 456, 474, 475, 478, 479, 480, 482, 490, 491, 495;『近代史資料』39號, 1979, pp.7, 9, 15, 16, 17, 18, 19, 20, 21, 22, 23, 24, 25, 27, 29, 30, 32, 33, 34, 35, 36, 37, 38, 39, 40, 41, 42, 43, 48, 49, 50, 51, 52, 53, 54, 55, 60, 61, 62, 65, 71, 74, 78, 80, 81, 82, 84, 85, 90, 91, 92, 93, 94, 95, 96, 100, 101, 105, 106, 107, 108, 109, 110, 111, 112, 113, 114, 115, 116, 117, 118, 119, 120, 121, 122, 123, 125, 126, 131, 132, 133, 137, 139.

579 吳相湘 主編,『勸世良言』, (臺灣, 學生書局, 1985), pp.17, 18, 19, 20, 47, 48, 50, 51, 166, 167, 168, 169, 170, 171, 172, 173, 178, 179, 180, 213, 214, 216, 217, 219, 268, 275, 276, 281, 282, 283, 284, 285, 397, 398, 399, 448, 449, 450, 451, 452, 502;『近代史資料』39號, 1979, pp.1, 2, 10, 11, 43, 44, 45, 47, 56, 57, 58, 73, 75, 76, 77, 108, 109, 124, 125, 141.

580 吳相湘 主編,『勸世良言』, (臺灣, 學生書局, 1985), pp.44, 57, 58, 59, 60, 62, 63, 77, 231, 240, 258, 332, 452, 453;『近代史資料』39號, 1979, pp.9, 13, 14, 18, 61, 64, 70, 90, 125.

581 吳相湘 主編,『勸世良言』, (臺灣, 學生書局, 1985), pp.174, 175, 176, 177, 214, 215, 218, 219, 266, 267, 268, 269, 270, 273, 275, 276, 277, 284, 285, 286, 287, 314, 315, 318, 320, 321, 322, 324, 327, 368, 369, 370, 371, 372, 376, 377, 378, 381, 383, 385, 399, 402, 448, 450, 452, 454, 456, 462, 463, 467, 468, 469, 470, 479, 481, 482, 483, 485, 486, 488, 489, 496;『近代史資料』39號, 1979, pp.45, 46, 57, 58, 72, 73, 74, 75, 77, 85, 86, 87, 88, 89, 101, 102, 103, 104, 105, 106, 109, 110, 124, 125, 126, 127, 128, 129, 132, 133, 134, 135, 136, 137, 139.

천(神天)'[582] . '만국지주(萬國之主)'[583] . '각황지황(各皇之皇)'[584] . '신부(神父)'[585] . '주재지활신(主宰之活神)'[586] 등의 용어도 사용되었다. 이는 로버트 모리슨이 만년에 사용한 번역어, 즉 '신천'과 '상제'를 합성한 '신천상제'가 『권세양언』에 주로 채용되었음을 의미한다. 로버트 모리슨 사후 양발은 '신'이라는 번역어를 계속 사용할 것을 주장하던 미국공리회의 선교사 엘리야 브리지만 등과 오랫동안 사이좋게 지냈을 뿐 아니라 또한 '상제'라는 번역어를 사용할 것을 주장하던 칼 구츨라프 및 영국 선교사 월터 메드허스트 등과도 긴밀한 관계를 맺고 있었기 때문에 양자를 의식하여 다소 절충적이라고도 할 수 있는 '신천상제'라는 번역어를 주로 사용한 것이 아닐까. 그러나 비교적 이른 시기에 저술된 『권세양언』이 단지 '상제'를 'god'의 번역어로 사용하는 예는 보이지 않는다.[587]

그런데 홍수전의 저작 중에서는 '상제'를 번역어로서 사용하고 있는데, 이는 그가 신학적으로 『권세양언』이 아닌 다른 저작에도 의거하였을 것이라고 추론할 수 있다. 즉 『권세양언』 외에 홍수전이 접하였을 가능성이 있는 그 다른 저작이란 다름 아닌 칼 구츨라프 번역의 성경이었을 것

---

582 吳相湘 主編, 『勸世良言』, (臺灣, 學生書局, 1985), pp.224, 225, 227, 228, 229, 230, 236, 238,240, 241, 242, 243, 244, 245, 246, 247, 250, 251, 254, 256, 257, 258, 261, 263, 264, 265, 402, 420, 484, 485, 486, 487, 488, 489; 『近代史資料』 39號, 1979, pp.59, 60, 61, 63, 64, 65, 66, 67, 68, 69, 71, 72, 110, 115, 134, 135, 136, 137.

583 吳相湘 主編, 『勸世良言』, (臺灣, 學生書局, 1985), pp.263, 364; 『近代史資料』 39號, 1979, pp.71, 100.

584 吳相湘 主編, 『勸世良言』, (臺灣, 學生書局, 1985), p.263; 『近代史資料』 39號, 1979, p.71.

585 吳相湘 主編, 『勸世良言』, (臺灣, 學生書局, 1985), pp.53, 150, 151, 190, 229, 258, 260, 287, 305, 306, 307, 308, 309, 468, 485, 487, 488, 491, 496, 497, 498, 500, 501, ; 『近代史資料』 39號, 1979, pp.12, 38, 39, 50, 61, 70, 77, 83, 84, 129, 135, 136, 137, 139, 140, 141.

586 吳相湘 主編, 『勸世良言』, (臺灣, 學生書局, 1985), p.443; 『近代史資料』 39號, 1979, p.122.

587 吳義雄, 「關於梁發與洪秀全的幾個問題」, 『韓山師範學院學報』 2001年 第3期, p.4.

이다. 당시 칼 구츨라프는 복한회(福漢會, The Chinese Christian Union)588를 설립하였는데, 동회는 기독교에 귀의한 중국인으로 이루어진 교회로서 중국인 전도인을 세우고 그들로 하여금 전도와 성경을 배포하는 일을 담당케 하였다. 그 때문에 복한회의 중국인 전도인을 통하여 칼 구츨라프가 번역한 성경을 홍수전이 입수하였을 가능성이 있었다는 것이다. 그리고 칼 구츨라프는 '상제'라는 번역어의 사용을 단호히 주장한 선교사였다는 것이다.589 그러나 칼 구츨라프와 홍수전(洪秀全) · 풍운산(馮雲山) 사이의 직접적인 상관성을 부정590할 뿐 아니라 홍수전은『권세양언』을 자세히 읽었으며, 상제교 설립 단계에서 홍수전의 기독교에 대한 이해는『권세양언』

---

588 복한회는 한회(漢會)라고도 칭하였는데, 그 영문명은 The Chinese Christian Union이었으며, 간략하게 The Chinese Union이라고도 하였다. 복한회는 칼 구츨라프를 중심으로 하여 1844년 설립되었는데, 칼 구츨라프는 중국인 전도인을 세우고 그들로 하여금 전도와 성경을 배포하는 일을 담당케 하였다. 복한회의 설립자 중에서 칼 구츨라프와 잇사칼 로버츠를 제외한 나머지 19명은 모두 중국인이었다. 복한회는 중국인 신자를 훈련함에 있어서 그들에게 이론과 실천을 겸비한 훈련을 강조하였는데, 이들은 이론과 실천의 반복된 훈련과 함께 실습 후에는 반드시 정해진 기일에 돌아와 전도 사역을 보고하고, 또 다시 심도 있는 훈련을 하고 파송되는 형식을 갖고 있었다. 복한회의 회원은 급속도로 증가하여 1844년의 21인에서, 1847년 300인(전도인 50인), 1848년 1,100인(전도인 100인), 1850년 1,871인(전도인 200인)으로 지속적인 발전을 이루어나갔다. 1850년 그 사역 범위도 감숙성(甘肅省)을 제외한 전국으로 확대되어 중국 복음화에 큰 기여를 하였다. 그러나 나중에 복한회는 회원이 증가하면서 거대한 조직을 갖추게 되자 조직 내에서 기대치 않았던 지도층 내부의 부패와 물질 문제 등이 점점 심화되면서 복음 사역에 적지 않은 부작용을 낳기도 하였다.(李志剛,『基督教早期在華傳教史』, 〈臺北, 臺灣商務印書館, 1985〉, p.300; 김화평,『중국교회사』, 〈서울, 도서출판 모리슨, 2003〉, p.111; 김학관,『중국 교회사』, 〈서울, 이레서원, 2005〉, p.61; 조훈,『중국기독교사』, 〈서울, 그리심, 2004〉, p.45)

589 Eugene P. Boardman, *Christian Influence upon the Ideology of the Taiping Rebellion, 1851-64*, (Madison : University of Wisconsin Press, 1952), p.43; Peter Clarke, "The Coming of God to Kwangsi : A Consideration of the Influence of Karl Gutzlaff and the Chinese Union During the Fprmative Period of the Taiping Movement." 曾學白 譯,「上帝來到廣西 : 試論太平天國運動形成時期郭士立及漢會的影響」,『譯叢』1, 1981, p.121.

590 C. T. Smith, "Notes on Friends and Relation of Taiping Leaders," *Journal of Hong Kong Branch of the Royal Asiatic Society* Vol. 16, 1976, p.119; 茅家琦,「關于郭士立和馮雲山的關係問題」, (茅家琦,『晚清史論』, 〈河南人民出版社, 1989〉 수록), p.200.

이 유일한 근거였다는 주장[591]도 만만하지 않다.

『태평조서』에서는 'god'의 번역어로서 '상제'를 사용하였다. 예를 들면 「원도구세가(原道救世歌)」 중에는 '개벽진신유상제(開闢眞神惟上帝)' . '상제당배(上帝當拜)' . '존숭상제득영광(尊崇上帝得榮光)' 등의 시구가 있고, 「원도성세훈(原道醒世訓)」 중에는 '순행상제지진도(循行上帝之眞道)'라는 구절과 '상제원래시노친(上帝原來是老親)'이라는 시구가 있다. 「원도각세훈(原道覺世訓)」에서는 '황상제(皇上帝)'를 'god'의 번역어로 주로 사용하였다. 한편 홍수전의 저작과 태평천국의 기타 문헌에서는 '상제(上帝)' · '황상제(皇上帝)' · '천부황상제(天父皇上帝)' . '천부상주황상제(天父上主皇上帝)'등이 주로 'god'의 번역어로 사용되었다. 이 중 '황상제' · '천부황상제' · '천부상주황상제' 등의 번역어는 '상제'라는 번역어에서 파생한 것으로 사료된다. 요컨대 홍수전과 태평천국에서는 『권세양언』에서와는 달리 '상제'를 주로 'god'의 번역어로 사용하였던 것이다.[592]

지금까지 용어 면에서 『권세양언』이 홍수전에 미친 영향을 살펴보았다. 그러나 용어 면에서의 영향 보다는 내용 면에서의 영향이 더욱 중요할 것이다. 이하 이에 관하여 좀 살펴보고자 한다.

홍수전이 남긴 유한한 자료에서 볼 때 양발이 선양한 기독교 교의는 상당 부분 신학 신조로서 홍수전에게 받아들여졌음을 알 수 있다. 「원도구세가(原道救世歌)」 · 「백정가(百正歌)」 · 「원도성세훈(原道醒世訓)」 · 「원도각세훈(原道覺世訓)」 등 홍수전의 초기 저작[593]의 중심사상은 기독교 신학과 윤

591 沈元, 「洪秀全和太平天國革命」, 『歷史研究』 1963年 第1期, p.58; 崔震奎, 「洪秀全의 幻夢 과 上帝教의 創立」, 『史叢』 43, 1994. (崔震奎, 『太平天國의 宗教思想』, 광주, 朝鮮大學校出版部, 2002 수록), pp.86-7.

592 吳義雄, 「關於梁發與洪秀全的幾個問題」, 『韓山師範學院學報』 2001年 第3期, pp.4-5.

593 이들 초기 저작명 중에 사용되고 있는 '원도(原道)'라는 용어는 전통 중국사회에서 널리 사용

리도덕 관념을 선양하는 것이었다. 예를 들면 황상제의 세계 창조, 상제 숭배의 당위성, 염라요(閻羅妖)의 인류 미혹과 인류의 범죄, 예수의 강세와 인류를 대신한 속죄, 천당과 지옥의 존재, 영혼불멸설, 유교 · 불교 · 도교 등 전통적 신앙과 관련된 우상숭배의 부정, 살인 · 절도 · 간음에 대한 비난, 아편과 음주의 금지, 부모에의 효도와 정직한 태도를 강조하는 등 전통적 유교덕목과도 합치될 수 있는 기독교 교의의 실천 등이었다. 비록 『권세양언』처럼 상세하지는 않았을 지라도 그 대의는 일맥상통하였다. 예를 들면 『권세양언』에서는 음란을 가장 엄중하고도 가장 보편적인 추악한 행위라고 강조하고 그 형식에는 호표창(好嫖娼) · 호사색(好邪色) · 호남색(好男色) · 호자음(好自淫) 등[594]이 있다고 하였는데, 「원도구세가」에서도 '제일 부정한 것은 음란을 으뜸으로 하고,……음란한 사람의 자음은 괴물과 같은 것이다'[595]라고 한 부분이었다.

내용적으로 홍수전을 가장 강하게 사로잡은 것은 우상숭배를 강하게 비판한 양발의 논설이었다고 생각된다. 과거의 수험에서 몇 차례나 실패하여 전통적 사회의 입신(立身) 코스에서 소외되어 버린 홍수전에게 기존

---

되던 것이었다. 예를 들면 『회남자(淮南子)』 제1권의 제목이 「원도훈(原道訓)」이었 고, 한유(韓愈)에게도 「원도」라는 제목의 글이 있었다. 전자는 잡가에 속하는 서적이었는데 「원도훈」에서는 도가의 사상을 논하였으며, 후자는 유학의 복고를 주장한 것이었다. 이로써 홍수전이 전통사상으로부터 적지 않은 영향을 받았음을 엿볼 수 있을 것이다. 이들 초기 저작 중 세 편의 '원도'는 상제교의 기본 강령이라고 할 수 있는데, 이 가운데에서 『원도구세가』와 『원도성세훈』은 제1차 광서 전도 단계에서 쓴 것이었다. 전자는 공평하고 정직한 세상을 만들기 위한 기본 전제를 제시하고 있고, 후자는 그 이상세계의 구조를 보여주고 있다. 한편 『원도각세훈』은 홍수전이 성경 전문을 읽은 후의 저작으로 간주되는데, 혼탁한 현실사회를 도덕적으로 개조하여 정신적인 구원을 얻는 것을 주된 목적으로 한 종교적인 설교가 주된 내용으로 되어 있다. 이 세 편의 '원도'에 관한 보다 상세한 내용 은 陳周棠, 「'三原'是洪秀全發動太平天國革命運動的基本綱領」, (廣東太平天國史研究會 · 廣西太平天國史研究會 編, 『太平天國史論文集』, 1983 수록)을 참조하기 바란다.

594 吳相湘 主編, 『勸世良言』, (臺灣, 學生書局, 1985), p.416; 『近代史資料』 39號, 1979, p.114.

595 楊家駱 主編, 『太平天國』 第6册, (臺灣, 鼎文書局, 1973), p.88.

의 전통적 질서의 상징의 하나라고도 해야 할 유·불·도교에 대한 전면적 비판은 새로운 의식의 출발점이 되는 것이었다.[596]

등사우는 『권세양언』이 홍수전의 유일한 신지식의 보고이자 신사상의 내원이었다고 지적하면서 그 영향으로 우상폐기, 세례 시용, 일신교 숭배, 배상제회, 태평천국, 천당과 지옥, 천하일가, 천조대율, 예배와 기도, 언행을 들었다.[597] 필립 쿤(Philip A. Kuhn)도 『권세양언』이 태평천국의 발전에 미친 사회적·정치적 영향력을 구명하였다.[598]

『권세양언』에 보이는 상고에는 신을 신앙하였으나 후세에 우상숭배가 성행하게 되었다고 기술한 점, 사음(邪淫)과 우상숭배를 극도로 배척한 점, 유교사상에는 관용적이었음에 반하여 불·도 2교와 신선·참위(讖緯) 신앙에는 극히 엄혹하였던 점 등 양발의 사상은 홍수전에게 그대로 구현되었다. 그 뿐아니라 『권세양언』에 보이는 하나님은 '만왕지왕(萬王之王)'[599]. '만국지주(萬國之主)'[600]. '세상만국지대부모(世上萬國之大父母)'[601]인데, 하나님을 믿으면 '영향태평지복(永享太平之福)'[602] 등의 구절은 그대로 태평천국 초기 문헌에 인용되고 있다.[603] 이러한 측면에서 볼 때 『권세양언』은

---

596 吉田寅, 「中國人キリスト教宣教師梁阿發と『勸世良言』」, 『立正大學文學部論叢』 89, 1989, p.65; 吉田寅, 「中國人宣教師梁阿發と『勸世良言』」, (吉田寅, 『中國プロテスタント傳道史研究 : 宣教師刊中國語著作の資料的研究』, 〈東京, 汲古書院, 1997 수록〉), p.100.

597 鄧嗣禹, 「勸世良言與太平天國革命之關係」上·下, 『大陸雜誌』30-8·9, 1965. (吳相湘 主編, 『勸世良言』, 臺灣, 學生書局, 1985 수록), pp.8-21.

598 Philip A. Kuhn, "Origins of the Taiping Vision : Cross-Cultural Dimensions of a Chinese Rebellion," *Comparative Studies in Society and History* 19.3(July 1977).

599 吳相湘 主編, 『勸世良言』, (臺灣, 學生書局, 1985), p.364; 『近代史資料』 39號, 1979, p.100.

600 吳相湘 主編, 『勸世良言』, (臺灣, 學生書局, 1985), pp.263, 364; 『近代史資料』 39號, 1979, pp.71, 100.

601 吳相湘 主編, 『勸世良言』, (臺灣, 學生書局, 1985), p.391; 『近代史資料』 39號, 1979, p.108.

602 吳相湘 主編, 『勸世良言』, (臺灣, 學生書局, 1985), p.366; 『近代史資料』 39號, 1979, p.100.

603 『권세양언』과 태평천국 사상의 관계에 대해서는 簡又文, 『太平天國典制通考』, (簡氏猛進書

태평천국 사상의 원점임과 동시에 어떤 의미에서는 태평천국 문헌의 원전[604]이라고 할 수 있을 것이다.

그런데 홍수전의 『권세양언』 이해에는 전술한 바 있듯이 상당히 비약적인 해석이 있었던 것 또한 사실이다. 그러한 비약적인 해석의 배경에는 홍수전이 처해 있던 특수한 사회적 · 정신적 상황이 있었다고 할 수 있다.[605] 즉 홍수전이 『권세양언』을 열독한 1840년대의 중국은 아편전쟁 패배 후의 쇠퇴기였고, 청조의 권위는 실추되어 사회적으로도 불안한 상황 하에 처해 있었다. 아편전쟁 직후 외이(外夷)인 영국에 패배한 청조를 비판 · 경멸하게 된 광동성민이 일으킨 평영단(平英團)과 같은 격렬한 반영운동이 홍수전의 고향에도 파급되고 있었으니 그에게서 아편전쟁과 같은 외침은 도덕적 '타락'이 절정에 달한 중국에 대하여 상제가 가한 응보로 비쳤을 것이며, 현상황을 타개하기 위해서는 상제 신앙을 통한 개인의 종교적 구원과 함께 결국에 가서는 사회정치적인 변혁으로서 신명(神命), 즉 상제의 위임을 받은 '신의 이(吏)'가 통치하는 상제의 국가, 즉 '신국(神國)'=태평천국 체제를 지상에 수립하고, 상제와는 공존할 수 없는 '악마'인 청조를 타도하여야 할 터였다.[606] 그리고 홍수전은 객가의 출신으

---

屋, 1958)를 참고하기 바라고, 『권세양언』과 태평천국 문헌과의 관계에 대해서는 小島晋治 譯註, 「原道救世歌 · 原道醒世訓 · 原道覺世訓」, (西順蔵 編, 『原典中國近代思想史』 第 一册 アヘン戰爭から太平天國まで, 〈東京, 岩波書店, 1976〉 수록)을 참고하기 바란다.

604 沈元, 「洪秀全和太平天國革命」, 『歷史研究』 1963年 第1期, p.58; 林傳芳, 「『勸世良言』の資料的考察」, 『龍谷史壇』 79, 1981, p.148; 吳義雄, 「關於梁發與洪秀全的幾個問題」, 『韓山師範學院學報』 2001年 第3期, p.6.

605 吉田寅, 「中國人キリスト教宣教師梁阿發と『勸世良言』」, 『立正大學文學部論叢』 89, 1989, p.65; 吉田寅, 「中國人宣教師梁阿發と『勸世良言』」, (吉田寅, 『中國プロテスタント傳道史研究 : 宣教師刊中國語著作の資料的研究』, 〈東京, 汲古書院, 1997 수록〉), p.101.

606 金誠贊, 「太平天國과 捻軍」, (서울大學校東洋史學研究室 編, 『講座 中國史』 V, 서울, 지식산업사, 1989 수록), pp.85-6.

로서 지역사회로부터 차별적인 대우를 받고 있었다. 게다가 홍수전이 뛰어난 재능을 가졌으나 과거의 수험에 실패하여 관료로서의 입신 코스에 들지 못한 것은 결과적으로 그의 마음속에 반사회적인 의식을 양성시켰던 것이라고 생각된다. 이러한 정신적 상태에 있던 홍수전이 『권세양언』의 내용을 자기류로 견강부회하여 해석해 버린 것은 어떤 의미에서는 이해되리라고도 생각된다. 즉 홍수전은 그의 의식에서 『권세양언』의 내용을 파악하였던 것인데, 거기에서는 기독교 이해에 있어서 중국적 경사의 극히 특이한 일례를 볼 수 있다.[607]

요컨대 홍수전의 입신 동기는 확실히 『권세양언』을 입수하여 숙독한 데에 있었으나 그것을 중국적 경사 하에 이해한 홍수전적인 기독교가 나중에 태평천국운동의 발단으로 연결되었던 것이다. 그리고 태평천국의 기독교적 요소는 이단적인 성격의 것이었는데, 그 선례는 홍수전의 『권세양언』 이해에서 나타났던 것이다.

---

607 吉田寅, 「梁阿發とその中國文布教書」, 『基督教史學』 13, 1963, p.30; 吉田寅, 「中國人キリスト教宣教師梁阿發と『勸世良言』」, 『立正大學文學部論叢』 89, 1989, pp.65-6; 日本基督教團出版局 編, 『アジア・キリスト教の歴史』, (東京, 日本基督教團出版局, 1991), p.153; 吉田寅, 「中國人宣教師梁阿發と『勸世良言』」, (吉田寅, 『中國プロテスタント傳道史研究 : 宣教師刊中國語著作の資料的研究』, 〈東京, 汲古書院, 1997 수록〉), p.101. 한편 기독교가 태평천국에 미친 영향에 대해서는 Eugene P. Boardman, *Christian Influence upon the Ideology of the Taiping Rebellion, 1851-64*, (Madison : University of Wisconsin Press, 1952); 鄧嗣禹, 「勸世良言與太平天國革命之關係」, 上·下, 『大陸雜誌』 30-8·9, 1965. (吳相湘 主編, 『勸世良言』, 〈臺北, 學生書局, 1985 수록〉); 三石善吉, 「千年王國運動としての 太平天國」, 『筑波法政』 1, 1978 등을 참조하기 바란다.

## 2. 상제교

1843년 모든 우상을 타파하고 사람들을 바른 길로 인도할 사명을 유일하고 지고한 신인 상제로부터 부여받았다고 확신하게 된 홍수전은 이경방과 함께 머리에 이마에서부터 물을 뿌리면서 '죄악을 씻어내며 옛것을 버리고 새것에 따른다'라고 서약을 하고『권세양언』에 기록된 세례를 나름대로 행하였다. 그리고 홍수전은 상제에게 기도하면서 사신(邪神)을 섬기지 않고 악한 일을 하지 않으며 천조(天條)를 엄격히 지키겠다는 맹세를 하며 다음과 같은 회개의 시를 썼다.

우리들의 죄 하늘을 찌르나(吾儕罪惡實滔天),
다행히 예수의 속죄로 구원받았네(幸賴耶穌代贖全).
사마를 믿지 말고 성스런 가르침 따라(勿信邪魔遵聖誡),
상제를 숭배하고 마음을 도야하네(推崇上帝力心田).
천당의 영광을 모든 사람 사모하나(天堂榮顯人宜慕),
지옥의 어두움 나 또한 싫어하네(地獄幽沈我亦憐).
속히 발길을 돌려 진리로 돌아가(及早回頭歸正果),
속정에 마음을 얽매이지 말라(免將方寸俗情牽).[608]

이 참회시에 표현된 예수의 속죄, 요마, 성계(聖誡), 상제, 천당, 지옥 등의 개념은 물론『권세양언』으로부터의 영향일 것이다.

홍수전은 교사로 있던 연화당 숙의 공자상을 철거하고 자신의 신앙을

608 Theodore Hamberg, *The Visions of Hung-Siu-Tshuen, and Origin of the Kwang-si Insurrection*, (Hong Kong : The China Mail Press, 1854). 簡又文 譯,『太平天國起義記』(楊家駱 主編,『太平天國』第6册, 鼎文書局, 1973 수록), p.846. 市古宙三 譯,『洪秀全の幻想』, (東京, 汲古書院, 1989), p.45. 노태구 옮김,『洪秀全 : 太平天國 혁명의 기원』, (서울, 새밭, 1979), p.57. ; 小島晋治,『洪秀全』, (東京, 集英社, 1987). 崔震奎 譯,『홍수전』, (서울, 고려원, 1995), p.55.

주위에 설파하기 시작하였다. 최초로 홍수전의 신도가 된 사람은 홍인간(洪仁玕, 1822-64)[609]과 풍운산(馮雲山)[610]이었다. 홍수전은 이경방, 홍인간 및 풍운산과 함께『권세양언』을 연구한 결과 이전의 자신의 환몽이 이 책의 내용과 부합한다고 확신하였다. 따라서 홍수전은 우상을 숭배하는 것은 죄악이며 진신 상제를 믿는 것이 중요하다고 선전하였고, 부모 및 형수 · 조카 등 가족과 옛 친구 팽참평(彭參平)을 설복시켰다.[611] 당시 홍수전과 이경방은 '참요검(斬妖劍)'이라고 새긴 보검을 만들어 각자 몸에 차고 다

---

609 홍인간의 호는 익겸(益謙), 자는 길보(吉甫)로서 광동성 화현 사람이었다. 홍인간은 농민 가정에서 태어나 경사를 배우고 청원현(淸遠縣)의 교사를 역임하였다. 홍인간은 풍운산과 함께 홍수전의 최초의 상제교 개종자로서 과거에 낙방한 경험을 갖고 있었다. 1852년 이후 홍인간은 태평군에 합류하지 못하고 홍콩으로 피신하여 개신교 선교사들의 도움을 받으며 활동하였다. 일찍이 홍수전과 함께 잇사칼 로버츠 밑에서 교육받은 적이 있었는데, 4월 26일 친척 홍아생(洪亞生. Hung Asen)의 소개로 선교사 테오도르 햄버그 및 런던선교회와 관계를 맺게 되었고, 1853년 9월 20일 테오도르 햄버그로부터 세례를 받고 전도 훈련을 받았다. 1854년 5월 테오도르 햄버그의 자금 지원을 받아 상해를 거쳐 천경(天京)으로 향하였으나 실패하고 상해의 묵해서관(墨海書館)에서 천문 · 역학을 배운 후 다시 홍콩으로 돌아가 런던선교회의 전도사가 되었다. 따라서 홍인간은 외국인 선교사들과의 접촉 속에서 서구의 기독교 신학뿐 아니라 자연과학 · 정치학 · 경제학 · 지리 및 외국의 정세 등에 관하여 광범한 지식을 습득할 수 있었다. 홍인간은 당시 태평천국뿐 아니라 중국 사회에서도 서구 문물에 대하여 가장 체계적인 지식을 갖춘 최초의 선각자들 중의 한 사람이 될 수 있었다. 1859년 4월 광동으로부터 육로를 통하여 천경에 도착하자 홍인간은 간왕(干王)에 봉해지고 최고행정 직위인 군사(軍師)에 임명되었다. 홍인간은 개혁에 대한 요구가 일반화되고 있던 환경 속에서 자신의 지식을 기초로『자정신편(資政新篇)』을 저술 · 간행하였다. 홍인간에 관한 보다 상세한 내용은 三石善吉,「洪仁玕の思想」,『東京支那學報』13, 1967 : 內田義南,「洪仁玕と西方文明」,『學習院史學』5, 1968 : 酈純,『洪仁玕』, (上海人民出版社, 1978) : 沈渭濱,『洪仁玕』, (上海人民出版社, 1982) : 金宜慶,「洪仁玕과 太平天國」,『梨大史苑』22 · 23合輯, 1988 : 深澤秀男,「太平天國と洪仁玕」,『岩手史學硏究』第82號, 1999 등을 참조하기 바란다.

610 풍운산은 관록포에서 북으로 1리 정도 떨어진 화락촌(禾落村) 출신의 객가로서 운산은 호였고, 본명은 을용(乙龍)이었다. 풍운산은 홍수전과는 친구 사이였고, 과거에 낙방한 경험을 가진 독서인이었다. 풍운산은 마을 사람들을 가르치거나 광주에서 필경(筆耕)으로 생활을 하였다고 한다. 풍운산에 관한 보다 상세한 내용은 邢鳳麟 等,『馮雲山評傳』, (廣州, 廣東人民出版社, 1985)을 참고하기 바란다.

611 崔震奎,「上帝敎의 思想的 背景과 宗敎的 救世觀」,『傳統文化硏究』3, 1994. (崔震奎,『太平天國의 宗敎思想』, 광주, 朝鮮大學校出版部, 2002 수록), p.35; 崔震奎,「洪秀全의 幻夢과 上帝敎의 創立」,『史叢』43, 1994. (崔震奎,『太平天國의 宗敎思想』, 광주, 朝鮮大學 校出版部, 2002 수록), pp.119,125-6.

음과 같은 시를 큰 소리로 읊었다고 한다.

손에 3척의 검을 쥐고 산하를 평정하며(手提三尺定山河),
사해를 일가로 삼아 함께 평화를 누리리(四海民家共飮和).
요마를 사로잡아 모두 땅 그물에 던지고(擒盡妖魔歸地網),
간사한 자를 잡아 하늘의 그물에 떨어뜨리리(携殘奸宄落天羅).
동서남북은 황극에 걸리고(東西南北敦皇極),
일월성신은 개선가를 연주하네(日月星辰奏凱歌).
호랑이와 용은 울부짖으며 세계를 비추네(虎嘯龍吟光世界),
모두가 태평해지면 얼마나 즐거울까(太平一統樂如何).[612]

이 시에는 상제를 발견한 기쁨과 요마, 즉 우상을 일소하려는 홍수전의 정신적 고양이 나타나 있음을 알 수 있다.

홍수전이 파악한 현세의 악마는 유교 · 불교 · 도교의 신불과 같은 우상 따위였다. 따라서 홍수전은 풍운산과 함께 많은 신상을 부수고 상제를 선전하는 활동을 하였다. 그러나 1847년에 이르기까지 그들이 공자의 상을 부수었다는 기록은 보이지 않는다[613]고 한다. 그 이유는 홍수전이 공자를 비판적으로 대한 것은 공자 본인에 대한 비판이라기보다 상제와 대립되는 우상으로서의 공자에 대한 비판[614]이었기 때문이라는 것이다. 어쨌든 홍수전의 이러한 행동은 우상숭배의 부정을 구체적으로 실행

---

612 Theodore Hamberg, *The Visions of Hung-Siu-Tshuen, and Origin of the Kwang-si Insurrection*, (Hong Kong : The China Mail Press, 1854). 市古宙三 譯,『洪秀全の幻想』, (東京, 汲古書院, 1989), pp.55-6. 노태구 옮김,『洪秀全 : 太平天國 혁명의 기원』, (서울, 새밭, 1979), pp.66-7; 小島晋治,『洪秀全』, (東京, 集英社, 1987). 崔震奎 譯,『홍수전』, (서울, 고려원, 1995), p.56.

613 方之光,「太平天國與中國傳統文化」, (茅家琦 等編,『太平天國史研究』第2輯, 南京大學出版社, 1989), pp.96-7.

614 方志欽,「'邪'與'正'在洪秀全思想中的矛盾」, (廣東太平天國史研究會 · 廣西太平天國史研究會 編,『太平天國史論文集』, 1983 수록), p.313.

한 것임과 함께, 그들 자신의 전통적 질서에 대한 반역 의식을 상징한 것으로 볼 수 있다.[615] 이처럼 홍수전은 상제를 숭배할 것을 전파하는 전도사로 변모되어 갔던 것이다.

병이 재발한 것이라고 생각한 촌인(村人)으로부터 숙에서 쫓겨났으나 홍수전은 이경방, 홍인간 및 풍운산 등과 의기투합하여 상제 숭배를 목적으로 본격적인 종교 활동에 나서게 되었다. 공포된 종교 생활의 기준은 다음과 같았다. 첫째, 회원이 되려면 철저히 회개하고 세례를 받아야 한다. 둘째, 상제를 경배하고 예수 그리스도를 근본으로 삼아야 한다. 셋째, 잡신과 우상을 경배하지 않는다. 넷째, 십계명을 준수한다. 다섯째, 엄격한 도덕 생활을 실행한다. 여섯째, 담배 · 아편 · 도박 등 악한 행위는 일절 금지한다.[616] 그들은 정통적인 기독교 예배 의식과는 다른 중국화된 예배 의식을 가미하여 새로운 예배 의식을 시행하였는데, 세례는 있었으나 성찬례는 없었다. 그리고 홍수전은 자신을 「창세기」 18장의 멜기세덱과 동일시하기도 하였다. 이러한 시도는 정통 기독교와는 상반됨과 동시에 기독교가 중국에 토착화되는 한 사례가 되었던 것이다.[617]

기독교적인 교의와 의례는 나중에 점차 부가된 것이고, 당초 그들을 번신(翻身)케 한 것은 완성된 기독교에 대한 동경에서가 아니라 평등에의 회귀와 낡은 권위에 대한 반발에서 였음은 분명하다. 이것이 그대로 많은 공명을 받은 것은 아니었다. 우선 고향 화현 부근에서 행상을 하면서 포교에 종사하였지만, 반향은 적었다. 그래서 홍수전과 풍운산은 1844

---

615 吉田寅, 「中國人キリスト教宣教師梁阿發と『勸世良言』」, 『立正大學文學部論叢』 89, 1989, p.65; 吉田寅, 「中國人宣教師梁阿發と『勸世良言』」, (吉田寅, 『中國プロテスタント傳道史研究 : 宣教師刊中國語著作の資料的研究』, 〈東京, 汲古書院, 1997 수록〉), pp.100-1.

616 이관숙, 『중국기독교사』, (서울, 쿰란출판사, 1995), p.217.

617 김학관, 『중국 교회사』, (서울, 이레서원, 2005), p.68.

년 4월 광서성의 남동부의 산간 지방에 들어가 이 지방의 객가 빈민의 사이에서 포교하였다. 홍수전은 귀현(貴縣) 사곡촌(賜谷村)의 종형제 왕성균(王盛均)의 집에 머물며 전도하여 100명 내외의 객가 농민을 상제교에 귀의시켰지만, 왕성균과 마을 사람들이 홍수전 · 풍운산을 부양할 능력이 없었다. 따라서 홍수전은 일단 귀향하여 재기를 위한 준비를 할 것을 주장하였지만, 풍운산은 인근 계평현(桂平縣)에 들어가 계속 전도할 것을 주장하다가 1844년 9월 초 홀로 계평현으로 갔다. 홍수전은 11월 중순까지 왕성균의 집에 머물다가 고향으로 돌아가 4월부터의 경험을 종합하여 전도를 위한 문서 저술에 전념하였다.[618]

그런데 실질적으로 민중에게 전도하고 그들을 조직하는 데에 노력한 인물은 풍운산이었다. 풍운산은 광서성 남부의 산악지대인 계평현의 자형산(紫荊山) 근처에서 전도 활동에 전념하였다. 당시 격화되고 있던 천지회(天地會) 계의 반란에 대처하느라 겨를이 없었던 관의 관심을 거의 받지 않으면서 상제를 신앙하면 재난을 면하고 천당에 가면 복이 있다는 선전을 통하여 풍운산은 교인을 확대해 나갔다. 특히 본지와의 투쟁에서 밀린 객가가 대거 구원을 요청하며 가세해 옴으로써 세력이 크게 늘어나게 되었다. 이리하여 교도는 3천 명을 넘어서게 되었는데, 이들을 '노형제(老兄弟)'[619]라고 불렀다. 1846년 풍운산은 자형산에 총회를 두고, 여러 주현(州縣)의 촌락에 분회를 가진 상제교를 창립하였다.[620] 화현 일대에서는

---

618 小島晋治, 『洪秀全』, (東京, 集英社, 1987). 崔震奎 譯, 『홍수전』, (서울, 고려원, 1995), pp.58-9 : 金誠贊, 「太平天國과 捻軍」, (서울大學校東洋史學硏究室 編, 『講座 中國史』 Ⅴ, 서울, 지식산업사, 1989 수록), p.86; 崔震奎, 「洪秀全의 幻夢과 上帝敎의 創立」, 『史叢』 43, 1994. (崔震奎, 『太平天國의 宗敎思想』, 광주, 朝鮮大學校出版部, 2002 수록), pp.126-8.

619 광서성 출신의 노형제에 상대하여 나중에 타성(他省) 출신의 참여자를 '신형제(新兄弟)'라고 불렀다.

620 간우문은 바로 이 1846년에 태평기독교(太平基督敎)가 탄생하였다며 그 이전의 개인적 신

성공하지 못하였으나 이 지방에서 상제교를 창립할 수 있었던 이유는 이 지방 특유의 사정과 풍운산의 훌륭한 조직 능력, 특히 홍수전의 초기 사상에는 결여되어 있던 현세 이익의 중시라는 요소를 추가하였기 때문이었던 것이다.[621]

한편 8개월 만에 귀향한 홍수전은 마을 서당의 교사가 되었는데, 마을 어른들은 그가 전통적인 정도로 돌아오기를 기대하였다. 그러나 홍수전은 자신이 확신하는 진리를 어떻게 하면 사람들에게 쉽게 전달할 수 있을까 궁리하여 열심히 전도 문서를 작성하였다. 그리하여 이듬해인 1845년 홍수전은 노래 형식으로 된「원도구세가」라는 전도 문서를 완성하였다. 노래 형식으로 만든 것은 글자를 모르는 대다수의 사람들에게 입과 귀를 통하여 교리를 전하려는 의도 때문이었다.[622] 이어서 홍수전은「원도성세훈」이라는 전도 문서를 작성하였는데 구체적으로 언제

---

앙 활동의 단계와 구분하였고, 이 초기의 태평기독교가 태평군의 기독교, 태평천국의 기독교단 계로 발전해 나아갔다고 주장하였다.(簡又文,『太平天國典制通考』下卷, 〈香港, 簡氏猛進書 屋, 1958〉, p.1743) 한편 상제교의 성립에 관해서는 小島晋治,「拜上帝教と拜上帝會」, (小島晋治,『太平天國の歴史と思想』, 東京, 研文出版, 1978 수록); 沈渭濱,「洪秀全創立'上帝教'質疑」,『北方論叢』1980年 第4期; 段本洛,「論拜上帝教的成立」, (南京大學歷史系太平天國史研究室 編,『太平天國史新探』, 江蘇人民出版社, 1982 수록); 王慶成,「'拜上帝會 '釋論」, (王慶成,『太平天國的歷史和思想』, 北京, 中華書局, 1985 수록); 王戎笙 · 貢嗣仁,「太平天國的上帝教」, (北京太平天國史研究會 編,『太平天國學刊』第2集, 北京, 中華書局, 1984 수록); 方之光 · 崔之淸,「洪秀全反淸思想與拜上帝教的創立」,『浙江學刊』1987年 第3期); 崔震奎,「上帝會의 創立과 上帝教의 變化」,『歷史學報』144, 1994. (崔震奎,『太平天國의 宗教思想』, 광주, 朝鮮大學校出版部, 2002 수록) 등을 참고하기 바란다. 그리고 상제교와 기독교의 관계에 관해서는 John Foster, "The Christian Origins of the Taiping Rebellion," *International Review of Mission*, 40, 1951; 徐緒典,「論太平天國的拜上帝會與基督教的關係」, (北京太平天國歷史研究會 編,『太平天國史論文選』上, 三聯書店, 1981 수록); 徐如雷,「太平天國的基督教」, (中華書局近代史編輯室 編,『太平天國史學術討論會論文選』第1册, 北京, 中華書局, 1981 수록); 徐如雷,「基督教和上帝教的異同」, (南京大學歷史系太平天國史研究室 編,『太平天國史新探』, 江蘇人民出版社, 1982 수록); 崔震奎,「上帝教의 思想的 背景과 宗教的 救世觀」,『傳統文化研究』3, 1994. (崔震奎,『太平天國의 宗教思想』, 광주, 朝鮮大學校出版部, 2002 수록) 등을 참조하기 바란다.

621 小島晋治,『洪秀全』, (東京, 集英社, 1987). 崔震奎 譯,『홍수전』, (서울, 고려원, 1995), p.80.

622 小島晋治,『洪秀全』, (東京, 集英社, 1987). 崔震奎 譯,『홍수전』, (서울, 고려원, 1995), p.65.

쎴는가는 분명하지 않다. 「태평천일」에는 홍수전이 1845년 「원도구세조(原道救世詔)」와 「원도교세훈(原道敎世訓)」을 작성하였다고 기록되어 있다. 중국의 학자들은 일반적으로 전자가 「원도구세가」, 후자가 「원도성세훈」에 해당하며 후자의 교(敎)는 성(醒)의 오식일 가능성이 크다고 하였다. 그러나 「원도성세훈」에서는 「원도구세가」에서 사용하지 않은 황상제라는 용어가 사용되고 있으며, 만약에 이를 칼 구츨라프가 번역한 성경에서 취하였다면 1847년 이후에 이것이 작성되었을 가능성이 있다. 「원도성세훈」에는 『권세양언』이나 「원도구세가」에 없거나 있다고 하더라도 매우 애매한 이상사회에 대한 이미지가 명확하게 묘사되어 있으며, 이는 나중에 태평천국의 유토피아와 연결되는 것이다.[623]

1846년 후반 광주에서 온 무(巫)라는 사람이 저술에 전념하고 있던 홍수전에게 광주에서 외국인 선교사가 진도를 선전하고 있다고 말하였다. 당시 홍수전은 홍인간과 함께 고향의 서당 교사로 있었기 때문에 광주에 갈 수 없었다. 1847년 홍수전과 홍인간은 주도행(周道行, 혹은 朱道興이라고도 한다)이라는 잇사칼 로버츠의 조수가 편지를 보내어 초청하자 광주에 갈 결심을 하게 되었다. 이 편지는 잇사칼 로버츠의 지시에 의한 것이었는데, 그 내용은 다음과 같았다.

> 무로부터 존형(尊兄)이 10년 전에 한 권의 책을 얻었다고 들었습니다. 그 내용이 우리 교당에서 선전하는 것과 서로 부합합니다. 만약에 족하(足下)께서 기꺼이 이곳에 오셔서 아우 등의 선교를 도와준다면 선교사 및 각 형제들은 매우 기뻐할 것입니다. 이것은 우리의 마음으로부터의 희망입니다.[624]

---

623 小島晋治, 『洪秀全』, (東京, 集英社, 1987). 崔震奎 譯, 『홍수전』, (서울, 고려원, 1995), pp.69-70.

624 Theodore Hamberg, *The Visions of Hung-Siu-Tshuen, and Origin of the Kwang-si Insurrection*, (Hong Kong : The China Mail Press, 1854). 簡又文 譯, 『太平天國起義記』 (楊家駱 主編, 『太平天國』 第

이 편지의 내용을 통하여 잇사칼 로버츠가 홍수전을 초청한 것은 자신의 선교 활동에 필요한 중국인 조수를 얻으려는 데에 목적이 있었음을 알 수 있다. 1847년 3월 홍수전은 홍인간과 함께 광주로 가서 잇사칼 로버츠를 통하여 정통적인 기독교 교의를 접하게 되었다.[625] 이 때 홍수전은 처음으로 월트 메드허스트와 칼 구츨라프가 번역한 『신약전서』와 『구약전서』를 구독할 수 있었다. 월트 메드허스트는 1835년 『신약전서』의 번역을 완성하여 1837년 『신유조성서(新遺詔聖書)』로 간행하였고, 칼 구츨라프는 1838년 『구약전서』의 번역을 완성하여 간행하였으며, 그 후 칼 구츨라프가 월트 메드허스트 번역의 『신약전서』에 삭필을 가하여 1840년 『구세주야소신유조서(救世主耶蘇新遺詔書)』로 개제 · 간행되었다. 1853년 태평천국이 간행한 『구유조성서』와 『신유조성서』의 저본이 된 것은 칼 구츨라프가 번역한 성경이었다.[626] 그런데 홍수전은 정식 세례도 받지 않고[627] 1847년

---

6冊, 鼎文書局, 1973 수록), p.854. 市古宙三 譯, 『洪秀全の幻想』, (東京, 汲古書院, 1989), p.69. 노태구 옮김, 『洪秀全 : 太平天國 혁명의 기원』, (서울, 새밭, 1979), p.79; 小島晋治, 『洪秀全』, (東京, 集英社, 1987). 崔震奎 譯, 『홍수전』, (서울, 고려원, 1995), p.75.

625 홍수전과 잇사칼 로버츠의 관계에 관해서는 茅家琦, 「洪秀全與羅孝全」, (茅家琦, 『晚淸史論』, 〈河南人民出版社, 1989〉 수록)을 참조하기 바란다.

626 林傳芳, 「『勸世良言』の資料的考察」, 『龍谷史壇』 79, 1981, p.140; Eugene P. Boardman, *Christian Influence upon the Ideology of the Taiping Rebellion, 1851-64*, (Madison : University of Wisconsin Press, 1952), p.143.

627 홍수전이 세례를 받지 않은 이유에 대해서는 잇사칼 로버츠의 중국인 조수 왕황(王黃)과 왕건(王乾)의 홍수전을 배척하고자 하는 계책 때문이라는 주장과 신청한 세례에 대한 동의가 있기 전에 광서로 떠났다는 주장이 있다.(崔震奎, 「上帝會의 創立과 上帝教의 變化」, 『歷史學報』 144, 1994. 〈崔震奎, 『太平天國의 宗教思想』, 광주, 朝鮮大學校出版部, 2002 수록〉, p.153) 이와 관련하여 잇사칼 로버츠가 *The Chinese and General Missionary Gleaner* 의 1852년 10월호에 게재한 다음과 같은 보고는 시사하는 바가 많다. "1846년인가 또는 그 다음해 어느 때에 두 명의 중국인 신사가 광주시의 나의 집에 와서 자기들에게 크리스트교를 설명해 주기를 원하였다. 그 중 한 명은 얼마 안가 집에 돌아갔으나 다른 한 명은 2개월 혹은 그 이상 우리들과 함께 생활하였다. 그 동안 그는 성경을 연구하고 설교를 듣기도 하며 그 품행에 나쁜 점은 없었다. 이 사람들이야말로 현재 반란의 수령인 홍수선인 것 같다. 여기에 실은 이야기를 한 사람은 아마도 그와 함께 와서 곧 집에 돌아갔던 사람일 것이다. 수령(우리들의 상상이 올바르다

7월 '배상제교(拜上帝教)의 전도사'로서 광서성으로 떠나버렸다.

3개월 반 가량 광주에서의 기독교 교리 학습의 결과 홍수전은 세계를 주재하는 것은 황상제지 염라요가 아니라는 것, 우상숭배는 잘못이라는 것, 성경 역본에서 'god'의 황상제로의 번역에 근거하여 세간의 주인 황제는 황(皇)이나 제(帝)를 칭해서는 안 된다는 것 등의 성과를 얻게 되었다. 즉 홍수전은 황상제를 숭배하고 우상을 반대하며 세간의 지배자가 칭제(稱帝)하는 것을 부정하였던 것이다. 이러한 홍수전의 기독교 지식을 반영하여 향후 상제교는 우상파괴 활동을 강화하였다.[628] 이리하여 『권세양언』과 환몽 및 광주에서의 기독교 교리 학습을 통한 독자적인 기독교 이해는 이미 홍수전으로 하여금 정통 기독교의의 범위를 초월하게 하였던 것이다.[629]

광서의 풍운산은 객가 신도들과 함께 그 지방에 종래부터 있던 본지와의 투쟁에 말려들어 여러 차례 정치문제를 일으키게 되었다. 홍수전이 잇사칼 로버츠 하에서 서둘러서 광서로 돌아온 것도 이 무렵이었다. 홍

---

면)이 처음으로 우리에게 왔을 때 그는 자기가 쓴 기록을 제 출하였다. 그 중에는 그의 친구가 담화 중에 그 전에 말하였던 『권세양언』이란 책을 얻은 일, 병에 걸린 일, 병중에 환상을 보았다고 상상하였던 일—그 상세함을 그는 말하였다. 『권세양언』을 읽음에 따라 그가 이 환상을 진실이라고 확신하기에 이르는 일 등 상세하게 기록이 되어 있었다. 환상에 관한 기록을 나에게 넘겨 주고 그는 약간의 사실을 말하였다. 그러나 당시—지금도 그렇지만—나는 성경에 관해서 특별히 넓은 지식도 없었는데 어디서 그가 이러한 사실을 알았을까를 알기 위하여 당혹했던 것을 고백한다. 그는 세례를 받겠다고 요구하였다. 그러나 우리들이 그의 신앙은 아직 충분치 않다고 생각하고 있는 중에 광서로 가버렸다. 그 후 어찌 되었는가 우리는 아무것도 모르고 있다."(노태구 옮김, 『洪秀全 : 太平天國 혁명의 기원』, 〈서울, 새밭, 1979〉, pp.81-2의 註 16)에서 재인용)

628 崔震奎, 「上帝會의 創立과 上帝教의 變化」, 『歷史學報』 144, 1994. (崔震奎, 『太平天國의 宗教思想』, 광주, 朝鮮大學校出版部, 2002 수록), pp.154-5.

629 이처럼 홍수전이 완강하리만큼 독자적인 종교적 태도를 취하면서 나중에는 철저하게 종교에 침잠하게 된 정신적 상태를 정신병리학적으로 연구한 성과가 있어 참고가 된다. (P. M. Yap, "The Mental Illness of Hung Hsiu-chüan, Leader of the Taiping Rebellion," *Far Eastern Quarterly* 13, 1953)

수전은 도착하자마자 이전까지 사용하던 책들을 자신이 광주에서 가져온 성경으로 대체하였고,[630] 곧 광주에서 잇사칼 로버츠로부터 배운 우상숭배에 대한 배타적인 관념을 강화하고 요마를 일소하는 행동, 즉 우상파괴 활동에 이전보다 적극적으로 나서게 되었다. 상제교의 우상파괴 활동이 적극적일수록 탄압은 더욱 거세어 졌고, 상제교의 교도는 탄압을 받으면 받을수록 더욱 더 반항적 태도를 나타내 보였다. 이처럼 적극적인 우상파괴 활동이 전개된 이유는 홍수전이 광주에서 모세의 10계를 읽고 우상을 일소하려는 결의를 한층 강화하였고, 풍운산이 상제로부터 선택받아 구세의 사명을 받은 자라고 선전해 온 홍 선생의 권위와 상제의 위력을 과시하려 하였으며, 우상에 대한 공포를 실제 행동을 통하여 타파함으로써 상제교의 발전을 꾀하고자 하였기 때문이라는 것이었다.[631]

이러한 지방의 부락에서 이해의 대립과 생활의 격차로 부락끼리 싸우는 것은 드문 일이 아니었다. 화남(華南)에서는 이것이 무기를 가지고 다투는 계투(械鬪)라고 불리어지는 격렬한 싸움이 되었는데, 기근이나 역병이 일어나면 그 충돌은 빈발하였다. 그 뿐 아니라 토비나 유적도 횡행하여 세상 인심이 어수선한 상태였다. 이들 집단 행동이 어느 것이나 천지회(天地會)[632]라고 총칭할 수 있는 회당(會黨)을 중심으로 하였고, 혹은 회당

---

630 Augustus F. Lindley, *Ti-Ping Tien-Kwoh : The History of the Ti-Ping Revolution, including a Narrative of the Author's Personal Adventures*, (London : Day & Sons, 1866), p.32.

631 Eugene P. Boardman, *Christian Influence upon the Ideology of the Taiping Rebellion, 1851-64*, (Madison : University of Wisconsin Press, 1952), p.52.

632 천지회는 첨제회(添弟會) 혹은 홍문으로도 불리어진 비밀결사로서 청초 이래 중국 남부에서 동남아 일대에 걸쳐서 반청복명(反淸復明)을 구호로 내걸고 반청 활동을 지하에서 계속하였다. 1850년 11월 태평천국에 참가하였으나 이윽고 태평군 내에서 재화의 사유를 금지하는 상제교의 교리와 엄격하고 금욕적인 규율을 수용할 수 있었던 나대강(羅大綱) 부대 이외에는 1851년 1월 이탈하였다. 이후에도 반만(反滿)이라는 공통점을 갖고 있는 두 집단간에 연대는 있었다. 그러나 그것은 본질적으로 전술적인 차원의 것이라 할 수 있으므로 양자간의 이질성은 통일적 운동체의 형성을 불가능케 하였던 것이다. 한편 상제교와 천지회의 관계에 관한

이 그 행동에 끼어드는 것이 보통이었다. 그러나 광서의 객가의 경우에는 상제교가 이에 대신할 만큼 유력해졌다.[633] 테오도르 햄버그가 전하는 바에 의하면 광서성 귀현의 객가로서 온(溫)이라는 부호가 본지의 딸을 첩으로 삼았다. 그 때 온이 거액의 돈으로 딸의 혼약을 파기함으로써 본지와 객가 사이에 투쟁이 일어나 객가가 상제교의 신도를 후원자로 삼았기 때문에 회중이 그것에 말려들게 되었다고 한다.[634] 특히 뇌묘(雷廟) 파괴사건을 계기로 풍운산이 생원(生員) 왕작신(王作新)에 의해 고발당하고 체포되는 사건이 발생하였다. 이 사건은 상제교와 본지의 투쟁으로 발전하게 되는 직접적인 계기가 되었던 것이다.[635]

짧은 기간이었지만 광서성에서의 홍수전과 풍운산의 부재는 새로운 지도자들을 부상시킴으로써 상제교에 중대한 전환점을 초래하였다. 1848년 양수청(楊秀淸, 1820경-56)과 소조귀(蕭朝貴, 1820경-52)에게 천부하범(天父下凡)과 천형하범(天兄下凡)이 있었던 것이다. 이는 귀신이 부신(附身)하여 인귀(人鬼) 사이를 중계한다는 '강동(降僮)'의 미신이 민간에 유포되어 있던 광서성에서 이 토착적인 무속신앙과 홍수전의 환몽 형식을 이용한 것이

---

보다 상세한 내용은 蔡少卿,「論太平天國與天地會的關係」,『歷史硏究』 1978年 第6 期; 魏建猶,「在拜上帝會與天地會關係的背後」,『中華文史論叢』 1979年 第1期; 鍾文典,「太平天國與天地會在思想制度上的關係」, (北京太平天國史硏究會 編,『太平天國史論文選』, 北京, 三聯書店, 1981 수록); 方之光 · 崔之淸,「廣西天地會起義與太平天國的興起」, (北京太平天國史硏究會 編,『太平天國學刊』 第2集, 北京, 中華書局, 1984 수록); 黎斐然,「廣西天 地會與太平天國起義」, (慶祝羅爾綱學術硏究六十周年編委會 編,『羅爾綱與太平天國史』, (成都, 四川省社會科學院出版社, 1987 수록) 등을 참고하기 바란다.

633 『中國の歷史』 7, (東京, 講談社, 1974), pp.218-9. 吳相勳 譯,『中國現代史』, (서울, 한길사, 1980), p.44; 崔震奎,「上帝會의 創立과 上帝敎의 變化」,『歷史學報』 144, 1994. (崔震奎,『太平天國의 宗敎思想』, 광주, 朝鮮大學校出版部, 2002 수록), pp.155-60.

634 『中國の歷史』 7, (東京, 講談社, 1974), p.218. 吳相勳 譯,『中國現代史』, (서울, 한길사, 1980), p.44.

635 崔震奎,「上帝會의 創立과 上帝敎의 變化」,『歷史學報』 144, 1994. (崔震奎,『太平天國의 宗敎思想』, 광주, 朝鮮大學校出版部, 2002 수록), pp.163-4.

기에 종교적인 절대적 권위로 수용 · 관철되었다.[636] 1849년 여름 광서성으로 돌아온 홍수전도 이를 승인하였다. 이리하여 지금까지 종교적 혁신과 윤리적 각성을 통한 구세를 추구하여 왔던 상제교가 종교운동에서 청조를 타도하고 지상천국을 수립하고자 하는 정치적 혁명운동으로 전화하여 감과 동시에 한층 기독교와의 격차가 벌어져 토속적인 정치적 종교로 변질되어 갔다. 이러한 전환에 추진력으로 작용한 양수청과 소조귀의 지위가 상제교 안에서 상승한 반면에 풍운산의 지위는 하락하였으며, 홍수전이 갖고 있던 교조라는 절대적 지위도 상대적으로 약화되었던 것이다.[637]

## 3. 태평천국의 기의

때마침 1850년의 기근에 즈음하여 기민(飢民)의 습격에 대비하기 위하여 지주가 조직한 단련(團練)[638]이 청조 관헌의 지원을 받아서 양광 지방의 기민을 수용하고 있던 상제교를 공격하고자 하였다.[639] 따라서 홍수

636 榮孟源,「天父下凡」,『歷史筆記』 1983年 第2期, pp.77-9; 王慶成,『天父天兄聖旨』, (瀋陽, 遼寧人民出版社, 1986), p.15; 崔震奎,「金田起義와 上帝教」, (崔震奎,『太平天國의 宗教思想』, 광주, 朝鮮大學校出版部, 2002 수록), p.200.

637 小島晋治,『洪秀全』, (東京, 集英社, 1987). 崔震奎 譯,『홍수전』, (서울, 고려원, 1995), p.94.

638 원래 단련은 보갑(保甲)을 실행한다는 의미의 단(團)과 무기를 제조하고 장정을 훈련한다는 련(練)의 합성어이며, 보갑 자체를 초보적인 단련으로 보기도 한다. 단련의 주된 임무는 향촌의 신사(紳士)들이 통솔하여 치안을 유지하고 도비(盜匪)에 대비하는 것이었다. 단련은 관병과 달리 현지의 민병이었기 때문에 이를 유지하는 데에 필요한 비용도 현지 주민에 의존하는 것이 보통이었다. 정규군이 부패 · 무능해진 상황에서 단련의 필요성이 절실하였고, 심지어는 관에서 단련의 편성을 직접 지시하기도 하였다.(崔震奎,「金田起義와 上帝教」〈崔震奎,『太平天國의 宗教思想』, 광주, 朝鮮大學校出版部, 2002 수록〉, p.197)

639 日本基督教團出版局編,『アジア・キリスト教の歷史』, (東京, 日本基督教團出版局, 1991),

전은 1850년 7월 상제교의 회중에게 광서성(廣西省) 심주부(潯州府) 계평현(桂平縣) 자형산(紫荊山) 하의 금전촌(金田村)에 집합하도록 명하였다. 상제교에 대하여 감시가 삼엄해지고, 지방 정부가 이것을 해산하고자 하면 할수록 회중의 의민의식(義民意識)은 격해져서 이미 무장 가능한 농민과 산간의 민중을 수천인이나 장악할 수 있다고 판단한 홍수전과 풍운산은 공공연히 반정부의 군사 행동을 일으키려고 결심하였다.[640]

1851년 1월 11일 홍수전의 탄생일을 계기로 금전촌의 부호 위창휘(韋昌輝)의 저택에 수뇌가 모여서 공식적인 반란을 선언하게 됨으로써 본격적인 활동에 들어가게 되었다.(金田起義)[641] 홍수전(洪秀全)을 맹주로 하여 풍운산(馮雲山) · 양수청(楊秀淸) · 소조귀(蕭朝貴) · 위창휘(韋昌輝) · 석달개(石達開) · 진일강(秦日綱) · 호이황(胡以晃) 등이 중심인물이었다.[642] 그러나 반란은 사전에 능동적으로 계획되었던 것은 아니었다. '관핍민반(官逼民反)'적인 긴급한 상황 속에서 봉기하게 되었기에 아직 명백한 정치적 이념이나 청조에 대한 호소력 있는 비판을 마련하지 못하였던 것이다.[643]

---

p.151.

640 『中國の歷史』 7, (東京, 講談社, 1974), p.219. 吳相勳 譯, 『中國現代史』, (서울, 한길사, 1980), p.44.

641 금전기의(金田起義)는 특정한 날짜에 일어난 사건으로 보기 보다는 1850년 여름에서 1851년 1월에 걸친 금전촌에의 결집 과정으로 보는 견해가 유력하다. (王慶成, 「論洪秀全的早期思想及其發展」, 〈王慶成, 『太平天國的歷史和思想』, 北京, 中華書局, 1985 수록〉 : 小島晋治, 『洪秀全』, (東京, 集英社, 1987). 崔震奎 譯, 『홍수전』, (서울, 고려원, 1995), p.108.) 한편 금전기의에 관한 보다 상세한 내용은 簡又文, 『太平天國廣西首義史』 增訂本, (香港, 簡氏猛進書屋, 1967); 廣西師範學院歷史系『金田起義』編寫組, 『金田起義』, (南寧, 廣西人民出版社, 1975); 羅爾綱, 「金田起義事實考」, (北京太平天國史研究會 編, 『太平天國史論文選』, 北京, 三聯書店, 1981 수록); 鍾文典, 「太平天國起義與鄕土宗教」, 『廣西師範大學學報』 (哲學社會科學版), 1988年 第1期 : 崔震奎, 「金田起義와 上帝教」, (崔震奎, 『太平天國의 宗教思想』, 광주, 朝鮮大學校出版部, 2002 수록) 등을 참고하기 바란다.

642 이들 중심인물의 출신 성분을 살펴보면 양수청은 숯구이, 소조귀는 빈농, 위창휘와 석달개는 객가 출신의 지주, 호이황은 대지주의 아들로 무과 수재로서 다양하였다.

643 金誠贊, 「太平天國과 捻軍」, (서울大學校東洋史學研究室 編, 『講座 中國史』 Ⅴ, 서울, 지식산

상제교의 회중이 봉기하자 인근의 천지회 계의 도당이 차례로 이에 호응하였다. 대두양(大頭羊)이라는 별명의 장쇠(張釗), 대리어(大鯉魚)라는 이름의 전방(田芳), 권취구(捲嘴狗)라는 후지(侯志)와 나일강(羅大綱) 등의 두목이 수하를 데리고 속속 참가하였다. 그리고 홍수전 휘하에 합류한 8인의 회당의 두목이 쌀 · 소 · 돼지를 공물로 바쳤음에 대하여 상제교에서 교육차 파견된 16인 중 한 사람이 상제교에 기증한 돈을 바치지 않고 사용으로 사용해 버렸기 때문에 참수당하였다. 이 때 두목들은 상제교의 규율은 지나치게 엄해서 자신들은 지킬 수 없다고 하면서 일찍이 칼 구츨라프의 복한회에 가입한 적이 있는 듯한 나대강을 제외한 7인은 이탈하여 청군에게 항복하였다는 이야기가 전해진다.[644] 홍수전이 자신은 일찍이 회당에 들어간 적이 없으며, 그들이 명왕조의 부활을 호소하고 있음은 알고 있었으나 금일에는 의미가 없고, 오히려 회당은 악마를 숭배하여 36가지의 맹서를 하는 등 쓸모없는 짓을 함으로써 그 목적이 변질되었다고 하면서 이 무리를 중시하지 않았다는 이야기도 전해지고 있다. 어쨌든 천지회의 참가와 이탈은 기본적으로 태평천국의 양적 확대에 영향을 준 사실만은 부인할 수 없을 것이다.

상제교가 극심한 숙청 수단을 사용한 사실은 홍콩을 통하여 유럽에도 알려졌다. 이러한 흥분은 운동의 초기에는 공통적으로 나타나는 일이지만, 상제교가 여호와에게 직속하여 천국 가까운 곳에 있다는 자각이 이를 북돋우었을 것이다. 이윽고 많은 민중으로부터 신뢰받는다는 자신이 강해지자 이에 응답하듯이 더욱 순결을 강조하였다. 이것도 당연히 긴장이 계속되는 동안은 지속되었지만, 그것이 이윽고 어떻게 정착하느냐 혹

---

업사, 1989 수록), p.91.

644 小島晋治,『洪秀全』, (東京, 集英社, 1987). 崔震奎 譯,『홍수전』, (서울, 고려원, 1995), pp.104-5.

은 어떻게 부식하느냐가 운동의 성격을 결정짓게 마련이었다.[645]

1851년 3월 23일 홍수전은 무선현(無線縣)의 동향(東鄉)에서 천왕(天王)에 올랐으며,[646] 반란군은 청조의 관군과 전투를 치루면서 북으로 이동하는 가운데 태평천국이라는 국호[647]를 칭하고 국가조직도 갖추었다.[648] 1851년 영안(永安) 점령을 계기로 군제 · 관제 · 역법을 제정하여 국가체제를 갖춤으로써 유구적인 성격의 반란 집단에서 벗어날 수 있게 되었다. 이 때 천왕 홍수전은 양수청(楊秀淸)을 동왕(東王)에, 소조귀(蕭朝貴)를 서왕(西王)에, 풍운산(馮雲山)을 남왕(南王)에, 위창휘(韋昌輝)를 북왕(北王)에, 석달개(石達開)를 익왕(翼王)에 봉하고 양수청에게 통수케 함으로써 군사 · 정치적 지도체제를 확립하였다.[649] 그러나 홍수전의 지위는 전제군주와는 다른 것이었다. 본질적으로 태평천국에서 절대적 권력을 행사하는 데에 필요한 종교적 권위는 천부상제(天父上帝) 여호와에게 있었으므로 상제 이외에는 '상(上)' · '제(帝)' · '성(聖)' 등을 칭할 수 없고 천왕을 '주(主)'라고 부르면 된다는 것이었다. 이는 천왕과 천부 · 천형과의 격차가 확인된 반면에 왕에

645『中國の歷史』7, (東京, 講談社, 1974), p.220. 吳相勳 譯,『中國現代史』, (서울, 한길사, 1980), p.45.

646 나중에 태평천국에서는 이 날을 등극절(登極節)이라고 하였으며, 이 해가 태평천국 원년이 되었다.

647 태평천국이란 국호에서 태평은 대동사상에서 취한 것이고, 천국은 성경에서 취한 것이다. 태평이란 '함께 밭을 갈아 같이 먹고, 같이 입고, 돈도 같이 써서' 사회적 평등을 이루겠다는 의미였고, 천국이란 '천상의 천국과 지상의 천국을 포괄해서 이 지상에 금욕적 신정정치를 펴는 나라'를 이루겠다는 의미였다. 즉 상제의 의지에 따라 건설된 일체의 대립 · 항쟁이 소멸된 대동의 지상천국이란 의미였던 것이다. 1860년 이후 태평천국의 국호는 천부천형천왕태평천국(天父天兄天王太平天國)으로 개칭되었다.

648 태평천국의 건국에 관해서는 鍾文典,『太平天國開國史』, (南寧, 廣西人民出版社, 1992) : 崔震奎,「太平天國의 建國과 上帝敎」, (崔震奎,『太平天國의 宗教思想』, 광주, 朝鮮大學校出版部, 2002 수록) 등을 참고하기 바란다.

649 태평천국의 중심인물에 관해서는 鍾文典,『太平天國人物』, (南寧, 廣西人民出版社, 1984) : 苑書義 · 林言椒 編,『太平天國人物研究』, (成都, 巴蜀書社, 1987) : 陳寶輝 · 尹福庭 · 庄建平,『太平天國諸王傳』, (廣州, 廣東人民出版社, 1990) 등을 참고하기 바란다.

봉해진 다른 지도자들과의 거리는 보다 가까워졌음을 보여주는 것이었다. 천왕을 포함한 지도자들은 상제 밑에서 상제의 사자로서 다만 지상의 '주'일 뿐인 천왕을 중심으로 한 형제관계로 맺어져 있었으므로 천왕의 지위는 제한적일 수밖에 없었다.[650] 이 때 「태평조서」·「천조서」·「태평천일」 등의 관서가 출판되었는데, 모두 상제교의 교의에 입각한 내용을 담고 있었다.[651] 「삼자경(三字經)」과 「유학시(幼學詩)」라는 청소년 교육을 목적으로 한 문서도 간행하였다. 상제교에 가담한 극소수 독서인 출신자의 협력으로 만든 것으로서 우선 상제와 예수 그리스도의 사적을 찬양하고 그들을 존경해야 함을 말하였다. 그러나 그 밖에는 삼강오륜의 유교윤리에 대한 설교 그 자체였던 것이다.[652]

1852년 4월 영안의 포위를 뚫고 호남성(湖南省)으로 진출한 태평군은 6월에는 전주(全州)를 점령하였다. 여기에서 태평군은 천지회 회원을 비롯하여 많은 농민들의 호응을 받았다. 6월 상제교를 창립한 초기 지도자 풍운산이 강충원(江忠源) 인솔 하의 초용(楚勇)과의 전투에서 사망하였고, 9월에는 호남성(湖南省) 성도(省都) 장사(長沙)를 공격하는 과정에서 부상을 입은 소조귀가 다음 달에 전사함으로써 초기의 중요한 두 지도자를 잃기도 하였다. 9월 중순에 이르면 태평군의 수는 10만을 넘어서게 되었던 것이다.[653]

---

650 金誠贊, 「太平天國과 捻軍」, (서울大學校東洋史學研究室 編, 『講座 中國史』 V, 서울, 지식산업사, 1989 수록), pp.93-5.

651 崔震奎, 「太平天國의 建國과 上帝敎」, (崔震奎, 『太平天國의 宗敎思想』, 광주, 朝鮮大學校出版部, 2002 수록), pp.242, 257.

652 小島晋治, 『洪秀全』, (東京, 集英社, 1987). 崔震奎 譯, 『홍수전』, (서울, 고려원, 1995), p.125.

653 小島晋治, 『洪秀全』, (東京, 集英社, 1987). 崔震奎 譯, 『홍수전』, (서울, 고려원, 1995), p.137 : 崔震奎, 「太平天國의 建國과 上帝敎」, (崔震奎, 『太平天國의 宗敎思想』, 광주, 朝鮮大學校出版部, 2002 수록), p.251.

1853년 1월 호북성(湖北省)으로 진출하여 무창(武昌)을 점령하면서 태평군은 50만으로 증가하였다. 3월 19일 태평군은 남경을 공략하여 점령하였고, 열흘 후인 29일 천왕 홍수전은 남경에 입성하여 이곳을 수도로 삼고 '새로운 예루살렘' 혹은 천상의 '대천당(大天堂)'을 지상에 구현시킨 '소천당(小天堂)'[654]인 천경이라 개명하였다. 이 무렵 태평천국은 2백만의 세력으로 성장한 것으로 알려졌다.[655]

천경(天京) 건도(建都) 후의 새로운 상황에 대응하여 태평천국 수뇌부는 군사력을 세 방면으로 나누어 배치하였다. 첫째, 태평천국은 최대의 병력을 청군의 위협에 노출되어 있던 천경의 방위에 충당하였던 것이다. 왜냐하면 3월 31일 청조는 남경 근교에 상영(向榮) 인솔 하의 강남대영(江南大營)을, 양주(揚州) 근교에 기선(琦善) · 승보(勝保) 인솔 하의 강북대영(江北大營)을 포치하여 태평군의 활동을 통제하고 있었기 때문이었다. 둘째, 태평천국은 5월 중순 양주에서 불러들인 이개방(李開芳) · 임봉상(林鳳祥)의 군대와 천경에서 파견한 부대 약 2만으로 북벌을 개시하였던 것이다. 이리하여 13일부터 태평군은 안휘성(安徽省) 일대를 공격하기 시작하였다. 그러나 태평군의 북벌 계획은 1855년 5월 13일까지 약 2년여 간 계속된 전쟁에서 강력한 청군의 저항으로 인하여 청조 당국에 심리적인 타격만은

---

654 홍수전은 『신약전서』에 대한 해석에서 천당은 천상의 상제의 '대천당'과 생전의 육체의 영광을 구현하는 지상의 상제의 '소천당'인 태평천국이 있으며, 그 수도인 천경을 '새로운 예루살렘'이라고 이해하였다. (R. G. Wagner, *Reenacting the Heavenly Vision : the Role of Religion in the Taiping Rebellion*, Berkerly, 1982, pp.59-60,67-9; 王慶成, 「太平天國的天堂,地獄和償善罰惡」, 〈王慶成, 『太平天國的歷史和思想』, 北京, 中華書局, 1985 수록〉, pp.317-8)

655 崔震奎, 「太平天國運動의 性格」, 『東北亞』 2, 1995. (崔震奎, 『太平天國의 宗敎思想』, 광주, 朝鮮大學校出版部, 2002 수록), p.12; 金誠贊, 「太平天國과 捻軍」, (서울大學校 東洋史學研究室 編, 『講座 中國史』 Ⅴ, 서울, 지식산업사, 1989 수록), p.99. 한편 천경 건도(建都) 이후의 태평천국에 관해서는 崔震奎, 「天京 建都 이후 上帝教의 變化」, (崔震奎, 『太平天國의 宗敎思想』, 광주, 朝鮮大學校出版部, 2002 수록)를 참조하기 바란다.

안겨준 채 완전한 실패로 끝나고 말았다. 셋째, 태평천국은 6월 3일 호이황(胡以晃, 1816경-56)과 뇌한영(賴漢英)으로 하여금 1,000여 척의 배에 분승하여 서정(西征)을 개시케 하였던 것이다. 그 목표는 천경 상류의 3대 군사거점인 안경(安慶) · 구강(九江) · 무창(武昌)을 다시 탈취하여 안휘성 남부와 강서성을 확보하여 천경의 장벽으로 삼음과 아울러 호북성 · 호남성에도 거점을 확대하여 안정적인 식량 공급을 꾀하는 것이었다. 이 목표는 대체로 달성되어 천경은 상대적 안정 상태를 맞이하게 되었다.[656]

이러한 분위기 속에서 1856년 9월 태평천국의 지도부 내에서 내홍이 발생하였다. 북왕(北王) 위창휘(韋昌輝, 1826-56)가 동왕 양수청을 암살하고 휘하의 2만여 명을 학살함으로써 태평천국은 분열되고 유능한 지도자를 상실하게 되었다. 익왕(翼王) 석달개(石達開, 1831-63)[657]는 단신으로 천경에 들어와 북왕을 힐책하다가 대립하였으며, 그가 위협을 느끼고 천경을 빠져나가자 북왕은 그의 가족을 몰살하였다. 천왕은 동왕을 대신하여 강력한 세력으로 부상한 북왕을 살해하고 익왕을 불러들였다. 이후 천왕의 친척들이 권력을 장악하여 측근정치가 행해지는 가운데 익왕과 불화가 생겼으며, 결국 익왕은 자신의 군대를 이끌고 천경을 탈출하여 각지를 전전하다가 사천성(四川省)의 대도하(大渡河)에서 청군에게 체포되어 처형당하였다.[658]

이러한 위급존망의 사태에 직면하여 홍수전은 새로운 지도부를 재건

---

656 小島晋治, 『洪秀全』, (東京, 集英社, 1987). 崔震奎 譯, 『홍수전』, (서울, 고려원, 1995), pp.181-97.

657 석달개에 관한 보다 상세한 내용은 趙矢元, 「石達開與辛亥革命」, 『北方論叢』 1982年 第2 期를 참고하기 바란다.

658 小島晋治, 『洪秀全』, (東京, 集英社, 1987). 崔震奎 譯, 『홍수전』, (서울, 고려원, 1995), pp.198-211 : 崔震奎, 「太平天國運動의 性格」, 『東北亞』 2, 1995. (崔震奎, 『太平天國의 宗敎思想』, 광주, 朝鮮大學校出版部, 2002 수록), p.15.

하여 태세를 바로잡으려고 하였다. 따라서 홍수전은 일군의 젊고 유능한 지휘관을 다섯 방면군의 최고사령관으로 발탁하였다. 즉 광서성(廣西省) 등현(藤縣)의 빈농 출신으로서 14세에 태평군에 참가해서 동자군(童子軍)의 지휘관에서 입신하여 중요한 전장에서 늘 선봉을 맡아 용맹을 칭송받던 21세의 진옥성(陳玉成), 진옥성보다 12, 3세 연장의 같은 등현 출신의 이수성(李秀成)과 그의 연하 종형제 이세현(李世賢), 내홍 당시 강서성에 있었기 때문에 난을 면하게 된 양수청의 아우 양보청(楊輔淸), 위창휘의 아우 위지준(韋志俊)이 그들이었던 것이다. 그리고 조정 안에서는 거병 이래 홍수전의 측근이던 몽득은(蒙得恩)에게 정무를 주재케 하였다. 홍수전이 취한 이와 같은 적극적인 조치는 이 시점에서 많은 장군들에게 호감 있게 받아들여져 통일적인 작전 수행을 가능케 하여 태평천국이 가까스로 위기를 수습할 수 있게 하였던 것이다.[659]

1859년 홍인간이 홍콩으로부터 천경에 들어와 군사에 임명되고 간왕에 봉해짐으로써 정치적 실권을 장악하고 근대적 자본주의 국가 건설을 내용으로 하는 『자정신편』이라는 정치적 청사진을 제시하였다. 군사적으로는 영왕(英王) 진옥성(陳玉成)[660]과 충왕(忠王) 이수성(李秀成)[661]이 양자강 중하류의 방위를 담당하였다. 1860년 5월 이수성 지휘 하의 태평군은 다시 동진을 감행하여 6월 2일 소주(蘇州)를 점령하고 상해로 진격해 들어가기도 하였으나 당시 청군을 비롯한 영국군과 프랑스군의 저항으로 실패하고 말았다. 1861년 진옥성의 군대가 증국번(曾國藩)의 아우 증국전(曾國

---

659 小島晋治,『洪秀全』, (東京, 集英社, 1987). 崔震奎 譯,『홍수전』, (서울, 고려원, 1995), p.218.

660 진옥성에 관한 보다 상세한 내용은 蘇雙碧,『陳玉成評傳』, (石家莊, 河北人民出版社, 1985) 을 참고하기 바란다.

661 이수성에 관한 보다 상세한 내용은 蘇雙碧,『李秀成評傳』, (鄭州, 河南教育出版社, 1985)을 참고하기 바란다.

奎)의 군대에게 패함으로써 안휘성의 안경을 넘겨주게 되었다. 이후 태평천국은 내부의 혁명 정신의 상실과 군사력의 한계로 인하여 점차 쇠퇴하였다. 1863년 6월 1일 홍수전이 병사하였고, 7월 3일 청군이 천경을 공격함으로써 철저히 파괴되었으며, 7월 19일 태평천국은 멸망하였다.[662]

한편 홍인간은 1854년 상해에서 남경을 거쳐 홍콩으로 건너가 런던선교회의 선교사가 되었고, 1859년 4월 천경에 와서 태평천국의 총리로 활동하였다. 홍인간은 상제교가 교리와 조직, 의식에 있어서 이미 본래의 길을 벗어났음을 발견하고 관리의 부패를 지적함과 동시에 잘못된 신앙의 미혹에 빠지지 않도록 힘썼다. 그래서 홍인간은『자정신편(資政新編)』을 써서 자신의 사상을 전개하였다. 홍인간은 태평천국 후기에『자정신편』을 정강으로 제시하고 서구 열강의 자본주의를 중국에 접목시켜 부강을 도모하고자 하였다. 즉『자정신편』은 통치의 근본으로 풍속습관에 의한 교화, 적절한 입법과 그 준수, 형벌에 의한 처벌이라는 세 원칙을 내걸고 내정 · 외교 · 경제 · 사회 · 문화 · 교육 등 각 방면에 대한 혁신적인 계획을 천명하였던 것이다.[663] 이러한『자정신편』에서의 개량적인 근대화 추구는 자본주의적인 개혁 방안으로서 종래 태평천국의 이념과는 매우 대조적이었을 뿐 아니라 더 나아가 양무운동(洋務運動)보다도 더 진일보한 것이었다는 평가를 받을 만한 것이었다. 한편 홍인간의 개혁 방안은 기독교 교리를 전제로 하고 있었다. 구류(九流) · 석담(釋聃) 등 미신적 전통신앙

---

662 崔震奎,「太平天國運動의 性格」,『東北亞』 2, 1995. (崔震奎,『太平天國의 宗教思想』, 광주, 朝鮮大學校出版部, 2002 수록), pp.15-6; 김학관,『중국 교회사』, (서울, 이레서원, 2005), pp.69, 71.

663 小島晋治,『洪秀全』, (東京, 集英社, 1987). 崔震奎 譯,『홍수전』, (서울, 고려원, 1995), pp.221-3. 한편『자정신편』에 관한 상세한 내용은 李竟能,「論洪仁玕的『資政新篇』」,『歷史研究』 1958年 第12期; 王汝豐,「洪仁玕及其『資政新篇』」, (苑書義 · 林言椒 編,『太平天國人物硏究』, 巴蜀書社, 1987 수록) 등을 참고하기 바란다.

을 비판하였고, 유교는 그 가치를 부분적으로 승인하였으며, 기독교 교리를 '상보(上寶)'라 규정하고 태평천국민을 '신민'화, 즉 기독교민화하려고 하였던 것이다.[664]

이처럼 홍인간은 자신의 개혁 사상을 통하여 중국에 발전된 자본주의 경제와 사회 정치제도를 건설하고, 나아가 상제교를 개혁하고자 힘썼으나 아쉽게도 실행하지는 못하였다. 일부 기독교 역사가들은 홍인간의 이러한 개혁정책이 비록 실행되지는 못하였으나 중국근대사에 있어서 기독교 문화의 형성을 시도하였던 중요한 기초가 되었으며, 나중에 손문(孫文)의 기독교 신앙에 기초한 중화민국의 건설과 개혁적인 정치사상에도 많은 영향을 끼쳤다고 평가하였던 것이다.[665]

## 4. 태평천국의 종교

### 가. 태평천국의 종교교리

#### (1) 상제

태평천국에서는 여호와의 번역어로서 상제(上帝) · 황상제(皇上帝) · 황천상제(皇天上帝) · 유황상제(惟皇上帝) · 천부상제(天父上帝) · 천부황상제(天父皇上

664 金誠贊,「太平天國과 捻軍」, (서울大學校東洋史學硏究室 編,『講座 中國史』Ⅴ, 서울, 지식산업사, 1989 수록), p.122; 김학관,『중국 교회사』, (서울, 이레서원, 2005), p.70; 房列曙,『中國文化史綱』, (北京, 科學出版社, 2001), p.235; 崔震奎,「太平天國運動의 性格」,『東北亞』2, 1995. (崔震奎,『太平天國의 宗教思想』, 광주, 朝鮮大學校出版部, 2002 수록), pp.21-4.

665 김학관,『중국 교회사』, (서울, 이레서원, 2005), p.71.

帝)·상주황상제(上主皇上帝)·천부상주황상제(天父上主皇上帝)·천부성신황상제(天父聖神皇上帝) 등을 사용하였다. 이 중에서 가장 많이 사용된 정통적 번역어는 상제 혹은 황상제였다. 그 이유는 홍수전에게 최초의 기독교적 지식을 공급한 『권세양언』이 상제 혹은 신천상제라는 번역어를 사용한 점과 칼 구츨라프 번역의 『구유조성서』의 영향을 받았기 때문이었다. 상제 혹은 황상제라는 번역어가 중국 고전에 있어서 용례의 존재를 의식한 것이었으므로 그만큼 중국인적 이해와 결부되기 쉬운 것이었음은 물론이지만, 동시에 기독교적인 신의 관념을 현저히 중국화할 위험을 수반하는 것이었음도 간과해서는 안 될 것이다.

상제라는 용어가 중국에서 최초로 사용된 것은 은대(殷代)였다. 은(殷)의 복사(卜辭)에 의하면 풍우농작(風雨農作)의 길흉, 전쟁의 승패, 관직의 파면 등 모든 일을 주재하는 지상신(至上神)으로서의 상제가 거명되었다. 이 지상신은 은 왕실의 조상신이기도 하였다. 주대(周代)가 되면 그것은 황천상제로 불리어지게 되며 세계 질서의 섭리자로 간주되었다. 춘추전국시대(春秋戰國時代) 이후 그 인격신으로서의 성격은 희박해져서 자연의 이법과 같은 존재에 가까워졌다. 진대(秦代) 이후 상제를 숭배하는 자가 없어지고 사신을 숭배하게 되었다. 따라서 태평천국에서는 그러한 사신을 폐하고 옛 전통을 계승하여 상제를 숭배한다는 것이었다.[666]

상제라는 용어는 중국 경서의 '유황상제(惟皇上帝)'·'황의상제(皇矣上帝)'·'상제시황(上帝是皇)'등의 구절로부터도 영향을 받았다. 그런데 중국 경서에서의 상제는 천제(天帝)라고도 하며, 방위에 따라 청제(青帝)·적제(赤帝)·황제(皇帝)·백제(白帝)·흑제(黑帝)의 동남중서북(東南中西北)의 5위로 나누

666 深澤秀男, 「太平天國とキリスト教」, (深澤秀男, 『中國の近代化とキリスト教』, 東京, 新教出版社, 2000 수록), pp.26-7.

어지므로 유일신이 아니었다. 적어도 중국인의 고전적 의식에서의 상제는 그 유일신적 성격에서 다소의 애매함을 불식할 수 없었다. 환언하면 그것은 신들의 하이어라르키에 있어서 최고의 존재이기는 하여도 유일한 존재는 아니었으며, 따라서 다른 신들의 존재를 거부하는 것이 아니었다. 비록 상제에 새로운 '독일진신(獨一眞神)'으로서의 성격을 부여하고자 노력하였음에도 불구하고 결국 여러 신 가운데 하나 또는 최고의 신에 불과하였던 태평천국의 상제는 기독교의 창조주이자 심판자인 유일신 여호와와는 그 개념에 있어서 근본적으로 달랐던 것이다.[667]

「천조서」의 제일천조에서는 '황상제를 숭배하라(崇拜皇上帝)'[668]라고 하며 황상제를 숭배해야 함을 기술하였다. 그리고 그 시에서는 황천상제(=황상제)가 진신임을 분명히 하였다.[669] 「천명조지서(天命詔旨書)」에서는 천왕 홍수전의 명령으로 황상제가 진신임을 다음과 같이 천명하였다.

> 천황은 조명(詔命)하셨다.……천부상주황상제만이 진신이고, 천부상주황상제 이외는 모두 신이 아니다.[670]

「천조서」의 제2천조에서는 '사신을 숭배하지 말라(不好拜邪神)'[671]라고 하며 사신을 숭배하지 말 것을 명령하였다. 이처럼 태평천국에서는 유일신 사상[672]을 받아들임으로써 상제라는 하나의 신만을 인정하며 격렬한

---

667 後藤基巳, 「十戒の中國的展開 : 中國キリスト教思想史に關する一考察」, 『白百合短期大學紀要』 第1輯, 1955. (後藤基巳, 『明淸思想とキリスト教』, 東京, 硏文出版, 1979 수록), pp.82-3; 羅爾綱, 『太平天國史』 第2册, (北京, 中華書局, 1991), p.678.

668 中國史學會 主編, 『太平天國』 I , (神州國光社, 1952), p.78.

669 中國史學會 主編, 『太平天國』 I , (神州國光社, 1952), p.78.

670 中國史學會 主編, 『太平天國』 I , (神州國光社, 1952), p.67.

671 中國史學會 主編, 『太平天國』 I , (神州國光社, 1952), p.159.

672 태평천국의 유일신 사상에 관해서는 簡又文, 『太平天國典制通考』 下卷, (香港, 簡氏猛進書

이교 반대투쟁을 전개하였고, 당시 민간에서 신봉하던 불교와 도교의 신을 비롯한 수많은 신을 모두 가신 · 사신이라고 단정하였던 것이다.

상제의 성격과 관련하여 태평천국에서는 상제의 창조주로서의 성격을 인정하였다. 「반행조서(頒行詔書)」에서는 '천부황상제는 바로 처음 6일 동안에 천지(天地) · 산해(山海) · 인물(人物)을 조성하셨다'[673]라고 하였다. 즉 천부황상제가 6일만에 천지 · 산해 · 인물을 창조하셨다고 기술함으로써 상제가 천지만물의 창조주이며, 만물은 상제의 피조물임을 천명하였던 것이다. 그리고 태평천국에서는 상제가 하늘에 있는 일월성신뇌우풍운(日月星辰雷雨風雲)과 지상에 있는 산원천택비잠동식(山原川澤飛潛動植)을 창조하였다고도 하였다.[674]

상제의 성격으로서 태평천국에서는 상제의 심판자로서의 성격도 인정하였다. 상제의 인간에 대한 태도에 대하여 「태평조서」에서 '황상제는 세인을 심판한다'[675]라고 함으로써 황상제가 인간에 대하여 심판자로서 존재함을 표명하였다. 「천조서」에서도 '그러므로 지금 황상제는 세인을 불쌍히 여겨 크게 능력의 손을 뻗쳐서 세인을 마귀의 손으로부터 벗어나게 하셨고, 세인의 머리를 지력을 만회케 하였으며, 또한 방향을 바꾸어 최초의 대로로 가게 하셨다'[676]라고 하여 심판의 신이 인간에게 올바른 방향의 대도를 지시하는 긍휼의 신임을 밝혔다.

---

屋, 1958), pp.1751-4; 王慶成, 「太平天國的一神論 : 一帝論」, (王慶成, 『太平天國的歷史和思想』, 北京, 中華書局, 1985 수록) 등을 참조하기 바란다.

673 中國史學會 主編, 『太平天國』 I , (神州國光社, 1952), p.67.

674 「原道覺世訓」, (太平天國歷史博物館 編, 『太平天國印書』 上册, 南京, 江蘇人民出版社, 1979 수록), p.18.

675 中國史學會 主編, 『太平天國』 I , (神州國光社, 1952), p.94.

676 中國史學會 主編, 『太平天國』 I , (神州國光社, 1952), p.74.

그 밖에 상제는 자기 이외의 신에 대한 숭배를 거부하는 질투의 신, 모든 사악한 것에 대한 분노의 신, 전쟁의 신으로서의 성격도 갖고 있었는데, 이는 현저히 구약적 · 여호와적인 성격의 것이었다. 그리고 태평천국의 혁명행위, 즉 기성정권인 청조에 대한 도전도 바로 상제가 명령한 의전(義戰)으로서의 성격을 갖고 있었으며, 전쟁 중 결정적인 순간에 상제가 자신의 모습을 드러내어 그 권능과 위엄을 나타내기도 하였던 것이다.[677]

그런데 「천조서」에서는 '하늘(天)을 따르면 복을 얻고, 하늘을 거역하면 망한다'[678]라고 하여 하늘에 순종하는 자의 복과 하늘을 거역하는 자의 멸망을 언급하였다. 여기에서의 천이란 상제를 가리키는 것이지만, 중국 고대의 천과도 동일한 존재가 아닌가 한다. 예컨대 「원도구세가」의 첫머리에서 동중서(董仲舒)의 '도의 큰 근원은 하늘에서 나왔다(道之大原出于天)' 라는 말을 인용하면서 반고(盤古) 이후 삼대(三代)에 이르기까지 군민 모두가 황천(皇天)을 경배하였다[679]는 주장이 바로 그것이다. 따라서 천은(天恩) · 천조(天條) · 천국(天國) · 천조(天朝) · 천경(天京) · 천병(天兵) · 천장(天將) 등의 용어에 나타나 있듯이 천은 상제와 관련된 용어에 광범위하게 사용되었다. 이처럼 태평천국에서는 전통사상의 바탕 위에서 기독교의 상제와 중국 고대의 천을 동일한 것으로 이해함과 동시에, 전통사상 가운데에서 필요한 부분을 이용하여 기독교 교의와 융합함으로써 토착화하였

---

677 後藤基巳, 「十戒の中國的展開 : 中國キリスト教思想史に關する一考察」, 『白百合短期大學紀要』 第1輯, 1955. (後藤基巳, 『明清思想とキリスト教』, 東京, 研文出版, 1979 수록), p.83.

678 中國史學會 主編, 『太平天國』 I, (神州國光社, 1952), p.80.

679 「原道救世歌」, (太平天國歷史博物館 編, 『太平天國印書』 上册, 南京, 江蘇人民出版社, 1979 수록), p.10.

던 것이다.[680]

원래 하나님은 아무도 볼 수 없는 영적 존재이다. 그런데 홍수전이 환몽에서 본 상제는 금발흑의의 노인으로 묘사되고 있는데, 이는 도교적 윤색으로서 이단성을 드러낸 것이었다. 특히 「태평천일」에서는 상제를 다음과 같이 상세히 묘사하고 있다.

> 머리에 챙이 높은 모자를 썼고, 몸에는 흑용포(黑龍袍)를 걸쳤으며, 입가에 덥수룩하게 난 수염이 배에까지 내려와 모습이 당당하고 우람하였다. 앉은 모습이 매우 엄숙하였고, 옷 입은 모습이 매우 단정하였으며, 양손은 무릎 위에 올려져 있었다.[681]

이러한 인간적인 모습과 함께 천상에 부인과 아들이 있는 존재로 묘사된 상제는 도교의 지상신인 옥황상제에 가까웠던 것이다.

심지어 「천부하범조서(天父下凡詔書)」에서 상제는 양수청을 빌어 세상에 내려와(下凡) 태평군 내의 모반자를 가르쳐 주며 주석능(周錫能) 일파의 적발을 명하는 등 세세한 일까지 간여하며 특별한 구체적인 역할을 수행하는 존재로 묘사되었다.[682] 이는 『구약전서』에서 초기의 히브리인과 여호와의 교섭의 재현을 방불케 한다. 「천부하범조서」에서는 다음과 같이 말하였다.

> 신개(辛開) 원년 10월 29일 양수청 · 풍운산 · 위창휘 · 석달개가 조회에 나가

---

680 崔震奎, 「上帝敎의 思想的 背景과 宗敎的 救世觀」, 『傳統文化硏究』 3, 1994. (崔震奎, 『太平天國의 宗敎思想』, 광주, 朝鮮大學校出版部, 2002 수록), pp.46,57-8.

681 「太平天日」, (太平天國歷史博物館 編, 『太平天國印書』 上册, 南京, 江蘇人民出版社, 1979 수록), p.37.

682 中國史學會 主編, 『太平天國』 I , (神州國光社, 1952), pp.7-8.

자 운산이 다음과 같이 상주하였다. "금일 나와 위정(韋正), 달개(達開), 증천방(曾天芳)이 동석하였는데, 황공하옵게도 천이 양수청에게 이르러 꾸짖었다. 주석능을 봉하도록 상주하려고 하자 홀연히 천부가 하범(下凡)하여 고함치며 주석능을 진압하라고 명하였다. 천부는 '나는 하늘로 돌아간다'라고 말하였다."……천부는 몰래 각 왕에게 명하며 말하였다. '지금 주석능은 반골로서 편견이 있고, 요인(妖人)과 한패가 되어 왕조를 회복하고자 하며, 모반에 내응하고 있는 것을 너희들은 알고 있는가. 군왕(群王)은 '모릅니다'라고 답하였다. 천부는 "너희들은 즉시 명령을 발하여 그 3인을 사로잡아 압송하라. 나 천부가 재단하겠다." 군왕은 '영을 받들겠나이다'라고 답하였다.[683]

즉 상제가 양수청을 통해서 태평군에 대하여 모반자를 가르쳐 주며 주석능 일파의 적발을 명하였던 것이다.

이러한 상제의 모습이 당시 선교사들의 시각으로는 매우 황당무계하게 보였을 것이다. 즉 영국 선교사 토마스 미도우즈는 「천부하범조서」를 보고서 다음과 같이 그 황당무계함을 표현하였던 것이다.

인신동형론(人神同形論)이 매우 현저하다. 상제가 천상으로부터 먼 길을 하범한다는 묘사는 속인들의 일반적인 모습과 다르지 않다. 내가 볼 때에 그 황당무계함을 느끼지 않을 수 없다[684]

요컨대 태평천국에서의 최고의 신인 상제는 이 세상의 창조자이자 용서와 자비의 신임과 동시에 우상숭배를 용납하지 않고 모든 인류와 직접 관계가 있으며 위기의 순간에 사적인 개입을 하는 전투적인 신으로 관념

683 中國史學會 主編, 『太平天國』 I , (神州國光社, 1952), pp.7-8.

684 「英國政府藍皮書中之太平天國史料」, (楊家駱 主編, 『太平天國』 第6册, 鼎文書局, 1973 수록), p.916.

되었던 것이다.[685] 한편 홍수전의 상제는 '근대자산계급의 〈박애〉의 꿈이 아니라 농민 형제의 복수의 신'이었다는 극단적인 주장도 있다.[686]

### (2) 태자기독(太子基督)

「태평구세가(太平救世歌)」에서는 창조주이신 상제를 숭배하지 않고 사신을 숭배하는 세인의 배신적인 태도에 대하여 상제는 노하셨지만, 세상을 구하고 사람들을 올바른 길로 되돌리기 위하여 태자이자 천형인 왕공을 파견하였다고 하였다.

> 우리 천부황상제는 세인의 광혹(狂惑)에 노하셨고, 진도가 침륜(沈淪)하는 것을 애석히 여기셨으며, 특히 태자천형야소(太子天兄耶穌)를 파견하여 지상에 내려가 무릇 세상을 구원케 하셨다.[687]

계속해서 왕공은 세인을 속죄하기 위하여 고난을 당하였음을 다음과 같이 묘사하였다.

> 모든 신고를 받으며 세인을 대신하여 속죄하셨다. 그 공로는 광대하여 이를 능가할 것이 없다.[688]

「유학시」에서도 간결한 시의 형식을 통하여 태자기독이 인간을 속죄하기 위하여 십자가에 매달려 세인을 대신하여 죽었으나 소생하여 영광

685 Eugene P. Boardman, *Christian Influence upon the Ideology of the Taiping Rebellion, 1851-64*, (Madison : University of Wisconsin Press, 1952), pp.54-8.

686 李澤厚,『中國近代思想史論』, (合肥, 安徽文藝出版社, 1994), p.15.

687 中國史學會 主編,『太平天國』Ⅰ, (神州國光社, 1952), p.240.

688 中國史學會 主編,『太平天國』Ⅰ, (神州國光社, 1952), p.240.

스런 만권(萬權)을 장악하였다고 표현하였다.[689]

한편「태평구세가」에서는 왕공의 죽음으로써 '세인이 이러한 구세(救世)·연명(捐命)·속죄(贖罪)의 이유를 알게 되면, 천부를 당연히 때마다 건경(虔敬)해야만 함을 알게 될 것이다'[690]라고 하였다. 여기에서 주목해야 할 점은 '천부를 당연히 때마다 건경해야만 함을 알게 될 것이다'라는 것, 즉 왕공의 죽음을 통하여 천부를 경배하게 되었다는 것이 결론이라는 사실이다.

이처럼 태평천국에서는 상제는 강조하며 숭배하였지만, 왕공에 대한 인식은 결여되어 있었다. 태평천국에서 예수의 지위는 받아들여졌으나 결코 두드러진 것은 아니었다.「원도구세가」등에서는 상제가 독일진신이란 점과 배상제(拜上帝)·불배사신(不拜邪神)의 필요성을 강조하였지만, 예수에 대해서는 언급조차 하지 않았다. 그리고 상제교 입교의 가장 기본적인 조건도 '상제를 숭배하고 우상을 제거하는' 것이었으며, 예수를 통한 구원이라든가 예수의 역할은 보이지 않았다.[691] 바로 이 점이 정통 기독교와 태평천국 종교의 커다란 차이점이자 최대의 이단적인 요소였던 것이다.

태평천국의 이러한 기독관(基督觀)에서 왕공이 천형이라는 견해가 생겨나게 되었다.「태평구세가」에서는 '천형은 천부의 태자이고, 천왕은 천부의 제2자이다'[692]라고 하여 왕공과 천왕이 병렬적 지위에 두어졌다. 이는 천왕 홍수전의 신격화라고도 생각되지만, 오히려 왕공의 인간화라고 해

---

689 中國史學會 主編,『太平天國』Ⅰ, (神州國光社, 1952), p.231.

690 中國史學會 主編,『太平天國』Ⅰ, (神州國光社, 1952), p.240.

691 崔震奎,「上帝會의 創立과 上帝教의 變化」,『歷史學報』144, 1994. (崔震奎,『太平天國의 宗教思想』, 광주, 朝鮮大學校出版部, 2002 수록), pp.189-90.

692 中國史學會 主編,『太平天國』Ⅰ, (神州國光社, 1952), pp.242-3.

야 할 것이다. 태평천국에 관한 청조 측 문서인 『적정휘찬(賊情彙纂)』[693] 권 9 「적교(賊敎)」에서 '정말로 나는 금형(今兄)의 전고(前苦)를 알았다'[694]라고 말함으로써 홍수전은 왕공의 인격 및 그 밖의 모든 것을 아는 것으로 묘사되었다. 즉 여기에서는 인간의 한계를 넘어선 여호와 하나님의 아들로서의 예수 그리스도를 발견할 수 없는 것이다.

한편 「천명조지서」에서는 태평군에 대하여 태자기독이 여러 가지를 지시하는 왕공의 특별한 역할을 다음과 같이 묘사하였다.

> 신개 10월 20일 영안에서. 천형 야소가 '무릇 이러한 요마가 일면에서 날뛰고, 일면에서는 변할 지라도 우리 천부천형의 손아귀를 벗어날 수 없을 것이다'라고 하였다.[695]

그리고 「천정도리서(天情道理書)」에서는 서왕 소조귀가 천형의 성지(聖旨)를 신탁 받았다고 다음과 같이 기술하였다.

> 서왕을 논하면 천부가 하범하여 우필(右弼) · 정군사(正軍師)가 되었고, 또한 제서(帝壻)였다. 한편 천형의 성지가 내려와 그의 몸에 나타나 그 강생이 이로부터 시작되었는데, 자신에게는 참으로 부귀와 영광이 되었다.[696]

요컨대 태평군에 대한 왕공의 직접적인 지시와 서왕에게 왕공의 성지가

---

693 본서는 태평천국 토벌의 명령을 받은 증국번이 적의 내부사정을 밝히기 위해서 장덕견(張德堅) 등에게 명하여 편찬케 한 것으로서 12권으로 구성되어 있다. 장덕견 등은 스파이를 적 진영으로 보내거나 남경으로부터의 도망자와 태평군의 포로 병사로부터 듣고서 본서를 편찬하였다. 1850-5년간의 태평천국의 내부사정이 상세히 묘사되어 있다.(市古宙三,『洪秀全の幻想』,〈東京, 汲古書院, 1989〉, pp.177-80)

694 中國史學會 主編,『太平天國』Ⅲ, (神州國光社, 1952), p.255.

695 中國史學會 主編,『太平天國』Ⅰ, (神州國光社, 1952), p.63.

696 中國史學會 主編,『太平天國』Ⅰ, (神州國光社, 1952), pp.370-1.

나타나는 것 등은 태평천국 특유의 기독론으로서 정통 기독교의 시각에서 볼 때 아주 황당무계한 것이었다.

### (3) 성신풍(聖神風)

태평천국에서는 성령을 주로 성신풍이라는 용어로 번역해서 사용하였다. 「천조서」에서는 다음과 같이 기술하였다.

> 천부황상제가 때로 성령풍(聖靈風)을 내려주셔서 악심(惡心)을 교화하여 영원히 요마의 미혹을 허락하지 않으시고, 때때로 돌보며 영원히 요마의 침해를 허락하지 않으신다. 축복하여 의식을 갖게 하시고, 재난을 없게 하시며, 금세에서는 평안을 보게 하시고, 승천해서는 영복(永福)을 만나게 하신다.[697]

즉 상제가 성령풍(성신풍)을 내려주어 악심(惡心)을 정심(正心)으로 대신하게 하고, 옳은 상제를 숭배하는 길로 나아가게 하며 축복을 해준다는 것이었다.

이처럼 성신풍은 사람들을 도와 옳은 길로 나아가도록 격려하고 위로하는 것이기 때문에 권위사(勸慰師)라고도 불리어졌다. 이와 관련하여 「천부하범조서」에서 다음과 같이 언급하였다.

> 이전 천형 야소가 천부 상제의 명을 받들어 유태국(猶太國)에 강생하여 일찍이 문도를 깨우치며 말씀하셨듯이 후일 권위사가 이 세상에 임하셨다.…… 이전 천형이 설명하신 권위사, 성령풍은 양수청이다.[698]

---

697 中國史學會 主編, 『太平天國』 I , (神州國光社, 1952), p.75.

698 中國史學會 主編, 『太平天國』 I , (神州國光社, 1952), p.54.

즉 권위사가 세상에 내려왔는데, 그것은 성신풍과 동의어로서 양수청이라는 것이었다. 그리고 「천정도리서」에서도 동왕을 성령이라고 하였던 것이다.[699]

정통 기독교에서는 성령을 '성령 하나님'이라고도 하였는데, 하나님의 일격(一格)으로 간주된다. 그러나 태평천국에서는 이러한 사상은 수용되지 않았고, 동왕 양수청을 성령으로 충당하였다. 이는 삼위일체론을 왜곡하고 형식화한 중대한 오류였던 것이다.

### (4) 삼위일체론

태평천국에서는 초기에 상제를 '성부 · 성자 · 성령의 3품격을 가지신 분'[700]이라고 말함으로써 정통 기독교의 삼위일체론을 수용하였다. 「천조서」에서는 '상제가 천성부(天聖父)임을 찬미하고, 야소가 구세성주(救世聖主)임을 찬미하고, 성신풍이 성령임을 찬미하고, 삼위로서의 하나의 진신을 찬미한다'[701]고 하였다. 즉 부신(父神)으로서의 상제, 구세주로서의 왕공, 성령으로서의 성신풍이 하나로 합쳐진 진신이라는 것이었다. 홍수전은 부자간의 혈연관계로써 상제와 예수는 일체라는 논리를 전개하여 '자(子)는 부(父)에게서 나오며, 원본이 일체합일(一體合一)이지만 부는 부이고 자는 자여서 하나이면서 둘이고 둘이면서 하나이다'[702]라고 하였다. 홍인간도 혈통상의 일체일맥(一體一脈)을 내세우며 삼위일체설을 다음과 같

699 中國史學會 主編,『太平天國』I, (神州國光社, 1952), p.372.

700 「原道醒世訓」, (太平天國歷史博物館 編,『太平天國印書』上冊, 南京, 江蘇人民出版社, 1979 수록), p.15.

701 中國史學會 主編,『太平天國』I, (神州國光社, 1952), p.77.

702 「欽定舊前遺詔聖書批解」, (田餘慶 主編,『太平天國史料』, 開明書店, 1950 수록), p.89.

이 해석하였다.

> 대개 상제는 야(爺)가 되어 만상을 포함하는 것을 보인다. 왕공은 자(子)가 되어 현신(顯身)을 보이니 이는 성신상제(聖神上帝)의 풍(風), 즉 자임을 지적한 것이다. 합하면 부자일맥(父子一脈)의 지친(至親)으로 자도 부(父)의 몸에서 나온 것이니 어찌 일체일맥이 아니겠는가?[703]

이처럼 태평천국에서는 예수가 하나님이고, 성령이 하나님인 이유를 명확히 할 수 없었기 때문에 삼위일체론이 심화되지 못하였던 것이다.

오히려 홍수전은 삼위일체론을 자의적으로 '이권분리론(二權分離論)'으로 바꾸어 버렸다. 1851년 홍수전이 발포한 「전군방담살적조(全軍放膽殺敵詔)」에서는 '만사에는 모두 천부의 주장, 천형의 담당이 있다'[704]라고 공개적으로 제기하였다. 한편 홍수전은 다음과 같이 주장하기도 하였다.

> 상제는 상제이고, 왕공은 왕공이다.
>
> 상제가 상주(上主)라는 것은 천부상주(天父上主)가 상제임을 말한 것이지 왕공이 상제라는 것은 아니다.
>
> 태형(太兄)께서 분명히 한 태주(太主)라는 사실을 밝혔는데, 나중에 이르러 어찌하여 왕공을 상제라고 오해하는가? 당신들처럼 이해한다면 바로 상제가 둘이 되는 셈이다.[705]

---

703 『資政新篇』, (太平天國歷史博物館 編, 『太平天國印書』 下冊, 南京, 江蘇人民出版社, 1979 수록), p.681.

704 「天命詔旨書」, (太平天國歷史博物館 編, 『太平天國印書』, 上冊, 南京, 江蘇人民出版社, 1979 수록), p.120.

705 「欽定舊前遺詔聖書批解」, (田餘慶 主編, 『太平天國史料』, 開明書店, 1950 수록), pp.79-92.

이처럼 홍수전은 예수를 천형이라고 칭함으로써 상제의 유일한 진신에서 분리하여 상제의 하나의 권위를 두 개의 권위로 바꾸어버렸다. 이는 확실히 대담한 해석이었다. 이에서 더 나아가 홍수전은 종교 영역 내에서 자신을 상제, 천형과 동등한 천왕이라는 지위에 둠[706]으로써 종래의 설을 또 다시 '신삼위일체론'으로 개변하였다. 즉 홍수전은 자신을 천형태자기독(天兄太子基督)의 동생으로서 천부황상제의 제2자라고 칭하며 왕권이 천부황상제로부터 나온 것이라고 주장하였는데, 바로 이 점이 유교적 천명관(天命觀)을 원용한 것으로서 이단적이라고 비판을 받게 되었던 것이다.

홍수전이 이처럼 천형이라는 새로운 용어를 사용한 본의는 「창세기」 14장의 살렘왕 멜기세덱을 자신의 전신이라고 다음과 같이 주장한 것에서도 엿볼 수 있다.

> 「창세기」 14장에 나타나는 멜기세덱은 바로 나를 가리킨다. 하나님께서 인간 세상에 내려오셨던 사실을 오늘 내가 인간 세상에 내려와 증명하고 있다. 하나님께서 일하실 때 꼭 시작이 있었다. 전에 하나님께서 세상에 내려와서 이스라엘을 애굽에서 구출하기 시작하였다. 이 일은 하나님 아버지께서 세상에 오셔서 천국 문을 열기 시작한 것이다. 천형께서 그 다음 유태 나라에 강생하시고 세상죄를 대속하였다. 이는 오늘날 천형이 세상에 내려와서 천국을 여는 서막이시다. 내가 세상에 내려온 것은 사람을 악에서 구출하여 선을 행하게 하려는 것의 서막이다. 이것이 하나님의 성지이다.[707]

「태평구세가」에서는 천왕 홍수전의 사명이 상제로부터 명령받은 요마를 멸망시키고 천하를 각성시키는 것임을 다음과 같이 기술하였다.

---

**706** 太平天國歷史博物館 編, 『太平天國印書』 下冊, (南京, 江蘇人民出版社, 1979), p.722.
**707** 이관숙, 『중국기독교사』, (서울, 쿰란출판사, 1995), p.228.

우리 천부는 세상을 사랑하는 마음이 간절하여 세인이 속히 교화되고 진도로 돌아와 진복(眞福)을 향유할 수 없는 것이 아닌가라고 염려하신다. 그리고 우리 주 천왕을 하범시켜 진명주(眞命主)로서 요마를 주멸하고 천하를 각성케 하셨고, 만방의 민을 불쌍히 여겨 안심시키고 진복을 향유케 하셨다.[708]

계속해서 홍수전은 유정망사(留正亡邪)하기 위하여 전국적 기의를 일으켜 요(妖), 즉 청조를 타도하고 우상(偶像) · 요묘(妖廟)를 파괴하여야 한다고 기술하였다. 그리고 이는 세상을 구하라는 상제의 천왕 홍수전에게 내린 명령의 실행이며, 이러한 일은 수천년래 아직 행해진 적이 없는 공덕이라는 것이었다.[709]

요컨대 태평천국에서는 기독교의 삼위일체론을 제대로 수용하지 못함으로써 이단성을 드러내 보였다. 즉 상제만이 유일신으로 강조되었을 뿐 예수의 역할은 상대적으로 약화되었고, 상제를 중심으로 한 세속적인 가정이 구성되었다. 성부 상제는 유일신임과 동시에 천부로서 이 가정의 가장이고, 성자 예수는 장남, 홍수전은 차남이며, 성신풍으로 번역된 성령은 상제의 교화 작용을 가리키는데 구체적으로는 양수청에게 체현되어 있음을 강조함으로써 천왕과 동왕의 특수한 권위를 뒷받침하고자 하는 것으로 왜곡되었다.[710] 이러한 태평천국의 삼위일체론에 대하여 Vincent Y. C. Shih는 '태평천국의 삼위일체론 사상은 성경적인 삼위일체론과 불일치한다'[711]고 비판하였던 것이다.

---

708 中國史學會 主編,『太平天國』I , (神州國光社, 1952), p.240.

709 中國史學會 主編,『太平天國』I , (神州國光社, 1952), p.240.

710 小島晋治,『洪秀全』, (東京, 集英社, 1987). 崔震奎 譯,『홍수전』, (서울, 고려원, 1995), p.167 : 崔震奎,「上帝會의 創立과 上帝教의 變化」,『歷史學報』 144, 1994. (崔震奎,『太平天國의 宗教思想』, 광주, 朝鮮大學校出版部, 2002 수록), p.191; 崔震奎,「太平天國의 建國과 上帝教」, (崔震奎,『太平天國의 宗教思想』, 광주, 朝鮮大學校出版部, 2002 수록), p278.

711 Vincent Y. C. Shih, *The Taiping Ideology : Its Sources, Interpretations, and Influences,* (Seattle & London

### (5) 십관천조(十款天條)

태평천국의 십관천조(十款天條)[712]는 『구약전서』 모세오경의 십계명을 기본으로 하고[713] 풍운산의 전도 성과와 체험을 흡수하여 작성된 것이었다. 홍수전이 십계명을 이해하게 된 것은 1847년 봄 그가 잇사칼 로버츠 아래에서 교리를 학습한 이후였다. 이 때 홍수전은 『구약전서』와 그 밖의 전도 팸플릿을 읽음으로써 십계명을 완전히 이해할 수 있게 되었다. 1847년 가을 홍수전과 풍운산이 우상으로 간주하여 상주(象州)의 감왕묘(甘王廟)를 파괴할 때 천조를 게시하였으며, 그 후 풍운산이 체포되자 상제교에서는 상주를 올려 변명함과 아울러 10 천조를 첨부하여 지현의 심사를 요구하였다.[714] 이러한 과정을 통하여 모세의 십계명은 상제교에 받아들여지고 다소 수정이 가해져서 십관천조라는 태평천국민의 전시 군기와 평상시 생활의 준칙이 되었다.[715]

십관천조의 구성은 서두, 10조로 구성된 각 조, 말미의 산문으로 구성되어 있다. 그리고 각조의 밑에는 해설, 시(詩)와 왈(曰)이라는 제목의 부연설명이 붙어 있다. 특히 각조의 해설은 중국의 고전이나 사서에서 인용한 것으로 가득차 있던 「원도구세가」나 「원도성세훈」에 비하면 민중의

---

: University of Washington Press, 1967), p.154.

712 태평천국의 십계명 이해에 관한 보다 상세한 내용은 後藤基巳, 「十戒の中國的展開 : 中國キリスト教思想史に關する一考察」, 『白百合短期大學紀要』 第1輯, 1955. (後藤基巳, 『明清思想とキリスト教』, 東京, 研文出版, 1979 수록), pp.80-7을 참조하기 바란다.

713 이는 「원도각세훈」에서 '황상제가 당초 시내 산에 강림하여 직접 자신이 돌 위에 십관천조를 써서 모세에게 주었다'(「原道覺世訓」, 〈太平天國歷史博物館 編, 『太平天國印書』 上册, 南京, 江蘇人民出版社, 1979 수록〉, p.19)고 한 것에서 알 수 있다.

714 小島晋治, 『洪秀全』, (東京, 集英社, 1987). 崔震奎 譯, 『홍수전』, (서울, 고려원, 1995), pp.89-91.

715 崔震奎, 「上帝會의 創立과 上帝教의 變化」, 『歷史學報』 144, 1994. (崔震奎, 『太平天國의 宗敎思想』, 광주, 朝鮮大學校出版部, 2002 수록), pp.179-81.

현실생활에 밀착된 토속적인 것으로 되어 있는 것이 특징이었다.[716] 이하에서는 십관천조의 순서에 따라 상세하게 살펴보고자 한다.

우선 서두에서는 황상제를 믿고 천조를 준수하면 천당에 올라가 영원한 복을 누릴 수 있을 것이지만, 사신(邪神)을 믿고 사사(邪事)를 행하며 천조를 범하면 지옥에 떨어져 영원한 고통을 받을 것임을 강조하였다.

> 천하범간(天下凡間)에 누가 천조를 범하지 않겠는가? 다만 전에는 모르고 했기 때문에 용서를 받을 수 있었지만, 이제 황상제의 은조(恩詔)가 이미 반포되었으니 이제부터 황상제 면전에서 죄를 뉘우칠 것을 안 모든 사람들은 사신을 예배하지 않고 사사를 행하지 않으며 천조를 범하지 않는 자만이 천당에 올라가 복을 누릴 수 있으며 천년 억년 풍류가 쾌활하고 위풍이 끝이 없을 것이다.……황상제 면전에서 죄를 뉘우칠 줄 모르고 여전히 사신을 예배하고 여전히 사사를 행하며 여전히 천조를 범하는 자는 지옥에 떨어져 고통을 받아 천년 만년 번민과 고초로 애통함이 끝이 없을 것이다.[717]

계속해서 이 서두에서는 죄의 회개 방법, 식사 및 그 밖의 상제에 대한 감사, 재해와 질병을 피하기 위한 상제에의 기도 방법 및 기타 일반적인 기도, 상제에 대한 예배일 등을 언급하였다.[718]

십관천조의 제1천조는 '황상제를 숭배하라(崇拜皇上帝)'[719]이다. 이는 태평천국이 신봉하는 최고 · 유일신에 대한 숭경의 표현이었다. 제1천조의 밑에는 다음과 같은 해설이 붙어 있다.

---

716 小島晋治, 『洪秀全』, (東京, 集英社, 1987). 崔震奎 譯, 『홍수전』, (서울, 고려원, 1995), p.87.

717 中國史學會 主編, 『太平天國』 I , (神州國光社, 1952), pp.73-4.

718 中國史學會 主編, 『太平天國』 I , (神州國光社, 1952), pp.74-8.

719 中國史學會 主編, 『太平天國』 I , (神州國光社, 1952), p.78.

황상제는 천하만국의 대공지부(大共之父)이고, 사람들은 그가 낳고 기른 것이며, 사람들은 그의 보우를 받으므로 사람마다 아침저녁으로 경배하여 그 은혜에 감사하여야 한다. 속어에 이르기를 '하늘이 낳고 하늘이 기르며 하늘이 보우한다'고 하였고, 또 속어에 이르기를 '음식을 얻는 데에 하늘을 속이지 말라'고 하였다. 때문에 상제를 숭배하지 않는 모든 자는 천조를 범하는 것이다.[720]

계속해서 시에서는 '황천상제는 진신이시니 조석으로 예배하여 스스로 초승(超昇)해야 한다'[721]라고 하였다. 왈에서는 '십관천조는 확실히 준수해야 하며, 부디 귀신에게 미혹되어 암매해져서는 안 된다'[722]라고 하여 십관천조를 준수할 것과 미혹되어 귀로(鬼路), 즉 사신 신앙의 길로 들어가지 말 것을 명령하였다. 그러나 이들 표현은 성경적 십계명의 제1계명(너는 나 외에는 다른 신들을 네게 두지 말라)의 하나님 외에 다른 어떤 신을 소유하거나 찾거나 사랑하거나 경배하는 것을 금지하고, 다만 하나님만을 사랑하고 높이고 존경하고 그만을 섬기고 경배하며 그에게 복종하고 헌신하라는 금지적 · 강제적 표현보다는 훨씬 약한 것이었다. 이는 중국적 상제관이 본래적으로 갖고 있던 유일신적 성격에서의 애매함과 무관하지 않을 것이다.

요컨대 제1천조는 천하만국의 대공지부로서 모든 사람을 낳고 기르시는 무소부지(無所不知) · 무소부재(無所不在)의 독일진신이신 황상제를 경배하여야 함을 강조하였다. 즉 중국인의 고전적인 상제관을 기독교의 일신관(一神觀)에 의하여 수정한 '독일진신'으로서의 황상제 숭배야말로 태평

720 中國史學會 主編,『太平天國』I, (神州國光社, 1952), p.78.
721 中國史學會 主編,『太平天國』I, (神州國光社, 1952), p.78.
722 中國史學會 主編,『太平天國』I, (神州國光社, 1952), p.78.

천국의 종교사상을 특징짓는 가장 중심적인 주장이었던 것이다.[723]

제2천조는 '사신을 숭배하지 말라(不好拜邪神)'[724]이다. 제2천조의 해설로 황상제는 나 이외에 별도로 신이 없다고 말하셨고, 황상제 이외는 모두 사신이며, 그들 사신은 세인에게 미혹(迷惑)·해류(害類)를 미친다고 하였다. 그리고 이러한 사신을 결단코 숭배해서는 안 된다는 것, 만약 숭배하는 자가 있다면 그러한 사람은 천조를 범하는 것이라고 하였다.[725] 시에서는 '사마는 가장 인령(人靈)을 쉽게 유혹하는데, 신앙을 그르치면 마침내 지옥의 몸이 된다'[726]라고 하였다. 그리고 왈에서는 상제 신앙을 깨달아 천부를 친히 신앙의 대상으로 삼을 것을 다음과 같이 권하였다.

> 너 호웅(豪雄)이 바로 성오(醒悟)하기를 권한다. 당당하게도 천부에게 급히 상친(相親)하라.[727]

기독교의 십계명중 제2계명은 종교적 경외와 예배의 대상으로 그 어떤 형상이든지 만들어 내는 것을 강력히 금지하고 있다. 그 이유는 우상숭배는 보이지 아니하시는 하나님께 대한 대단한 모독행위이기 때문이다. 오직 제2계명이 요구하는 의무사항은 하나님께서 그의 말씀 속에 정해주신 모든 종교적 예배와 의식 또는 규례를 순수한 마음과 전심으로 받아 지키는 것이다. 제2천조의 사신 숭배의 금지도 이러한 사상의 반영이었다. 다만 '우상'이란 용어가 '사신'으로 대체되고, '황상제 이외는 모

---

723 後藤基巳,「十戒の中國的展開：中國キリスト教思想史に關する一考察」,『白百合短期大學紀要』第1輯, 1955. (後藤基巳,『明清思想とキリスト教』, 東京, 研文出版, 1979 수록), pp.83-4.

724 中國史學會 主編,『太平天國』Ⅰ, (神州國光社, 1952), p.78.

725 中國史學會 主編,『太平天國』Ⅰ, (神州國光社, 1952), p.78.

726 中國史學會 主編,『太平天國』Ⅰ, (神州國光社, 1952), p.78.

727 中國史學會 主編,『太平天國』Ⅰ, (神州國光社, 1952), p.78.

두 사신이다'라고 주장된 것은 태평천국에 있어서 상제 숭배의 열광성·배타성을 가장 단적으로 나타내 보인 것이었다. 사신이란 황상제 이외의 모든 신을 가리켰는데, 구체적으로는 사신 숭배 금지에 의하여 중국에 있어서 여러 가지의 이교적 신앙 속에서 발견되는 모든 우상 숭배와 미신적 관습의 배척을 의도한 것이었다. 당면한 과제로서는 도·불 2교의 사묘우상(寺廟偶像)과 민간의 혼효종교(混淆宗教)가 숭배의 대상으로 하는 미신적인 신들이 주된 배척의 대상이 되었으며, 그들에 대한 도전과 공격은 철저하고도 파괴적이었다. 요컨대 태평천국에서의 사신 숭배 부정, 즉 우상파괴의 운동은 광신적인 상제 신앙의 가장 단적이고도 직접적인 표현이었고, 그 종교적 반란으로서의 성격을 현저하게 하였다. 그러한 의미에서 제2천조는 본래적으로 말하면 기독교 정신과 배치되는 것이 아니었지만, 그 실천에 있어서의 과오와 지나침으로 말미암아 비난받을 점을 남겼던 것이다.[728]

제3천조는 '황상제의 이름을 망령되게 일컫지 말라(不好妄題皇上帝之名)'[729]이다. 즉 상제의 이름은 존귀하고도 황공한 것이기 때문에 함부로 상제의 이름을 말하지 말라는 것이었다. 계속해서 설명하기를 황상제의 이름은 야화화(爺火華)인데, 세인은 함부로 부르면 안 되고, 부르는 자는 천조를 범하는 것이라고 하였다.[730] 시에서는 '높디높은 천부는 극히 존숭해야 하는데, 분수를 어겨 그 이름을 욕되게 하면 결국 좋을 일이 없을 것이다'[731]라고 경고하였다. 왈에서는 '아직도 진도를 모름지기 성오해야

---

728 後藤基巳,「十戒の中國的展開 : 中國キリスト教思想史に關する一考察」,『白百合短期大學紀要』第1輯, 1955. (後藤基巳,『明清思想とキリスト教』, 東京, 硏文出版, 1979 수록), pp.84-5.

729 中國史學會 主編,『太平天國』Ⅰ, (神州國光社, 1952), p.78.

730 中國史學會 主編,『太平天國』Ⅰ, (神州國光社, 1952), p.78.

731 中國史學會 主編,『太平天國』Ⅰ, (神州國光社, 1952), p.78.

함을 알지 못하고, 가벼이 범하여 더럽혀진다면 극히 속죄할 수 없을 것이다'[732]라고 하였다.

하나님의 이름은 하나님 자신의 성품은 물론이요 그의 말씀 · 칭호 · 존재 · 행사 등을 상징해 주는 용어이다. 곧 하나님의 이름을 부른다는 것은 그를 경외하고 찬미하며 영화롭게 한다는 뜻이다. '망령되이(in vain)'란 말은 '헛되이' · '거짓되게' 또는 '소홀하게' · '아무 목적없이'라는 의미를 갖고 있다. 그러므로 하나님의 이름을 부를 때 반드시 하나님의 영광을 위하여 그리고 우리나 이웃의 신앙 성숙 내지는 건덕을 위해서만 사용하여야만 한다는 것이 기독교의 십계명중 제3계명의 요구사항이다.

제3천조가 적어도 표면적으로는 기독교의 십계명중 제3계명을 충실히 계승하고 있는 듯하지만 과연 계율의 본의를 정확히 이해하였는지는 의문이다. 왜냐하면 이를 중국적인 피휘(避諱)의 관습에 연결하여 황(皇) · 상(上) · 제(帝) · 야(爺) · 화(火) · 화(華)의 6자 남용을 금하는 의미로 이해하였기 때문이다. 즉 「적정휘찬」에 의하면 그 개휘(改諱)는 황(皇)→황(黃), 상(上)→상(尙), 제(帝)→제(諦), 야(爺)→아(牙), 화(火)→과(夥) 혹은 염(炎), 화(華)→화(花)였던 것이다.[733]

제4천조는 '제7일째 되는 예배일에는 황상제의 은덕을 송찬하라(七日禮拜頌讚皇上帝恩德)'[734]이다. 즉 황상제는 최초의 6일 동안 천지(天地) · 산해(山海) · 인물(人物)을 만드시고 그 7일을 안식일로 명명하셨기 때문에 세인은 상제의 축복을 받게 되었으니 7일째마다 경건하게 예배하며 황

---

732 中國史學會 主編,『太平天國』I , (神州國光社, 1952), p.78.

733 後藤基巳,「十戒の中國的展開 : 中國キリスト教思想史に關する一考察」,『白百合短期大學紀要』第1輯, 1955. (後藤基巳,『明淸思想とキリスト敎』, 東京, 研文出版, 1979 수록), pp.85,92.

734 中國史學會 主編,『太平天國』I , (神州國光社, 1952), p.78.

상제의 은덕을 송찬하여야만 한다고 해설하였다.[735] 시에서는 사람들의 행복은 하늘로부터 온 것이므로 상제의 덕을 찬송하고 공리(功利)를 노래하는 것은 당연하다며 다음과 같이 말하였다.

> 세간(世間)이 복을 향유하는 것은 모두 하늘(天) 때문이다. 덕을 찬송하고 공리를 노래하는 것은 당연하다.[736]

왈에서는 조석의 식사를 감사하고 7일째의 안식일에는 가장 경건하여야 한다며 다음과 같이 말하였다.

> 조석의 식사는 당연히 감사하지 않으면 안 된다. 환기(還期) 7일의 예배는 가장 경건하지 않으면 안 된다.[737]

제4천조는「창세기」의 천지창조 기사에 기초하여 순연한 기독교적 이해를 따랐다. 태평천국에서는 실제로 역법을 개정하고 서양력에 준하여 예배일(안식일)을 두고서 그 예배를 엄수하였다. 확실히 안식일의 엄수는 세례식의 집행과 함께 태평천국이 채용한 기독교 의식 중 가장 현저한 것이었다. 그러나 이 경우 의식 집행의 형식이 반드시 정확한 의미에서 기독교적이라고 할 수 있는지 의문이었을 뿐 아니라 현저히 중국적 요소를 가미하였다.[738] 요컨대 태평천국에서는 주일보다는 안식일을 강조하였는데, 바로 이 점이 태평천국의 종교가 구약적 내지는 유태교적이

---

735 中國史學會 主編,『太平天國』Ⅰ, (神州國光社, 1952), p.78.

736 中國史學會 主編,『太平天國』Ⅰ, (神州國光社, 1952), p.79.

737 中國史學會 主編,『太平天國』Ⅰ, (神州國光社, 1952), p.79.

738 後藤基巳,「十戒の中國的展開 : 中國キリスト教思想史に關する一考察」,『白百合短期大學紀要』第1輯, 1955. (後藤基巳,『明清思想とキリスト教』, 東京, 研文出版, 1979 수록), p.85.

라고 평가하는 하나의 요인이 될 것이다.

제5천조는 '부모에게 효도하고 순종하라(孝順父母)'[739]이다. 이는 중국 고래의 풍습이어서 중국인에게 비교적 쉽게 받아들여졌을 것이다. 그리고 부모에게 거역하는 자는 모두 천조를 범하는 것이라고 친불효(親不孝)를 엄하게 경고하는 해설을 덧붙였다.[740] 시에서는 '대효(大孝)는 마침내 자신에게 즐거움이 있고, 양친에게 웃음과 기쁨을 준다'[741]고 하였다. 왈에서는 '대공(大空)이 한이 없도록 모름지기 보답을 깊게 하여야 하지만, 생전의 7척의 몸으로서는 감당할 수 없다'[742]라고 하여 상제에게 깊이 보답하여야 하지만, 그 깊이는 생전에 감당할 수 없을 정도임을 고백하였다.

제6천조는 '살인하거나 남을 해치지 말라(不好殺人害人)'[743]이다. 제6천조의 밑에는 다음과 같은 해설이 붙어져 있었다.

> 살인은 자신을 죽이는 것이고, 사람을 해치는 것도 자기를 해치는 것이다. 살인이나 타인을 해치는 것은 모두 계명을 범하는 것이다. 천하 사람들은 다 한 집에 살고 있으며 한 형제이다. 누구든지 해치지 말아야 한다. 사람의 본성은 하나님께서 주신 것이다. 각기 서로 안전하게 지켜주어 네 이웃을 네 몸과 같이 사랑하여 태평천국을 이룩하자.[744]

한편 '천부의 살인하지 말라는 훈계는 사람을 모살하거나 이유도 없이 죽여서는 안 된다고 훈계한 것으로 천법(天法)에 기초하여 사람을 처형해

739 中國史學會 主編,『太平天國』Ⅰ, (神州國光社, 1952), p.79.
740 中國史學會 主編,『太平天國』Ⅰ, (神州國光社, 1952), p.79.
741 中國史學會 主編,『太平天國』Ⅰ, (神州國光社, 1952), p.79.
742 中國史學會 主編,『太平天國』Ⅰ, (神州國光社, 1952), p.79.
743 中國史學會 主編,『太平天國』Ⅰ, (神州國光社, 1952), p.79.
744 中國史學會 主編,『太平天國』Ⅰ, (神州國光社, 1952), p.79.

서는 안 된다고 말씀하신 것은 아니다'[745]라는 유보적 해설도 덧붙이고 있다. 시에서는 '천하일가는 모두 형제이니 어찌 군중을 살해하는 것이 허용되겠는가'[746]라고 하였다. 그리고 왈에서는 '성형(成形) · 부성(賦性)은 모두 하늘(天)이 준 것이니 각자는 서로 안심하며 태평을 누려야 할 것이다'[747]라고 하였다.

기독교의 십계명중 제6계명(살인하지 말지니라)은 인간의 생명과 안전에 대한 말씀이다(생명의 귀중성) 온갖 정당한 노력을 다 기울여서 우리 자신의 생명과 남의 생명을 보존하라는 것이다. 금지 사항은 자살과 타살행위이다. 그리고 제6계명은 모든 살인의 원인이나 동기가 되는 미움과 분노, 복수와 잔인성, 폭력이나 원한 등도 금하고 있다.

이처럼 제6천조는 제6계명을 충실히 반영하고 있는 듯하다. 그러나 '천법에 기초하여 사람을 처형해서는 안 된다고 말씀하신 것은 아니다' 라는 유보적인 해설이 태평천국의 국가 권력에 의한 무자비한 폭력성을 드러내게 한 하나의 요인이 된 것이 아닌가 한다.

제7천조는 '간음하거나 음란한 행위를 하지 말라(不好奸邪淫亂)'[748]이다. 제7천조의 밑에는 다음과 같은 해설이 붙어 있다.

> 천하에 많은 남자가 있으나 모두 형제이고, 천하에 많은 여자가 있으나 모두 자매이다. 천당의 자녀에 있어서 남자는 남자의 행(行)이 있고, 여자에게는 여자의 행이 있으니 뒤섞여서는 안 된다. 간음한 모든 남녀는 이름을 바꾸더라도 불신앙이 된다. 간음에는 사안(邪眼)과 사람들에 대하여 사심(邪心)

745 中國史學會 主編,『太平天國』Ⅰ, (神州國光社, 1952), p.79.

746 中國史學會 主編,『太平天國』Ⅰ, (神州國光社, 1952), p.79.

747 中國史學會 主編,『太平天國』Ⅰ, (神州國光社, 1952), p.79.

748 中國史學會 主編,『太平天國』Ⅰ, (神州國光社, 1952), p.79.

을 일으키는 것, 양연(洋烟)을 피우는 것, 사가(邪歌)를 부르는 것이 포함되어 있는데, 이것들을 행하는 자는 천조를 크게 범하는 것이다.[749]

시에서는 '사음은 악(惡)의 우두머리인데, 괴(怪)로 변하고 요(妖)가 되는 것을 심히 슬퍼해야 할 것이다'[750]라고 하여 사음으로 말미암아 신앙에서 벗어나 불신앙자가 되는 것을 경계하였다. 그리고 왈에서는 '천당의 진실한 복을 향수하고자 하면 반드시 극기의 고업(苦業)을 따라야만 한다'[751]라고 하였다.

그리스도인에게 있어서 간음죄는 신성 모독의 범죄행위이다. 그 이유는 그리스도인의 몸은 성령의 전이며(고리도전서 3장 16절-17절) 예수 그리스도의 몸된 지체이기 때문이다.(고리도전서 6장 19절-20절) 따라서 십계명중 제7계명(간음하지 말지니라)은 가정의 순결을 보호하기 위하여 제정된 것이다. 그런데 제7천조에서 '사안과 사람들에 대하여 사심을 일으키는 것, 양연을 피우는 것, 사가를 부르는 것'을 간음죄에 포함시키는 적극성을 보인 것이 제7계명과의 차이점이라고 할 수 있다.

제8천조는 '도둑질이나 강도질을 하지 말라(不好偷竊搶劫)'[752]이다. 제8천조의 설명에 의하면 빈부란 미리 황상제가 준 것인데, 도둑질하거나 강도질하는 인물은 모두 천조를 범하는 것이었다.[753] 시에서는 다음과 같이 말하였다.

749 中國史學會 主編,『太平天國』I, (神州國光社, 1952), p.79.
750 中國史學會 主編,『太平天國』I, (神州國光社, 1952), p.79.
751 中國史學會 主編,『太平天國』I, (神州國光社, 1952), p.79.
752 中國史學會 主編,『太平天國』I, (神州國光社, 1952), p.79.
753 中國史學會 主編,『太平天國』I, (神州國光社, 1952), p.79.

안빈(安貧)하며 분수를 지켜라. 도적질하는 것은 좋지 않다. 겁창(劫搶)의 횡행은 최저이다.[754]

왈에서는 '인민을 포해(暴害)하는 것은 자신을 해치는 것으로 돌아오니 영웅은 어째서 빨리 회심하지 않겠는가'[755]라고 하였다.

기독교는 개인의 재산소유권을 인정하고 있다. 단 부모로부터 상속받은 재산이거나 합법적인 노력의 결과로 얻어진 재산이라야 한다. 그러므로 제8계명(도적질하지 말지니라)은 다음과 같은 적극적인 의무가 함축되어 있는 것이다. 곧 모든 정당한 수단으로써 우리 자신과 이웃의 재산이나 산업을 보호하고 증대시켜 나가야 한다는 점이다. 제8천조는 이러한 제8계명의 정신을 충실히 반영하고 있다고 사료된다.

제9천조는 '거짓말을 하지 말라(不好講謊話)'[756]이다. 즉 거짓말 하는 것을 금하였는데, 사교의 거짓말과 조언(粗言) 등은 천조를 범하는 것이라고 해설을 덧붙였다.[757] 시에서는 '황언(謊言)과 괴어(怪語)는 부디 버려야 할 것인데, 불가사의하게도 괴상한 것의 횡행은 하늘에 죄를 얻게 될 것이다'[758]라고 하였다. 그리고 왈에서는 다음과 같이 말하였다.

설화(舌禍)가 많으면 마침내 자신이 받게 된다. 신밀(愼密)하게 마음을 바르게 하는 것만 같지 않다.[759]

---

754 中國史學會 主編,『太平天國』Ⅰ, (神州國光社, 1952), p.79.
755 中國史學會 主編,『太平天國』Ⅰ, (神州國光社, 1952), p.79.
756 中國史學會 主編,『太平天國』Ⅰ, (神州國光社, 1952), p.79.
757 中國史學會 主編,『太平天國』Ⅰ, (神州國光社, 1952), p.79.
758 中國史學會 主編,『太平天國』Ⅰ, (神州國光社, 1952), p.80.
759 中國史學會 主編,『太平天國』Ⅰ, (神州國光社, 1952), p.80.

기독교의 십계명중 제9계명(네 이웃에 대하여 거짓 증거하지 말지니라)은 사랑으로 진실되게 말함으로써 그 이웃의 명예를 지키도록 제정된 것이다. 소극적인 의미에서는 이웃에 대한 모든 그릇된 언사를 금하고 있으며, 적극적인 의미에서는 진실을 굳게 보전할 것을 교훈하고 있다. 진리 자체이신 하나님께서 거짓말을 너무나도 싫어하시기 때문에 조금이라도 가장됨이 없이 진리를 지켜야 한다는 것이다. 제9천조는 전술한 제9계명의 소극적인 의미에만 한정되어 있는 것이 아닌가 한다.

제10천조는 '탐심을 내지 말라(不好起貪心)'[760]이다. 제10천조의 해설은 '타인의 예쁜 아내와 딸을 보고 이를 손에 넣고 싶어하거나 타인이 가진 물건과 재산을 보고 이것에 욕심을 내는 자, 도박을 하거나 복권을 사거나 과거시험에 누가 합격할 것인가로 내기를 하거나 하는 자는 모두 천조를 범하는 자이다'[761]라고 하였다. 시에서는 "사람답기 위해서는 일체 탐심을 일으켜서는 안 된다. 욕심의 바다는 견전(牽纏)하고, 화는 실로 깊다."[762]라고 하였다. 그리고 왈에서는 이들 천계(天誡)가 시내 산에서의 말씀이라는 것과 이들 천조가 그대로 지금까지 살아 있음을 다음과 같이 언급하였다.

> 시내 산에서 계(誡)가 수고(垂誥)되었다. 천조는 지금에 이르기까지 진실로 격렬하다.[763]

기독교의 십계명중 제10계명(네 이웃의 집을 탐내지 말지니라. 네 이

---

760 中國史學會 主編,『太平天國』I , (神州國光社, 1952), p.80.

761 中國史學會 主編,『太平天國』I , (神州國光社, 1952), p.80; 小島晋治,『洪秀全』, (東京, 集英社, 1987). 崔震奎 譯,『홍수전』, (서울, 고려원, 1995), p.87.

762 中國史學會 主編,『太平天國』I , (神州國光社, 1952), p.80.

763 中國史學會 主編,『太平天國』I , (神州國光社, 1952), p.80.

웃의 아내나 그의 남종이나 그의 여종이나 그의 소나 그의 나귀나 무릇 네 이웃의 소유를 탐내지 말지니라)은 이웃의 가정을 보전할 것과 인간의 마음의 내적 상태를 보여주는 말씀이다. 자신의 처지에 온전히 만족하고 이웃에 대해서는 사랑의 마음을 가지라는 것이다. 금지사항은 자신에 대한 각종 불만족과 이웃에 대한 시기심 · 불평 · 탐욕이다. 탐심은 모든 죄의 근원이라는 것이다. 제10천조는 이 제10계명을 충실히 반영하고 있다고 생각된다.

마지막으로 산문에서는 '천조를 따르고 진신을 숭배하면 이 세상과 이별할 때 천국에 올라가기 쉽다'[764]라고 하여 십관천조를 지키고 진신을 숭배하는 것이 천당에 쉽게 올라가는 길임을 분명히 하였다. 그 뿐 아니라 십관천조 준수 여부가 현실적인 충간(忠奸)과 지위의 승진 · 격하도 결정하는 것임을 다음과 같이 천명하였던 것이다.

> 천하의 모든 관민 가운데 10항의 천조를 준수하는 자 혹은 명령을 잘 지켜 충성을 다해 나라에 보답한 자는 충(忠)으로 하여 낮은 지위에서 높은 지위로 올리며 그 관위(官位)를 세습시킨다. 관 가운데 10항의 천조를 위반하는 자 혹은 명령에 위배하여 뇌물을 받아 직을 더럽힌 자는 간(奸)으로 하여 높은 지위에서 낮은 지위로 떨어뜨리거나 관직을 박탈하여 농민으로 떨어뜨린다. ……상위의 관이 사실을 왜곡하여 아랫사람의 승진 · 격하를 상신한 경우에는 농민으로 떨어뜨린다.[765]

이처럼 태평천국은 십관천조를 아주 엄격하게 준수할 것을 요구하였고, 또한 그것을 아주 엄격하게 시행하였다. 예를 들면 서왕 소조귀의 군

---

**764** 中國史學會 主編,『太平天國』Ⅰ, (神州國光社, 1952), p.80.

**765** 中國史學會 主編,『太平天國』Ⅰ, (神州國光社, 1952), p.80; 小島晋治,『洪秀全』, (東京, 集英社, 1987). 崔震奎 譯,『홍수전』, (서울, 고려원, 1995), pp.171-2.



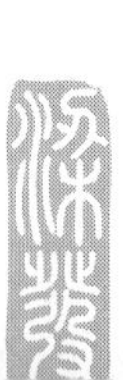

대가 호남(湖南)으로 진군하는 도중에 그 부친이 영내에서 부인과 동침한 일이 발각되었는데, 제7천조에 의거하여 참수형에 처해졌다. 바로 이 점이 태평천국의 종교를 구약적 · 율법적이라고 평가[766]하게 하는 요인이 되었던 것이다.

요컨대 십관천조는 태평천국의 가장 중심적인 신조계율(信條戒律)로서 극히 중대한 의의를 지녔다. 특히 그 전반에 규정된 황상제 숭배, 사신우상의 부정 및 안식일 예배는 태평천국의 종교사상의 특색을 드러내 보인 것이었다. 십관천조는 기독교의 십계명에 기초를 두고, 거기에 약간의 표현상의 수정을 가한 것인데, 태평천국의 지도자들은 이것을 '천조', 즉 신이 정한 규칙으로 받아들임으로써 그 종교적 혁명운동을 지탱하는 가장 중심적인 신조계율로까지 높여서 특수한 의의를 부가하였던 것이다.[767]

(6) 천국

「흠정전구유조성서비해(欽定前舊遺詔聖書批解)」의 「마태복음」 제5장에 대한 비해(批解)에서는 천국에 대하여 다음과 같이 정의하였다.

> 천국은 천상 · 지상을 통틀어 말하는 것으로 천상에 천국이 있고 지상에도 천국이 있다. 천상 · 지하가 모두 신부의 천국이며 천상의 천국만을 가리키는 것으로 오해하지 말라. 때문에 천형은 예조(豫詔)에서 '천국이 가까이 왔다'고 한 것이다. 대개 천국이 범간(凡間)에 온 것은 오늘날 천부 · 천형이 하

766 後藤基巳,「十戒の中國的展開 : 中國キリスト教思想史に關する一考察」,『白百合短期大學紀要』第1輯, 1955. (後藤基巳,『明清思想とキリスト教』, 東京, 研文出版, 1979 수록), pp.82,86-7.

767 深澤秀男,「太平天國とキリスト教」, (深澤秀男,『中國の近代化とキリスト教』, 東京, 新教出版社, 2000 수록), p.38.

범하여 천국을 개창한 것이다.[768]

그리고 「고린도전서」 제15장에 대한 비해에서는 천국에 대하여 다음과 같이 정의하였다.

> 땅에 있는 신국은 상제의 소천당으로 천상의 33천이 그것이다. 천상의 대천당은 영혼이 상제에게 영광을 드리고 복을 누리는 천당이고 범간의 소천당은 육신이 상제에게 영광을 올리고 영광을 누리는 천당이다.[769]

한편 「유학시」에서는 십관천조를 준행하면 복을 받고 천당에 가게 된다는 사실을 다음과 같이 기술하였다.

> 귀천은 모두 자신으로부터 말미암는다. 사람이라면 자강하지 않으면 안 된다. 십관천조를 따르면 복을 받고 천당에 갈 것이다.[770]

특히 「반행조서」에서는 '너희들 모든 민이 빨리 회심하여 진신을 예배하고 사신을 버리며, 또한 인류가 요류(妖類)를 벗어나 영생하는 길에 있기를 원한다면 천복(天福)을 향수할 수 있을 것이다'[771]라고 함으로써 회심하여 진신을 예배하고 사신을 버리면, 그 결과로서 천복을 향수하게 될 것임을 강조하였다.

「천조서」에서는 순천자(順天者)와 역천자(逆天者)를 다음과 같이 대조적으로 묘사하였다.

---

768 田餘慶 主編, 『太平天國史料』, (開明書店, 1950), p.77.

769 田餘慶 主編, 『太平天國史料』, (開明書店, 1950), p.83.

770 中國史學會 主編, 『太平天國』 I , (神州國光社, 1952), p.235.

771 中國史學會 主編, 『太平天國』 I , (神州國光社, 1952), p.161.

하늘에 순응하면 복을 받을 것이고, 하늘에 거역하면 망할 것이다. 어째서 세인은 장단을 논하고 자신이 원래 보살의 아들이 아님을 간파하여 어떻게 해서든 천당에 가기를 원하지 않겠는가?[772]

그런데 「태평조서」에서는 역천(逆天)의 결과 황상제로부터 처벌받아 18중의 지옥에 떨어져 영원히 고통을 받을 것임을 다음과 같이 구체적으로 언급하였던 것이다.

만약에 이 대복(大福)을 모두 누리기를 원하지 않는다면, 천조를 대범(大犯)하기를 원할 것이고, 마귀와 함께 반천(反天)의 죄를 범할 것이다. 황상제는 의노(義怒)하고 벌하여 18중의 지옥에 떨어뜨려 영원히 고통을 받게 할 것이다. 심히 불쌍하게도 자신을 개탄하게 될 뿐일 것이다.[773]

(7) 태평천국의 성경

태평천국은 칼 구츨라프가 번역한 성경을 인쇄하고 반포하여 사용하였다.

우선 『구약전서』는 『구유조성서』로 불리어졌는데, 태평천국 계호(癸好) 3년에 출판되었다. 그런데 『구유조성서』에는 「창세전(創世傳)」(「창세기」), 「출맥서국전(出麥西國傳)」(「출애굽기」), 「이말서(利末書)」(「레위기」), 「호구책서(戶口册書)」(「민수기」), 「복전율예서(複傳律例書)」(「신명기」), 「약서아서기(約書亞書紀)」(「여호수아」)의 6권만을 포함시켰다.[774] 이 점과 관련하여 태평천국의 『구약전서』 번역은 처음 부분만 행해진 것이 아닌가 하는 추측도 있

772 中國史學會 主編, 『太平天國』 I , (神州國光社, 1952), p.80.
773 中國史學會 主編, 『太平天國』 I , (神州國光社, 1952), p.98.
774 烏山喜一, 「太平天國亂の本質」, (『東方文化史叢考』1, 1935 수록), p.127.

다.[775] 즉 태평천국의 종교는 『구약전서』의 모세5경의 영향을 받았을 뿐이었고, 그 후반부의 「욥기」에 반영되어 있는 심오한 철학 · 신학사상은 보이지 않았던 것이다.[776]

다음 『신약전서』는 『전유조성서(前遺詔聖書)』로 불리어졌는데, 태평천국 계호 3년에 전부 간행되었다. 그것은 현재 대영박물관(The British Museum)에 소장되어 있는데,[777] 각 권의 제명은 다음과 같다.

「마태전복음서권일(馬太傳福音書卷一)」(「마태복음」) · 「마가전복음서권이(馬哥傳福音書卷二)」(「마가복음」) · 「로가전복음서권삼(路哥傳福音書卷三)」(「누가복음」) · 「약한전복음서권사(約翰傳福音書卷四)」(「요한복음」) · 「성차언행록(聖差言行傳)」(「사도행전」) · 「성차보라기라마인서(聖差保羅寄羅馬人書)」(「로마서」) · 「성차보라기가림다인상서(聖差保羅寄哥林多人上書)」(「고린도전서」) · 「성차보라기가림다인하서(聖差保羅寄哥林多人下書)」(「고린도후서」) · 「성차보라기가랍태인서(聖差保羅寄伽拉太人書)」(「갈라디아서」) · 「보라기이불소인서(保羅寄以弗所人書)」(「에베소서」) · 「보라달비리비인서(保羅達非利比人書)」(「빌립보서」) · 「보라달가라서인서(保羅達哥羅西人書)」(「골로새서」) · 「보라달첩살라민가인지수서(保羅達帖撒羅民迦人之首書)」(「데살로니가전서」) · 「보라달첩살라민가인지후서(保羅達帖撒羅民迦人之後書)」(「데살로니가후서」) · 「보라기제마태수서(保羅寄提摩太首書)」(「디모데전서」) · 「보라기제마태후서(保羅寄提摩太後書)」(「디모데후서」) · 「보라달제도지서(保羅達提闍之書)」(「디도서」) · 「성차보라기비리문서(聖差保羅寄腓利門書)」(「빌레몬서」) · 「희백래인지서(希伯來人之書)」(「히브리서」) · 「야가백지서(也哥伯之書)」(「야고보서」) · 「피득라상서(皮得羅上書)」(「베드로전서」) · 「피득라하서(皮得羅下書)」(「베드로후서」) · 「약한삼서상(約翰三書上)」(「요한1서」) · 「약한삼서중(約翰三書中)」(「요

775 Eugene P. Boardman, *Christian Influence upon the Ideology of the Taiping Rebellion, 1851-64*, (Madison : University of Wisconsin Press, 1952), pp.65-9.

776 深澤秀男, 「太平天國とキリスト教」, (深澤秀男, 『中國の近代化とキリスト教』, 東京, 新教出版社, 2000 수록), p.50.

777 鳥山喜一, 「太平天國亂の本質」, (『東方文化史叢考』1, 1935 수록), p.72.

한2서」)·「약한삼서하(約翰三書下)」(「요한3서」)·「유대사지서(猶大士之書)」(「유다서」)·「성인약한천계지전(聖人約翰天啓之傳)」(「요한계시록」)

태평천국이 『구약전서』와 『신약전서』를 유일한 경전으로 하였음은 환몽 중 천당에 올라온 홍수전에게 한 상제의 다음의 말에서도 엿볼 수 있다.

> 이 책(『구약전서』)은 짐이 당시에 하범하여 기적을 드러내고 유전하게 한 책으로 참된 것이며 잘못이 없다. 또 이 책(『신약전서』)은 짐이 너의 형 예수를 세상에 내려 보내 신의 기적을 드러내고 목숨을 바쳐 속죄하게 한 행위를 전한 책으로 역시 참되며 잘못이 없다.[778]

이처럼 태평천국은 『구약전서』와 『신약전서』를 그 유일한 경전으로 하면서도 나름대로 주석을 가하는가 하면 나중에는 그 자체의 가르침인 진약(眞約)을 중시하기도 하였다.

> 지금 진도를 가르치는 책은 세 가지 이외에 없다. 『구유조성서(舊遺詔聖書)』·『신유조성서(新遺詔聖書)』·『진천명조서(眞天命詔書)』[779]이다.[780]

성경의 번역에 사용한 단어는 하나님의 위엄성을 나타내려고 노력한 면이 많이 보인다. 예를 들면 천부의 이름을 화화(火華)로 번역하고 존경

---

778 「太平天日」, (太平天國歷史博物館 編, 『太平天國印書』 上册, 南京, 江蘇人民出版社, 1979 수록), p.38.

779 1849년부터 1852년에 걸쳐 양수청·소조귀가 각각 천부·천형의 명령으로 포고한 것과 홍수전이 1851년 1월부터 1853년 3월 2일 사이에 반포한 조령(詔令)을 모은 책으로 대부분은 군규(軍規)에 관한 것이다.

780 小島晋治, 『洪秀全』, (東京, 集英社, 1987). 崔震奎 譯, 『홍수전』, (서울, 고려원, 1995), p.137에서 재인용.

하는 뜻에서 화(火)자를 염(炎)자로 사용하였음을 알 수 있다. 그러나 성경을 해석함에 있어서 유치한 곳이 많았고, 이해하지 못한 부분이 있었으며, 아전인수격으로 해석한 곳도 많았다.[781]

예를 들면 「마태전복음서(馬太傳福音書)」(「마태복음」) 4장 16절 '處暗之民, 己見大光, 居地陰翳者有光射之(흑암에 앉은 백성이 큰 빛을 보았고 사망의 땅과 그늘에 앉은 자들에게 빛이 비치었도다)'에 다음과 같은 주석을 붙였다.

> 상제는 염태양(炎太陽)이고, 또한 염(炎)이다.……상제는 염이시기 때문에 신광(神光)이 있다. 태형은 염이기 때문에 대광(大光)이다. 짐은 태양이기 때문에 또한 광(光)이다. 흠차(欽此)〔이를 준수하라〕.[782]

여기에서는 태형 등 성경의 본문에서 볼 수 없는 태평천국 특유의 용어가 사용되고 있음을 알 수 있다. 그리고 「마태전복음서」(「마태복음」) 24장 29절-30절 "患難之後, 日晦冥, 月無光, 星隕自天, 天象震動, 人子之兆理於天, 在地諸族哭之哀, 目見人子以大權大榮, 東雲而來(그 날 환난 후에 즉시 해가 어두워지며 달이 빛을 내지 아니하며 별들이 하늘에서 떨어지며 하늘의 권능들이 흔들리리라 그 때에 인자의 징조가 하늘에서 보이겠고 그 때에 땅의 모든 족속들이 통곡하며 그들이 인자가 구름을 타고 능력과 큰 영광으로 오는 것을 보리라)"에는 다음과 같이 주석을 달았다.

> 태형은 드러나는 것을 두려워하기 때문에 은조(隱詔)를 내렸다. 짐은 태양(

781 楊森富 編, 『中國基督教史』, (臺北, 臺灣商務印書館, 1968 · 1984), p.179. 이관숙, 『중국기독교사』, (서울, 쿰란출판사, 1995), p.220.

782 深澤秀男, 「太平大國とキリスト教」, (深澤秀男, 『中國の近代化とキリスト教』, 東京, 新教出版社, 2000 수록), p.52에서 재인용.

太陽)인데, 강세위인(降世爲人)하면 암소(暗笑)로 바뀐다. 짐의 처는 태음(太陰)인데, 강세위인하면 목발광소(木發光笑)한다. 천장천공(天將天共)은 성수(星宿)인데, 강세위인하면 하늘에서 땅으로 떨어진다. 지금 야가(爺哥)가 승천하여 구름을 타고 온다.[783]

즉 왕공이 태형이고, 태양이며, 태형의 처는 태음이라고 하였다. 한편 「성인약한천계지전(聖人約翰天啓之傳)」(「요한계시록」) 3장 12절의 본문 중에는 '新也路徹冷(예루살렘)今天京'이란 구절을 삽입하여 태평천국의 수도인 천경, 즉 남경을 새로운 예루살렘이라고 함으로써 성경의 중국적 해석을 꾀하는 무리를 범하였던 것이다.

(8) 구속관

상제교에서는 그 창립 당시 인간의 원죄나 예수를 통한 구속에 대한 관념이 결여되어 있었다. 따라서 「원도구세가」·「원도성세훈」·「원도각세훈」 등에서는 원죄나 구속에 대하여 언급조차 하지 않았던 것이다. 그러나 나중에 발표된 태평천국의 각종 문서에는 인간의 원죄나 예수를 통한 구속에 대한 관념이 반영되기 시작하였다. 따라서 「천조서」에 '구세주 천형 예수의 속죄의 공로'라는 표현이 등장하였다. 그리고 「태평천일」에서는 다음과 말하였다.

한 분 구세의 기독은 상제의 태자이다. 1,800여년 전에 세상 사람들이 사마를 믿고 사사를 행하여 배역죄(背逆罪)가 컸으므로 상제가 세상사람 모두를 멸하려고 하였으나 차마 그럴 수 없었고, 세상사람 모두를 구하려 하였으나

---

783 深澤秀男, 「太平天國とキリスト教」, (深澤秀男, 『中國の近代化とキリスト教』, 東京, 新教出版社, 2000 수록), p.52에서 再引用.

의를 행하는 데에 장애가 되었기 때문에 어쩔 수 없이 태자 기독을 세상에 내려가도록 하여 사람들을 대신하여 속죄하고 고난을 받게 하였다.[784]

## 나. 태평천국의 종교의식

태평천국의 종교의식은 정통 기독교적 요소를 포함하고 있으면서도 중국의 전통적인 제사 의식을 상당 부분 따르고 있다는 점에서 그 토착화와 이단성을 엿볼 수 있다. 이하에서는 그 대표적인 종교의식을 살펴보고자 한다.

### (1) 세례

홍수전은 잇사칼 로버츠 아래에서 3개월 반 가량 기독교 교리를 학습하였으나 세례를 받지 않고 그로부터 떠나버렸다. 이 때문에 초기의 상제교 사람들은 각자가 서로 세례를 베풀었다. 이처럼 세례가 행해졌기 때문에 태평천국의 수세가 정통 기독교의 수세에서 이탈하는 성격을 갖게 되었던 것이다.

「천조서」에서는 '바로 하늘에 무릎을 꿇고서 황상제에게 죄 사함을 구하고 주장기도(奏章祈禱)를 사용하여 기도를 끝내면 분수(盆水)를 사용하여 몸을 돌리며 세정하거나 강하(江河)에 담가 세정한다'[785]라고 세례에 관하여 언급하였다. 따라서 태평천국의 세례는 신앙을 고백하기 보다 죄를

784 「太平天日」, (太平天國歷史博物館 編, 『太平天國印書』 上册, 南京, 江蘇人民出版社, 1979 수록), p.42.

785 中國史學會 主編, 『太平天國』 I , (神州國光社, 1952), p.74.

사하기 위하여 행하는 정화의식과 같은 것이었음을 알 수 있다.

특히 태평천국의 세례의식에서의 특이한 점은 다음과 같이 중국 특유의 맑은 차를 마신다는 것이었다.

> 신대(神臺) 위에 두 개의 불을 피우고 찻잔에 차를 석 잔 차례로 둔다. 이것은 중국인의 감각적 이해에 적응시키기 위함이었을 것이다. 세례 희망자의 이름을 쓰고, 늘어놓은 회죄주장(悔罪奏章)이 그들에 의하여 되풀이 읽혀진다. 그 다음 회죄주장은 태워진다. 이것에 의하여 참회는 신에 대하여 표명된 것이 되는 것이다. 이리하여 그들은 "사신을 예배하지 않기를 원하는가? 악한 일을 행하지 않기를 원하는가? 천조를 각별히 준수할 것을 원하는가?"를 질문 받는다. 이 참회 후에 그는 꿇어 앉아 맑은 물을 가득 담은 커다란 수반으로부터 한 컵 가득한 물이 각 사람의 머리에 부어지고 '지금까지의 죄악을 씻어 맑게 하고 옛날 것을 버리고 다시 산다'라는 구절을 읽는다. 다시 일어나서 예에 따라 차를 마시고 각각 물로 가슴 및 심장 부분을 씻고, 이로써 그 마음 속을 씻어 맑게 하였음을 보인다. 그들은 또 보통 냇가에 나가 목욕을 하고 동시에 죄를 참회하며 신의 용서를 구하였다.[786]

(2) **예배**

태평천국은 상제교를 모체로 하였기 때문에 상제를 예배하는 것이 중심 행사의 하나였다. 태평천국의 예배의식은 '먼저 한 곡의 성가를 부른 후에 성대(聖臺) 위에 차 석 잔을 놓고 함께 무릎을 꿇으면 그 가운데 한 사람이 한 편의 적당한 기도문을 송독 혹은 강술'하는 형태였다.[787] 이에는

---

**786** Theodore Hamberg, *The Visions of Hung-Siu-Tshuen, and Origin of the Kwang-si Insurrection*, (Hong Kong : The China Mail Press, 1854). 簡又文 譯,『太平天國起義記』(楊家駱 主編,『太平天國』第6冊, 鼎文書局, 1973 수록), pp.858-9. 市古宙三 譯,『洪秀全の幻想』, (東京, 汲古書院, 1989), pp.77-8. 노태구 옮김,『洪秀全 : 太平天國 혁명의 기원』, (서울, 새밭, 1979), p.88.

**787** Augustus F. Lindley, *Ti-Ping Tien-Kwoh : The History of the Ti-Ping Revolution, including a Narrative of the Author's Personal Adventures*, (London : Day & Sons, 1866), p.500.

성가 · 기도문과 같은 기독교적인 요소가 포함되어 있으면서도 차를 성대 위에 두는 점에서 중국화된 모습을 보였던 것이다.

이처럼 중국화된 예배의식의 모습은 청조 측 문서인 「적정휘찬」에 다음과 같이 잘 묘사되어 있다.

> 적은 천부를 공경하여 향촉(香燭)을 사용하지 않는다. 그러므로 향로의 촉대를 두지 않는다. 방탁(方卓)의 한 변에 유등 2개를 두는데, 탁상에 늘어놓는 것은 일정치 않다. 그러나 반드시 화병(花瓶)이나 모통(帽筒) 하나를 두는데, 각각 소첨각(小尖角)의 황색 단자(緞子)의 영기(令旗)로 가린다. 탁자 앞에 작은 죽판(竹板)을 세운다. 약 3척의 길이, 1촌의 두께의 것인데 위에 '봉천령(奉天令)'이라는 세 자가 쓰여 있다. 탁자 뒤에는 의자 3개가 있는데 의의(椅衣)로 장식되어 있다. 세 개의 의자에는 본관(本館)의 적목(賊目, 책임자)과 부직위관(副職僞官)과 선생이 앉는다.……각관은 이날 밤 3경 자시(子時)를 지난 후 두 개의 등불을 밝히고 차 석 잔, 요리 세 접시, 밥 세 그릇을 바치고 징을 쳐서 무리를 모아 한 방에 둘러앉는다. 적의 두목과 선생에 해당하는 자가 한가운데 만든 몇 개의 좌석에 앉고 군적(群賊)은 양쪽에 섞여 앉아 일제히 찬미시를 읊고 이를 마치면 선생이라는 자가 황표주장(黃標奏章)을 마련하여 한 관(館)의 적의 이름을 모두 나열한다. 이 때 손에 주장(奏章)을 들고 땅바닥에 무릎을 꿇고 낭송하며 군적은 꿇어앉아서 기다리며 다 읽으면 불태우고, 공상(供上)하였던 효찬(肴饌)을 함께 나눈다. 이것이 7일의 예배 의식이다.[788]

이러한 예배의식은 기독교와는 크게 다른 것으로 밝은 등 두 잔을 밝히고 맑은 차 석 잔을 바치는 것은 향촉을 밝히고 예물을 바치는 전통적인 제사의 변형이었고, 주장을 낭독하고 불태우는 것은 중국 고대의 제천의식인 인사(禋祀)에 상당할 뿐 아니라 도교의 청사(靑詞)를 불태우는 것

788 中國史學會 主編, 『太平天國』Ⅲ, (神州國光社, 1952), pp.261-2.

과 비슷하였던 것이다.[789]

이러한 안식일의 예배에 관한 기록은 십관천조를 위시한 태평천국의 다수의 문서에서 발견되므로 태평천국이 그것을 중시하였음을 알 수 있다. 그 때문에 예배의 준비가 주도면밀하였음은「적정휘찬」의 '예배 하루 전에 사람을 파견하였는데, 그 중 어떤 자는 예배기를 짊어졌으며, 또 어떤 자는 시장에 가서 내일은 예배이기 때문에 경건히 보내고 태만해서는 안 된다고 큰 소리로 외치면서 예배를 지키도록 엄격히 권하였다'[790]는 기록을 통하여서 잘 알 수 있다.

한편 예배는 안식일 뿐 아니라 매일 아침과 저녁에도 행해졌다. 이와 관련하여「적정휘찬」에서는 다음과 같이 기술하였다.

> 매일 조식과 석식에는 반드시 징을 울려서 제집(齊集)하여 잡은 효(肴)를 모조리 삼완(三盌)에 바친다. 다반(茶飯)은 이러하며, 적목 이하가 둘러앉아 읽는다. 찬미가 끝나면 선생을 맡게 된 자가 땅에 엎드려 주장을 묵독한다. 이것을 묵주(默呪)라고 한다. 군적이 무릎을 꿇고 읽기를 끝내면 비로소 잡거하여 음식을 먹는다. 적은 향민의 고기(苦飢)를 알고 있으므로 3찬의 어육(魚肉)의 밥으로 사람을 꾄다. 그러므로 하루에 반드시 3반과 조석의 예배가 있고, 오찬은 없다.[791]

이 때의 예배 형식은 대체로 안식일의 예배와 같았다. 그리고 예배 후의 음식에는 향민도 초대하여 식사를 함께 하고 있는 것은 주목할 만하다.

태평천국의 안식일은 토요일이었는데, 이는『구약전서』의 영향을 받

---

789 崔震奎,「上帝會의 創立과 上帝敎의 變化」,『歷史學報』144, 1994. (崔震奎,『太平天國의 宗敎思想』, 광주, 朝鮮大學校出版部, 2002 수록), p.173.

790 中國史學會 主編,『太平天國』Ⅲ, (神州國光社, 1952), p.262.

791 中國史學會 主編,『太平天國』Ⅲ, (神州國光社, 1952), p.262.

았던 것이다.

### (3) 희생봉헌(犧牲奉獻)

정통 기독교에서는 희생봉헌을 하지 않는다. 희생봉헌이 행해진 것은 구약시대였는데, 이 점에서도 태평천국이 『구약전서』에 깊이 영향 받았음을 알 수 있다.

태평천국의 희생봉헌과 관련하여 「천조서」에서는 '무릇 탄생일(誕生日), 만월(滿月), 혼례(婚禮) 등 일체의 길사에는 함께 희찬(犧饌)의 다반을 사용하는 제사로 황상제에게 고한다'[792]라고 하였다. 계속해서 동서에서는 '무릇 부뚜막을 만들고, 가옥을 짓고, 돌을 쌓고, 흙을 옮기는 등의 일은 모두 생찬(牲饌)을 사용하는 다반의 제사로 황상제에게 고한다'[793]라고도 하여 부뚜막이나 집을 짓거나 돌을 쌓고 흙을 옮길 때에 희생봉헌을 행하였음을 알 수 있다. 그리고 동서에서는 사망 시 생찬의 다반을 사용하는 제사를 지내는 것에 관하여 다음과 같이 기술하였다.

> 승천은 가장 좋은 일이니 기뻐해야지 울어서는 안 된다. 일체의 구시(舊時)의 파괴된 규거(規矩)는 다 제거하고 단지 생찬의 다반을 사용하는 제사로 황상제에게 고한다.[794]

계속해서 동서에서는 사자의 기념일에도 생찬의 다반을 준비하였음을 다음과 같이 기술하였다.

---

792 中國史學會 主編, 『太平天國』Ⅰ, (神州國光社, 1952), p.76.
793 中國史學會 主編, 『太平天國』Ⅰ, (神州國光社, 1952), p.76.
794 中國史學會 主編, 『太平天國』Ⅰ, (神州國光社, 1952), p.77.

천부황상제시여! 지금 소영혼(小靈魂) ○○○은 모월 모일 모시에 승천하였으므로 삼가 생찬의 다반을 준비하여 천부황상제께 바치며 천부황상제의 개은(開恩)을 간구하오니 소영혼 ○○○이 천당에 올라가 천부황상제의 대복을 누릴 수 있도록 하소서.[795]

한편 「적정휘찬」의 다음과 같은 내용도 상술한 「천조서」의 내용을 뒷받침하였던 것이다.

그 공헌(供獻)의 효(肴)는 개고기를 가장 중하게 여겨 얻은 것은 각 관에 분송한다. 가시(佳時), 가절(佳節), 탄생일(誕生日)의 수(壽), 자식이 태어났을 때, 생후 1개월, 어떤 곳을 공격하여 함락시킨 것 등 적 중에서의 소위 희경사(喜慶事)에는 항상 격식에 구애됨이 없이 별도로 성찬을 마련하여 널리 천부를 공경한다.[796]

### (4) 강도리(講道理)

태평천국에서는 그 특유의 종교 행사로서 강도리를 행하였다. 강도리는 본래 광동 방언으로 기독교 교의를 설교하는 것을 지칭하였는데,[797] 태평천국의 교의를 군중 앞에 밝힘으로써 군중의 힘에 의하여 사람들의 마음을 고무하여 태평천국의 정령을 추행케 하는 것이었다.[798] 따라서 강도리는 종교적 범주를 넘어서서 정치 · 군사적인 내용까지도 포함하게 되었다.

---

795 中國史學會 主編, 『太平天國』Ⅰ, (神州國光社, 1952), p.77.

796 中國史學會 主編, 『太平天國』Ⅲ, (神州國光社, 1952), p.263.

797 史式 編, 『太平天國詞語匯釋』, (成都, 四川人民出版社, 1984), p.209.

798 深澤秀男, 「太平天國とキリスト教」, (深澤秀男, 『中國の近代化とキリスト教』, 東京, 新教出版社, 2000 수록), p.56.

「적정휘찬」에서 '역적이 웅거한 곳에서는 이동하며 징을 울려 적중(賊衆)이나 백성을 모아서 몇 날 몇 시 일제히 어느 곳에 모여 강도리를 들으라고 전하였다'[799]라고 하였듯이 태평군이 한 지역을 점령하면 징을 울리며 군중을 모아 강도리를 행하였음을 알 수 있다. 강도리는 여러 가지의 경우에 거행되었는데, 「적정휘찬」에서는 다음과 같이 말하였다.

> 무릇 사람에게 형벌을 과할 때는 반드시 강도리를 하여야 하고, 사람을 포로로 할 때에는 반드시 강도리를 하여야 하고, 갑작스러운 행군과 임시의 수령에는 반드시 강도리를 하여야 하고, 부녀를 택하여 위비빈(僞妃嬪)으로 삼을 때에는 반드시 강도리를 하여야 하고, 군적을 극고(極苦)·지난(至難)의 역(役)에 사역시킬 때에는 반드시 강도리를 하여야 하고, 도망치는 자가 날로 많아지면 반드시 강도리를 하여야 하고, 포로를 수색하고자 할 때에는 반드시 강도리를 하여야 하고, 사람에게 강요하여 공헌케 하고자 할 때에는 반드시 강도리를 하여야 한다. 이것을 정리하면 강도리한다는 것은 무리를 모아 다만 논하는 것에 지나지 않는 것이다.[800]

즉 태평천국에서는 형의 집행(點天燈[801]이나 五馬分屍), 포로의 획득, 창졸행군(倉卒行軍), 명령을 내릴 때, 선비(選妃)의 때, 고역을 시킬 때, 도망자가 많을 때, 포로를 잡고자 할 때, 공헌시킬 때에 강도리하였음을 알 수 있다.

이처럼 사람들을 모아 설득하는 방식이었던 강도리는 글자를 알지 못하는 사람들에게 직접적인 구두로 전달함으로써 효과가 있었다. 특히 강

---

799 中國史學會 主編, 『太平天國』Ⅲ, (神州國光社, 1952), p.266.

800 中國史學會 主編, 『太平天國』Ⅲ, (神州國光社, 1952), p.266.

801 점천등(點天燈)은 중죄를 범한 태평천국의 관원에게 가한 중형으로서 머리에서 발목까지 면지(棉紙)로 싸매어 마유(麻油)에 담갔다가 송지(松脂)·백랍(白蠟)을 바르고 거꾸로 매달아 불태우는 형벌이었다.

도리에 참가한 자에게 요패(腰牌)를 지급하여 태평천국 국민임을 증명하였고, 이후 이를 차지 않는 자는 요(妖)로 단정하여 처형함으로써 집회 참여를 유도하였던 것이다.[802]

### (5) 기도

「천조서」에 수록되어 있는 참회주장(懺悔奏章), 즉 참회서는 다음과 같은 내용을 담고 있다.

> 이제부터 진심으로 회개하며 사신을 숭배하지 않고 사사를 행하지 않으며 천조를 준수하겠습니다. 간구하오니 천부 황상제께서 때때로 성신풍을 내리셔서 악한 마음을 변화시켜 영원히 요마의 미전(迷纏)을 허락하지 마시며 날마다 의식을 주시고 재난이 없게 하며 금세에 평안을 누리고 승천해서는 영복을 누리게 하소서
>
> 〔아침과 저녁의 기도〕 천부 황상제께 기도합니다. 은혜를 내려 영혼을 구하시고 때때로 성신풍을 내리셔서 악한 마음을 교화하시고 영원히 요마의 미몽(迷夢)을 허락하지 마시고 영원히 요마의 침해를 허락하지 마소서.
>
> 〔식사 때의 감사기도〕 천부 황상제께 감사드립니다. 날마다 의식을 주어 축복해주시고 재난을 없게 하시며 영혼이 승천할 수 있게 해 주셔서 감사합니다.
>
> 〔재난과 질병 때의 기도〕 천부 황상제께 간구합니다. 은혜를 내려 구호하셔서 재병(災病)을 속히 물러가게 하여 신체가 평안하게 하옵소서. 만약 요마가 침해하였다면 천부 황상제께 간구하니 천위(天威)를 크게 발하여 요마를 엄

802 崔震奎, 「太平天國의 建國과 上帝教」, (崔震奎, 『太平天國의 宗教思想』, 광주, 朝鮮大學校出版部, 2002 수록), pp.238-9.

히 주멸해 주소서.[803]

그 밖에 희사(喜事) · 상사(喪事) 및 건축공사의 시작인 동토(動土) 때의 기도문에서 상제의 축복과 가정의 평안을 비롯하여 요괴의 침해가 없도록 간구하였다.[804]

## 다. 태평천국 종교의 특징

우선 태평천국의 종교와 정통 기독교와의 관계를 살펴보면 다음과 같이 태평천국 종교의 특징을 발견하게 될 것이다.

첫째, 태평천국의 종교는 구약적 특징을 갖고 있다. 태평천국에서는 상제사상이 중요시되었지만, 그 상제사상은 그리스도에 중개된 신이라기보다는 그리스도 수육(受肉) 이전의 신을 나타내는 것이어서 구약적이라고 할 수 있다. 십관천조도『구약전서』의 모세오경의 인용이었고, 희생봉헌 등도 구약에서 본받은 것이었다. 그 예배의식도 구약적이었다. 그리고 상제의 명령을 지키면 천당에 올라가고, 상제의 명령을 지키지 않으면 지옥에 떨어져 망하게 된다는 천당 · 지옥의 사상도 단순하며, 정통 기독교의 그리스도 예수가 십자가에 못 박혀 돌아가심으로써 죄 사함을 받았다는 죄 사함의 관념도 심화되어 있지 않아서 구약적이었다.[805]

---

803「天條書」, (太平天國歷史博物館 編,『太平天國印書』上册, 南京, 江蘇人民出版社, 1979 수록), pp.28-9 : 小島晋治,『洪秀全』, (東京, 集英社, 1987). 崔震奎 譯,『홍수전』, (서울, 고려원, 1995), p.85.

804「天條書」, (太平天國歷史博物館 編,『太平天國印書』上册, 南京, 江蘇人民出版社, 1979 수록), p.77.

805 深澤秀男,「太平天國とキリスト教」, (深澤秀男,『中國の近代化とキリスト教』, 東京, 新教出版社, 2000 수록), p.57.

둘째, 태평천국의 삼위일체론은 극히 왜곡된 구조를 갖고 있어서 이단적이라고 할 수 있다. 태평천국의 기독관에서는 그리스도를 성자 하나님으로서 신앙의 대상으로 삼는 사고방식이 심화되어 있지 않았다. 그리고 성령이 하나님이라는 사고방식이 심화되어 있지 않았으므로 결국 정상적인 삼위일체론이 형성될 수가 없었던 것이다.[806]

다음 태평천국 특유의 사상과 행동이 존재한다는 점이다. 예를 들면 구약시대를 방불하듯이 상제와 왕공이 친히 태평천국을 지도하고 있다는 점을 들 수 있다. 천왕 홍수전, 상제의 처인 천모(天母), 왕공의 처인 천수(天嫂), 동왕이 상제의 금구(金口)로서 성령이라는 것, 양수청에게 왕공이 하범하였다는 것 등은 태평천국 특유의 특징으로서 완전히 이단적인 요소이다. 그리고 태평천국의 십관천조에 대한 설명 부분 및 그 성경의 주 등에도 중국적인 것이 너무나도 많이 포함되어 있었던 것이다.[807]

## 5. 양발과 홍수전의 기독교 사상의 차이

양발과 홍수전은 같은 광동성의 농촌 가정 출신으로 거의 동일한 시대에 살았지만 사상적인 면에서는 다른 점이 많았다. 홍수전은 가난한 사람들 속에서 생활하면서 그들의 바램을 상제교 교리에 포함시켰기 때문에 그의 종교 사상은 양발의 그것과는 다른 특징을 지니게 되었다. 홍수전이 서당의 교사를 지내고 과거에 응시하는 등의 경력을 쌓아 갔다면

---

806 深澤秀男, 「太平天國とキリスト教」, (深澤秀男, 『中國の近代化とキリスト教』, 東京, 新教出版社, 2000 수록), p.58.

807 深澤秀男, 「太平天國とキリスト教」, (深澤秀男, 『中國の近代化とキリスト教』, 東京, 新教出版社, 2000 수록), p.58.

집안이 더욱 가난하였던 양발은 인쇄공이 되어 일찍부터 사회생활에 나서야 하였다. 그리고 양발은 서양인 선교사와 교류하면서 광주 등 대도시에서 주로 활동한 반면에, 홍수전은 양발의 『권세양언』을 읽고 그 내용을 받아들이기는 하였으나 외국의 문물을 따르는 '종번(從蕃)'을 달가워하지 않고 광서의 농촌 벽지에 가서 빈곤한 군중과 더불어 생활하면서 자신의 종교를 선전하였다.[808] 이러한 점들이 양발과 홍수전의 기독교에 대한 이해와 그 사상을 달리 하게 하는 주요한 배경이 되었던 것이다.

양발 신앙의 핵심은 전능하신 하나님을 믿는 것이었고, 완전한 신성과 인성을 가진 대속주 예수 그리스도를 믿어 그의 공로로 죄 사함을 받고 영혼의 영생을 얻자는 것이었다.[809] 그러나 개인의 죄의식에서 출발한 양발과는 달리 죄에 대한 고뇌에 빠진 일 없이 과거에 떨어진 개인적인 경험과 자신이 꾼 환몽을 푸는 열쇠로 기독교를 받아들여 세상 구원의 사명을 부여받았다고 주장하는 홍수전은 그 사상의 출발점부터 다르다고 하겠다. 홍수전에게는 죄를 사면 받는 것보다 세상 구원의 사명이 더 큰 것으로 느껴졌다. 그러므로 홍수전에게 중요한 것은 심판주로서의 하나님이며, 중개인인 그리스도가 아니었다. 대속주로서의 그리스도보다는 스승으로서의 그리스도가 더 중요하였다.[810] 즉 개개인이 성령의 도움으로 회개하여 하나님과 그 아들 대속주 예수를 믿어 죄 사함을 받고 그 힘으로 마음속의 나쁜 기질을 없애고 선을 이루고 덕을 쌓으면 모

---

808 崔震奎, 「上帝敎의 思想的 背景과 宗教的 救世觀」, 『傳統文化研究』 3, 1994. (崔震奎, 『太平天國의 宗敎思想』, 광주, 朝鮮大學校出版部, 2002 수록), p.36.

809 金柄兌, 「略論洪秀全早期思想的形成及其發展」, 中國社會科學院研究生碩士學位論文, 2001, p.14.

810 金柄兌, 「略論洪秀全早期思想的形成及其發展」, 中國社會科學院研究生碩上學位論文, 2001, p.16.

든 문제가 해결된다고 하는 양발의 복음주의적 경향과는 달랐던 것이다. 그러므로 홍수전은 이를 중국적인 가족관으로 받아들여 천부(天父)천모(天母)[811], 천형(天兄)천수(天嫂)[812], 천제(天弟)(양수청 · 풍운산 · 소조귀 · 위창휘 · 석달개)로 이루어진 유일신 상제를 중심으로 한 혈연적인 가정을 설정하였고, 나중에는 성신풍(聖神風) 양수청(楊秀淸), 운사(雲師) 풍운산(馮雲山), 우사(雨師) 소조귀(蕭朝貴), 뇌사(雷師) 위창휘(韋昌輝), 전사(電師) 석달개(石達開)라는 종교적 호칭도 사용하였다. 이처럼 많은 신격을 설정한 것은 도교나 불교의 다신 숭배와 같은 것이었다. 홍수전은 삼위일체의 의미도 이해하지 못하여 상제와 예수를 철저히 부자관계로만 인식하였으며, 심지어는 그 자신을 상제의 차자라고 주장하는 이단성을 드러내 보였다.[813]

양발은 모든 중국인들의 생각을 바꾸기 위하여 자신의 생명을 대가로 지불하는 것도 아까워하지 않았고, 중국 문화를 완전히 부인하는 것도 마다하지 않았다. 양발은 모든 우상을 초월하는 하나님의 전능하심과 유일하심을 강조하였고, 유교의 일부 진리를 인정하였으나 유교가 영혼 세계에 대해서 무지하여 고대의 중국에 하나님의 신앙을 제시하지 못한 것을 탄식하였다. 그러나 중국 문화에 대한 양발의 부정적 평가는 중국의 고대 경서에 정통한 홍수전에게는 정반대로 오히려 긍정적인 해석을 불러 일으켰다. 홍수전에게는 전통문화를 멸시하는 이원론적인 경향

811 홍수전은 「복음경록(福音敬錄)」에서 천모를 '짐의 모친이다'라고 하였다.(中國史學會 主編, 『太平天國』Ⅱ, 〈神州國光社, 1952〉, p.513)

812 홍수전은 「삼자경」에서 태자기독의 처를 천수라고 하였다.(中國史學會 主編, 『太平天國』Ⅰ, 〈神州國光社, 1952〉, p.227)

813 崔震奎, 「太平天國運動의 性格」, 『東北亞』 2, 1995. (崔震奎, 『太平天國의 宗教思想』, 광주, 朝鮮大學校出版部, 2002 수록), pp.9-10; 崔震奎, 「上帝教의 思想的 背景과 宗教的 救世觀」, 『傳統文化研究』 3, 1994. (崔震奎, 『太平天國의 宗教思想』, 광주, 朝鮮大學校出版 部, 2002 수록), p.53; 裵英敏, 「최초의 중국인 개신교 목사 梁發과 『勸世良言』」, 高麗大學校 大學院 碩士學位論文, 2004, pp.41-2, 52.

이 없었다.[814] 홍수전은 우상숭배의 행위와 공자의 위패를 존중하는 것을 거절하였다, 그러나 홍수전이 부정한 것은 공자의 권위였지 그 학설을 아니었으며, 실제로는 공맹을 비롯한 선유(先儒)들을 존중하는 입장이었다.[815] 그리고 홍수전은 '세계는 모두 형제이다'라고 하였고, '온 세상은 국민의 것'이라는 대동설을 언급하였는데, 이는 그가 유가 사상을 비판·계승한 것을 의미한다. 이로써도 『권세양언』에서 하나님의 관념의 영향을 받은 것은 분명하지만, 상제교의 초기 사상에서 기독교보다는 전통 사상의 요소가 강하게 나타난다고 할 수 있다.[816]

『권세양언』의 여러 곳에서는 상제를 믿는 모든 사람들은 이 세상에서 상하, 귀천과 남녀, 부부의 구별을 준수하여 분수를 지키라고 하였다. 즉 「로마서」 13장을 인용하며 모든 권위는 하나님에게서 나온다고 하였으며, 「에베소서」 5장을 인용하며 부부 간에도 도리를 지키라고 하였던 것이다. 그러나 홍수전은 이 본분을 지키라는 사상을 설명하면서 유교와 짙게 결합시켰다.[817] 1845-6년 홍수전이 첫 전도여행을 마치고 고향에 돌아와 쓴 「태평조서」는 다분히 중국의 전통 사상을 내포하고 있었다. 여기에 수록된 「원도구세가」·「원도성세훈」·「백정가」·「원도각세훈」의 내용은 농후한 유교 사상을 지닌 중국인들에게 중국의 당면한 문제를 이해시켜 분기케 하는 것을 목적으로 기독교의 입장에서 유교를 재해석[818]한

---

814 金柄兌, 「略論洪秀全早期思想的形成及其發展」, 中國社會科學院硏究生碩士學位論文, 2001, p.14.

815 夏春濤, 『太平天國宗教』, (南京大學出版社, 1992), pp.207-9.

816 金柄兌, 「略論洪秀全早期思想的形成及其發展」, 中國社會科學院硏究生碩士學位論文, 2001, p.18.

817 小島晋治, 『洪秀全』, (東京, 集英社, 1987). 최진규, 『홍수전』, (서울, 고려원, 1995), p.68.

818 金柄兌, 「略論洪秀全早期思想的形成及其發展」, 中國社會科學院硏究生碩士學位論文, 2001, pp.17,26.

것이었기 때문에 『권세양언』의 내용과는 확실히 다음과 같은 질적인 차이가 있었다.

첫째, 홍수전은 자신을 상제, 천형과 동등한 천왕이라는 지위에 둠으로써 정통 기독교의 삼위일체론을 자기 특유의 '신삼위일체론'으로 개변하였던 것이다. 이에 관해서는 전술한 바 있으므로 상론하지 않겠다.

둘째, 홍수전은 지상천국 건립의 사상을 주장하였는데, 이는 영혼 구원을 이룬 미래의 이상적인 세계에 대한 양발의 동경과는 확연히 구별되는 것이었다. 물론 『권세양언』에도 현실 사회에 대한 강렬한 불만과 이상 사회에 대한 기대의 기초 위에서 종교적 신앙과 도덕적 추구를 합치시키는 세계를 건립하고자 하는 관념이 표현되기도 하였다. 따라서 『권세양언』 권3 「진경성리(眞經聖理)」의 「논유일위주재조화천지만물(論有一位主宰造化天地萬物)」에서는 '세상만국의 사람에게는 비록 상하 · 존비 · 귀천의 구분이 있을 지라도 천상신부의 앞에서는 만국의 남녀인은 바로 그 자녀와 같다'[819]라고 하였다. 즉 세상 만국에는 상하 · 존비 · 귀천 등의 신분적 구별이 있지만, 하나님의 앞에서 만국의 사람들은 모두 평등함을 논하였던 것이다. 홍수전도 천하는 평등하여야만 한다고 주장하였다. 홍수전은 '보천지하(普天之下)에서 모두는 형제인데, 상제는 그들을 모두 적자(赤子)로 여긴다'[820]라고 하였고, '천하의 많은 남자는 모두 형제들이고, 천하의 많은 여자는 모두 자매들이다'[821]라고 하였다. 이러한 평등은 반드시 홍수전의 지도에 의한 것이어야만 한다는 전제가 있었던 데에서 양발의 사

---

819 吳相湘 主編, 『勸世良言』, (臺灣, 學生書局, 1985), pp.150-1; 『近代史資料』 39號, 1979, p.38.

820 「原道救世歌」, (太平天國歷史博物館 編, 『太平天國印書』 上册, 南京, 江蘇人民出版社, 1979 수록), p.11.

821 「原道醒世訓」, (太平天國歷史博物館 編, 『太平天國印書』 上册, 南京, 江蘇人民出版社, 1979 수록), p.15.

상과는 커다란 차이가 있었다. 그런데 홍수전은 이러한 평등을 실현하기 위하여 「마태복음」 5장의 산상수훈을 인용하며 태평천국은 지상천국의 건설을 뜻함을 내비치며 다음과 같이 주장하였던 것이다.

> 일대국이란 하늘과 땅을 두고 말한 것이다. 하늘에 천국이 있고, 땅에 천국이 있다. 하늘과 땅은 다 천부의 천국이다. 천국이 하늘에만 있는 것으로 오해하지 말라. 그래서 천형께서 "천국이 가까이 왔다. 천국이 이 세상에 왔다" 라고 말씀하셨다. 오늘 이 시간 천부와 천형께서 내려와서 태평천국을 창립하고 계신다.[822]

이와 관련하여 고지마 진치(小島晋治)는 홍수전이 기독교를 변형한 만인은 평등하다는 사상과 대동사상에 의거하여 혁명을 행하였는데, 그 혁명은 객가를 중심으로 한 상제회가 종교적인 우상파괴운동을 통하여 혁명결사가 된 데에 기초한 것이라고 주장하였던 것이다.[823] 즉 보편적 형제애와 상제에 대한 평등한 경배를 제기함으로써 홍수전이 반봉건적 평등을 지향하였을 뿐 아니라 또한 근대적인 민주주의 혁명사조의 선구가 되었다고 평가할 수도 있을 것이다.

셋째, 홍수전의 「원도각세훈」에서는 『권세양언』과는 달리 중국의 역사를 황상제와 염라요의 투쟁의 역사로 묘사함으로써 청조를 분명한 타도 대상으로 설정하였던 것이다. 홍수전은 '염라요는 바로 노사(老蛇) · 요괴(妖怪)이고……천하범간의 우리 형제자매가 함께 격멸해야만 할 것이다'[824]라고 말하였다. 홍수전이 지적한 염라요는 바로 청의 황제였고, 소

822 이관숙, 『중국기독교사』, (서울, 쿰란출판사, 1995), p.228에서 재인용.

823 小島晋治, 『太平天國の歷史と思想』, (東京, 研文出版, 1978), pp.73-4.

824 「原道醒世訓」, (太平天國歷史博物館 編, 『太平天國印書』 上册, 南京, 江蘇人民出版社, 1979 수록), p.17.

위 염라요의 요도(妖徒)·귀졸(鬼卒)은 바로 지주·관리 및 각종의 우상이었다.『권세양언』에도 신천상제와 마귀의 투쟁에 관한 고사가 있으나 그것을 구체적인 역사적 사실과 결합하는 역사관으로 발전시켜 거기에 지극히 중요한 사상적 지위를 부여하는 것은 양발이 결코 생각하지도 못하였던 관념이었던 것이다.[825]

요컨대 홍수전은 당시의 중국을 암흑의 극치로 간주하고 대동적 이상세계의 실현을 마음속으로부터 바라고 있었다. 그리고 현세주의적인 유교의 교양에 흠뻑 젖어 있던 홍수전의 종교는 양발처럼 현세와 내세, 물질적인 것과 정신적인 것을 가치의 상하관계로 간주하거나 변하기 쉬운 물질적이고 현세적인 행복보다는 영혼의 구원이나 사후 천국에서의 구원이 분명히 가치 있는 것이라고 간주하지 않았다. 홍수전은 늘 상제를 믿는 자는 현세에서는 이러한 구원이 있고 죽어 승천해서는 천당에서 영원한 행복을 누릴 수 있다는 식으로 평행적이고 등가치적으로 말하였다. 중국의 현실에 대한 강렬한 부정과 대동 실현을 위한 이상주의 및 이 현세주의적 요소는 홍수전이 종교운동에 의한 구세에서 정치적 혁명에 의한 구세로의 전환을 받아들이는 바탕이 되었다.[826] 이 때문에 Vincent Y. C. Shih는 홍수전의 기독교 사상을 양발의 그것과 비교해 볼 때 홍수전의 전통사상에 의하여 기독교가 왜곡되었다고 다음과 같이 비판하였던 것이다.

> 모리슨과 밀른의 성경 번역에 기초를 두고 있는 양아발의『권세양언』의 기독교 이해에 의거하고 있다는 홍수전에 의하여 문제는 복잡해졌다. 그러

825 吳義雄,「關於梁發與洪秀全的幾個問題」,『韓山師範學院學報』2001年 第3期, p.6.

826 小島晋治,『洪秀全』, (東京, 集英社, 1987). 崔震奎 譯,『홍수전』, (서울, 고려원, 1995), p.98.

한 왜곡은 홍(洪)과 풍(馮)의 전통적인 사상의 패턴에 의하여 일어나게 되었다.[827]

## 6. 태평천국적 기독교 사상에 대한 평가

1853년 천경이 건도된 후 많은 외국인 선교사들은 기독교국가가 수립될 수 있다는 기대감을 갖고 있었다. 그러나 1854년부터 상제교의 이단적 교리와 태평천국 지도자들의 거만한 태도 등에 대하여 외국인 선교사들은 반감과 불만 · 혐오를 나타내기 시작하였다. 태평천국에 대하여 기대와 희망을 견지하였던 외국인 선교사들은 본국 정부에 항의하기도 하였으나 정책 결정에 어떠한 영향도 미치지 못하였던 것이다.[828]

영국 외교관들은 태평천국의 지도자들이 체계적인 행정 체제를 수립할 능력이 없으며 상제교의 교리는 사이비 기독교라고 평가하였다. 이러한 태평천국이 전국을 석권할 경우 만족스럽지 못한 수준이지만 기존의 행정 체계와 교역질서조차도 혼란에 빠뜨릴 것으로 우려하였던 것이다.[829]

월트 메드허스트는 태평천국이 간행한 문서의 하나인 「천조서」에 대하여 다음과 같이 논급하였다.

---

827 Vincent Y. C. Shih, *The Taiping Ideology : Its Sources, Interpretations, and Influences*, (Seattle & London : University of Washington Press, 1967), p.154.

828 Teng Ssu-yü, *The Taiping Rebellion and Their Western Powers : a Comparative Study*, (Oxford University Press, 1971), pp.174-83.

829 Paul A. Kuhn, "Taiping Rebellion," in Denis Twitchett & John K. Fairbank ed., *The Cambridge History of China* Vol. 10 Late Ch'ing, 1800-1911, Part 1, (Cambridge : Cambridge University Press, 1978), p.301.

본서는 태평천국의 사람들이 공표한 조서 중에서 가장 좋은 것이다. 이론은 옳고, 기도문은 좋으며, 제식(祭式) 에는 공물을 제외하면 비난할 만한 점이 없다. 「십관천조」는 그 정신에서 모세의 십계에 통하고, 찬미시는 사용할 수 있는 것이다. 인간의 타락, 그리스도의 속죄, 성령에 의한 마음의 청결에 관한 설명은 열심히 구원을 구하는 자를 하늘로 이끌기에 족하다. 만약 이것이 태평천국의 사람들이 발표한 유일한 팸플릿이라면, 혹은 모두가 이러하다면 우리는 이 운동을 마음으로부터 기뻐하고, 그 성공을 기도하였을 것이다.[830]

즉 월트 메드허스트는 태평천국에 매우 호의적이었던 것이다. 아직까지도 이러한 입장이 통용되고 있다. 최근의 한 수정주의적 연구는 태평천국의 종교는 1840-50년대의 프로테스탄트 근본주의를 '상당히 충실하게 재생하고 있다'고 주장하였다.[831] 그러나 태평천국의 기독교는 홍수전이 그의 주관적 해석 하에서 이해한 기독교 신앙에 기초한 것이고, 금욕적 프로테스탄티즘에 비슷하다고는 하더라도 정통적인 프로테스탄티즘이 아님은 명백하다. 즉 청조의 지배 체제를 타도하고 새로운 신정국가를 건설하기 위한 행동 원리로서 적절한 부분이 기독교 윤리 속에서 특별히 받아들여지고 있는 경향이 보인다.[832] 이와 관련해서는 '홍수전의 하나님은 근대 자산계급의 박애 정신의 꿈이 아니라 농민 형제들의

---

830 日本基督教團出版局編, 『アジア・キリスト教の歷史』, (東京, 日本基督教團出版局, 1991), p.154에서 재인용.

831 Donald W. Treadgold, *The West in Russia and China : Religious and Secular Thought in Moderns Times*, Vol.2, p.50. Paul A. Cohen, "Christian Missions and Their Impact to 1900,"in Denis Twitchett & John K. Fairbank eds., *The Cambridge History of China* Vol. 10 Late Ch'ing, 1800-1911, Part 1, (Cambridge : Cambridge University Press, 1978), p.551.

832 日本基督教團出版局編, 『アジア・キリスト教の歷史』, (東京, 日本基督教團出版局, 1991), p.154.

복수의 신이었다'[833]라고 한 이택후(李澤厚)의 언급이 시사하는 바가 클 것이다. 즉 홍수전이 주도한 태평천국은 당시 농민들의 암흑과 같은 현실사회에 대한 불만과 지도층에 대한 복수심으로 인하여 생겨난 것으로서 그들에게 하나님은 전투적인 하나님이었던 것이다.

미국의 역사학자 Eugene P. Boardman은 태평천국의 이데올로기에 미친 기독교의 영향에 대하여 종합적으로 고찰하였는데,[834] 그 결론은 기독교 윤리, '사회적 복음(Social Gospel)'의 결여로 태평천국의 종교는 기독교라고 할 수 없다는 것이었다. 우선 태평천국의 기독교에는 정통 기독교에 있어서 세 가지의 중심적 특징이 결여되어 있었다는 것이다. 첫째는 사랑인데, 하나님이 사람들을 사랑하시듯이 사람들이 서로 사랑하고, 아군을 사랑하듯이 적도 사랑하라는 관념이 없었다는 것이다. 둘째, '사람들로부터 해 주기를 바라는 것은 사람들에게도 그대로 하라'는 황금률(金箴)이 전연 언급되어 있지 않았다는 것이다. 셋째, 자신의 재산을 팔아서라도 사회의 복지에 진력하라는 관념(Social Gospel)이 빠져 있었다는 것이다. 이상과 같은 특징 외에 태평천국에서 기독교에 있어서 형이상학적 · 비현세적 존재인 하나님의 왕국을 현실의 지상왕국으로 대체한 것은 커다란 문제였다는 것이다. 홍수전이 '그 소리가 온 땅에 통하고 그 말씀이 세계 끝까지 이르도다' 라는「시편」19편 4절의 말씀 중에서 '온 땅'을 '홍수전의 땅(세계)'으로 해석한 것과 같은 잘못은 그 일례였다는 것이다. 또 성경 속에 누차 설명되고 있는 겸손의 덕에 대해서는 아무런 언급이 없고, 지도자가 몸소 그 모범을 보였다는 것도 보이지 않는다는 것이었

833 李澤厚,『中國近代思想史論』, (北京, 人民出版社, 1982), p.11.

834 Eugene P. Boardman, *Christian Influence upon the Ideology of the Taiping Rebellion, 1851-64*, (Madison : University of Wisconsin Press, 1952), p.113.

다. 이러한 문제점이 있다고 하더라도 태평천국의 이데올로기 중에는 기독교적 · 성경적 요소가 다분히 차용되어 있음은 분명하고, 태평천국의 초기에 사람들이 십계 · 세례 · 안식일 등을 엄격히 지켰음은 사실이라고 하였다. 즉 태평천국에서 기독교의 교의는 형식적으로 수용되었을 뿐이고 그다지 심화되지 않았으며, 특히 행동 원리로서의 윤리적 측면이 강조되었다고 할 수 있다는 것이다. 요컨대 태평천국의 기독교사상은 엄밀한 의미에서 기독교적이라고 칭할 수 없을 만큼 이단적 · 중국적으로 왜곡되고 개수된 의사변태적(擬似變態的)인 것이라고 주장하였다.

Kenneth S. Latourette는 '크리스트교의 내면적인 정신을 폭도는 거의 혹은 전혀 아무것도 알지 못하였다'[835] 라고 하며 태평천국이 전혀 기독교 운동이 아니었다고 주장하였다.

니시가와 키쿠코(西川喜久子)는 태평천국이 여호와의 사상을 차용하여 청조와 대결한 반란종교로서의 측면을 강조하였던 것이다.

> 상제교가 기독교로부터 탈취한 것은 요컨대 세계의 창조자 · 주재자 여호와의 관념이었다. 상제교는 이 여호와=상제에 대하여 요마를 조정하고, 게다가 천상의 상제와 요마를 지상의 인민과 청조에 비정하고, 요마의 나라=청조에 대하여 상제의 나라=태평천국을 대치함으로써 반란종교로서 확립되었다. 이처럼 그들은 종교를 빌어 지배계급과 그 나라에 대한 인민과 나라의 적대성을 확실히 의식하였다. 이 점은 백련교(白蓮教)와 회당이 현 왕조에 반대하여 전 왕조의 부활을 생각한 것과는 결정적으로 다르다.[836]

---

835 K. S. Latourette, *A History of Christian Mission in China*, (Taipei : Ch'eng-wen Publishing Co., 1966), p.297.

836 西川喜久子,「太平天國と宗教」, (窪德忠 · 西順蔵 編,『中國文化叢書』6 宗教, 東京, 大修館, 1967 수록), pp.268-9.

후카자와 히데오(深澤秀男)의 최근의 연구는 태평천국의 운동이 광서 농민의 냉엄한 생활고에서 유래하였으며, 기독교 사상 중 혁명운동을 전개하는 데에 적합한 부분만을 그들의 종교로 수용하였음을 구명하였던 것이다.

> 태평천국의 혁명운동의 성립은 당시 광서 농민의 냉엄한 현실의 생활고에서 유래하는 것인데, 홍수전은 양아발의 『권세양언』과 로버츠 등 선교사에 의하여 기독교의 영향을 받아 그것을 그들 혁명운동 중에 도입해서 그 행동원리 삼았으므로 종래의 농민반란과 달리 윤리적이고 금욕적이며 설득적이어서 많은 농민의 지지를 받게 되었다. 그러나 그것은 어디까지나 정통적인 프로테스탄트 기독교가 아니라 홍수전이 광동에서 배운 범위의 기독교, 즉 형식적인 것이다. 청조 타도의 행동원리로서 필요하고도 형편에 좋은 면(예를 들면 십관천조 등)만 받아들였고, 심지어는 그들 혁명운동의 형편에 좋은 해석을 하여 그들의 종교를 전통적인 중국의 '천의 사상'에 부회시킴으로써 청조 권력과 대결하고자 하였던 것이었다. 그러므로 태평천국의 종교에서는 기독교의 교의 내용이 심화되지 못한 채 형식적으로 수용되었고, 특히 행동원리로서의 윤리적 측면이 강조되었던 것이었다. 그러나 나중에 손문 등에 의하여 높이 평가받았으며, 중국공산당의 대장정에 영향을 주었다.[837]

종합하건대 19세기 중반의 중국에서 형태야 어떻든 기독교가 널리 수용하도록 하는 데에 기여할 수도 있었을 요소 중의 하나는 태평천국이었다. 그러나 태평천국은 실패하였고, 그것을 진압하는 과정에서 촉발된 유가 정통주의에 대한 열정은 이후 기독교가 중국에서 깊이 뿌리내리는 것을 한층 더 어렵게 만들었다. 그럼에도 불구하고 유럽 사회의 기독교

---

**837** 深澤秀男, 「太平天國とキリスト教」, (深澤秀男, 『中國の近代化とキリスト教』, 東京, 新教出版社, 2000 수록), p.61.

가 역사·풍속·습관을 달리 하는 아시아에 어떻게 수용·변용되어 갔던가를 고찰하는 데에 태평천국은 흥미 있는 여러 가지의 문제를 제기하였던 것이다.

# 제四장

# 양발의 업적

# 제4장 _ 양발의 업적 : 맺음말에 대신하여

## 1. 전도 상에서의 업적

양발은 수세 · 입교 후 그의 일생을 복음 전파에 바쳤다. 양발의 세례를 집전한 윌리엄 밀른은 양발이 새로운 가지 위의 첫 열매이므로 죽을 때까지 믿음을 지켜 풍부한 수확을 얻고, 교회 안의 사람들을 기쁘게 하여 그리스도의 영광을 지키기를 바랐었다.[838] 윌리엄 밀른의 바램처럼 양발은 당시 엄격한 기독교 금령 하의 중국에서 감히 신자가 되어서 공개적으로 그의 신앙을 인정하였을 뿐 아니라 더 나아가 적극적인 전도 활동을 전개하였다. 따라서 양발은 체포와 장형을 당하기도 하였고, 매국노라는 비난을 받았으며, 때로는 생명의 위협을 무릅쓰고 체포를 피하여 외국으로 도망가기도 하였다. 이처럼 계속된 고난 속에서도 양발은 '내게는 우리 주 예수 그리스도의 십자가 외에 결코 자랑할 것이 없으니 그리스도로 말미암아 세상이 나를 대하여 십자가에 못 박히고 내가 또한 세상을 대하여 그러하니라'(「갈라디아서」 6장 14절)라고 한 바울의 말을 떠 올리며 자위하면서 전도 활동에 전념하였다. 그 결과 양발은 1823년

838 George H. McNeur, *China's First Preacher Liang A-Fa 1789-1855*, (Shanghai : Kwan Hsueh Publishing House, 1934), p.29. 胡簪云 譯 · 上海廣學會 重譯, 「中華最早的布道者梁發」, 『近代史資料』 1979年 第2期, p.154. 朱心然 譯, 『梁發 : 中國最早的宣教師』, (香港, 基督教文藝出版社, 1998), p.49.

부터 1855년 4월 소천하기 까지 약 32년간을 전도 활동에 전념하여 약 20여인[839]에게 세례를 베풀었다. 그러나 런던선교회의 중국 선교의 결과로서 초기의 신도는 대부분 양발과 관계가 있다는 지적[840]을 유념해야 할 것이다.

어쩌면 초라해 보일 지도 모르는 이러한 결과는 중국인의 교오자대(驕傲自大), 우상숭배의 전통, 기독교에 대한 헛소문[841]으로 말미암은 것이었다. 그럼에도 불구하고 양발이 실망하지 않았던 이유는 그의 당대에 그가 뿌린 씨앗의 열매를 구하고자 한 것이 아니라 오직 후세를 위한 복음의 기초를 놓는 데에 한 알의 밀알로서의 역할을 다하고자 하였기 때문이었다.

> 그러나 지금 위대한 변화가 없다고 해도, 우리 생전에 우리 노력의 결과를 볼 수 없다 해도 우리는 계속해서 복음의 진리를 다른 사람에게 전파할 것이며, 자손 후대의 시대에는 사람들이 모두 회개하고 주님에게 돌아올 수 있기를 바란다.[842]

즉 전도 상에서 양발의 업적에 대한 평가 척도는 몇 명의 신도를 얻었는가가 아니라 후세의 복음 사역을 위하여 어떠한 기초를 놓았는가 하는

---

839 呂延壽,「敎徒 · 傳敎士 · 畸形兒 : 關於梁發的一生」, (四川省哲學社會科學學會聯合會 · 四川省近代敎案史硏究會 合編,『近代中國敎案硏究』, 成都, 四川省社會科學院出版社, 1987 수록), p.480.

840 吳義雄,『在宗敎與世俗之間 : 基督敎新敎傳敎士在華南沿海的早期活動硏究』, (廣州, 廣州敎育出版社, 2002), pp.45. 62.

841 伍玉西,「梁發對基督敎義的中國化詮釋」,『廣州社會主義學院學報』 2003年 第3期, p.59.

842 George H. McNeur, *China's First Preacher Liang A-Fa 1789-1855*, (Shanghai : Kwan Hsueh Publishing House, 1934), p46. 胡簪云 譯 · 上海廣學會 重譯,「中華最早的布道者梁發」,『近代史資料』 1979年 第2期, p.162. 朱心然 譯,『梁發 : 中國最早的宣敎師』, (香港, 基督敎文藝出版社, 1998), pp.67-8.

점이어야 할 것이다.

이러한 노력의 결실로서 양발은 중국의 초기 선교사와 교회사에서 대표적인 위상을 갖게 되었다. 우선 양발은 최초의 중국인 목사였다. 다음 양발은 중국에 온 각 선교단체의 저명한 선교사들과 밀접한 관계를 맺고서 동역하였다. 예를 들면 런던선교회 소속의 로버트 모리슨, 윌리엄 밀른 및 벤자민 홉슨, 미국공리회 소속의 사무엘 윌리엄스, 엘리야 브리지만 및 피터 파커, 순도회 소속의 조지 피어시(George Piercy)[843] 등이 바로 그들이었다. 대다수의 중요한 중국인 교도들도 양발과 동역하였다. 그리고 양발은 중국인으로서 문서 전도의 선구자적 역할을 하였으며, 그의 대표적인 전도서인 『권세양언』은 홍수전에게 영향을 미쳐 태평천국의 수립에로 나아가게 하였던 것이다.

한편 양발의 전도 활동은 당시 파송되어 왔던 외국인 선교사와는 달리 그 나름의 독특한 방법과 특색이 있었던 것이다.

첫째, 양발은 처음부터 자신이 중국인이라는 신분과 광동 방언에 정통하다는 유리한 조건을 중국인의 전도에 활용하는 방법을 터득하고 있었다. 이는 양발의 최대 장점이어서 외국인 선교사가 도저히 미칠 수 없는 점이었고, 또한 외국 교회의 선교회가 가장 필요로 하는 점이었다. 조지 맥네어는 양발의 이러한 장점에 대하여 다음과 같이 말하였다.

서양 선교사의 내화선도(來華宣道)는 아주 쉽게 일종의 병폐에 빠졌는데,

---

843 조지 피어시는 1851년에 중국에 와서 1852년부터 광주와 홍콩에서 선교 사역에 종사하였다. 조지 피어시는 교직(教職)은 아니었으나 자비로 홍콩에 와서 제임스 렉그의 원조를 받으며 선교에 종사하였던 것이다. 조지 피어시는 1864년 봄 영국을 방문하였다가 1866년 가족과 함께 광동으로 돌아왔다. 조지 피어시에 관한 보다 상세한 내용은 Alexander Wylie, *Memorials of Protestant Missionaries to the Chinese*, (Shanghai : American Presbyterian Mission Press, 1867), pp.207-8을 참조하기 바란다.

그것은 성경의 자구대로 성경을 해석하는 그들의 여태까지의 습관이었다.…… 양발은 오히려 이러한 병폐에 빠지지 않았다. 그의 선도문자(宣道文字) 중에서는 가장 사람의 주의를 끄는 문제 및 그 자신과 다른 국민의 이해가 일치하는 문제만을 토론하였다.…… 그가 저작한 팸플릿의 주요 목적은 비슷한 비유와 통속적인 문자로써 성경을 해석하는 것이었다.[844]

즉 양발은 '사막의 오아시스처럼 사람들의 심히 지친 눈이 활짝 뜨이게'[845] 하였던 것이다.

둘째, 양발은 중국의 풍속습관과 비슷하고 중국인이 알기 쉬운 성경의 장절을 응용하여 사람들의 신숭(信崇)과 입교(入敎)를 이끌었다. 예를 들면 양발은 중국 동포에게 전도 · 설교하거나 기도할 때 '추수할 것은 많되 일군이 적으니 그러므로 추수하는 주인에게 청하여 추수할 일군들을 보내어 주소서 하라'는 「누가복음」 10장 2절을 왕왕 인용하였다.[846] 즉 농작물을 급히 추수하여야 하나 노동력이 부족할 때 추수하는 주인은 외력(外力)을 빌어서 수확하여야만 비로소 곡식을 거두어 들여 창고에 넣을 수 있듯이 한 국가가 위난에 빠졌을 때 인력 상 일시적으로 해결의 방법이 없으면 외력을 빌어야만 한다는 것이었다. 이는 중국인의 공명을 야기하였다. 따라서 거의 모든 외국인 선교사들은 '양발의 기도문은 일반의 형식주의적이고도 상투적인 말과는 다르고, 양발의 기도문은 당면한 환경에

---

844 胡簪云 譯 · 上海廣學會 重譯, 「中華最早的布道者梁發」, 『近代史資料』 1979年 第2期, pp.191-3.

845 George H. McNeur, *China's First Preacher Liang A-Fa 1789-1855*, (Shanghai : Kwan Hsueh Publishing House, 1934), 96. 胡簪云 譯 · 上海廣學會 重譯, 「中華最早的布道者梁發」, 『近代史資料』 1979年 第2期, p.204. 朱心然 譯, 『梁發 : 中國最早的宣教師』, (香港, 基督教文藝出版社, 1998), p.124.

846 George H. McNeur, *China's First Preacher Liang A-Fa 1789-1855*, (Shanghai : Kwan Hsueh Publishing House, 1934), pp.52-3. 胡簪云 譯 · 上海廣學會 重譯, 「中華最早的布道者梁發」, 『近代史資料』 1979年 第2期, p.168. 朱心然 譯, 『梁發 : 中國最早的宣教師』, (香港, 基督教文藝出版社, 1998), p.76.

적합하여 듣는 사람으로 하여금 그것이 진심에서 나온 것으로 느끼게 하였다'[847]라고 여겼던 것이다.

셋째, 양발은 전도할 때 청도자(聽道者)의 선을 지향하는 심리를 단단히 포착하여 사정에 따라 문제를 처리하였기 때문에 왕왕 즉각적인 효과를 거둘 수 있었다. 이러한 특징은 양발 만년의 전도에서 특히 두드러졌다. 만년의 양발은 나이가 많고 몸이 약하여 여기저기 뛰어다니며 복음을 선양할 수 없었다. 따라서 양발은 항상 미국 선교사 피터 파커가 광주에 설립한 박제의원에 가서 환자에게 전도하였다. '그는 극히 감동적인 말로써 구세주의 생애 및 그 남기신 가르침을 상세히 설명하였고, 벽에 걸려 있는 「병자획유(病者獲愈)」의 그림을 가리키며 그의 청중에게 저 병자들이 나을 수 있었던 까닭은 구주께서 주신 복과 의사들이 예수의 계명과 그 남기신 법을 준수하며 치료하였기 때문이라고 말하였다.'[848] 1847년 1년간 양발은 병원에서 남자 2,487인, 부인과 아이 550인에게 성경 312책과 종교 팸플릿 1,568권을 나누어 주었다.[849] 이러한 병원 전도는 양발 자신이 말하였듯이 아주 시의적절한 전도방식이었던 것이다.

> 내가 거리 혹은 시골에서 사람들에게 우상 숭배의 어리석음을 말할 때 그들은 항상 나를 비웃었다. 그러나 사람이 병이 들어 치료를 받게 되면 그 마음

847 George H. McNeur, *China's First Preacher Liang A-Fa 1789-1855*, (Shanghai : Kwan Hsueh Publishing House, 1934), p53. 胡簪云 譯 · 上海廣學會 重譯,「中華最早的布道者梁發」,『近代史資料』1979年 第2期, p.169. 朱心然 譯,『梁發 : 中國最早的宣教師』, (香港, 基督教文藝出版社, 1998), pp.76-7.

848 George H. McNeur, *China's First Preacher Liang A-Fa 1789-1855*, (Shanghai : Kwan Hsueh Publishing House, 1934), p.102. 胡簪云 譯 · 上海廣學會 重譯,「中華最早的布道者梁發」,『近代史資料』1979年 第2期, p.207. 朱心然 譯,『梁發 : 中國最早的宣教師』, (香港, 基督教文藝出版社, 1998), p.130.

849 胡簪云 譯 · 上海廣學會 重譯,「中華最早的布道者梁發」,『近代史資料』1979年 第2期, p.207.

이 매우 유연해져서 쉽게 감화를 받았다.[850]

요컨대 이는 중국인 최초의 병원 전도의 시작이었던 것이다.[851]

양발에 대한 평가는 당대와 현재로 나누어 살펴볼 필요가 있고, 또 다시 회심 전과 후로 나누어 살펴볼 필요가 있을 것이다.

우선 회심 전의 양발의 모습은 그다지 매력적이지 않았던 것 같다. 즉 로버트 모리슨은 '그〔양발〕는 선천적으로 성질이 거칠고 급하며 쉽게 화를 내어 동포와 이야기할 때에도 매우 내성적이었다'[852] 라고 평하였다. 윌리엄 밀른도 '양발은 비사교적이어서 다른 중국인과의 내왕이 심히 적었다'[853] 라고 평하였던 것이다.

이처럼 회심 전의 양발에게서는 밝은 분위기라고는 찾아 볼 수 없었지만, 회심 후 그 모습이 점차 좋아졌을 뿐 아니라 복음 전파와 관련해서는 긍정적인 평가를 받게 되었던 것이다. 1841년 피터 파커는 미국의 상원과 하원에서 양발에 관한 이야기를 하였다. 1846년 런던에서 출판된 한 서적에서는 '모든 교회에서 그를 칭찬하고 있으므로 그에 관하여 어떠한 것도 여기에서 언급될 필요가 없다'라고 하였다. 영국성공회 소속 홍콩 빅토리아의 제1주교(the first Bishop of Victoria, Hongkong) 조지 스미스는 양발에

---

850 George H. McNeur, *China's First Preacher Liang A-Fa 1789-1855*, (Shanghai : Kwan Hsueh Publishing House, 1934), p.89. 胡簪云 譯 · 上海廣學會 重譯,「中華最早的布道者梁發」,『近代史資料』 1979年 第2期, p.199. 朱心然 譯,『梁發 : 中國最早的宣教師』, (香港, 基督教文藝出版社, 1998), p.117.

851 李志剛,『基督教早期在華傳教史』, (臺北, 臺灣商務印書館, 1985), p.177.

852 George H. McNeur, *China's First Preacher Liang A-Fa 1789-1855*, (Shanghai : Kwan Hsueh Publishing House, 1934), p.56. 朱心然 譯,『梁發 : 中國最早的宣教師』, (香港, 基督教文藝出版社, 1998), p.81.

853 George H. McNeur, *China's First Preacher Liang A-Fa 1789-1855*, (Shanghai : Kwan Hsueh Publishing House, 1934), p.56. 朱心然 譯,『梁發 : 中國最早的宣教師』, (香港, 基督教文藝出版社, 1998), p.81.

대하여 '유럽과 미국에서 유명한 사람'이라고 썼다.[854] 이로써 양발에 대한 당대적 평가는 대체로 긍정적이었다고 할 수 있을 것이다.

양발에 대한 현재적 평가는 부정적인 것과 긍정적인 것이 병존하고 있다. 중국 학계에서는 양발을 '식민자의 노재(奴才)' · '매국적' 등으로 부정적으로 평가하는 것[855]이 현재의 대세이다. 예를 들면 여연수(呂延壽)는 양발을 '낙후한 문화의 산물' · '시대의 기형적 발전의 결과' · '기형아'[856] 등으로 평하였다. 이러한 양발에 대한 부정적 평가는 양발을 외국 침략자와 동등시하고, 외국 침략자에 대한 증오감에서 연역해낸 편견에서 말미암은 것으로 생각된다.

양발에 대하여 교회 관계자와 교회사가들은 대체적으로 긍정적인 평가를 내리고 있고, 최근 중국 학계에서도 종래의 부정적인 평가 일변도에서 벗어나서 그 중서문화교류사 상에서의 역할에 주목하여 긍정적인 평가를 내리는 경향이 증가하고 있다. 그 대표적인 예를 살펴보면 다음과 같다.

우선 런던선교회 소속의 한 목사는 양발을 다음과 같이 평가하였다.

> ① 그의 독립적인 개성과 역량은 기독도의 시련 · 분투 및 환난 속에서 좋은 모범이 되었다.
> ② 그는 일반적인 순교자와 같은 신앙 및 인내심을 가진 외에 또한 다방면

---

854 George H. McNeur, *China's First Preacher Liang A-Fa 1789-1855*, (Shanghai : Kwan Hsueh Publishing House, 1934), p.6.

855 呂延壽,「敎徒 · 傳敎士 · 畸形兒 : 關於梁發的一生」, (四川省哲學社會科學學會聯合會 · 四川省近代敎案史研究會 合編,『近代中國敎案研究』, 成都, 四川省社會科學院出版社, 1987 수록), p.481.

856 呂延壽,「敎徒 · 傳敎士 · 畸形兒 : 關於梁發的一生」, (四川省哲學社會科學學會聯合會 · 四川省近代敎案史研究會 合編,『近代中國敎案研究』, 成都, 四川省社會科學院出版社, 1987 수록), pp.473,483.

의 천재성을 갖고 있었다. 이는 그가 위대한 선구자가 될 수 있었을 뿐 아니라 또한 지금에 이르기 까지 여전히 중국 교도의 본보기가 될 수 있었던 까닭이다. 그는 기독교의 정의(精義)를 중국식의 생활 속에 수용하였고, 또한 그 모든 지능을 사용하여 기독교의 전파를 꾀하였다.

③ 그는 기독교에 의하여 고양되어 교회와 인류를 위해 복무할 수 있게 된 사람의 귀감이었다.〔중략〕

④ 초기 중국 프로테스탄트 교회가 발달할 수 있었던 까닭은 분명히 양발의 힘에 의지한 때문이었다. 그가 만든 팸플릿과 삐라는 미신을 타파하고 사상을 계발하는 선봉이었다. 이 문서 선교의 선구자는 사실상 이러한 사역에 종사하는 금일의 모든 사람의 감사를 받아야만 할 것이다.[857]

다음 홍콩의 유명한 목사 등사우는 양발을 다음과 같이 평가하였다.

그는……중국인이 서양을 향하여 진리를 찾은 최초의 사람 중 하나로서 위묵심(魏默深)·임칙서(林則徐) 등보다 빨랐다고 할 수 있다. 그는 중국의 인재는 교만에 많이 치우쳐서 매우 손해를 초래하였음을 알았다. 왜냐하면 중국은 문화지국(文華之國)이자 예의지방(禮義之邦)이기 때문에 겸허하게 외인으로부터 학습하기를 원치 않았다. 그래서 양무운동·유신운동 등이 모두 일본과 섬라(暹羅)[858]에 뒤떨어졌다. 양발은 참으로 선견지명이 있어서 국민의 병의 근원을 깊이 알았으므로 단호하게 병을 치료할 계획을 세웠다. 양씨가 심혈을 기울여 이르게 된 훌륭한 경지는 영생불멸할 것이다.[859]

그리고 홍콩 합일당(合一堂)의 목사 장축령(張祝齡)은 위대한 선배 목회자였던 양발에 대하여 ①독신순민(篤信順民), ②충심지사(忠心至死), ③용감희

---

857 胡簪云 譯·上海廣學會 重譯, 「中華最早的布道者梁發」, 『近代史資料』 1979年 第2期, pp.219-20.

858 타일랜드(Thailand)의 옛 이름.

859 鄧嗣禹, 「'勸世良言'與太平天國革命之關係」上·下, 『大陸雜誌』30-8·9, 1965. (吳相湘 主編, 『勸世良言』, 臺灣, 學生書局, 1985 수록), p.24.

생(勇敢犧牲), ④근로무간(勤勞無間), ⑤견인수난(堅忍受難), ⑥정연진도(精研眞道), ⑦저술전세(著述傳世)[860]하였다고 긍정적으로 평가하였다.

조지 맥네어는 '위대한 중국인이자 위대한 기독도'인 양발을 다음과 같이 평가하였다.

① 독실하게 믿고 명령에 순종하여 세례를 받은 날로부터 죽을 때까지 변하지 않았는데, 이것은 아브라함에 비교할 수 있다.

② 죽을 때까지 충성하였고, 자기를 즐겁게 하지 않았으며, 하나님의 영광만을 추구하였다. 이것 은 모세에 비견될 수 있다.

③ 용감하게 희생하였다. 암울한 사회에서 온갖 핍박에도 두려워하지 않고 용기를 갖고서 집필과 조판 · 인쇄, 파견 및 구전 전도 활동을 계속하였는데, 이러한 정신은 베드로와 비견될 만하다.

④ 끊임없이 근면하게 일하였다. 천국의 확장을 위하여 자기 집을 잊고 말라카 · 남양 일대를 다녔으며, 고시를 따라 많은 곳을 누볐다. 중 · 영문을 읽고 배우고 조판 · 번역하며 집필하고 전도하며 쉴 틈이 없었다. 이는 그리스도에게서 직접 배운 것이다.

⑤ 참고 견디며 고난을 받았다. 수차례 모욕과 추방을 당하고 매를 맞으며 감금당하였으나 단련을 받을수록 더욱 강해지고 마음으로 기뻐하며 영광스럽게 생각하였다. 이는 초기 예루살렘의 성도들과 같다. 진리의 빛, 성령의 무기를 하나하나 불러내어 사용하고 타인에게 제공하였 다. 이는 디모데와 비교할 수 있다.

⑥ 저술하여 후세에 남겼다. 현재 그가 쓴 포교 문서는 다 전해지지는 않지만, 조판공이었을 뿐인 양발이 이러한 일을 할 수 있었던 것은 성령

---

860 胡簪云 譯 · 上海廣學會 重譯,「中華最早的布道者梁發」,『近代史資料』1979年 第2期, pp.220-1.

의 도움으로 가능하였으며, 이 점은 바울과 비교될 수 있다.[861]

중국인 학자로서 관한화(關漢華) · 호파(胡波)는 양발이 시종일관 자각적이고 경건한 기독교도로서 당시 얼마 되지 않던 신도 중에서 예외적인 존재라고 평가하였다.[862] 오옥서(伍玉西)도 양발은 기독교가 중국에 기초를 닦을 시기에 중국인 신도의 중요한 대표였다라고 관한화 · 호파와 유사한 평가를 하였다.[863] 고장성(顧長聲)은 양발이 평생 그리스도에 충성하였고, 복음을 전하는 데에 열심이었으며, 저작이 심히 풍부하여 사표가 되었다고 높게 평가하였다.[864]

국내의 양발에 관한 선구적인 업적을 발표한 배영민(裵英敏)은 양발의 업적을 다음과 같이 정리하였다.

① 중국 교회 최초의 중국인 목사였다.

② 중국인으로서는 최초로 중국 선교의 역사를 여는 사역에 동참하였다.

③ 밀른과 말라카에서 동역하며 번역과 인쇄의 작업을 계속 도우면서 영화서원의 개설을 도왔 다.

④ 많은 전도 책자를 출간하였는데, 특히 최초의 전도 책자인『구세록촬요약해』를 저술한 죄로 구금당하여 장형을 받았으나 그의 믿음은 더욱 굳세어졌다.

⑤『권세양언』은 홍수전의 손에 들어가 태평천국을 일으키는 한 요인이 되었다.

---

861 胡簪云 譯 · 上海廣學會 重譯,「中華最早的布道者梁發」,『近代史資料』1979年 第2期, pp.219-21.

862 關漢華 · 胡波,「梁發及嶺南基督教的傳播」,『學術研究』1993年 第1期, p.121.

863 伍玉西,「梁發對基督教義的中國化詮釋」,『廣州社會主義學院學報』2003年 第3期, p.62.

864 顧長聲,「第一個被按立的中國傳道人梁發」, (顧長聲,『傳教士東來傳救恩論文集錦』, 臺北, 宇宙光, 2006 수록), p.63.

⑥ 그의 가정은 중국 최초의 기독교 가정이었다. 양발의 부인은 중국 최초의 여신자였고, 그 아들은 중국 최초의 유아세례자였다.
⑦ 고향에서 전도하여 세례를 준 고천청과 함께 고향에서 중국 본토 최초의 기독교 교육기관이 되는 사숙을 열었다.
⑧ 엄한 금령 속에서도 직접 전도를 감행하였다.
⑨ 중국 최초의 교회가 되는 복음당을 개설하여 예배를 드렸다.
⑩ 병원에서 환자를 대상으로 설교함으로써 의료 전도를 하였다.[865]

이처럼 양발을 중국 기독도의 본보기로서 높게 평가하는 것은 양발의 경건한 기독도의 상징으로서의 측면을 반영한 것임과 동시에 교회의 성도에 대한 요구와 준칙을 반영한 것이기도 하다.

## 2. 중서문화교류사 상에서의 업적

기독교의 세계 각지로의 전파 과정은 사실상 본토 문화와 융합을 진행하여 본색화를 실현하는 과정이다. 본색화(혹은 本土化, indigenization)란 그 원의가 '토생토장(土生土長)'인데, 특히 문화학 상으로는 외래문화와 본토문화의 융합을 가리킨다.[866] 두 종류의 문화가 어떤 경로를 통하여 접촉할 때 외래문화는 본토문화와 필연적으로 충돌을 일으키므로 본토문화에 적응하기 위하여 외래문화는 점차 변천하여 본토문화에 융합함과 동시에 어느 정도 본토문화에 영향을 주어 그것을 개조하는데, 이러한 변증

865 裵英敏, 「최초의 중국인 개신교 목사 梁發과 『勸世良言』」, 高麗大學校 大學院 碩士學位 論文, 2004, pp.48-9.

866 卓新平, 『宗教理解』, (北京, 社會科學文獻出版社, 1999), p.61.

법적인 발전과정이 바로 본색화이다.[867]

양발은 중서문화교류의 산물[868]이었다고 할 수 있다. 양발은 용감하고도 적극적으로 이 중서문화교류라는 거센 흐름 속에 뛰어 들어 잘 헤쳐나간 사람이었다. 양발의 역정은 그 시대 중서문화 회통의 중요한 성과를 대표하였다. 양발은 전후하여 윌리엄 밀른과 로버트 모리슨이 말라카에서 인쇄소와 영화서원을, 벤자민 홉슨이 광주에서 최초의 진료소와 가정집회를 창설하는 것을 도왔을 뿐 아니라 거기에서의 구체적인 사역에 종사하였다. 중국인으로서의 양발의 이러한 중개 역할, 소통 관계 및 직접 참여는 당시 서양인이 심히 바라던 바였으나 쉽게 구할 수 없는 바였다.

중서문화교류사상 양발의 최대 업적은 과감하게 중국의 전통문화로써 기독교를 해석하여 중국인이 이해하고 받아들이기 쉽게 함으로써 기독교의 본색화에 일정한 공헌을 한 점이다. 양발의 전도 활동과 전도용 소책자의 저작 · 배포는 사실상 중국의 전통과 다른 세계관 · 인생관 · 도덕관 · 종교관 · 가치관을 선전하여 문화 전파와 문화 교류의 작용을 일으켰던 것이다. 특히 준엄한 금교정책(禁教政策)과 폐관자수정책(閉關自守政策)이 실행되고 있던 당시의 청조 정부 하에서 양발의 이러한 사역이 지닌 문화 전파 및 문화 교류의 의의와 작용은 더욱 두드러지고도 중요하였다. 예를 들면 '천하의 남자는 모두 다 형제이고, 천하의 여자는 모두 다 자매이다'라는 '평등' · '박애'의 관념을 중국에 전한 것이 그 대표적인 경우이다.[869] 한편 양발의 활약에 의하여 초월정신, 구속의식, 최종배려 등

867 林治平,「基督教在中國本色化之必要性與可能性」, (林治平 編,『基督教在中國本色化』, 北京, 今日中國出版社, 1998 수록), pp.1,27.

868 雷雨田,「梁發與中西文化的會通」,『湘潭大學社會科學學報』第25卷 第5期, 2001, p.91.

869 關漢華 · 胡波,「梁發及嶺南基督教的傳播」,『學術研究』1993年 第1期, pp.123-4.

과 같은 중국 전통문화에 부족한 특질들이 보충될 수 있었다. 따라서 양발의 신학적 사고는 기독교의 중국화의 효시로서 그 시기 중서문화 융합의 최고 수준을 대표하였다는 평가를 받았던 것이다.[870]

중서문화교류사상 양발이 미친 영향과 관련하여 특기하여야 할 것은 그의 대표적인 저작인『권세양언』이 홍수전에게 미친 영향과 그 결과로서 태평천국의 수립을 통한 서양 기독교의 중국화라는 경사 과정일 것이다. 홍수전이 남긴 유한한 자료에서 볼 때 양발이 선양한 기독교 교의는 상당 부분 신학 신조로서 홍수전에게 받아들여졌음을 알 수 있다. 내용적으로 홍수전을 가장 강하게 사로잡은 것은 우상숭배를 강하게 비판한 양발의 논설이었다고 생각된다. 즉『권세양언』에 보이는 상고에는 신을 신앙하였으나 후세에 우상숭배가 성행하게 되었다고 기술한 점, 사음과 우상숭배를 극도로 배척한 점, 유교사상에는 관용적이었음에 반하여 불·도 2교와 신선·참위 신앙에는 극히 엄혹하였던 점 등 양발의 사상은 홍수전에게 그대로 구현되었다. 이러한 측면에서 볼 때『권세양언』은 홍수전과 태평천국 사상의 원점임과 동시에 어떤 의미에서는 태평천국 문헌의 원전이라고 할 수 있을 것이다.

그런데 홍수전의『권세양언』이해에는 상당히 비약적인 해석이 있었던 것 또한 사실이다. 그러한 비약적인 해석의 배경에는 홍수전이 처해 있던 특수한 사회적·정신적 상황이 있었다고 할 수 있다. 즉 홍수전이『권세양언』을 열독한 1840년대의 중국은 아편전쟁 패배 후의 쇠퇴기였고, 청조의 권위는 실추되어 사회적으로도 불안한 상황 하에 처해 있었다. 아편전쟁 직후 외이인 영국에 패배한 청조를 비판·경멸하게 된 광동

870 伍玉西,「梁發對基督教義的中國化詮釋」,『廣州社會主義學院學報』2003年 第3期, 62.

성민이 일으킨 평영단과 같은 격렬한 반영운동이 홍수전의 고향에도 파급되고 있었으니 그에게서 아편전쟁과 같은 외침은 도덕적 '타락'이 절정에 달한 중국에 대하여 상제가 가한 응보로 비쳤을 것이며, 현 상황을 타개하기 위해서는 상제신앙을 통한 개인의 종교적 구원과 함께 결국에 가서는 사회정치적인 변혁으로서 신명, 즉 상제의 위임을 받은 '신의 이(吏)'가 통치하는 상제의 국가, 즉 '신국'=태평천국 체제를 지상에 수립하고, 상제와는 공존할 수 없는 '악마'인 청조를 타도하여야 할 터였다. 그리고 홍수전은 객가 출신으로서 지역사회로부터 차별적인 대우를 받고 있었다. 게다가 홍수전이 뛰어난 재능을 가졌으나 과거의 수험에 실패하여 관료로서의 입신 코스에 들지 못한 것은 결과적으로 그의 마음속에 반사회적인 의식을 양성시켰던 것이라고 생각된다. 이러한 정신적 상태에 있던 홍수전이『권세양언』의 내용을 자기류로 견강부회하여 해석해버린 것은 어떤 의미에서는 이해되리라고도 생각된다. 즉 홍수전은 그의 의식에서『권세양언』의 내용을 파악하였던 것인데, 거기에서는 기독교 이해에 있어서 중국적 경사의 극히 특이한 일례를 볼 수 있다. 바로 이 점이 중서문화교류사상 양발이 미친 최대의 영향이었던 것이다.

# 참고문헌

## 도서

▶ 중문

簡又文,『太平天國起義記』(北京, 燕京大學出版社, 1935).

簡又文,『中國基督教的開山事業 : 宣教師列傳』(香港, 輔僑出版社, 1956).

簡又文,『太平天國典制通考』, (香港, 簡氏猛進書屋, 1958).

簡又文,『太平天國全史』3册, (香港, 簡氏猛進書局, 1960).

簡又文,『太平天國廣西首義史』增訂本, (香港, 簡氏猛進書屋, 1967).

簡又文,『洪秀全載記』, (香港, 簡氏猛進書局, 1967).

簡又文 譯,『傳教偉人馬禮遜』, (香港, 基督教文藝出版社, 1987).

姜秉正 編,『研究太平天國史著述綜目』, (北京, 書目文獻出版社, 1983).

『經世』1期, 1937.

慶祝羅爾綱學術研究六十周年編委會 編,『羅爾綱與太平天國史』, (成都, 四川省社會科學院出版社, 1987).

顧衛民,『基督教與近代中國社會』, (上海人民出版社, 1996).

顧衛民,『中國天主教編年史』, (上海書店出版社, 2003).

顧長聲,『傳教士東來傳救恩論文集錦』, (臺北, 宇宙光, 2006).

戈公振,『中國報學史』, (上海, 商務印書館, 1927). (上海古籍出版社, 2003).

郭廷以,『太平天國史事日誌』上册, (臺北, 商務印書館, 1946).

廣西師範學院歷史系『金田起義』編寫組,『金田起義』, (南寧, 廣西人民出版社, 1975).

羅爾綱,『太平天國史稿』, (北京, 中華書局, 1955).

羅爾綱,『太平天國史稿』增訂本, (北京, 中華書局, 1957).

羅爾綱 編註,『太平天國文選』(香港, 南國出版社, 1969).

羅爾綱,『太平天國史』4册 , (北京, 中華書局, 1991).

羅香林,『客家研究導論』, (臺北, 1933).

南京大學歷史系太平天國史研究室 編,『太平天國史新探』, (江蘇人民出版社, 1982).

南京大學歷史系太平天國史研究室 編,『太平天國史論考』, (江蘇古籍出版社, 1985).

戴存義 夫婦 著 · 胡宣明 節譯,『內地會創始人 : 戴德生傳』, (香港, 證道出版社, 1988).

樓宇烈 · 張志剛 主編,『中外宗教交流史』, (長沙, 湖南教育出版社, 1998).

孟憲承 譯,『太平天國外紀』, (上海商務印書館, 1915).

茅家琦,『晚清史論』, (河南人民出版社, 1989).

茅家琦 等編,『太平天國史研究』, (南京大學出版社, 1989).

茅家琦 主編,『太平天國通史』 3冊 , (南京大學出版社, 1991).

茅家琦 · 方之光 · 童光華,『太平天國興亡史』, (上海人民出版社, 1980).

牟安世,『太平天國』, (上海人民出版社, 1969).

范文瀾,『中國近代史』上卷, (北京, 人民出版社, 1962).

北京太平天國史研究會 編,『太平天國史論文選』, (北京, 三聯書店, 1981).

北京太平天國史研究會 編,『太平天國學刊』, (北京, 中華書局, 1984).

費佩德 · 楊蔭瀏 譯,『馬禮遜小傳』, (上海, 廣學會, 1935).

查時傑,『中國基督教人物小傳』, (臺北, 中華福音神學院出版社, 1983).

史式 編,『太平天國詞語滙釋』, (成都, 四川人民出版社, 1984).

史靜寰 · 王立新,『基督教教育與中國知識分子』, (福州, 福建教育出版社, 1998).

四川省哲學社會科學學會聯合會 · 四川省近代教案史研究會 合編,『近代中國教案研究』, (成都, 四川省社會科學院出版社, 1987).

蘇雙碧,『李秀成評傳』, (鄭州, 河南教育出版社, 1985).

蘇雙碧,『陳玉成評傳』, (石家莊, 河北人民出版社, 1985).

蘇精,『馬禮遜與中文印刷出版』, (臺北, 學生書局, 2000).

沈渭濱,『洪仁玕』, (上海人民出版社, 1982).

楊家駱 主編,『太平天國』, (鼎文書局, 1973).

梁家麟,『福臨中華 : 中國近代敎會史十講』, (香港, 天道書樓, 1988).

酈純,『洪仁玕』, (上海人民出版社, 1978).

楊森富 編,『中國基督敎史』, (臺北, 臺灣商務印書館, 1984).

吳相湘 主編,『勸世良言』, (臺灣, 學生書局, 1985).

吳義雄,『在宗敎與世俗之間 : 基督敎新敎傳敎士在華南沿海的早期活動研究』, (廣州, 廣東敎育 出版社, 2000).

王慶成,『太平天國的歷史和思想』, (北京, 中華書局, 1985).

王慶成,『天父天兄聖旨』, (瀋陽, 遼寧人民出版社, 1986).

王戍笙 等,『太平天國運動史』, (北京, 人民出版社, 1986).

王維周 譯,『太平天國革命親歷記』, (北京, 中華書局, 1961. 上海古籍出版社, 1985).

王治心,『中國基督敎史綱』, (香港, 基督敎文藝出版社, 1979).

熊月之,『西學東漸與晩淸社會』, (上海人民出版社, 1994).

苑書義 · 林言椒 編,『太平天國人物研究』, (成都, 巴蜀書社, 1987).

魏外揚,『宣敎事業與近代中國』, (臺北, 宇宙光出版社, 1978).

李志剛,『基督敎早期在華傳敎史』, (臺北, 臺灣商務印書館, 1985).

李志剛,『香港基督敎會史研究』, (香港, 道聲出版社, 1987).

李志剛,『基督敎與近代中國文化論文集』, (臺北, 宇宙光出版社, 1989).

李志剛,『基督敎與近代中國文化論文集』, (臺北, 宇宙光出版社, 1993).

李振宗,『太平天國的興亡』, (臺北, 正中書局, 1986).

李澤厚,『中國近代思想史論』, (合肥, 安徽文藝出版社, 1994).

李華德 譯,『雅裨理的生平』, (香港, 基督敎出版社, 1963).

『逸經』 25期, 1937.

林治平 編,『基督敎入華百七十周年紀念集』, (臺北, 宇宙光出版社, 1977).

林治平 編,『基督敎在中國本色化』, (北京, 今日中國出版社, 1998).

田原,『洪秀全傳』, (武漢, 湖北人民出版社, 1982).

鍾文典,『太平天國人物』, (南寧, 廣西人民出版社, 1984).

鍾文典,『太平天國開國史』, (南寧, 廣西人民出版社, 1992).

朱心然 譯,『梁發 : 中國最早的宣教師』, (香港, 基督教文藝出版社, 1998).

中國史學會 主編,『太平天國』, (神州國光社, 1952).

中國史學會 編,『太平天國』(上海人民出版社, 1957).

中國社會科學院近代史研究所 近代史資料編輯組 編,『近代史資料』1979年 第2期(39號), 1979..

中華書局近代史編輯室 編,『太平天國史學術討論會論文選』, (北京, 中華書局, 1981).

陳寶輝 · 尹福庭 · 庄建平,『太平天國諸王傳』, (廣州, 廣東人民出版社, 1990).

陳周棠 校補,『洪氏宗譜』, (浙江人民出版社, 1982).

陳周棠 主編,『廣東地區太平天國史料選編』, (廣東人民出版社, 1983).

蔡錦圖,『戴德生與中國內地會』, (香港, 建道神學院, 1998).

湯普生,『戴德生』, (香港, 基督教輔僑出版社, 1962).

湯淸,『中國基督敎百年史』, (香港, 道聲出版社, 1987).

『太平天國文書彙編』(北京, 中華書局, 1979).

太平天國歷史博物館 編,『太平天國印書』, (南京, 江蘇人民出版社, 1979).

彭澤益,『太平天國革命思想』, (上海商務印書館, 1940).

夏春濤,『太平天國宗敎』, (南京大學出版社, 1992).

邢鳳麟 等,『馮雲山評傳』, (廣州, 廣東人民出版社, 1985).

邢鳳麟 · 鄒身城,『太平天國史釋論』, (學林出版社, 1984 ).

胡簪雲 譯,『中華最早的布道者梁發』, (上海廣學會, 1931. 香港 : 基督教輔僑出版社, 1955).

黃時鑒 主編,『東西交流論譚』第二集, (上海文藝出版社, 2001).

▶일문

金井爲一郎,『ハドソン · テイラ-傳』, (東京, 日曜世界社, 1936).

吉田寅,『中國プロテスタント傳道史研究 : 宣教師刊中國語著作の資料的研究』, (東京, 汲古書院, 1997).

都田恒太郎,『ロバ-ト・モリソンとその周邊』, (東京, 教文館, 1974).

都田恒太郎,『ギュッラフとその周邊』, (東京, 教文館, 1978).

梅原郁 編,『中國近世の都市と文化』, (京都大學人文科學研究所, 1984).

西順蔵 編,『原典中國近代思想史』第一册 アヘン戰爭から太平天國まで, (東京, 岩波書店, 1976).

小島晋治,『太平天國の歷史と思想』, (東京, 研文出版, 1978).

小島晋治,『洪秀全』, (東京, 集英社, 1987).

小野勝年博士頌壽記念會 編,『小野勝年博士頌壽記念 東方學論集』, (東京, 朋友書店, 1982).

市古宙三 譯,『洪秀全の幻想』, (東京, 汲古書院, 1989).

矢澤利彦,『中國とキリスト教 : 典禮問題』, (東京, 近藤出版社, 1972).

深澤秀男,『中國の近代化とキリスト教』, (東京, 新教出版社, 2000).

衛藤瀋吉,『近代中國政治史研究』, (東京大學出版會, 1968).

依田憙家 譯,『太平天國』, (東京, 新人物往來社, 1973).

日本基督教團出版局編,『アジア・キリスト教の歷史』, (東京, 日本基督教團出版局, 1991).

佐佐木正哉 編,『鴉片戰爭前中英交涉文書』, (東京, 巖南堂書店, 1967).

竹村正子 譯,『東南アジア史』, (東京, みすず書房, 1973).

『中國の歷史』7, (東京, 講談社, 1974).

增井經夫,『太平天國』, (東京, 岩波書店, 1951).

增井經夫,『中國の二つの悲劇』, (東京, 研文出版, 1978).

曾井經夫・今村與志雄 共譯,『太平天國』, (東京, 平凡社, 1964-5).

青木富太郎,『洪秀全の幻想』(東京, 生活社, 1943).

卓南生,『中國近代新聞成立史 1815～1874』, (東京, ぺりかん社, 1990).

平塚博士記念事業會編,『平塚益德著作集』Ⅱ 中國近代教育史, (東京, 教育開發研究所, 1985).

後藤基巳,『明清思想とキリスト教』, (東京, 研文出版, 1979).

▶영문

A Chinese Commercial Guide, (『中國通商指針』, Canton, 1834).

Alexander Wylie, Memorials of Protestant Missionaries to the China, (Shanghai : American Presbyterian Mission Press, 1867)

Augustus F. Lindley, *Ti-Ping Tien-Kwoh : The History of the Ti-Ping Revolution, including a Narrative of the Author's Personal Adventures*, (London : Day & Sons, 1866).

Brian Harrison, Waiting for China : The Anglo-Chinese College at Malacca, 1818-1843, and Early Nineteenth-Century Missions, (Hong Kong, Hong Kong University Press, 1979).

C. Silvester Horne, The Story of the London Missionary Society (1795-1895), (1894).

Charles Gutzlaff, Journal of Three Voyages along the Coast of China in 1831, 1832, & 1833 with Notice of Siam, Corea and the Loo-Choo Islands, (London : Thomas Ward & Co.,1834. Taipei : Ch'eng-Wen Publishing Company, 1968).

David Abeel, Journal of a Residence in China and the Neighbouring Countries from 1829 to 1833, (New York : 1834).

Denis Twitchett & John K. Fairbank eds., *The Cambridge History of China* Vol. 10 Late Ch'ing, 1800-1911, Part 1, (Cambridge : Cambridge University Press, 1978).

Dr. and Mrs. Howard Taylor, Hudson Taylor and the China Inland Mission, (London : Morgan & Scott, 1925).

Edward van Gulick, Peter Parker and the Opening of China, (Cambridge, Massachusetts : Harvard University Press 1973).

Eugene P. Boardman, *Christian Influence upon the Ideology of the Taiping Rebellion, 1851-64*, (Madison : University of Wisconsin Press, 1952).

F. Howard Taylor, These Forty Years : A Short History of the China Inland Mission, (Philadelphia : Pepper Publication, 1903).

Franz Michael, *The Taiping Rebellion*, (University of Washington Press, 1971).

Frederick W. Williams, The Life and Letters of Samuel Wells Williams : Missionary, Diplomatist, Sinologue, (New York and London : G. P. Putnam's Sons., 1889. Wilmington, Delaware : Scholarly Resources, INC., 1972).

George B. Stevens & W. Fisher Markwick, The Life, Letters, and Journals of the Rev. and Hon. Peter Parker, M. D.(Boston and Chicago : Congregational Sunday-School and Publishing Society, 1896. Wilmington, Delware : Scholarly Resources, Inc., 1972).

George H. McNeur, China's First Preacher Liang A-Fa 1789-1855, (Shanghai : Kwan Hsueh Publishing House, 1934).

G. H. Choa, The Life and Times of Sir Jai Ho Kai, (Hong Kong : The Chinese University Press, 1981).

G. R. Williamson, Memoir of the Rev. David Abeel, D. D. : Late Missionary to China, (New York : 1848. Wilmington : Delaware, Schorlay Resources Inc., 1972).

Helen E. Legge, James Legge : Missionary and Scholar, (London : 1905), p.13; Brian Harrison, Waiting for China : the Anglo-Chinese College at Malacca 1818-1843, and Early 19th Century Missions, (Hong Kong : Hong Kong University Press, 1979).

Jen Yu-wen, *The Taiping Revolutionary Movement*, (Yale University Press, 1973).

J. Milton Mackie, *Life of Tai-ping Wang, Chief of the Chinese Insurrection*, (New York : Dix, Eswards, and Co., 1857).

Jonathan Spence, *God's Chinese Son, The Taiping Heavenly Kingdom of Hong Xiuquan*, (W. W. Norton Company, 1996).

Katherine R. Green, trans. by R. F. Fitch & Y. L. Yang, Robert Morrison (1782-1834) : The First Protestant Missionary to the Chinese, (Shanghai : Christian Literature Society, 1935).

Kenneth S. Latourette, *A History of Christian Missions in China*, (London/New

York : The Macmillian Company, 1929).

Kenneth S. Latourette, *A History of the Expansion of Christianity*, 7 vols., (New York, Harper & Row, 1937-45).

Kenneth S. Latourette, *Christianity in a Revolutionary Age : A History of Christianity in the Nineteenth and Twentieth Centuries*, 5 Vols, (New York, 1959-61).

Lindesay Brine, *The Taiping Rebellion* in China, (London : John Murray, 1862).

Lindsay Ride, Robert Morrison : The Scholar and the Man, (Hong Kong : Hong Kong University Press, 1957).

Marshall Broomhall ed., Martyred Missionaries of the China Inland Mission with a Record of the Perils and Sufferings of Some Who Escaped, (London : Morgan & Scott, 1901).

Marshall Broomhall, The Jubilee Story of the China Inland Mission, (London : Morgan & Scott, 1915).

Marshall Broomhall, Robert Morrison : A Master-Builder, (New York : George H. Doran Company, 1924).

M. G. Guinness, The Story of the China Inland Mission 2 vols., (London : Morgan & Scott, 1897).

Mrs. Eliza A. Morrison, Memoirs of the Life and Labors of Robert Morrison, D. D., Vol. Ⅰ (London : Longman, Orme, Brown, Green Longmans, 1839).

Norman Goodall, A History of the London Missionary Society(1895-1945), (London : Oxford University Press, 1954).

North China Herald (August 27, 1853).

R. G. Wagner, *Reenacting the Heavenly Vision : the Role of Religion in the Taiping Rebellion*, (Berkerly, 1982).

Richard Lovett, The History of the London Missionary Society (1795-1895), (London : Oxford University Press, 1899).

Robert Philip, The Life and Opinions of the Rev. William Milne, D.D., Missionary to China, Illustrated by Biographical Annals of Asiatic Missions, from Primitive to Protestant Times; Intended as a Guide to Missionary Spirit,

(London : John Snow, 1840).

Ruth A. Tucker, From Jerusalem to Irian Jaya : A Biographical History of Christian Missions, (Grand Rapids, MI : Zondervan, 1983).

Samuel W. Williams, The Middle Kingdom, (New York : Chades Scitbneis Sons, 1883).

Sherwood Eddy, Pathfinders of the World Missionary Crusade, (New York : Abingdon-Cokesbury, 1945).

Suzanne Wilson Barnett & John King Fairbank ed., Christianity in China : Early Protestant Missionary Writings, (Cambridge 〈Massachusetts〉 and London : Harvard University Press, 1985).

Teng Ssu-yü, *The Taiping Rebellion and Their Western Powers : a Comparative Study*, (Oxford University Press, 1971).

The China Mission Hand-book, (Shanghai : 1896).

The Chinese and General Missionary Gleaner, (London, Oct. 1852).

The Chinese Repository.

The Sacred Edict, (London, 1817).

Theodore Hamberg, *The Visions of Hung-Siu-Tshuen, and Origin of the Kwang-si Insurrection*, (Hong Kong : The China Mail Press, 1854).

Theodore Hamberg, The Chinese Rebel Chieg, Hung-Siu-tshuen and the Origin of the Insurrection in China. Introduced by George Pearse, (London : Walton and Maberly, 1855).

Thomas T. Meadows, The Chinese and Their Rebellions : Viewed in Connection with Their National Philosophy, Ethics, Legislation, and Administration, (London, 1856).

Vincent Y. C. Shih, *The Taiping Ideology : Its Sources, Interpretations, and Influences*, (Seattle & London : University of Washington Press, 1967).

Walter H. Medhurst, China : Its State and Prospects with Special Reference to the Spread of the Gospel, (London : John Snow, 26, Paternoster Row, 1838).

W. E. Soothill, *China and West*, (Oxford, 1925).

William J. Townsend, Robert Morrison : Pioneer of Missions to China, (New York : Fleming H. Revell Co., 1859).

William Lockhart, The Medical Missionary in China : A Narrative of Twenty Years Experience, 2d edition, (London : 1861).

William Milne, A Retrospect of the First Ten Years of the Protestant Mission to China, (Malacca : The Anglo-Chinese Press, 1820).

▶한국

김수진,『중국개신교회사』, (서울, 홍성사, 1997).

김지찬 역,『허드선 테일러의 자서전』, (서울, 생명의 말씀사, 1997).

김학관,『중국 교회사』, (서울, 이레서원, 2005).

김화평,『중국교회사』, (서울, 도서출판 모리슨, 2003).

노태구 옮김,『洪秀全 : 太平天國 혁명의 기원』, (서울, 새밭, 1979).

리진호,『귀츨라프와 고대도』, (서울, 감리교출판부, 1988).

朴永善,『하나님 나라의 이해』, (서울, 엠마오, 1989).

박해근 옮김,『선교사 열전』, (고양, 크리스챤 다이제스트, 1990).

서울大學校東洋史學硏究室 編,『講座 中國史』Ⅴ, (서울, 지식산업사, 1989).

안보헌 역,『허드선 테일러에게서 배우는 100가지 교훈』, (서울, 생명의 말씀사, 1998).

정임 옮김,『허드슨 테일러 : 중국의 심장부 깊숙이』, (서울, 예수전도단, 2003).

양휘웅 역,『신의 아들 洪秀全과 太平天國』, (서울, 이산, 2006).

吳相勳 譯,『中國現代史』, (서울, 한길사, 1980).

오진관 역,『허드선 테일러의 생애』, (서울, 생명의 말씀사, 1992).

윤종석 옮김,『허드선 테일러』2책, (서울, 두란노서원, 1990).

이관숙,『중국기독교사』, (서울, 쿰란출판사, 1995).

이만열,『한국기독교와 민족의식』, (서울, 지식산업사, 1991).

조훈,『로버트 모리슨 : 중국에 온 최초의 프로테 스탄트 선교사』, (서울, 信望

愛出版社, 2003).
조훈,『중국기독교사』, (서울, 그리심, 2004).
조훈,『윌리엄 밀른 : 말라카 선교를 통한 중국 선교기지의 개척자』, (서울, 그리심, 2008).
중국교회연구소 옮김,『중국에 축복이 임하다』, (서울, 그리심, 2013).
崔震奎 譯,『홍수전』, (서울, 고려원, 1995).
崔震奎,『太平天國의 宗教思想』, (광주, 朝鮮大學校出版部, 2002).

## 논문

▶중문

譚樹林,「《察世俗每月統記傳》研究」, (黃時鑒 主編,『東西交流論譚』第二集, 上海文藝出版社, 2001 수록).
簡又文 譯,「太平天國干王洪仁玕供辭」,『逸經』9期, 1936.
簡又文,「干王洪仁玕親筆供辭」,『逸經』20期, 1936.
簡又文 譯,「洪秀全革命眞相」,『逸經』25期, 1937.
高光漢,「論洪秀全反淸思想的形成」, (南京大學歷史系太平天國史研究室 編,『太平天國史論 考』, 江蘇古籍出版社, 1985).
顧長聲,「第一個被按立的中國傳道人梁發」, (顧長聲,『傳敎士東來傳救恩論文集錦』, 臺北, 宇 宙光, 2006 수록).
郭熹微,「試論中華內地會的産生及特点」,『世界宗教研究』1996年 第1期.
關漢華 · 胡波,「梁發及嶺南基督教的傳播」,『學術研究』1993年 第1期.
金柄兌,「略論洪秀全早期思想的形成及其發展」, 中國社會科學院研究生碩士學位論文, 2001.
羅爾綱,「金田起義事實考」, (北京太平天國史研究會 編,『太平天國史論文選』, 北京, 三聯書 店, 1981 수록).
雷雨田,「梁發與中西文化的會通」,『湘潭大學社會科學學報』第25卷 第5期, 2001.

段本洛,「論拜上帝教的成立」,(南京大學歷史系太平天國史硏究室 編,『太平天國史新探』, 江 蘇人民出版社, 1982 수록).

鄧嗣禹,「勸世良言與太平天國革命之關係」上 · 下,『大陸雜誌』30-8 · 9, 1965. (吳相湘 主編,『勸世良言』, 臺灣, 學生書局, 1985 수록).

茅家琦,「關于郭士立和馮雲山的關係問題」,(茅家琦,『晩淸史論』, 河南人民出版社, 1989 수록).

茅家琦,「洪秀全與羅孝全」,(茅家琦,『晩淸史論』,〈河南人民出版社, 1989〉 수록).

方之光,「太平天國與中國傳統文化」,(茅家琦 等編,『太平天國史硏究』 第2輯, 南京大學出版社, 1989).

方之光 · 崔之淸,「廣西天地會起義與太平天國的興起」,(北京太平天國史硏究會 編,『太平天國 學刊』 第2集, 北京, 中華書局, 1984 수록).

方之光 · 崔之淸,「洪秀全反淸思想與拜上帝敎的創立」,『浙江學刊』 1987年 第3期).

方志欽,「'邪'與'正'在洪秀全思想中的矛盾」,(廣東太平天國史硏究會 · 廣西太平天國史硏究會 編,『太平天國史論文集』, 1983 수록).

査時傑,「梁發(1789-1855) : 第一位中國籍牧師」,(査時傑,『中國基督敎人物小傳』 上卷, 臺北, 中華福音神學院出版社, 1983 수록).

徐緖典,「論太平天國的拜上帝會與基督敎的關係」,(北京太平天國歷史硏究會 編,『太平天國史 論文選』 上, 三聯書店, 1981 수록).

徐如雷,「太平天國的基督敎」,(中華書局近代史編輯室 編,『太平天國史學術討論會論文選』 第1册, 北京, 中華書局, 1981 수록).

徐如雷,「基督敎和上帝敎的異同」,(南京大學歷史系太平天國史硏究室 編,『太平天國史新探』, 江蘇人民出版社, 1982 수록).

蘇文奉 譯,「戴德生與李提摩太宣敎方式之比較」,(林治平 編,『基督敎入華百七十周年紀念 集』, 臺北, 宇宙光出版社, 1977 수록).

蘇精,「近代第一種中文雜誌 : 察世俗每月統紀傳」,(蘇精,『馬禮遜與中文印刷出版』, 臺北, 學 生書局, 2000 수록).

沈茂駿,「洪秀全"斬邪留正"槪念考釋」,『近代史硏究』 1982年 第3期.

沈元,「洪秀全和太平天國革命」,『歷史研究』1963年 第1期.

沈渭濱,「洪秀全創立‘上帝教’質疑」,『北方論叢』1980年 第4期.

晏可佳,「二十年代內地會傳教士與中國土匪的接觸」,『當代宗教研究』1994年 第4期.

呂堅,「從新發現的有關馬禮遜梁發傳教檔案看新教的傳入及影響」,『歷史檔案』1996年 第4期.

黎斐然,「廣西天地會與太平天國起義」, (慶祝羅爾綱學術研究六十周年編委會 編,『羅爾綱與太平天國史』, (成都, 四川省社會科學院出版社, 1987 수록).

呂延壽,「教徒 · 傳教士 · 畸形兒 : 關於梁發的一生」, (四川省哲學社會科學學會聯合會 · 四川省 近代教案史研究會 合編,『近代中國教案研究』, 成都, 四川省社會科學院出版社, 1987 수록).

滎孟源,「天父下凡」,『歷史筆記』1983年 第2期.

寧樹藩,「『察世俗每月統紀傳』評述」,『復旦大學新聞系新聞大學』1982年 第4期.

伍玉西,「梁發對基督教義的中國化詮釋」,『廣州社會主義學院學報』2003年 第3期.

吳義雄,「譯名之爭與早期的聖經中譯」,『近代史研究』2000年 第2期.

吳義雄,「關於梁發與洪秀全的幾個問題」,『韓山師範學院學報』2001年 第3期.

王慶成,「論洪秀全的早期思想及其發展」, (王慶成,『太平天國的歷史和思想』, 北京, 中華書局, 1985 수록).

王慶成,「‘拜上帝會’釋論」, (王慶成,『太平天國的歷史和思想』, 北京, 中華書局, 1985 수록).

王慶成,「太平天國的“魔鬼”」, (王慶成,『太平天國的歷史和思想』, 北京, 中華書局, 1985 수록).

王慶成,「太平天國的一神論 : 一帝論」, (王慶成,『太平天國的歷史和思想』, 北京, 中華書局, 1985 수록).

王慶成,「太平天國的天堂,地獄和償善罰惡」, (王慶成,『太平天國的歷史和思想』, 北京, 中華書 局, 1985 수록).

王吉民,「伯駕利用醫藥侵華史實」,『醫史雜誌』1951年 第3期.

王汝豐,「洪仁玕及其『資政新篇』」, (苑書義 · 林言椒 編,『太平天國人物研究』, 成都, 巴蜀 書社, 1987 수록).

王戎笙 · 貢嗣仁,「太平天國的上帝教」, (北京太平天國史研究會 編,『太平天國學刊』第2集, 北京, 中華書局, 1984 수록).

姚福申,「《察世俗每月統紀傳》的再認識 : 關于南洋最早的中文期刊」,『新聞大學』95 春.

魏建猶,「在拜上帝會與天地會關係的背後」,『中華文史論叢』1979年 第1期.

魏外揚,「只在中國行醫的宣教師 : 伯駕(Peter Parker)」, (魏外揚,『宣教事業與近代中國』, 臺北, 宇宙光出版社, 1978).

李竟能,「論洪仁玕的『資政新篇』」,『歷史研究』1958年 第12期.

李志剛,「郭士立牧師在港之歷史及其所遺中文資料」, (李志剛,『香港基督教會史研究』, 香港, 道聲出版社, 1987 수록).

李志剛,「郭士立牧師在港創立之福漢會及其對太平天國之影響」, (李志剛,『基督教與近代中國 文化論文集』, 臺北, 宇宙光出版社, 1989 수록).

李志剛,「郭士立牧師與中國信義宗教會之關係」, (李志剛,『基督教與近代中國文化論文集』〈二〉, 臺北, 宇宙光出版社, 1993 수록).

林治平,「基督教在中國本色化之必要性與可能性」, (林治平 編,『基督教在中國本色化』, 北京, 今日中國出版社, 1998 수록).

張靜廬,「"察世俗"和梁發」,『圖書館』1961年 第3期.

張坦,「基督教內地會和循道公會在黔西北苗彝地區傳播的比較研究」,『貴州社會科學』(文史哲 版) 1991年 第6期.

田餘慶 主編,『太平天國史料』, (開明書店, 1950).

趙矢元,「石達開與辛亥革命」,『北方論叢』1982年 第2期.

鍾文典,「太平天國與天地會在思想制度上的關係」, (北京太平天國史研究會 編,『太平天國史論 文選』, 北京, 三聯書店, 1981 수록).

鍾文典,「太平天國起義與鄉土宗教」,『廣西師範大學學報』(哲學社會科學版), 1988年 第1期.

周燮藩,『中國的基督教』, (北京, 商務印書館, 1991).

周志初 · 華國樑 · 吳善中, 「太平天國與道教」, 『揚州師院學報』 社科版, 1989年 제3期.

曾學白 譯, 「上帝來到廣西 : 試論太平天國運動形成時期郭士立及漢會的影響」, 『譯叢』 1, 1981.

陳貴宗, 「太平天國"滅妖"考釋」 『史學集刊』 1987年 第4期.

陳申如, 「梁發述論」, 『近代中國』 第10輯, 2000.

陳周棠, 「'三原'是洪秀全發動太平天國革命運動的基本綱領」, (廣東太平天國史研究會 · 廣西 太平天國史研究會 編, 『太平天國史論文集』, 1983 수록).

蔡錦圖, 『戴德生與中國內地會』, (香港, 建道神學院, 1998).

蔡武, 「談談『察世俗每月統記傳』 : 現代中文期刊第一種」, 『國立中央圖書館館刊』 1-4, 1968.

蔡少卿, 「論太平天國與天地會的關係」, 『歷史研究』 1978年 第6期.

鄒身城, 「勸世良言與洪秀全異夢」, 『中山大學學報』 1980年 第4期..

鄒身城, 「洪秀全獲得勸世良言時間考」, 『社會科學戰線』 1980年 第4期.

鄒身城, 「『勸世良言』與洪秀全早期的宗教思想」, (邢鳳麟 · 鄒身城, 『太平天國史釋論』, 學林 出版社, 1984 수록).

卓新平, 『宗教理解』, (北京, 社會科學文獻出版社, 1999).

彭澤益, 「洪秀全得『勸世良言』考證 : 兼論太平天國與基督教的關係」, 『近代史研究』 1988年 第5期.

何斯德, 「中國內地會五十年紀念誌略」, 『中華基督教會年鑑』 2, 1915.

胡簪云 譯 · 上海廣學會 重譯, 「中華最早的布道者梁發」, 『近代史資料』 1979年 第2期.

夏春濤, 「50年來的太平天國史研究」, 『近代史研究』 1999年 第5期.

夏春濤, 「20世紀的太平天國史研究」, 『歷史研究』 2000年 第2期.

▶일문

高橋良政, 「太平天國運動での'妖'」, 『早稻田大學大學院文學研究科紀要』 別冊 3, 1977.

吉田寅,「『張遠兩友相論』考：中國新教傳道開拓の一側面」,『基督教史學』6, 1955.

吉田寅,「梁阿發とその中國文布教書」,『基督教史學』13, 1963.

吉田寅,「『勸世良言考：十九世紀中國キリスト教布教書の一考察」,『キリスト教史學』17, 1966.

吉田寅,「兩友相論：明治初年における中國キリスト教書和譯の一形態」(一)(二),『東京學藝大學附屬高校研究紀要』10 · 11, 1973 · 74.

吉田寅,「ウイリアム=ミルン(米憐)の中國文布教書について：『幼學淺解問答』と『鄉訓五十二 則』を中心として」,『東京學藝大學附屬高校研究紀要』18, 1981.

吉田寅,「プロテスタント宣教師メドハ-ストとギュツラフの中國文著作について」,『歷史人 類』(筑波大 · 歷史 · 人類) 13, 1985.

吉田寅,「中國人キリスト教宣教師梁阿發と『勸世良言』」,『立正大學文學部論叢』89, 1989.

吉田寅,「『三字經』と入華宣教師の中國語布教書」,『立正史學』第73號, 1993.

吉田寅,「入華プロテスタント宣教師と『三字經』『千字文』」,『歷史學と歷史教育』第50號, 1996.

吉田寅,「日中兩國におけるプロテスタント受容：初期信徒の入信狀況」,(『日中文化交流叢 書 · 宗教篇』, 1996 수록).

吉田寅,「中國人宣教師梁阿發と『勸世良言』」, (吉田寅,『中國プロテスタント傳道史研究：宣 教師刊中國語著作の資料的研究』, 東京, 汲古書院, 1997 수록).

內田義南,「洪仁玕と西方文明」,『學習院史學』5, 1968.

島山喜一,「太平天國亂の本質」, (京城帝國大學文學會 編,『東方文化史叢考』, 1935 수록).

稻田淸一,「太平天國前夜の客民について」,『名古屋大學東洋史研究報告』11, 1986.

木下豊,「ギュッラフと和譯聖書」,『收書月報』42 · 43, 1939.

三石善吉,「洪仁玕の思想」,『東京支那學報』13, 1967.

三石善吉,「千年王國運動としての太平天國」,『筑波法政』1, 1978.

西川喜久子,「太平天國と宗教」, (窪德忠 · 西順藏 編,『中國文化叢書』6 宗教, 東京, 1967 수록).

石原謙,「ハドソン · テイラ-と中國醫療傳道 : プロテスタント宣教師斷章(1)」,『福音と世界』9-3, 1954.

小島晋治 譯註,「原道救世歌 · 原道醒世訓 · 原道覺世訓」, (西順蔵 編,『原典中國近代思想 史』第一册 アヘン戰爭から太平天國まで, 東京, 岩波書店, 1976 수록).

小島晋治,「拜上帝教と拜上帝會」, (小島晋治,『太平天國の歷史と思想』, 東京, 研文出版, 1978 수록).

小澤三郎,「支那在留宣教師 S. W. ウィリアムズ小傳」,『基督教史研究』8, 1940.

矢澤利彦,「嘉慶十六年の天主教禁壓」,『東洋學報』第27卷 第2號, 1940.

深澤秀男,「太平天國と洪仁玕」,『岩手史學研究』第82號, 1999.

深澤秀男,「太平天國とキリスト教」, (深澤秀男,『中國の近代化とキリスト教』, 東京, 新教出版社, 2000 수록).

日比野丈夫,「梁發と『察世俗每月統記傳』」, (梅原郁 編,『中國近世の都市と文化』, 〈京都 大學人文科學研究所, 1984〉 수록).

林傳芳,「『勸世良言』の資料的考察」,『龍谷史壇』79, 1981.

林傳芳,「『勸世良言』授受年代に關する一考察 : 梁發と洪秀全の接點を求めて」, (小野勝年博 士頌壽記念會 編,『小野勝年博士頌壽記念 東方學論集』, 東京, 朋友書店, 1982 수록).

田中正美,「ジョン=ロバ-ト=モリソンとアヘン戰爭」,『愛知學院大學文學部紀要』20, 1991.

鳥山喜一,「太平天國亂の本質」, (『東方文化史叢考』1, 1935 수록).

村上嘉英,「三字經について」,『天理大學學報』第78輯, 1972.

平塚益德,「英華學堂考」,『九州大學教育學部紀要』8, 1962. (平塚博士記念事業會編,『平塚 益德著作集』Ⅱ 中國近代教育史, 〈東京, 教育開發研究

所, 1985〉 수록).

後藤基巳,「十戒の中國的展開 : 中國キリスト教思想史に關する一考察」,『白百合短期大學紀 要』第1輯, 1955. (後藤基巳,『明清思想とキリスト教』, 東京, 研文出版, 1979 수록).

▶영문

Cho Hoon, "William Milne," Chongshin Review Vol.12, 2007.

C. T. Smith, "Notes on Friends and Relation of Taiping Leaders," *Journal of Hong Kong Branch of the Royal Asiatic Society* Vol. 16, 1976.

Daniel H. Bays, "Christian Tracts : The Two Friends," in Suzanne Wilson Barnett & John King Fairbank ed., Christianity in China : Early Protestant Missionary Writings, (Cambridge 〈Massachusetts〉 and London : Harvard University Press, 1985).

Elijah C. Bridgman, "Brief Memoir of the Evangelist, LEANG AFA," Missionary Herald, Vol. 30.

G. E. Taylor, "*The Taiping Rebellion*," *The Chinese Social and Political Science Review* Vol.16 No.4, Jan., 1933.

Hoon Cho,'Liang-fa(梁發),'CHONGSHIN REVIEW Volume 14, 2009.

Jessie G. Lutz, "Karl F. A. Gützlaff : Missionary Entrepreneur," Suzanne Wilson Barnett John King Fairbank ed., *Christianity in China : Early Protestant Missionary Writtings*, (Cambridge 〈Massachusetts〉 and London : Harvard University Press, 1985).

John Foster, "The Christian Origins of *the Taiping Rebellion*," *International Review of Mission*, 40, 1951.

Myron L. Cohen, "The Hakka or 'Guest People' : Dialect as a Sociocultural Variable in South-eastern China", Ethnohistory Vol.15 No.3, 1968.

Paul A. Cohen, "Missionary Approaches : Hudson Taylor and Timothy Richard," Papers on China Vol. 11, 1957.

Paul A. Cohen, "Christian Missions and Their Impact to 1900,"in Denis Twitchett

& John K. Fairbank eds., *The Cambridge History of China* Vol. 10 Late Ch'ing, 1800-1911, Part 1, (Cambridge : Cambridge University Press, 1978).

Philip A. Kuhn, "Origins of the Taiping Vision : Cross-Cultural Dimensions of a Chinese Rebellion," *Comparative Studies in Society and History* 19.3(July 1977).

Paul A. Kuhn, "Taiping Rebellion," in Denis Twitchett & John K. Fairbank ed., *The Cambridge History of China* Vol. 10 Late Ch'ing, 1800-1911, Part 1, (Cambridge : Cambridge University Press, 1978).

P. M. Yap, "The Mental Illness of Hung Hsiu-chüan, Leader of the Taiping Rebellion," *Far Eastern Quarterly* 13, 1953.

P. Richard Bohr, "Liang Fa's Quest for Moral Power," in Suzanne Wilson Barnett & John King Fairbank ed., *Christianity in China : Early Protestant Missionary Writtings*, (Cambridge 〈Massachusetts〉and London, Harvard University Press, 1985).

▶국문

金誠贊,「太平天國과 捻軍」, (서울大學校東洋史學研究室 編,『講座 中國史』Ⅴ, 서울, 지식산업사, 1989 수록).

金宜慶,「洪仁玕과 太平天國」,『梨大史苑』22 · 23合輯, 1988.

노재식,「1868년 揚州教案과 中國內地會의 宣教政策確立」,『韓國教會史學會誌』제14집, 2004.

裵英敏,「최초의 중국인 개신교 목사 梁發과『勸世良言』」, 高麗大學校 大學院 碩士學位論 文, 2004.

曺君,「神天聖書考」,『총신사학』제2호, 2000.

조훈,「英華書院(Anglo-Chinese College)考」,『史林』제15호, 2001.

조훈,「윌리엄 밀느의 말라카 선교」,『總神大論叢』第24輯, 2005.

조훈,「英華書院(The Anglo-Chinese College) 再論」,『史林』第27號, 2007.

조훈,「『張遠兩友相論』點描 : 윌리엄 밀른의 선교문서 이해의 一端」,『總神大論叢』제27 집, 2008.

조훈,「『찰세속매월통기전(The Chinese Monthly Magazine)고」,『史林』 제30호, 2008.

조훈,「梁發(Liang-Fa)의 生涯와 그 傳道活動」,『總神大論叢』 第30輯, 2011.

崔震奎,「上帝敎의 思想的 背景과 宗敎的 救世觀」,『傳統文化硏究』 3, 1994. (崔震奎,『太平天國의 宗敎思想』, 광주, 朝鮮大學校出版部, 2002 수록).

崔震奎,「上帝會의 創立과 上帝敎의 變化」,『歷史學報』 144, 1994. (崔震奎,『太平天國의 宗敎思想』, 광주, 朝鮮大學校出版部, 2002 수록).

崔震奎,「洪秀全의 幻夢과 上帝敎의 創立」,『史叢』 43, 1994. (崔震奎,『太平天國의 宗敎思想』, 광주, 朝鮮大學校出版部, 2002 수록).

崔震奎,「太平天國運動의 性格」,『東北亞』 2, 1995. (崔震奎,『太平天國의 宗敎思想』, 광 주, 朝鮮大學校出版部, 2002 수록)

崔震奎,「金田起義와 上帝敎」, (崔震奎,『太平天國의 宗敎思想』, 광주, 朝鮮大學校出版部, 2002 수록).

崔震奎,「天京 建都 이후 上帝敎의 變化」, (崔震奎,『太平天國의 宗敎思想』, 광주, 朝鮮大學校出版部, 2002 수록).

崔震奎,「太平天國의 建國과 上帝敎」, (崔震奎,『太平天國의 宗敎思想』, 광주, 朝鮮大學校出版部, 2002 수록).

# 찾아보기

ㅅ

## ㅇ

## ㅈ

### ㅊ



### ㅋ



### ㅌ

## ㅍ



## ㅎ

# 양발

## 최초의 중국인 목사

저 자 • 조 훈
발행인 • 길 자 연
발행처 • 총신대학교출판부

서울시 동작구 사당로 143 총신대학교
전 화 02) 3479-0247
등록번호 제 14-24호(1976. 4. 12)

2014년 3월 3일 1판 2쇄 발행

값 15,000 원



ISBN 978-89-8169-226-1 93230

이 도서의 국립중앙도서관 출판시도서목록(CIP)은
서지정보유통지원시스템 홈페이지(http://seoji.nl.go.kr)와
국가자료공동목록시스템(http://www.nl.go.kr/kolisnet)에서
이용하실 수 있습니다.(CIP제어번호: CIP2013022348)